W0298751

100% EXOS

Maths

Tle ES/L

Laurent Darré

Professeur certifié au lycée François-Magendie à Bordeaux

Philippe Rousseau

Professeur agrégé au lycée Marie-Curie de Versailles

Hatier

Maquette de principe : Marie-Astrid Bailly-Maître
Mise en pages : Jouve Saran
Schémas : Jouve Saran

 978-2-218-96266-0

Avant-propos

Votre ouvrage 100 % exos

■ Conforme au nouveau programme de mathématiques de T^le des séries ES et L entré en vigueur à la rentrée 2012, ce « 100 % exos » vous propose une **méthode de travail** complète et un **entraînement intensif** sur mesure tout au long de l'année.

■ Pour chaque thème du programme vous trouverez un **cours** structuré, les **savoir-faire** qu'il faut maîtriser, des **exercices** progressifs et leurs **corrigés** détaillés.

■ Assortis d'**indications de solution**, de **commentaires** et de **conseils** des auteurs, tous les exercices corrigés vous permettent :
- de **comprendre** les notions essentielles et de **maîtriser** le cours ;
- de **progresser** et de vous **entraîner** à votre rythme ;
- de vous **évaluer** et de **réussir** vos contrôles ;
- de viser la **mention** et l'entrée en classe de **prépa**.

Sur le site www.annabac.com

■ L'achat de ce « 100 % exos » vous permet de bénéficier, pendant un an, d'un **ACCÈS GRATUIT** à toutes les ressources d'annabac.com en mathématiques T^le ES et L.

■ Pour profiter de cette offre, rendez-vous sur **www.annabac.com**, dans la rubrique « Vous avez acheté un ouvrage Hatier ? »*

* La saisie d'un mot-clé du livre (lors de votre première visite) vous permettra de créer un compte personnel et d'utiliser librement le site pendant un an.

Sommaire

ANALYSE, STATISTIQUES ET PROBABILITÉS
Séries ES et L

1 Suites

COURS 9

EXERCICES Exercices d'application 16
Exercices d'entraînement 19
Exercices d'approfondissement 21
Contrôles 24

CORRIGÉS 26

2 Généralités sur les fonctions

COURS 37

EXERCICES Exercices d'application 43
Exercices d'entraînement 45
Exercices d'approfondissement 51
Contrôles 54

CORRIGÉS 56

3 Fonctions exponentielles

COURS 79

EXERCICES Exercices d'application 84
Exercices d'entraînement 87
Exercices d'approfondissement 94
Contrôles 97

CORRIGÉS 99

4 Logarithme népérien

COURS 117

EXERCICES Exercices d'application 121
Exercices d'entraînement 123
Exercices d'approfondissement 128
Contrôles 129

CORRIGÉS 131

Sommaire

5 Convexité

COURS 147
EXERCICES Exercices d'application 152
Exercices d'entraînement 155
Exercices d'approfondissement 156
Contrôles 157
CORRIGÉS 159

6 Intégration

COURS 167
EXERCICES Exercices d'application 172
Exercices d'entraînement 175
Exercices d'approfondissement 179
Contrôles 180
CORRIGÉS 181

7 Probabilités conditionnelles – Loi binomiale

COURS 195
EXERCICES Exercices d'application 202
Exercices d'entraînement 206
Exercices d'approfondissement 210
Contrôles 211
CORRIGÉS 213

8 Lois à densité

COURS 225
EXERCICES Exercices d'application 233
Exercices d'entraînement 235
Exercices d'approfondissement 237
Contrôles 239
CORRIGÉS 241

9 Fluctuation d'échantillonnage et estimation

COURS 249
EXERCICES Exercices d'application 254
Exercices d'entraînement 256
Exercices d'approfondissement 260
Contrôles 261
CORRIGÉS 263

MATRICES ET GRAPHES
Enseignement de spécialité de la série ES

10 Matrices

COURS 275
EXERCICES Exercices d'application 280
Exercices d'entraînement 282
Exercices d'approfondissement 286
Contrôles 287
CORRIGÉS 288

11 Graphes

COURS 299
EXERCICES Exercices d'application 311
Exercices d'entraînement 315
Exercices d'approfondissement 320
Contrôles 323
CORRIGÉS 325

ANNEXES

Aide-mémoire 343
Index 351

Analyse, statistiques et probabilités

Séries ES et L

1 Suites

I DÉFINITION ET MODES DE GÉNÉRATION

■ Une suite est une fonction numérique définie sur $\mathbb{N}$ (dans certains cas, à partir d'un certain entier n_0).

L'image d'un entier naturel n par une suite u est notée u_n et la suite u est le plus souvent notée (u_n).

Ainsi, on ne confondra pas la suite (u_n) et le nombre réel u_n, appelé aussi terme de rang (ou d'indice) n.

■ Il y a principalement deux moyens de caractériser une suite.

La relation de récurrence est une égalité liant plusieurs termes de la suite, le plus souvent u_{n+1} est exprimé en fonction de u_n.

Le mode explicite permet d'exprimer le terme général de la suite u_n en fonction de n.

II SENS DE VARIATION D'UNE SUITE

■ Une suite (u_n) est croissante signifie que pour tout $n \in \mathbb{N}$, on a $u_{n+1} \geqslant u_n$.

■ Une suite (u_n) est décroissante signifie que pour tout $n \in \mathbb{N}$, on a $u_{n+1} \leqslant u_n$.

■ Une suite (u_n) est constante signifie que pour tout $n \in \mathbb{N}$, on a $u_{n+1} = u_n$.

■ Une suite est monotone lorsqu'elle est croissante ou décroissante.

III SUITES ARITHMÉTIQUES

1. Définition

Une suite (u_n) est arithmétique s'il existe un réel r, tel que, pour tout $n \in \mathbb{N}$:

$$u_{n+1} = u_n + r.$$

Le réel r est la raison de la suite. Pour tout $n \in \mathbb{N}$, $u_n = u_0 + nr$.

La différence de deux termes consécutifs est constante.

2. Sens de variation

Une suite arithmétique est décroissante si sa raison est négative, croissante si sa raison est positive.

On parle de croissance (ou décroissance) linéaire.

COURS

3. Somme de termes consécutifs

■ Soit (u_n) une suite arithmétique de raison r. La somme S de n termes consécutifs (premier terme u_p, dernier terme u_q) d'une telle suite est :

$$S = n\frac{u_p + u_q}{2}.$$

■ **Cas particulier**

Avec une raison égale à 1, la somme des n premiers entiers naturels non nuls est :

$$1 + 2 + \ldots + n = \frac{n(n+1)}{2}.$$

IV SUITES GÉOMÉTRIQUES

1. Définition

Une suite (u_n) est géométrique s'il existe un réel q, tel que, pour tout $n \in \mathbb{N}$:

$$u_{n+1} = qu_n.$$

Le réel q est la raison de la suite. Pour tout $n \in \mathbb{N}$, $u_n = u_0 q^n$.
Le quotient de deux termes consécutifs est constant.

2. Sens de variation

Une suite géométrique de premier terme positif est croissante si sa raison est supérieure à 1, décroissante si sa raison est comprise entre 0 et 1.

On parle de croissance (ou décroisssance) exponentielle.

3. Limite

Soit (u_n) une suite géométrique de raison positive q.

■ Si $0 < q < 1$, la limite de la suite est 0.

■ Si $q > 1$, deux cas se présentent :

– si $u_0 > 0$, la limite est $+\infty$:

– si $u_0 < 0$, la limite est $-\infty$.

■ Si $q = 1$, la suite étant constante, sa limite est égale au premier terme u_0.

4. Somme de termes consécutifs

■ Soit (u_n) une suite géométrique de raison q, différente de 1. La somme S de n termes consécutifs (premier terme u_p) d'une telle suite est :

$$S = u_p \frac{1 - q^n}{1 - q}.$$

■ En particulier, si le premier terme est 1, et si $q \neq 1$:

$$1+q+q^2+\ldots+q^n=\frac{1-q^{n+1}}{1-q}.$$

Si $0<q<1$, $\lim\limits_{n \to +\infty}\left(1+q+q^2+\ldots+q^n\right)=\frac{1}{1-q}$.

Voir savoir-faire **6** pour le calcul de telles sommes.

V SUITES ARITHMÉTICO-GÉOMÉTRIQUES

■ Les suites arithmético-géométriques sont définies par une relation de récurrence du type $u_{n+1}=au_n+b$, où a est un réel différent de 0 et de 1, et b un réel différent de 0.

Malgré leur nom, en général, les suites arithmético-géométriques ne sont ni arithmétiques ni géométriques. Il ne faut donc pas utiliser les formules spécifiques à ces types de suites.

■ Pour les autres valeurs de a ou de b, une suite arithmético-géométrique (u_n) se ramène à une suite arithmétique ou à une suite géométrique :
– si $b=0$, (u_n) est une suite géométrique de raison a ;

– si $a=0$, (u_n) est une suite constante et si $a=1$, (u_n) est une suite arithmétique de raison b.

Voir le savoir-faire **7** pour l'étude d'une suite arithmético-géométrique.

SAVOIR-FAIRE

1. Traiter les suites récurrentes avec une calculatrice

Casio Graph 35+

1. Choisir le menu « Recur ».
2. Saisir la formule de récurrence.
3. Choisir SET puis saisir la valeur Start (première valeur de n, souvent 0 ou 1) et le premier terme a_0.
4. Choisir TABL pour faire apparaître les valeurs.

TI 82 stats.fr

1. Choisir le mode Suites.
2. Dans $f(x)$, saisir les paramètres de la suite : la première valeur de n (souvent 0 ou 1), puis la formule de récurrence, et la valeur initiale de la suite (c'est u_0 ou u_1).
3. Faire apparaître les termes de la suite dans la table.

EXEMPLE : Faire apparaître les termes de la suite (u_n), définie par :

$$u_{n+1} = 2u_n - 3 \quad \text{et} \quad u_0 = 4.$$

Casio Graph 35+

1. Choisir le menu « Recur ».
2. Saisir la formule de récurrence $a_{n+1} = 2a_n - 3$.
3. Choisir SET, saisir Start $= 0$ et $a_0 = 4$.
4. Les termes de la suite sont dans TABL.

TI 82 stats.fr

1. Presser la touche (mode), choisir « Suit » (les autres choix sont Fct, Par, et Pol).
2. Presser la touche ($f(x)$). Saisir nMin $= 0$, la relation de récurrence :

$$u(n) = 2u(n-1) - 3$$

et le premier terme de la suite $u(n\text{Min}) = 4$.

> Pour écrire $u(n-1)$: le u s'obtient avec la combinaison de touches (2nde) (7), le n est obtenu avec la touche des variables (x,t,θ,n).

3. Les termes de la suite sont dans la table obtenue avec la combinaison (2nde) (GRAPH).

2. Vérifier si des nombres sont en progression arithmétique ou géométrique

1. Calculer les différences de deux termes consécutifs.
2. Calculer les quotients de deux termes consécutifs.
3. Conclure selon les cas : des nombres sont en progression arithmétique (resp. géométrique) lorsque la différence (resp. le quotient) de deux nombres consécutifs est constante.

EXEMPLE : Les nombres 4,10 et 25 sont-ils en progression arithmétique ? en progression géométrique ?

1. $10-4=6$ et $25-10=15$.
2. $\frac{10}{4}=2{,}5$ et $\frac{25}{10}=2{,}5$.
3. Les nombres ne sont pas en progression arithmétique car la différence de deux nombres consécutifs n'est pas constante. Mais ils sont en progression géométrique car le quotient de deux nombres consécutifs est constant.

3. Montrer qu'une suite est géométrique

1. Écrire le quotient de deux termes consécutifs $\frac{u_{n+1}}{u_n}$.
2. Simplifier l'expression et montrer que ce quotient est constant. La constante obtenue est la raison de la suite.

EXEMPLE : Soit (a_n) une suite arithmétique de raison 3 et $u_n = 2^{a_n}$. Montrer que (u_n) est une suite géométrique.

1. Pour tout $n \in \mathbb{N}$, $\frac{u_{n+1}}{u_n} = \frac{2^{a_{n+1}}}{2^{a_n}}$.
2. $\frac{2^{a_{n+1}}}{2^{a_n}} = 2^{a_{n+1}-a_n} = 2^3 = 8$, ce qui montre que (u_n) est une suite géométrique de raison 8.

4. Trouver une limite de suite géométrique

1. Préciser si la raison q de la suite est comprise entre 0 et 1 ou si elle est strictement supérieure à 1.
2. Si $0 < q < 1$, la limite de la suite est 0. Si $q > 1$, la limite est infinie : si le premier terme est positif, c'est $+\infty$ et s'il est négatif, c'est $-\infty$.

EXEMPLE 1 : Déterminer la limite de la suite de terme général $u_n = 7 \times 0{,}4^n$.

1. La raison est $q = 0{,}4$.
2. Puisque $0 < q < 1$, la limite de la suite est 0.

EXEMPLE 2 : Déterminer la limite de la suite de terme général $u_n = 4 \times \left(\frac{4}{3}\right)^n$.

1. La raison est $q = \frac{4}{3}$.

2. On a $q > 1$ et un premier terme positif, donc la limite de la suite est $+\infty$.

5. Lorsque $0 < q < 1$, trouver un entier à partir duquel $q^n < a$, où $a > 0$

Soit (u_n) une suite géométrique de raison q telle que $0 < q < 1$, de premier terme positif. Cette suite est décroissante et a pour limite 0. On peut se demander à partir de quel rang n le terme u_n descend au-dessous d'un seuil $a > 0$.

Méthode algébrique (le chapitre sur le logarithme népérien a été étudié)

1. Résoudre l'inéquation en utilisant les propriétés de la fonction ln.

2. Calculer une valeur approchée du nombre obtenu en fin de calcul, et l'arrondir à l'entier supérieur pour conclure.

Méthode numérique (le logarithme népérien est inconnu)

1. À l'aide de la table d'une calculatrice, on repère les deux entiers consécutifs p et $p + 1$ tels que $u_p > a$ et $u_{p+1} < a$.

2. L'entier cherché est le plus grand des deux.

EXEMPLE : On sait que (u_n) est une suite géométrique de raison $q = 0{,}75$ et de premier terme $u_0 = 100$.

Déterminer un entier n_0 à partir duquel $u_n < 10^{-3}$.

Méthode algébrique

1. Pour tout $n \in \mathbb{N}$, $u_n = 100 \times 0{,}75^n$.

$$100 \times 0{,}75^n < 10^{-3} \Leftrightarrow 0{,}75^n < 10^{-5} \Leftrightarrow \ln(0{,}75)^n < \ln\left(10^{-5}\right)$$

$$\Leftrightarrow n \ln 0{,}75 < -5 \ln 10 \Leftrightarrow n > \frac{-5 \ln 10}{\ln 0{,}75}.$$

2. $\frac{-5 \ln 10}{\ln 0{,}75} \approx 40{,}02$.

Le premier entier à partir duquel $u_n < 10^{-3}$ est donc 41.

Méthode numérique

1. À l'aide de la calculatrice, on effectue plusieurs essais. On obtient :

$u_{40} = 100 \times 0{,}75^{40}$, donc $u_{40} > 0{,}001$, et

$u_{41} = 100 \times 0{,}75^{41}$, donc $u_{41} < 0{,}001$.

2. Le premier entier à partir duquel $u_n < 10^{-3}$ est donc 41.

6. Calculer la somme de termes consécutifs d'une suite géométrique

1. Vérifier qu'il s'agit de termes consécutifs d'une suite géométrique.
2. Repérer les trois quantités nécessaires (le premier terme, la raison, le nombre de termes) pour appliquer la formule de la somme.
3. Appliquer la formule et éventuellement simplifier.

EXEMPLE : Calcul de $S = \frac{1}{4} + \frac{1}{16} + \frac{1}{64} + \ldots + \frac{1}{16\,384}$.

1. Les dénominateurs sont des puissances de 4 : $4^2 = 16$, $4^3 = 64$, …, $4^7 = 16\,384$. Ainsi, il s'agit de termes consécutifs d'une suite géométrique.
2. La raison est $\frac{1}{4}$, le premier terme de cette somme est $\frac{1}{4}$ et sept termes sont écrits dans cette somme.
3. $S = \frac{1}{4}\frac{1-\left(\frac{1}{4}\right)^7}{1-\frac{1}{4}} = \frac{1}{4}\frac{1-\frac{1}{4^7}}{\frac{3}{4}} = \frac{1}{3}\left(1-\frac{1}{4^7}\right)$.

7. Étudier une suite arithmético-géométrique

L'étude d'une suite arithmético-géométrique (u_n) s'effectue à l'aide d'une suite auxiliaire (v_n) dont on montre qu'elle est géométrique. Aucune méthode n'est à connaître pour trouver cette suite auxiliaire qui sera toujours donnée dans l'énoncé d'un exercice.

1. Montrer que la suite auxiliaire est géométrique : pour cela, exprimer v_{n+1} en fonction de v_n.
2. Calculer v_0, puis exprimer v_n en fonction de n. Enfin, en se servant de la relation entre u_n et v_n, exprimer u_n en fonction de n.
3. Éventuellement, préciser la limite de (u_n).

EXEMPLE : Soit (u_n) une suite définie par $u_0 = 20$ et, pour tout $n \in \mathbb{N}$, $u_{n+1} = 0{,}8u_n + 2$. On pose $v_n = u_n - 10$.

1. On montre que (v_n) est une suite géométrique en exprimant v_{n+1} sous la forme kv_n :
$v_{n+1} = u_{n+1} - 10 = 0{,}8u_n + 2 - 10 = 0{,}8u_n - 8 = 0{,}8(u_n - 10) = 0{,}8v_n$.
Ainsi, (v_n) est une suite géométrique de raison 0,8.
2. Puisque $v_0 = u_0 - 10 = 20 - 10 = 10$, alors, pour tout $n \in \mathbb{N}$, $v_n = 10 \times 0{,}8^n$. À l'aide de la relation $v_n = u_n - 10$, on obtient u_n en fonction de n : pour tout $n \in \mathbb{N}$, $u_n = v_n + 10 = 10 \times 0{,}8^n + 10$.
3. (v_n) est une suite géométrique de raison strictement comprise entre 0 et 1, donc sa limite est 0. Or, pour tout $n \in \mathbb{N}$, $u_n = v_n + 10$. On en déduit que la limite de (u_n) est 10.

EXERCICES

EXERCICES D'APPLICATION

1 SENS DE VARIATION D'UNE SUITE | ★ | 15 min | ▸ P. 26

On considère la suite (u_n), définie pour tout $n \in \mathbb{N}$, par $u_n = \dfrac{2n+1}{n+2}$.

Montrer de deux façons différentes que la suite (u_n) est strictement croissante :

1. avec la différence $u_{n+1} - u_n$. **2.** avec le quotient $\dfrac{u_{n+1}}{u_n}$.

Dans la question **2**, vérifier d'abord que la suite est à termes strictement positifs.

2 SUITE ARITHMÉTIQUE | ★ | 15 min | ▸ P. 26

Soit (u_n) une suite arithmétique de raison $-\dfrac{1}{3}$ et de premier terme $u_1 = 2$.

1. Calculer la somme des termes de cette suite $S_n = u_1 + u_2 + \ldots + u_n$ en fonction de n.

2. Montrer que la suite (x_n), définie pour tout $n \in \mathbb{N}^*$, par $x_n = \dfrac{S_n}{n}$, est une suite arithmétique.

Dans la question **1**, écrire d'abord u_n en fonction de n, puis appliquer la formule donnant la somme des termes consécutifs d'une suite arithmétique.

3 SUITE GÉOMÉTRIQUE | ★ | 5 min | ▸ P. 27

Montrer que la suite de terme général $u_n = \dfrac{3^{n+2}}{2^{n-1}}$ est géométrique. Préciser sa raison et son premier terme.

Voir le savoir-faire **3.**

4 PROGRESSIONS GÉOMÉTRIQUES | ★ | 10 min | ▸ P. 27

Les deux questions sont indépendantes.

1. Les nombres suivants sont-ils en progression géométrique : 0,4 ; 1 ; 2,5 ; 6,25 ?

2. Que vaut x pour que les nombres 25, x et 16 soient en progression géométrique (avec une raison positive) ?

Voir le savoir-faire **2.**

5 NATURE D'UNE SUITE

★ | 5 min | ▸ P. 27

Les suites suivantes, dont on donne le terme général ou une relation de récurrence, sont-elles arithmétiques ? géométriques ? ni l'un ni l'autre ?

1. $u_n = 3 - 0{,}2n$. **2.** $u_n = \dfrac{1}{3+2n}$.

3. $u_n = \dfrac{7}{8^n}$. **4.** $u_n = 2{,}01 \times 1{,}02^n$. **5.** $u_n = -0{,}002n^2 + 2n - 0{,}05$.

6 SUITE GÉOMÉTRIQUE

★★ | 5 min | ▸ P. 27

Soit (u_n) une suite géométrique de raison positive q.
On donne $u_7 = 500$ et $u_{15} = 400$. Calculer u_{31}.

Exprimer $\dfrac{u_{15}}{u_7}$ en fonction de q ; ensuite, calculer u_{31} à partir de u_{15}.

7 MATHS EN MUSIQUE

★★ | 5 min | ▸ P. 27

Les notes de musique sont des sons qui possèdent chacun une fréquence. Par exemple, le *la* de référence, donné par le diapason, a une fréquence de 440 Hz (hertz). La fréquence du *la* suivant est doublée et pour y parvenir, on passe par douze notes qui constituent la gamme chromatique, dont les fréquences sont en progression géométrique. Quelle est la raison de cette progression géométrique ?

Expliquer pourquoi la raison q de cette progression géométrique est telle que $q^{12} = 2$.

8 LIMITES DE SUITES GÉOMÉTRIQUES

★ | 5 min | ▸ P. 28

Dans chaque cas, préciser $\lim\limits_{n \to +\infty} u_n$.

1. $u_n = \left(\dfrac{1}{10}\right)^n$. **2.** $u_n = -2 \times (1{,}01)^n$.

3. $u_n = 1{,}000\,1^n$. **4.** $u_n = -2 \times \left(\dfrac{1}{3}\right)^n$.

Voir le savoir-faire **4**.

9 SOMME DE TERMES CONSÉCUTIFS | ★ | 10 min | ▸ P. 28

★ | 10 min | ▸ P. 28

1. Calculer : $S = 0{,}9 + 0{,}9^2 + \ldots + 0{,}9^{99}$.
2. Déterminer $\lim\limits_{n \to +\infty} \left(0{,}9 + 0{,}9^2 + \ldots + 0{,}9^n\right)$.

Voir le savoir-faire **6.**

10 IN VINO VERITAS

★★ | 10 min | ▸ P. 28

En 2010, la consommation annuelle mondiale de vin a été estimée à 236 milliards de litres. On suppose que cette consommation diminue chaque année de 0,4 %. En quelle année passera-t-elle en dessous de 220 milliards de litres ?

Une diminution de 0,4 % correspond à une multiplication par 0,996. Écrire une inéquation traduisant le problème.

11 SUITE ARITHMÉTICO-GÉOMÉTRIQUE

★★ | 15 min | ▸ P. 29

On considère une suite (u_n), définie par $u_0 = 4$ et pour tout $n \in \mathbb{N}$:

$$u_{n+1} = 3u_n - 4.$$

1. Trouver le réel α pour lequel la suite (v_n), définie pour tout $n \in \mathbb{N}$ par $v_n = u_n - \alpha$, est une suite géométrique.
2. Exprimer v_n puis u_n en fonction de n.

Voir le savoir-faire **7**.

12 ALGORITHME

★★ | 15 min | ▸ P. 29

Écrire un algorithme qui calcule la somme des termes consécutifs d'une suite géométrique, connaissant le premier terme, la raison et le nombre de termes de cette somme.

EXERCICES D'ENTRAÎNEMENT

13 ÉTUDE D'UNE SUITE ARITHMÉTICO-GÉOMÉTRIQUE | ★★ | 15 min | ▸ P. 29

Soit (u_n) une suite définie par $u_0 = 50$ et, pour tout $n \in \mathbb{N}$, $u_{n+1} = 1{,}1u_n - 4$. On pose $v_n = u_n - 40$.

1. Montrer que (v_n) est une suite géométrique. On précisera sa raison et son premier terme.

2. Exprimer v_n en fonction de n.

3. Exprimer u_n en fonction de n.

4. Déterminer la limite de (u_n).

Voir le savoir-faire **7**.

14 REMBOURSEMENT D'UN EMPRUNT | ★★★ | 30 min | ▸ P. 30

Un particulier s'adresse à une société de crédit et emprunte 100 000 €. Le taux mensuel de ce crédit est 0,4 %. Il est prévu dans le contrat un remboursement fixe, mensuel, égal à 1 200 €, correspondant à une partie du remboursement du crédit et aux intérêts dus chaque mois.

On définit une suite (u_n) par $u_0 = 100\,000$ et, pour tout $n \in \mathbb{N}$: u_n est la somme qu'il reste à rembourser à la fin du n-ième mois après l'emprunt.

1. Calculer u_1 puis exprimer u_{n+1} en fonction de u_n.

2. On définit, pour tout $n \in \mathbb{N}$, la suite (v_n) par $v_n = u_n - 300\,000$.

Montrer que (v_n) est une suite géométrique.

3. Exprimer v_n puis u_n en fonction de n.

4. Déterminer le temps qu'il faudra à cette personne pour rembourser totalement son emprunt. Préciser la somme qu'il faudra verser lors du dernier remboursement.

2. Voir le savoir-faire **7**.

15 CONSOMMATION ÉNERGÉTIQUE | ★★ | 20 min | ▸ P. 30

On constate que la consommation d'énergie dans un pays était, par habitant, de 2,8 tep (tonnes équivalent pétrole) en 2006 et de 3,5 tep en 2011. On émet l'hypothèse d'une croissance exponentielle, c'est-à-dire que la consommation d'énergie par habitant est en progression géométrique. On note u_n cette consommation lors de l'année $2006 + n$.

1. Expliquer pourquoi la raison q de la suite géométrique est telle que $q^5 = 1,25$.
2. Calculer une valeur approchée de q à 0,001 près, à l'aide de la calculatrice.
3. Exprimer u_n en fonction de n.
4. Estimer la consommation d'énergie par habitant en 2020, selon ce modèle.
5. Calculer la quantité totale d'énergie consommée entre 2006 et 2020.

2. On pourra utiliser la calculatrice en saisissant la fonction $x \mapsto x^5$ et en utilisant son tableau de valeurs.
3. Il s'agit d'une suite géométrique.
5. C'est un calcul de somme qui est demandé. Voir le savoir-faire **6**.

16 ALGORITHME | ★★ | 10 min | ▸ P. 31

1. Que fait l'algorithme suivant ?

```
Variables
        i, n, u : entiers
Initialisation
        u prend la valeur 5
Traitement
        Lire n
        Pour i de 1 à n
        Début pour
        u prend la valeur 2u – 4
        Fin pour
        Écrire u
```

2. Si l'utilisateur entre la valeur 4 pour la valeur n, quelle valeur est donnée par l'algorithme en sortie ?

17 MALTHUS | ★★ | 10 min | ▸ P. 31

Au 1er janvier 2011, la population d'une île déserte coupée du monde comptait 10 000 habitants. Cette population croît de 1 % chaque année. La production à cette date permettait de nourrir 12 000 individus et s'accroît de telle sorte qu'elle peut satisfaire chaque année 300 individus supplémentaires.

1. On désigne par a_n la population du pays au 1er janvier de l'année $(2011+n)$ et b_n la population satisfaite par la production au 1er janvier de l'année $(2011+n)$.
Préciser la nature des suites (a_n) et (b_n). Exprimer a_n et b_n en fonction de n.
2. Déterminer, à l'aide de la calculatrice, l'année à partir de laquelle la production ne sera plus suffisante pour satisfaire la population.

À l'aide de la calculatrice, on cherche le premier entier n tel que $a_n > b_n$.

18 SUITE RÉCURRENTE DOUBLE ★★★ 35 min ▸ P. 31

Soit (u_n) la suite définie par $u_0 = 1$, $u_1 = 2$, et pour tout $n \in \mathbb{N}$:

$$u_{n+2} = \frac{3}{2}u_{n+1} - \frac{1}{2}u_n.$$

1. On pose, pour tout $n \in \mathbb{N}$, $v_n = u_{n+1} - u_n$.

Montrer que (v_n) est une suite géométrique. Exprimer v_n en fonction de n.

2. Calculer $v_0 + v_1 + \ldots + v_{n-1}$. En déduire la limite L de (u_n).

3. Déterminer l'entier p à partir duquel u_p est à une distance de L inférieure à 10^{-3}.

Pour cette dernière question, voir le savoir-faire **5**.

EXERCICES D'APPROFONDISSEMENT

19 LE FLOCON DE VON KOCH ★★★ 60 min ▸ P. 32

Partant d'un triangle équilatéral dont chaque côté a pour longueur 1, et d'aire a, on construit sur chaque côté, vers l'extérieur, un nouveau triangle équilatéral, et on itère le procédé. Lors d'une étape donnée, les nouveaux triangles équilatéraux qui apparaissent sont appelés « bourgeons ».

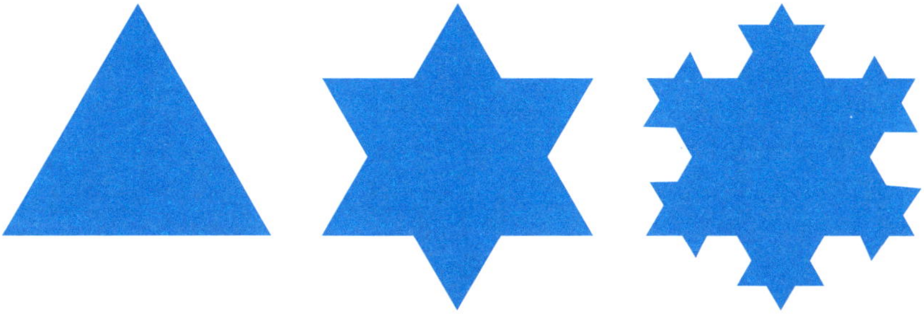

Étape 0 Étape 1 Étape 2

1. a. Calculer la valeur exacte de a.

b. Compléter.

- À chaque étape, le nombre de côtés est multiplié par : ....
- À chaque étape, la longueur des côtés est divisée par : ....
- À chaque étape, le nombre de bourgeons est égal au nombre de ....

c. Pour l'étape n, on note c_n le nombre de côtés, l_n la longueur d'un côté, p_n le périmètre de la figure.
Exprimer c_n, l_n et p_n en fonction de n.

2. a. On note aussi a_n l'aire de la figure. Montrer que pour tout $n \in \mathbb{N}$:

$$a_{n+1} = a_n + \frac{3\sqrt{3}}{4}\left(\frac{4}{9}\right)^n.$$

b. On admet que : $a_n = a_0 + \dfrac{27\sqrt{3}}{20}\left(1 - \left(\dfrac{4}{9}\right)^n\right)$.

Déterminer les limites des suites (p_n) et (a_n).

1. a. Utiliser le théorème de Pythagore.
1. c. On remarquera que ce sont trois suites géométriques.
2. b. Voir le savoir-faire **4**.

20 PETITS CARRÉS ★★★ 45 min ▸ P. 33

Un carré unité est divisé en neuf carrés égaux, le carré central est colorié (étape 1). Les huit carrés restant sont à leur tour divisés et coloriés selon le même procédé (étape 2). L'objectif du problème est de déterminer la limite de l'aire du domaine colorié si on continue ainsi indéfiniment.
Soit (u_n) la suite définie sur $\mathbb{N}^*$ dont le terme général u_n désigne l'aire coloriée à l'étape n. On a donc $u_1 = \dfrac{1}{9}$.

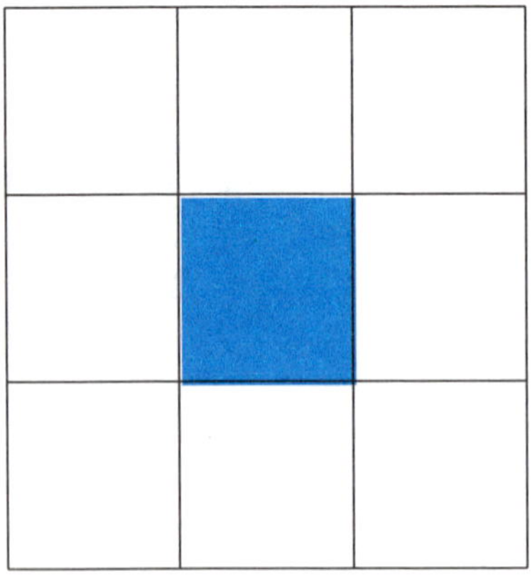
Étape 1

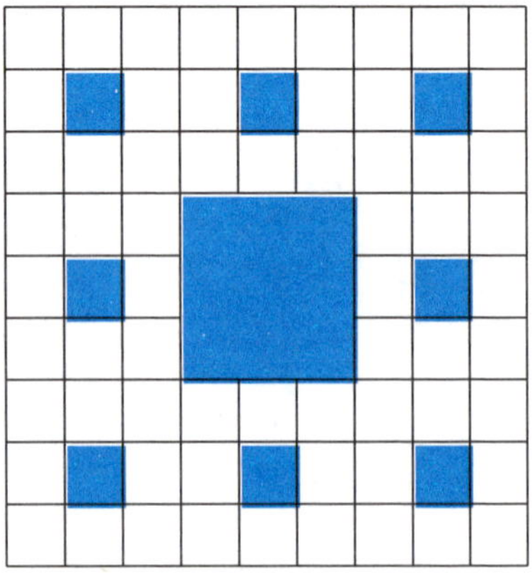
Étape 2

1. Que vaut u_2 ?

2. Montrer que pour tout $n \in \mathbb{N}^*$, $u_{n+1} = \frac{8}{9}u_n + \frac{1}{9}$.

3. On pose $v_n = u_n - 1$. Montrer que la suite (v_n) est géométrique. En préciser la raison et le premier terme.

4. Exprimer v_n en fonction de n, puis u_n en fonction de n.

5. Quelle est la limite de (u_n) ?

2. L'aire coloriée à l'étape suivante est égale à l'aire déjà coloriée ajoutée à un neuvième de ce qui reste. Traduire en une égalité reliant u_{n+1} et u_n, puis simplifier.
3. Le résultat de la question **2,** montre qu'on a affaire à une suite arithmético-géométrique. La question **3** effectue donc l'étude classique. Voir le savoir-faire **7**.

21 CONJECTURE DE SYRACUSE

★★★ | 45 min | ▸ P. 34

On définit la suite récurrente suivante. Le premier terme u_0 est un entier positif k, et pour tout n entier positif :

- si u_n est pair, alors $u_{n+1} = \frac{u_n}{2}$;
- si u_n est impair, alors $u_{n+1} = 3u_n + 1$.

La suite de nombres associée au premier terme k est aussi appelée le vol de k.

Exemple : le vol de 7 est 7, 22, 11, 34, 17, 52, 26, 13, 40, 20, 10, 5, 16, 8, 4, 2, 1, 4, 2, 1, 4, 2, 1, ...

1. Écrire un algorithme qui demande une valeur de k puis qui affiche les valeurs de la suite jusqu'à obtenir 1 pour la première fois.

2. Le temps de vol d'un entier k est le nombre de termes nécessaire pour obtenir pour la première fois 1. Par exemple, le temps de vol de 7 est 17. Modifier l'algorithme précédent pour qu'il affiche le temps de vol, ainsi que les termes de la suite jusqu'au premier 1 obtenu.

3. L'altitude maximale du vol est le plus grand terme obtenu dans la suite. Par exemple, l'altitude maximale du vol de 7 est 52. Ajouter à l'algorithme précédent les instructions nécessaires pour afficher l'altitude maximale du vol de k.

CONTRÔLE

22 QCM

★★ | 15 min | ▸ P. 35

Une seule réponse est exacte.

Soit $q > 0$. On note $S_n = 1 + q + q^2 + \ldots + q^n$.

1. Si $q < 1$, alors $\lim\limits_{n \to +\infty} S_n$ est égale à :

a. $-\infty$ **b.** 0 **c.** $\dfrac{1}{1-q}$ **d.** $+\infty$

2. Si $q > 1$, alors $\lim\limits_{n \to +\infty} S_n$ est égal à :

a. $-\infty$ **b.** 0 **c.** $\dfrac{1}{1-q}$ **d.** $+\infty$

3. Si $\lim\limits_{n \to +\infty} S_n = 2$, alors q est égal à :

a. $\dfrac{1}{4}$ **b.** $\dfrac{1}{2}$ **c.** $\dfrac{4}{3}$ **d.** 2

23 LES TOURS DE HANOÏ

★★ | 45 min | ▸ P. 35

On dispose de trois piquets sur un socle et de n disques de tailles deux à deux différentes, troués en leur centre.

Les n disques sont empilés sur le piquet A. Le but du jeu est de les faire passer sur le piquet C en respectant les règles suivantes :

- on ne déplace qu'un disque à la fois ;
- un disque ne peut être mis que sur l'un des trois piquets ;
- un disque ne peut jamais être mis par-dessus un disque de taille plus petit.

EXEMPLE : Avec cinq disques

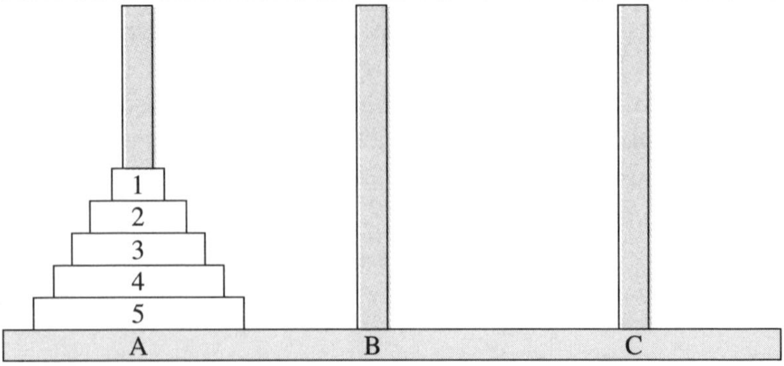

On note u_n le nombre de déplacements pour réussir.

Le mouvement d'un disque situé en haut de la pile A déplacé en haut de la pile du piquet B sera noté A $\to$ B.

Partie A

1. Préciser les valeurs de u_1, u_2, u_3, en détaillant les déplacements effectués.
2. Montrer que pour déplacer les n disques, il faut nécessairement que tous les disques soient empilés sur le piquet B sauf le plus grand qu'on va pouvoir passer du piquet A au piquet C.
3. En déduire que $u_{n+1} = 2u_n + 1$.
4. En déduire u_4 puis u_5.

Partie B

1. Soit (v_n) la suite définie pour tout n entier par $v_n = u_n + 1$.
Montrer que (v_n) est une suite géométrique, en préciser la raison et le premier terme.
2. a. Exprimer v_n en fonction de n.
b. En déduire u_n en fonction de n.
3. Combien de disques doivent être utilisés pour que le nombre de déplacements dépasse 1 milliard ?

• La relation de la question **A. 3.** montre que (u_n) est une suite arithmético-géométrique. La partie **B** fait étudier cette suite. Voir le savoir-faire **7** si nécessaire.

• Dans la dernière question de la partie **B**, il s'agit de résoudre l'inéquation $u_n > 10^9$.

CORRIGÉS

1 SENS DE VARIATION D'UNE SUITE

1. Pour tout $n \in \mathbb{N}$: $u_{n+1} - u_n = \dfrac{2(n+1)+1}{(n+1)+2} - \dfrac{2n+1}{n+2} = \dfrac{2n+3}{n+3} - \dfrac{2n+1}{n+2}$

$$u_{n+1} - u_n = \frac{(2n+3)(n+2)-(2n+1)(n+3)}{(n+3)(n+2)} = \frac{3}{(n+3)(n+2)}.$$

Or, $\dfrac{3}{(n+3)(n+2)} > 0$, d'où $\boldsymbol{u_{n+1} - u_n > 0}$.

Par conséquent, (u_n) est une suite strictement croissante.

2. Pour tout $n \in \mathbb{N}$, $\dfrac{2n+1}{n+2} > 0$: (u_n) est une suite à termes strictement positifs.

$$\frac{u_{n+1}}{u_n} = \frac{\dfrac{2n+3}{n+3}}{\dfrac{2n+1}{n+2}} = \frac{(2n+3)(n+2)}{(n+3)(2n+1)} = \frac{2n^2+7n+6}{2n^2+7n+3}.$$

Or, $2n^2+7n+6 > 2n^2+7n+3$, d'où $\dfrac{2n^2+7n+6}{2n^2+7n+3} > 1$ et $\boldsymbol{\dfrac{u_{n+1}}{u_n} > 1}$.

Par conséquent, (u_n) est une suite strictement croissante.

En résumé, pour montrer qu'une suite est strictement croissante, soit on prouve que $u_{n+1} - u_n > 0$, soit on vérifie que les termes sont positifs et on montre que $\dfrac{u_{n+1}}{u_n} > 1$.

2 SUITE ARITHMÉTIQUE

1. La suite (u_n) étant arithmétique de raison $-\dfrac{1}{3}$ et de premier terme $u_1 = 2$, on a :

$$u_n = 2 - \frac{1}{3}(n-1) = \frac{7-n}{3}.$$

D'où : $S_n = n\dfrac{u_1+u_n}{2} = \dfrac{n}{2}\left(2+\dfrac{7-n}{3}\right) = \boldsymbol{\dfrac{n(13-n)}{6}}$.

2. $x_n = \dfrac{S_n}{n} = \dfrac{13-n}{6} = \dfrac{13}{6} - \dfrac{1}{6}n$.

On a donc $x_{n+1} - x_n = \dfrac{13}{6} - \dfrac{1}{6}(n+1) - \left(\dfrac{13}{6} - \dfrac{1}{6}n\right) = -\dfrac{1}{6}$. La différence de deux termes consécutifs étant constante, **cette suite est arithmétique**, de raison $-\dfrac{1}{6}$.

3 SUITE GÉOMÉTRIQUE

$\dfrac{u_{n+1}}{u_n}=\dfrac{\dfrac{3^{n+1+2}}{2^{n+1-1}}}{\dfrac{3^{n+2}}{2^{n-1}}}=\dfrac{3^{n+3}}{2^n}\times\dfrac{2^{n-1}}{3^{n+2}}=\dfrac{3}{2}$. Le rapport de deux termes consécutifs étant constant, **la suite (u_n) est géométrique, de raison $\dfrac{3}{2}$**.

Une autre méthode consiste à écrire u_n sous la forme $u_0\times q^n$. On obtient :

$$u_n=\frac{3^{n+2}}{2^{n-1}}=\frac{2\times3^n\times3^2}{2\times2^{n-1}}=18\times\left(\frac{3}{2}\right)^n.$$

4 PROGRESSIONS GÉOMÉTRIQUES

1. $\dfrac{1}{0,4}=\dfrac{2,5}{1}=\dfrac{6,25}{2,5}=2,5.$

Le rapport de deux termes consécutifs est constant, donc les nombres sont en progression géométrique.

2. $\dfrac{x}{25}=\dfrac{16}{x}\Leftrightarrow x^2=400\Leftrightarrow \boldsymbol{x=20}$. Les nombres 25, 20 et 16 sont en progression géométrique, avec une raison égale à 0,8.

5 NATURE D'UNE SUITE

1. Suite arithmétique.
2. Ni l'un ni l'autre.
3. Suite géométrique.
4. Suite géométrique.
5. Ni l'un ni l'autre.

6 SUITE GÉOMÉTRIQUE

On a $q^8=\dfrac{u_{15}}{u_7}=\dfrac{400}{500}=0,8.$

$u_{31}=u_{15}\times q^{16}=400\times0,8^2=\mathbf{256}.$

7 MATHS EN MUSIQUE

D'un *la* au *la* suivant, la fréquence est doublée. En passant par les douze notes de la gamme chromatique, la fréquence est multipliée à chaque fois par la raison q, soit globalement par q^{12}. Ainsi : $q^{12}=2\Leftrightarrow q=2^{\frac{1}{12}}=\mathbf{1,059}$.

8 LIMITES DE SUITES GÉOMÉTRIQUES

1. 0.
2. $-\infty$.
3. $+\infty$.
4. 0.

9 SOMME DE TERME CONSÉCUTIFS

1. Il s'agit d'une somme de 99 termes consécutifs d'une suite géométrique de raison 0,9 :

$$\begin{aligned} 0{,}9+0{,}9^2+\ldots+0{,}9^{99} &= \frac{1-0{,}9^{100}}{1-0{,}9}-1 \\ &= 10\left(1-0{,}9^{100}\right)-1 = \mathbf{9-10\times 0{,}9^{100}}. \end{aligned}$$

2. D'après le cours, $\lim\limits_{n\to+\infty}\left(1+0{,}9+0{,}9^2+\ldots+0{,}9^n\right)=\dfrac{1}{1-0{,}9}=10$.

Donc : $\lim\limits_{n\to+\infty}\left(0{,}9+0{,}9^2+\ldots+0{,}9^n\right)=10-1=\mathbf{9}$.

La somme ne commence pas par 1, contrairement à la formule du cours : c'est pourquoi il faut enlever 1 en appliquant cette formule.

10 IN VINO VERITAS

Une diminution de 0,4 % se traduit par une multiplication par 0,996. Ainsi, chaque année, la consommation est multipliée par 0,996. Si u_n désigne la consommation mondiale de vin lors de l'année $(2010+n)$, on a : $u_n = 236\times 0{,}996^n$.

D'ou : $u_n < 220 \Leftrightarrow 236\times 0{,}996^n < 220 \Leftrightarrow 0{,}996^n < \dfrac{55}{59}$.

Par essais successifs à la calculatrice, on observe que :

$$0{,}996^{17} > \frac{55}{59} \quad \text{et} \quad 0{,}996^{18} < \frac{55}{59}.$$

C'est donc au cours de la dix-huitième année, c'est-à-dire en **2028**, que selon ce modèle, la consommation passera en dessous de 220 milliards de litres.

On peut aussi envisager une résolution algébrique de l'inéquation, au moyen de la fonction ln :

$$\begin{aligned} 0{,}996^n < \frac{55}{59} &\Leftrightarrow \ln\left(0{,}996^n\right) < \ln\frac{55}{59} \Leftrightarrow n\ln 0{,}996 < \ln\frac{55}{59} \\ &\Leftrightarrow n > \frac{\ln\frac{55}{59}}{\ln 0{,}996} \approx 17{,}5. \end{aligned}$$

11 SUITE ARITHMÉTICO-GÉOMÉTRIQUE

1. Pour tout $n \in \mathbb{N}$, $v_{n+1} = u_{n+1} - \alpha = 3u_n - 4 - \alpha = 3\left(u_n - \frac{4+\alpha}{3}\right)$.

Pour que (v_n) soit une suite géométrique, il faut et il suffit que $\frac{4+\alpha}{3} = \alpha$, ce qui équivaut à $\boldsymbol{\alpha = 2}$.

2. La suite (v_n) est une suite géométrique de raison 3 et de premier terme $v_0 = u_0 - 2 = 2$.

Il vient $\boldsymbol{v_n = 2 \times 3^n}$, puis $\boldsymbol{u_n} = 2\times 3^n + 2 = \boldsymbol{2(1+3^n)}$.

12 ALGORITHME

Pour cet algorithme, on choisit les notations suivantes : premier terme : a ; raison : q ; nombre de termes : n ; somme à calculer : s.

Variables
- a, q, s : réels
- n : entier

Traitement
- Lire a
- Lire q
- Lire n
- s prend la valeur $a\,\frac{1-q^n}{1-q}$
- Écrire s

13 ÉTUDE D'UNE SUITE ARITHMÉTICO-GÉOMÉTRIQUE

1. Pour tout $n \in \mathbb{N}$:

$v_{n+1} = u_{n+1} - 40 = 1{,}1u_n - 4 - 40 = 1{,}1u_n - 44 = 1{,}1(u_n - 40) = 1{,}1v_n$.

Ainsi, (v_n) est une suite géométrique de raison 1,1 et de premier terme :

$v_0 = u_0 - 40 = 50 - 40 = 10$.

2. $v_n = 10 \times 1{,}1^n$.

3. $u_n = v_n + 40 = 10 \times 1{,}1^n + 40$.

4. Puisque (v_n) est une suite géométrique de raison strictement supérieure à 1, de premier terme positif, sa limite est $+\infty$. On en déduit que **la limite de (u_n) est $+\infty$**.

14 REMBOURSEMENT D'UNE EMPRUNT

1. $u_1 = 100\,000 \times 1{,}004 - 1\,200 = 99\,200$.
Pour tout $n \in \mathbb{N}$, $u_{n+1} = 1{,}004u_n - 1\,200$.

2. Pour tout $n \in \mathbb{N}$:

$$\begin{aligned} v_{n+1} &= u_{n+1} - 300\,000 = 1{,}004u_n - 1\,200 - 300\,000 = 1{,}004u_n - 301\,200 \\ &= 1{,}004(u_n - 300\,000) = 1{,}004v_n. \end{aligned}$$

Donc (v_n) est une suite géométrique, de raison 1,004 et de premier terme :

$$v_0 = -200\,000.$$

3. $v_n = -200\,000 \times 1{,}004^n$.

Puis : $\begin{aligned} u_n &= v_n + 300\,000 = -200\,000 \times 1{,}004^n + 300\,000 \\ &= 100\,000(3 - 2 \times 1{,}004^n). \end{aligned}$

4. $u_n \leqslant 0 \Leftrightarrow 100\,000(3 - 2 \times 1{,}004^n) \leqslant 0 \Leftrightarrow 2 \times 1{,}004^n \geqslant 3 \Leftrightarrow 1{,}004^n \geqslant 1{,}5$.

Avec des essais à la calculatrice : $1{,}004^{101} < 1{,}5$ et $1{,}004^{102} > 1{,}5$. Donc **le remboursement sera complet à la fin du 102e mois**.

Si le logarithme népérien a été étudié :

$$1{,}004^n \geqslant 1{,}5 \Leftrightarrow \ln(1{,}004^n) \geqslant \ln(1{,}5) \Leftrightarrow n\ln(1{,}004) \geqslant \ln(1{,}5) \Leftrightarrow n \geqslant \frac{\ln(1{,}5)}{\ln(1{,}004)}.$$

Puisque $\dfrac{\ln(1{,}5)}{\ln(1{,}004)} \approx 101{,}6$, c'est à la fin du 102e mois que le remboursement sera complet.

À la fin du 101e mois, la somme qu'il reste à rembourser est, en euros :
$u_{101} = 100\,000(3 - 2 \times 1{,}004^{101}) \approx 680{,}51$.

En tenant compte des intérêts, le montant du dernier remboursement sera de :

$$680{,}51 \times 1{,}004 = 683{,}23\ €.$$

15 CONSOMMATION ÉNERGÉTIQUE

1. La consommation d'énergie par habitant étant en progression géométrique, de raison q, elle est multipliée par q chaque année. En cinq ans, elle est donc multipliée par q^5. Puisque $\dfrac{3{,}5}{2{,}8} = 1{,}25$, on a bien $q^5 = 1{,}25$.

2. On saisit la fonction $x \mapsto x^5$. Dans le tableau de valeurs de cette fonction, on trouve $q = 1{,}046$, valeur arrondie à 0,001 près.

3. C'est une suite géométrique de raison 1,046 et de premier terme 2,8. Donc $u_n = 2{,}8 \times 1{,}046^n$.

4. En 2020, on prend $n = 14$: $u_{14} = 2{,}8 \times 1{,}046^{14} \approx 5{,}3$.

La consommation d'énergie par habitant en 2020 est estimée, selon ce modèle, à 5,3 tep, environ.

5. $u_0 + u_1 + \ldots + u_{14} = 2{,}8 \times \dfrac{1 - 1{,}046^{15}}{1 - 1{,}046} = 58{,}6$.

La quantité totale d'énergie par habitant entre 2006 et 2020 est estimée à **58,6 tep**.

16 ALGORITHME

1. L'algorithme calcule le terme de rang n de la suite définie par $u_0 = 5$ et par la relation de récurrence $u_{n+1} = 2u_n - 4$.

En effet, il demande à l'utilisateur de saisir une valeur n, puis effectue n fois une boucle dans laquelle un calcul supplémentaire est effectué. La suite a été initialisée par $u_0 = 5$, puis chaque boucle supplémentaire permet de calculer u_1, u_2, ..., ainsi de suite jusqu'à u_n.

2. Si on choisit $n = 4$, l'algorithme va donner en sortie la valeur u_4.

À partir de $u_0 = 5$, on obtient à chaque passage dans la boucle les valeurs 6, 8, 12, 20. Par conséquent, $\boldsymbol{u_4 = 20}$.

17 MALTHUS

1. (a_n) est une suite géométrique de raison 1,01 et (b_n) est une suite arithmétique de raison 300. Pour tout $n \in \mathbb{N}$: $a_n = 10\,000 \times 1{,}01^n$ et $b_n = 12\,000 + 300n$.

2. On cherche le premier entier à partir duquel $a_n > b_n$.

Avec la calculatrice ou un tableur, on obtient : $a_{197} < b_{197}$ et $a_{198} > b_{198}$. C'est donc à partir de **2209** que la production ne suffira plus pour satisfaire la population.

18 SUITE RÉCURRENTE DOUBLE

1. Pour tout $n \in \mathbb{N}$:

$$v_{n+1} = u_{n+2} - u_{n+1} = \frac{3}{2}u_{n+1} - \frac{1}{2}u_n - u_{n+1} = \frac{1}{2}u_{n+1} - \frac{1}{2}u_n = \frac{1}{2}(u_{n+1} - u_n) = \frac{1}{2}v_n.$$

Donc (v_n) est une suite géométrique de raison $\frac{1}{2}$, et de premier terme :

$v_0 = u_1 - u_0 = 1$.

Ainsi, pour tout $n \in \mathbb{N}$, $v_n = \left(\frac{1}{2}\right)^n$.

2. En utilisant la somme des termes d'une suite géométrique :

$$v_0 + v_1 + \ldots + v_{n-1} = 1 \times \frac{1 - \left(\frac{1}{2}\right)^n}{1 - \frac{1}{2}} = 2\left(1 - \frac{1}{2^n}\right).$$

D'autre part :

$$v_0 + v_1 + \ldots + v_{n-1} = (u_1 - u_0) + (u_2 - u_1) + \ldots + (u_n - u_{n-1}) = u_n - u_0 = u_n - 1.$$

On en déduit que $u_n = 1 + 2\left(1 - \frac{1}{2^n}\right) = 3 - \frac{1}{2^{n-1}}$.

On a $\lim\limits_{n \to +\infty} \frac{1}{2^{n-1}} = 0$, donc $L = \lim\limits_{n \to +\infty} u_n = 3$.

3. On a $u_p - L = u_p - 3 = \frac{1}{2^{p-1}}$.

Donc : $u_p - 3 < 10^{-3} \Leftrightarrow \frac{1}{2^{p-1}} < 10^{-3} \Leftrightarrow 2^{p-1} > 10^3 \Leftrightarrow \ln\left(2^{p-1}\right) > \ln\left(10^3\right)$, car la fonction logarithme népérien est strictement croissante sur $\mathbb{R}^{+*}$. On en déduit :

$(p-1)\ln(2) > 3\ln(10) \Leftrightarrow p > 1 + \frac{3\ln(10)}{\ln(2)}$ puisque $\ln 2 > 0$.

Or : $1 + \frac{3\ln(10)}{\ln(2)} \approx 10{,}97$. Donc l'entier p à partir duquel u_p est à une distance de L inférieure à 10^{-3} est **11**.

19 LE FLOCON DE VON KOCH

1. a. En partageant le triangle équilatéral avec une hauteur, on obtient deux triangles rectangles identiques. On applique le théorème de Pythagore dans l'un deux : $x^2 + 0{,}5^2 = 1^2$, ce qui donne $x^2 = \frac{3}{4}$, soit $x = \frac{\sqrt{3}}{2}$. L'aire du triangle équilatéral est donc : $a = \frac{\frac{1 \times \sqrt{3}}{2}}{2} = \frac{\sqrt{3}}{4}$.

b. À chaque étape, le nombre de côtés est multiplié par : **4.**
À chaque étape, la longueur des côtés est divisée par : **3.**
À chaque étape, le nombre de bourgeons est égal au nombre de **côtés de l'étape précédente.**

c. (c_n) est une suite géométrique de raison 4 et de premier terme $c_0 = 3$. Ainsi, pour tout $n \in \mathbb{N}$, $c_n = 3 \times 4^n$.

(l_n) est une suite géométrique de raison $\frac{1}{3}$ et de premier terme $l_0 = 1$.

Ainsi, pour tout $n \in \mathbb{N}$, $l_n = \left(\frac{1}{3}\right)^n$.

Et : $p_n = c_n l_n = 3 \times 4^n \times \left(\frac{1}{3}\right)^n = 3 \times \left(\frac{4}{3}\right)^n$.

2. a. Tout d'abord, on rappelle que l'aire d'un triangle équilatéral de côté x est :

$$\frac{\sqrt{3}}{4}x^2.$$

Pour déterminer l'aire a_{n+1}, on ajoute à l'aire a_n de l'étape n, l'aire de tous les nouveaux triangles. Or, le nombre de bourgeons est égal au nombre de côtés de l'étape précédente. Et puisque l'aire d'un triangle équilatéral de côté l_n est $\frac{\sqrt{3}}{4}{l_n}^2$, on obtient :

$$a_{n+1} = a_n + c_n \times l_n^2 \frac{\sqrt{3}}{4} = a_n + 3 \times 4^n \times \left(\frac{1}{3}\right)^{2n} \times \frac{\sqrt{3}}{4} = a_n + \frac{3\sqrt{3}}{4}\left(\frac{4}{9}\right)^n.$$

b. (p_n) est une suite géométrique de raison $\frac{4}{3}$ et de premier terme positif 3.

D'où $\lim\limits_{n\to+\infty} p_n = +\infty$.

Comme $-1 < \frac{4}{9} < 1$, on a $\lim\limits_{n\to+\infty}\left(\frac{4}{9}\right)^n = 0$.

D'où $\lim\limits_{n\to+\infty}\left(1-\left(\frac{4}{9}\right)^n\right) = 1$ et $\lim\limits_{n\to+\infty}\frac{27\sqrt{3}}{20}\left(1-\left(\frac{4}{9}\right)^n\right) = \frac{27\sqrt{3}}{20}$.

Enfin, $\lim\limits_{n\to+\infty} a_n = a_0 + \frac{27\sqrt{3}}{20}$.

Comme $a_0 = \frac{\sqrt{3}}{4}$, on conclut : $\lim\limits_{n\to+\infty} a_n = \frac{\sqrt{3}}{4} + \frac{27\sqrt{3}}{20} = \mathbf{\frac{8\sqrt{3}}{5}}$.

1. a. L'aire d'un triangle s'obtient par : $\frac{\text{base} \times \text{hauteur}}{2}$.

2. b. On remarque que le périmètre de la « figure limite » est infini mais son aire est finie.

20 PETITS CARRÉS

1. Pour trouver l'aire du domaine colorié à la deuxième étape, on ajoute :

– ce qui a été déjà colorié à la première étape : $\frac{1}{9}$;

– ce que l'on colorie à la deuxième étape : $\frac{1}{9}$ de ce qui reste, soit $\frac{1}{9}\left(1-\frac{1}{9}\right)$.

On obtient : $u_2 = \frac{1}{9} + \frac{1}{9}\left(1-\frac{1}{9}\right) = \frac{17}{81}$.

2. On recommence le même raisonnement.

Pour tout $n \in \mathbb{N}^*$, $u_{n+1} = u_n + \frac{1}{9}(1-u_n) = u_n + \frac{1}{9} - \frac{u_n}{9} = \frac{8}{9}u_n + \frac{1}{9}$.

3. $v_{n+1} = u_{n+1} - 1 = \frac{8}{9}u_n + \frac{1}{9} - 1 = \frac{8}{9}u_n - \frac{8}{9} = \frac{8}{9}(u_n - 1) = \frac{8}{9}v_n$.

La suite (v_n) est donc géométrique, de raison $\frac{8}{9}$, de premier terme :

$v_1 = u_1 - 1 = \frac{1}{9} - 1 = -\frac{8}{9}$.

4. $v_n = -\frac{8}{9} \times \left(\frac{8}{9}\right)^{n-1} = -\left(\frac{8}{9}\right)^n$ et $u_n = v_n + 1 = 1 - \left(\frac{8}{9}\right)^n$.

Remarque : on peut vérifier que $u_2 = 1 - \left(\frac{8}{9}\right)^2 = \frac{17}{81}$.

5. La suite (v_n) étant une suite géométrique de raison strictement comprise entre 0 et 1, sa limite est 0. **La limite de (u_n) est donc 1.**

21 CONJECTURE DE SYRACUSE

1. Dans l'algorithme suivant, k est l'entier initial dont on cherche à écrire le vol.

```
Lire k
Afficher k
Tant que k > 1
        Si k est pair
                k prend la valeur k/2
        Sinon
                k prend la valeur 3k+1
        Afficher k
Fin Tant que
```

2. Il suffit d'ajouter un compteur dans l'instruction « Tant que » pour compter le nombre de boucles effectuées. Dans l'algorithme suivant, t est le temps de vol. La valeur initiale de t est 1, pour inclure dans le décompte la valeur de k.
Les instructions ajoutées pour cette question sont en gras.

```
Lire k
Afficher k
t = 1
Tant que k > 1
        Si k est pair
                k prend la valeur k/2
        Sinon
                k prend la valeur 3k+1
        Afficher k
        t prend la valeur t+1
Fin Tant que
Afficher t
```

3. On note m le maximum obtenu lors du vol de l'entier k. Au début, le maximum est l'entier k. Les instructions ajoutées pour cette question sont en gras.

```
Lire k
Afficher k
t = 1
m prend la valeur k
Tant que k > 1
        Si k est pair
                k prend la valeur k/2
        Sinon
                k prend la valeur 3k+1
        Afficher k
        t prend la valeur t+1
        Si k > m, alors m prend la valeur k
Fin Tant que
Afficher t
Afficher m
```

22 QCM

1. Réponse **c.**

Si $q \neq 1$, on a $S_n = \dfrac{1-q^{n+1}}{1-q}$.

Si $0 < q < 1$, on a $\lim\limits_{n\to+\infty} q^{n+1} = 0$, d'où $\lim\limits_{n\to+\infty} S_n = \dfrac{1}{1-q}$.

2. Réponse **d.**

Si $q > 1$, on a $\lim\limits_{n\to+\infty} q^n = +\infty$, donc $\lim\limits_{n\to+\infty} S_n = +\infty$.

3. Réponse **b.**

$\lim\limits_{n\to+\infty} S_n = 2 \Leftrightarrow \dfrac{1}{1-q} = 2 \Leftrightarrow 1-q = \dfrac{1}{2} \Leftrightarrow q = \dfrac{1}{2}$.

23 LES TOURS DE HANOÏ

Partie A

1. Avec un seul disque, il n'y a qu'un seul déplacement : $\boldsymbol{u_1 = 1}$.
Avec deux disques, on effectue les mouvements : A → B, A → C et B → C.
On a donc $\boldsymbol{u_2 = 3}$.
Avec trois disques, on effectue les mouvements : A → C, A → B, C → B, A → C, B → A, B → C et A → C. On a donc $\boldsymbol{u_3 = 7}$.

2. Le plus grand disque doit être déplacé sur le piquet C alors que celui-ci est vide. Avant cela, il faut qu'il soit seul sur le piquet A, les autres ayant été déplacés ailleurs. Le seul piquet où mettre ces autres disques est le piquet B.

3. Pour déplacer $(n+1)$ disques, il faut d'abord déplacer n disques du piquet A au piquet B : le nombre de mouvements pour effectuer cette opération est u_n. Ensuite, on déplace le grand disque du piquet A au piquet C, ce qui ajoute un mouvement supplémentaire au décompte total. Enfin, on déplace les n disques du piquet B au piquet C, ce qui ajoute encore u_n déplacements.
Au total, on a : $u_{n+1} = u_n + 1 + u_n = 2u_n + 1$.

4. À l'aide de cette relation de récurrence, on obtient : $\boldsymbol{u_4} = 2u_3 + 1 = \mathbf{15}$.
Puis : $\boldsymbol{u_5} = 2u_4 + 1 = \mathbf{31}$.

Partie B

1. $v_{n+1} = u_{n+1} + 1 = 2u_n + 1 + 1 = 2(u_n + 1) = 2v_n$.

(v_n) est une suite géométrique de raison 2, de premier terme $v_1 = 2$.

2. a. Pour tout n entier positif non nul, $v_n = 2^n$.

b. $u_n = v_n - 1 = 2^n - 1$.

3. $u_n > 10^9 \Leftrightarrow 2^n - 1 > 10^9 \Leftrightarrow 2^n > 10^9 + 1$.

À l'aide de la calculatrice, on obtient : $2^{30} > 10^9 + 1$, mais $2^{29} < 10^9 + 1$.
Avec **30 disques**, le nombre de déplacements dépasse un milliard.

2 Généralités sur les fonctions

I CONTINUITÉ

■ Définition

Une fonction f est dite continue sur un intervalle $[a ; b]$ si on peut tracer sa représentation graphique sur $[a ; b]$ sans lever le crayon.

■ Par convention, dans un tableau de variations, une flèche traduit la continuité de la fonction sur l'intervalle correspondant.

■ Les fonctions usuelles sont continues sur chacun des intervalles où elles sont définies.

II VALEURS INTERMÉDIAIRES

■ Théorème

Soit f une fonction définie et continue sur un intervalle $[a ; b]$.

Pour tout réel k compris entre $f(a)$ et $f(b)$, il existe au moins un réel c dans $[a ; b]$ tel que $f(c) = k$.

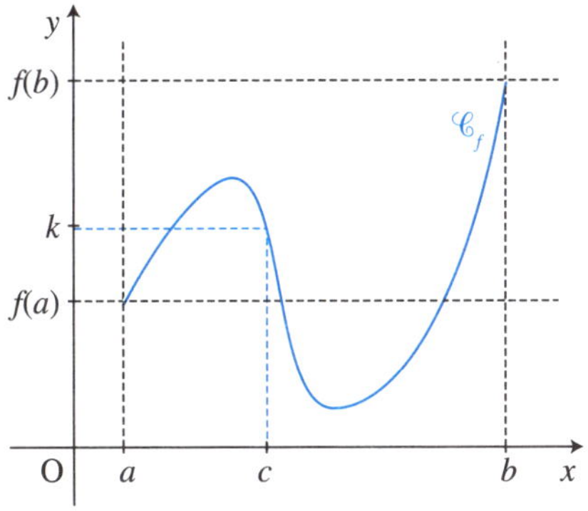

■ **Théorème**

Soit f une fonction continue et **strictement monotone** sur un intervalle $[a\,;b]$.
Pour tout réel k compris entre $f(a)$ et $f(b)$, il existe un réel **unique** c dans $[a\,;b]$ tel que $f(c)=k$.

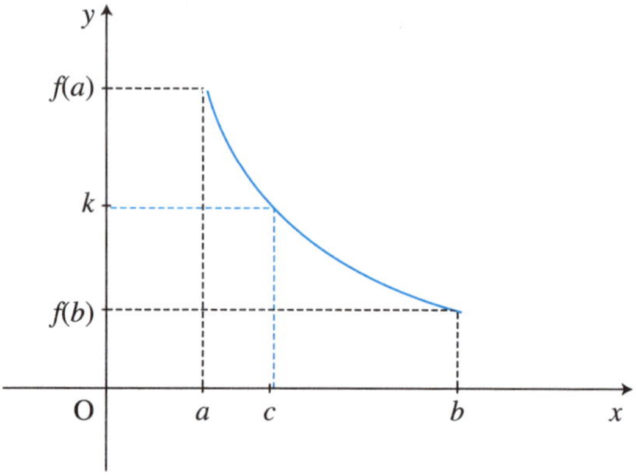

III DÉRIVATION

1. Formulaire

u et v désignent deux fonctions dérivables, k une constante et n un entier.

Fonction	Dérivée	Conditions
k	0	
x	1	
$\frac{1}{x}$	$\frac{-1}{x^2}$	$x \neq 0$
x^n	nx^{n-1}	$x \neq 0$ si $n<0$
$u+v$	$u'+v'$	
ku	ku'	
uv	$u'v+uv'$	
$\frac{u}{v}$	$\frac{u'v-uv'}{v^2}$	$v \neq 0$
u^n	$nu'u^{n-1}$	$u \neq 0$ si $n<0$
$\ln x$	$\frac{1}{x}$	$x>0$
e^u	$u'e^u$	
$\sqrt{u}$	$\frac{u'}{2\sqrt{u}}$	$u>0$

2. Variations

Si $f'(x) > 0$ sur un intervalle I, f croît strictement sur I.
Si $f'(x) < 0$ sur un intervalle I, f décroît strictement sur I.

Pour déterminer le signe de $f'(x)$, il est souvent nécessaire de factoriser $f'(x)$.

3. Tangentes

Si une fonction f est dérivable en une valeur a, alors la représentation graphique $\mathscr{C}$ de f admet au point d'abscisse a une tangente :

- $f'(a)$ est le coefficient directeur de cette tangente ;
- une équation de cette tangente est $y = f'(a)(x-a) + f(a)$.

Remarque : Quand $f'(a) = 0$, la tangente à $\mathscr{C}$ au point d'abscisse a est horizontale et elle est souvent représentée sur le tracé de $\mathscr{C}$.

COURS

SAVOIR-FAIRE

1. Déterminer la dérivée d'une fonction

1. Reconnaître la formule de calcul correspondant au calcul demandé.
2. Identifier les composants de la formule dans le calcul demandé et éventuellement déterminer u' et v'.
3. Donner l'expression de la dérivée.

EXEMPLE 1 : Soit f la fonction définie pour tout réel x différent de 5 par :

$$f(x)=\frac{2x+3}{x-5}.$$

Déterminer sa fonction dérivée.

1. On utilise la formule $\left(\frac{u}{v}\right)'=\frac{u'v-uv'}{v^2}$.
2. On a : $u(x)=2x+3$ et $v(x)=x-5$.
On a donc : $u'(x)=2$ et $v'(x)=1$.
3. On obtient $f'(x)=\frac{2(x-5)-(2x+3)\times 1}{(x-5)^2}$, soit $f'(x)=\frac{-13}{(x-5)^2}$.

EXEMPLE 2 : Déterminer la dérivée de $g : x \mapsto 15(3-7x)^5$.

1. On utilise simultanément les formules $(kv)' = kv'$ avec k une constante et $(u^n)'=nu'u^{n-1}$.
2. On a : $k=15$, $u(x)=3-7x$ et $n=5$. On a donc : $u'(x)=-7$.
3. On obtient $g'(x)=15\times 5\times(-7)\times(3-7x)^4$. Soit :
$g'(x)=-525(3-7x)^4$.

2. Établir le sens de variation d'une fonction

1. Déterminer l'expression de la dérivée f' sous une forme qui permet d'en étudier le signe.
2. Étudier le signe de $f'(x)$ selon les valeurs de x.
3. En déduire le sens de variation de la fonction selon les valeurs de x.

EXEMPLE 1 : Soit f la fonction définie pour réel x différent de 5 par :

$$f(x)=\frac{2x+3}{x-5}.$$

Montrer que f est strictement décroissante sur chacun des intervalles où elle définie.

1. On montre que $f'(x)=\frac{-13}{(x-5)^2}$.
2. Le numérateur est négatif et le dénominateur est toujours positif car c'est un carré.

$f'(x)$ est donc strictement négative pour tout réel x différent de 5, donc sur $]-\infty\,;5[$ ainsi que sur $]5\,;+\infty[$.

3. f est donc strictement décroissante sur $]-\infty\,;5[$ ainsi que sur $]5\,;+\infty[$.

EXEMPLE 2 : Soit h la fonction définie pour tout réel x par :

$$h(x) = -x^2 + 5x + 3.$$

Étudier les variations de h selon les valeurs de x.

1. Pour tout réel x, on a $h'(x) = -2x + 5$.

2. $-2x + 5 > 0 \Leftrightarrow -2x > -5 \Leftrightarrow x < 2{,}5$. $h'(x)$ est strictement positive sur $]-\infty;2{,}5[$.

On en déduit que $h'(x)$ est strictement négative sur $]2{,}5\,;+\infty[$.

3. h est donc strictement croissante sur $]-\infty\,;2{,}5[$ et h est strictement décroissante sur $]2{,}5\,;+\infty[$.

h est définie en 2,5. On peut donc aussi écrire que h est strictement croissante sur $]-\infty\,;2{,}5]$ et strictement décroissante sur $[2{,}5\,;+\infty[$.

3. Établir une équation d'une tangente à une courbe

1. Rappeler la formule $y = f'(a)(x-a) + f(a)$.

2. Identifier a et calculer $f'(a)$ et $f(a)$.

3. Conclure en donnant une équation de la tangente sous une forme simplifiée.

EXEMPLE : Soit f la fonction définie sur $]0\,;+\infty[$ par $f(x) = \frac{1}{x}$.

Déterminer une équation de T la tangente à $\mathscr{C}_f$ au point d'abscisse 0,5.

1. On utilise la formule $y = f'(a)(x-a) + f(a)$.

2. Ici, on a : $a = 0{,}5$.

Comme on a $f(x) = \frac{1}{x}$, on a aussi $f'(x) = \frac{-1}{x^2}$ et $f'(0{,}5) = \frac{-1}{0{,}5^2} = -4$.

On a aussi : $f(0{,}5) = \frac{1}{0{,}5} = 2$.

3. On a comme équation de T : $y = -4(x - 0{,}5) + 2$, soit $y = -4x + 4$.

4. Justifier l'existence d'une solution unique à une équation du type $f(x) = k$ sur un intervalle $I = [a\,;b]$

1. Justifier la continuité de f sur I et sa stricte monotonie.

2. Vérifier que k est compris entre $f(a)$ et $f(b)$.

3. Conclure à l'aide du théorème des valeurs intermédiaires.

EXEMPLE : Soit f une fonction définie sur $[-3 ; 5]$ dont le tableau de variations est le suivant.

x	-3		2		5
$f(x)$	1	↘	-6	↗	-3

Montrer que l'équation $f(x)=0$ admet une unique solution dans $[-3 ; 2]$.

1. D'après le tableau de variations, f est continue sur $[-3 ; 2]$ et f est strictement décroissante sur $[-3 ; 2]$.

2. De plus, on a $f(-3)=1$ et $f(2)=-6$. Le nombre 0 est compris entre $f(-3)$ et $f(2)$.

3. D'après le théorème des valeurs intermédiaires, l'équation $f(x)=0$ admet une unique solution dans $[-3 ; 2]$.

5. Justifier le nombre de solutions à une équation du type $f(x)=k$ sur un intervalle $\mathrm{I}=[a ; b]$

1. Étudier les variations de f sur l'intervalle I.

2. Identifier les intervalles sur lesquels f est strictement monotone.

3. Appliquer sur chacun de ces intervalles le théorème des valeurs intermédiaires et justifier le nombre de solutions sur chacun des intervalles où f est strictement monotone.

4. En conclusion, donner le nombre de solutions de l'équation sur l'intervalle I.

EXEMPLE : Soit f une fonction définie sur $[-3 ; 5]$ dont le tableau de variations est donné ci-dessus.

Déterminer le nombre de solutions de l'équation $f(x)=-4$ dans $[-3 ; 5]$.

1. La connaissance des variations de f est donnée ici par le tableau de variations.

2. Sur $[-3 ; 2]$, f est continue et strictement décroissante. Sur $[2 ; 5]$, f est continue et strictement croissante.

3. **Sur $[-3 ; 2]$,** f est continue et strictement décroissante avec $f(-3)=1$ et $f(2)=-6$.

Comme -4 est compris entre $f(-3)$ et $f(2)$, l'équation $f(x)=-4$ admet une unique solution dans $[-3 ; 2]$.

Sur $[2 ; 5]$, f est continue et strictement croissante avec $f(2)=-6$ et $f(5)=-3$. Comme -4 est compris entre $f(2)$ et $f(5)$, l'équation $f(x)=-4$ admet une unique solution dans $[2 ; 5]$.

4. L'équation $f(x)=-4$ admet deux solutions dans $[-3 ; 5]$.

EXERCICES D'APPLICATION

1 DÉRIVÉES DE SOMMES | ★ | 10 min | ▸ P. 56

Pour chaque fonction f, calculer $f'(x)$.

1. $f(x) = 2x + 3$.
2. $f(x) = 3x^2$.
3. $f(x) = x^3 - 5x$.
4. $f(x) = 6x^2 - 2x + 3$.

• La dérivée d'une somme est la somme des dérivées. Comme soustraire, c'est ajouter l'opposé, la dérivée d'une différence est la différence des dérivées.

• Revoir les formules des dérivées des fonctions usuelles.

2 CALCULS DE FONCTIONS DÉRIVÉES | ★ | 10 min | ▸ P. 56

Pour chaque fonction f, calculer $f'(x)$.

1. $f(x) = 5x^2 - 3x + 2$.
2. $f(x) = 5(2x+3)^4$.
3. $f(x) = \dfrac{2x+3}{x-1}$.
4. $f(x) = \dfrac{-x+3}{x^2-5}$.

Revoir les formules des dérivées des fonctions usuelles et le savoir-faire **1**.

3 ÉTUDE DU SIGNE DE FONCTIONS DÉRIVÉES | ★ | 20 min | ▸ P. 57

Pour chaque fonction f, calculer $f'(x)$, puis étudier le signe de $f'(x)$ selon les valeurs de x.

1. $f(x) = 5x^2 - 3x + 2$.
2. $f(x) = (2x+3)^2$.
3. $f(x) = \dfrac{2x+3}{x-1}$.
4. $f(x) = \dfrac{-x+2{,}5}{x^2-4}$.

2. Utiliser la formule avec u^n.

3. et **4.** Il est plus simple d'étudier le signe de la dérivée en gardant le dénominateur sous forme d'un carré : il suffit alors d'étudier le signe du numérateur.

4 ÉTUDE DU SENS DE VARIATION DE FONCTIONS | ★ | 20 min | ▸ P. 58

Pour chaque fonction f, calculer f' et donner ses variations sur I.

1. $f(x)=x^2-6x+3$; $\mathrm{I}=\mathbb{R}$.
2. $f(x)=x^3+3x^2-9x$; $\mathrm{I}=\mathbb{R}$.
3. $f(x)=\dfrac{x-5}{x+5}$; $\mathrm{I}=]-\infty\,;-3[$.
4. $f(x)=\dfrac{x+3}{x^2+x+3}$; $\mathrm{I}=\mathbb{R}$.

Le sens de variation d'une fonction s'obtient en étudiant le signe de la fonction dérivée.
Revoir le savoir-faire **2**.

5 DÉTERMINER L'ÉQUATION D'UNE TANGENTE | ★ | 10 min | ▸ P. 59

Déterminer une équation de la tangente à la représentation graphique de f au point d'abscisse a.

1. $f(x)=x^2+5x+3$ et $a=-3$.
2. $f(x)=\dfrac{1}{x+1}$ et $a=0$.
3. $f(x)=\sqrt{x+4}$ et $a=5$.

Revoir le savoir-faire **3**.

6 VALEURS INTERMÉDIAIRES | ★ | 10 min | ▸ P. 59

Dans les deux cas suivants :
a. calculer $f(2)$ et $f(-2)$;
b. justifier l'existence d'au moins une solution à l'équation $f(x)=1$;
c. déterminer à l'aide d'une calculatrice graphique le nombre de solutions de $f(x)=1$ dans $[-2\,;2]$;
d. déterminer, par le calcul, ces solutions.

1. $f(x)=\dfrac{5x+2}{x+3}$.
2. $f(x)=x^3-3x+1$.

b. Ne pas oublier de préciser la continuité des fonctions et utiliser le premier théorème des valeurs intermédiaires.
c. Les solutions de $f(x)=1$ sont les abscisses des points d'intersection de $\mathscr{C}_f$ et de la droite d'équation $y=1$.
d. Pour la seconde fonction, on pourra factoriser pour trouver la solution.

7 EXISTENCE D'UNE SOLUTION UNIQUE À UNE ÉQUATION

★ | 10 min | ▸ P. 60

On considère l'équation $(E) : x^3 + 2x^2 + 5x + 1 = 0$.

1. Soit f la fonction définie sur $\mathbb{R}$ par $f(x) = x^3 + 2x^2 + 5x + 1$.

a. Déterminer $f'(x)$.

b. Montrer que pour tout x réel, on a $f'(x) > 0$.

c. Que peut-on en déduire pour les variations de la fonction f ?

2. Après avoir calculé $f(-1)$ et $f(1)$, montrer que l'équation (E) admet une unique solution dans $\mathbb{R}$.

1. b. $f'(x)$ étant un trinôme, déterminer son discriminant pour obtenir son signe.

2. Utiliser le second théorème des valeurs intermédiaires sur $[-1;1]$ et vérifier que (E) n'admet pas de solution dans $]-\infty;-1]$ ainsi que dans $[1;+\infty[$.

EXERCICES D'ENTRAÎNEMENT

8 LECTURE GRAPHIQUE ET SENS DE VARIATION

★★ | 15 min | ▸ P. 60

Les courbes ci-dessous sont les représentations graphiques respectives de deux fonctions f et g définies sur $\mathbb{R}$.

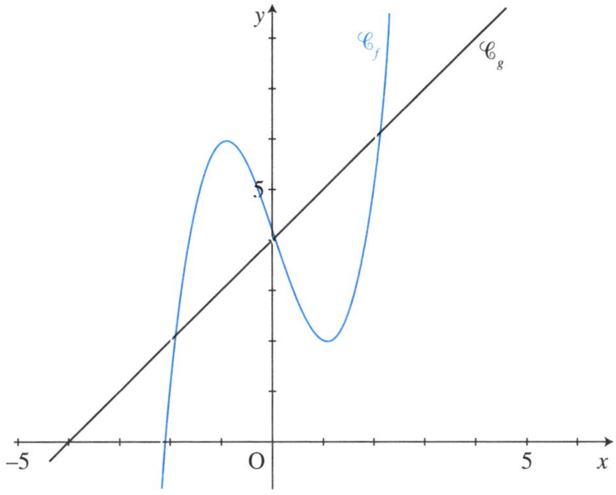

1. Résoudre graphiquement $f(x) = g(x)$.

2. Sachant que, pour tout réel x, on a $f(x) = x^3 - 3x + 4$ et $g(x) = x + 4$, retrouver par calcul les solutions de $f(x) = g(x)$.

3. a. Par lecture graphique, donner les variations de la fonction f.

b. Retrouver ces variations par le calcul.

1. Les solutions de $f(x) = g(x)$ sont des valeurs de x, donc des abscisses.

9 ÉTUDE DE FONCTION ET PROBLÈME ÉCONOMIQUE

★★ | 40 min | ▸ P. 61

Partie A

Soit f la fonction définie sur $[0 ; 3[$ par :

$$f(x) = \frac{3(3x-5)}{x-3}.$$

On désigne par $\mathscr{C}$ la représentation graphique de f dans un repère orthogonal (unités graphiques : 2 cm en abscisses, 1 cm en ordonnées).

1. a. Calculer $f'(x)$ pour tout x de $[0 ; 3[$.

b. Étudier les variations de f et dresser son tableau de variations.

2. Faire une construction soignée de $\mathscr{C}$.

3. Représenter graphiquement la parabole $\mathscr{P}$ d'équation $y = x^2$, pour $0 \leqslant x \leqslant 3$.

4. a. Par lecture graphique, dénombrer les solutions de l'équation :

$$(1) \qquad f(x) = x^2.$$

b. Indiquer une valeur approchée à 0,1 près de la solution α de (1) comprise dans $[0 ; 3[$.

Partie B

Une entreprise fabrique des chaises. Elle peut fabriquer jusqu'à 3 000 chaises par mois.

Une étude de marché a montré que le bénéfice escompté pouvait être modélisé par la fonction h définie sur $[0 ; 3[$ par :

$$h(x) = -x^3 + 3x^2 + 9x - 5,$$

où x est le nombre de chaises fabriquées en milliers et $h(x)$ le bénéficie mensuel en milliers d'euros.

1. Montrer que l'équation (1) équivaut à :

$$(2) \qquad -x^3 + 3x^2 + 9x - 15 = 0.$$

2. Déterminer, à l'aide de la **partie A**, la production à une centaine de chaises près qui permet à l'entreprise de réaliser un bénéfice mensuel de 10 000 euros.

2. et **3.** Dresser un tableau de valeurs avant de réaliser une courbe.

10 TANGENTE À UNE COURBE

★★ | 20 min | ▸ P. 63

La courbe $\mathscr{C}$ ci-dessous est la représentation graphique d'une fonction f définie sur $\mathbb{R}$.

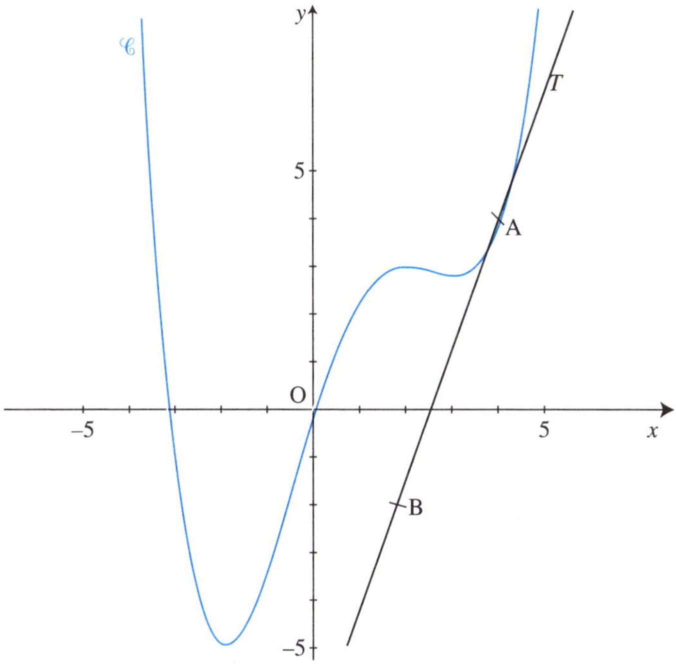

1. Résoudre graphiquement l'équation $f'(x) = 0$.

2. La tangente T à la courbe $\mathscr{C}$ au point A(4 ; 4) passe par B(2 ; – 2).

a. Déterminer $f'(4)$.

b. La fonction f est définie sur $\mathbb{R}$ par $f(x) = \dfrac{x^4 - 4x^3 - 8x^2 + 48x}{16}$.

Retrouver par le calcul la valeur de $f'(4)$.

3. Donner une équation de T.

$f'(a)$ est le coefficient directeur de la tangente à $\mathscr{C}_f$ au point d'abscisse a.

11 BÉNÉFICE MAXIMAL

★★ | 80 min | ▸ P. 63

Partie A

Soit la fonction C définie sur [0 ; 300] par :

$$C(x) = \frac{x^3}{30} - 15x^2 + 2\,500x.$$

1. a. Calculer $C'(x)$, où C' désigne la fonction dérivée de C.

b. Établir le tableau des variations de C' sur $[0\,;300]$ et en déduire son signe.

2. On rapporte le plan à un repère orthogonal (unités graphiques : 1 cm pour 20 unités sur l'axe des abscisses et 1 cm pour 30 000 unités sur l'axe des ordonnées).

On note $\mathscr{C}$ la courbe représentative de C.

On note A le point de $\mathscr{C}$ d'abscisse 150.

a. Déterminer une équation de T la tangente à $\mathscr{C}$ en A.

★★★ **b.** À l'aide des variations de C', préciser la position de $\mathscr{C}$ par rapport à T.

3. Représenter graphiquement $\mathscr{C}$ et T.

Partie B

Pour une entreprise E dont la production peut varier de 0 à 300 unités, le coût total de fabrication de x unités est donné par la fonction :

$$C(x)=\frac{1}{30}x^3-15x^2+2\,500x.$$

On appelle coût marginal la dépense occasionnée par la production d'un objet supplémentaire ; on choisit comme modélisation de ce coût marginal $C_m(x)=C'(x)$.

On suppose que l'entreprise est en situation de monopole, ce qui a pour effet que la demande est uniquement fonction du prix. La relation liant prix de vente unitaire p et demande x (en unités) est :

$$p(x)=\frac{-45}{8}x+2\,750$$

(autrement dit, quand x objets sont vendus, chacun l'est au prix $p(x)$).

1. Calculer la recette totale $R(x)$ pour la vente de x objets.

2. On appelle recette marginale l'augmentation de recette procurée par la vente d'un objet supplémentaire ; on modélise cette recette marginale par $r_m(x)=R'(x)$ où R' est la fonction dérivée de R.

Pour quelle valeur de x la recette marginale est-elle égale au coût marginal ?

3. Montrer que le bénéfice pour la fabrication et la vente de x unités est donné par :

$$B(x)=\frac{-1}{30}x^3+\frac{75}{8}x^2+250x.$$

4. a. Calculer $B'(x)$ où B' désigne la fonction dérivée de B.

★★★ **b.** En déduire que le bénéfice est maximal quand la recette marginale est égale au coût marginal. Que vaut ce bénéfice maximal ?

Partie A 2. b. Pour étudier la position de T par rapport à $\mathscr{C}$, on étudiera le signe de $h(x)=C(x)-(250x+112\,500)$.

12 BÉNÉFICE MAXIMAL

★★ | 45 min | ▸ P. 66

Une entreprise achète une machine 30 000 €.

Elle peut la revendre au bout de t années au prix de :

$$v(t)=\frac{30}{0,5t+1} \quad \text{pour } 0 \leqslant t \leqslant 8,$$

où t est exprimé en années et $v(t)$ en milliers d'euros (en abrégé k€).

1. a. Quelle est sa valeur de revente au bout de 4 ans ?

b. Au bout de combien d'années la machine aura-t-elle perdu la moitié de sa valeur à l'achat ?

c. La différence, exprimée en k€, entre le prix d'achat de la machine et son prix de revente au bout de t années est : $D(t)=30-v(t)$.

Montrer que D est une fonction croissante sur l'intervalle $[0 ; 8]$.

2. On peut exprimer le coût total d'entretien en k€, pour une durée de t années d'utilisation, par :

$$E(t)=0,5t^2.$$

Calculer $E'(t)$ et prouver que E est une fonction croissante sur $[0 ; 8]$.

3. a. Justifier que le coût total d'usage (en k€) de cette machine est :

$$f(t)=30-\frac{30}{0,5t+1}+0,5t^2.$$

b. Déduire des questions précédentes le sens de variation de f sur $[0 ; 8]$.

c. Tracer la courbe représentative Γ de f, dans un plan muni d'un repère rectangulaire d'origine O avec pour unités : 2 cm pour une année sur l'axe des abscisses et 1 cm pour 8 k€ sur l'axe des ordonnées.

On pourra utiliser les valeurs approchées suivantes :

t	1	2	3	4	5	6	7	8
$f(t)$	10,5	17	22,5	28	33,9	40,5	47,8	56

4. Le coût moyen d'utilisation, en k€, au bout de t années est égal à :

$$U(t)=\frac{f(t)}{t} \quad \text{avec } 1 \leqslant t \leqslant 8.$$

a. Soit M le point de Γ d'abscisse t.

Montrer que $U(t)$ est le coefficient directeur de la droite (OM).

b. Déterminer graphiquement la valeur de t pour laquelle $U(t)$ est minimale.

c. L'entreprise décide de revendre la machine quand le coût moyen d'utilisation est minimal.

On admet que cela correspond à $t=5,7$.

Calculer alors le coût moyen pour l'entreprise ainsi que le coût total (en k€).

3. b. Si deux fonctions ont les mêmes variations sur un intervalle I, alors leur somme a aussi les mêmes variations sur I.

13 RENTABILITÉ D'UNE ENTREPRISE

★★ | 40 min | ▸ P. 67

Une entreprise fabrique et commercialise un produit liquide en situation de monopole. Elle peut donc modéliser son coût moyen de production ainsi que son prix de vente, afin de déterminer son seuil de rentabilité.

1. Étude du coût moyen

Une étude a permis de modéliser le coût moyen de production par :

$$f(x)=0,5x+\frac{8}{x}.$$

Le coût moyen $f(x)$ est exprimé en milliers d'euros et la quantité produite x en hectolitres. On appelle $\mathscr{C}$ la courbe représentative de la fonction f dans un repère orthonormé du plan (unité graphique : 1 cm).

a. Étudier les variations de f sur l'intervalle $]0\,;+\infty[$.

b. Étudier la position relative de $\mathscr{C}$ par rapport à la droite $\mathscr{D}$ d'équation $y=0,5x$.

c. Construire $\mathscr{C}$, ainsi que $\mathscr{D}$, en donnant un tableau de valeurs pour f.

2. Seuils de rentabilité pour l'entreprise

L'entreprise ne peut être bénéficiaire que si le prix de vente de l'hectolitre est supérieur au coût moyen de fabrication.

Le prix de vente de l'hectolitre $p(x)$ est fonction de la quantité x vendue :

$$p(x)=-0,8x+13,$$

où $p(x)$ est exprimé en milliers d'euros et x en hectolitres.

a. On note $\mathscr{P}$ la représentation graphique de la fonction p.

Tracer $\mathscr{P}$ dans le même repère que $\mathscr{C}$.

b. Déterminer graphiquement dans quel intervalle doit se situer la production x pour que l'entreprise soit bénéficiaire.

c. Retrouver le résultat précédent par le calcul. (On pourra se ramener à une inéquation du second degré.)

1. b. Pour étudier la position de la courbe $\mathscr{C}$ par rapport à la droite $\mathscr{D}$, il faut étudier le signe de $f(x)-0,5x$.

14 PROBLÈME D'OPTIMISATION

★★★ | 30 min | ▸ P. 69

Un fabricant de briques de jus de fruit décide de produire des emballages en carton de forme parallélépipédique de contenance 1 L, soit 1 dm^3. La base est un rectangle de largeur $l=x$ (l'unité est le dm) et de profondeur L. La hauteur de la brique est h et on souhaite avoir $h=4x$. On note A l'aire totale des six faces de la brique.

1. a. Montrer que $L=\dfrac{1}{4x^2}$.

b. Exprimer A en fonction de x.

2. On considère la fonction f définie sur $]0\,;+\infty[$ par :

$$f(x) = 8x^2 + \frac{5}{2x}.$$

a. Déterminer $f'(x)$ et étudier son signe sur $]0\,;+\infty[$.

b. Dresser le tableau des variations de f.

c. Représenter f dans un repère orthogonal en prenant 10 cm pour une unité en abscisses et 1 cm pour 2 unités en ordonnées.

3. Pour des raisons économiques, l'aire A doit être minimale.

Quelles sont les dimensions des briques que le fabricant va produire ?

EXERCICES D'APPROFONDISSEMENT

15 RENTABILITÉ D'UNE ENTREPRISE

★★★ 25 min ▸ P. 70

Partie A

On donne la fonction f définie sur $[0\,;1]$ par :

$$f(x) = \frac{x}{x+1}.$$

1. Étudier le sens de variation de f. Dresser son tableau de variations.

2. Démontrer que :

$$\text{si} \quad 0 < x < \frac{1}{10}, \quad \text{alors} \quad 0 < f(x) < \frac{1}{11}.$$

Partie B

On souhaite étudier les variations de volume d'essence que l'on peut acheter avec une somme fixe en fonction des variations du prix du carburant.

1. a. Le prix d'un litre d'essence est p (p est exprimé en euros).

Quel est le volume de carburant V_1 acheté pour 100 € ?

b. Le prix de l'essence a augmenté de 25 % par rapport à p. Quel est le volume V_2 acheté pour 100 € ?

c. Calculer $\frac{V_1}{V_2}$ et vérifier que le pourcentage de diminution de volume du carburant acheté est 20 %.

2. Plus généralement, démontrer qu'à dépense constante, si le prix augmente de t % alors le volume baisse de n % avec :

$$n = \frac{100t}{100+t}.$$

3. On pose $x = \frac{t}{100}$ et $y = \frac{n}{100}$.

Exprimer y en fonction de x.

4. A-t-on raison de dire « À dépense constante, pour une augmentation du prix de l'essence inférieure à 10 %, la diminution du volume de carburant acheté en résultant est inférieure à 10 % » ?

Justifier la réponse.

16 RÉSOLUTION D'UN PROBLÈME DE GÉOMÉTRIE ★★★ | 30 min | ▸ P. 71

Les deux extrémités A et B d'une barre de longueur 10 cm coulissent respectivement le long de deux axes $[Ox)$ et $[Oy)$ perpendiculaires.

On note x la longueur OA.

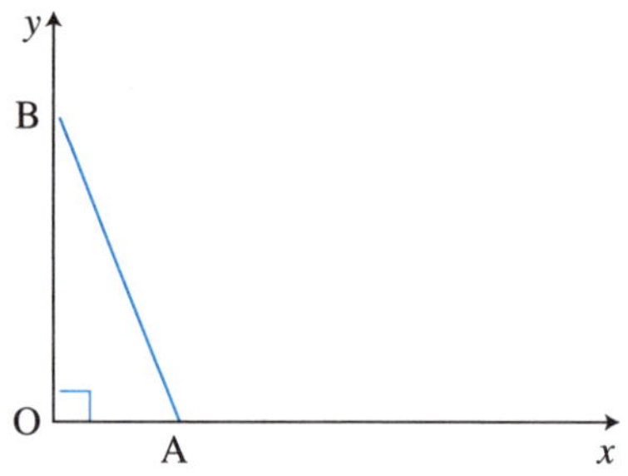

1. Dans quel intervalle x varie-t-il ?

2. a. Exprimer OB en fonction de x.

b. On note p le périmètre de OAB.

Exprimer p en fonction de x.

3. Soit f la fonction définie sur $[0 ; 10]$ par $f(x) = x + 10 + \sqrt{100 - x^2}$.

a. Calculer $f'(x)$.

b. Étudier le signe de $f'(x)$ selon les valeurs de x.

c. Dresser le tableau des variations de f.

d. Représenter graphiquement f dans un repère orthogonal avec comme unités 1 cm pour une unité en abscisses et 1 cm pour deux unités en ordonnées.

4. Que vaut au maximum le périmètre de OAB ?

Pour quelle valeur de x ce périmètre est-il maximal ?

Préciser alors la nature de OAB.

17 ALGORITHMIQUE ★★★ 30 min ▸ P. 73

Soit f une fonction dérivable sur un intervalle I.

Soit a et b deux réels de I avec $a < b$ tels que $f(a)$ et $f(b)$ soient de signes contraires.

Il existe un réel c dans $[a\,;b]$ tel que $f(c) = 0$.

On désire trouver un encadrement de c dont l'amplitude est inférieure à une précision e. Pour cela, on applique l'algorithme suivant :

(1) On calcule l'image de $\dfrac{a+b}{2}$ par f.

(2) Si $f(a)$ et $f\left(\dfrac{a+b}{2}\right)$ sont de même signe, on remplace a par $\dfrac{a+b}{2}$, sinon on remplace b par $\dfrac{a+b}{2}$.

(3) Tant que la différence $b - a$ est supérieure à e, on recommence à l'étape (1).

Partie A

Soit f la fonction définie sur $\mathbb{R}$ par $f(x) = x^3 + 2x - 4$. Elle est dérivable sur $\mathbb{R}$.

1. a. Calculer $f(1)$ et $f(2)$.

b. Que peut-on en conclure ?

2. On pose $a = 1$ et $b = 2$. On cherche un encadrement d'amplitude inférieure à 0,01 de la solution à l'équation $f(x) = 0$ sur $[1\,;2]$.

a. • Calculer $\dfrac{a+b}{2}$, puis $f\left(\dfrac{a+b}{2}\right)$.

• $f(a)$ et $f\left(\dfrac{a+b}{2}\right)$ ont-ils le même signe ?

• Quel nombre a ou b remplace-t-on par $\dfrac{a+b}{2}$?

• Quel est le nouvel intervalle $[a\,;b]$? Quelle est son amplitude ?

b. Recommencer la question a jusqu'à avoir une amplitude inférieure à 0,01.

Partie B

1. a. En utilisant Y_1 pour stocker la fonction, écrire un programme sur calculatrice qui demande les valeurs a, b et la précision e et qui donne les valeurs finales de a et b.

b. Retrouver le résultat de la **partie A** avec le programme.

2. Utiliser le programme pour trouver un encadrement d'amplitude 0,000 1 de la solution de $x^2 - 5 - \sqrt{x} = 0$ dans l'intervalle $[0\,;10]$.

CONTRÔLE

18 ÉTUDE D'UNE FONCTION | ★★ | 50 min | ▸ P. 74

▸ P. 74

Soit f la fonction définie sur $[0\,;4]$ par :

$$f(x)=\frac{1}{2}\left(x^3-6x^2+9x+3\right).$$

Soit $\mathscr{C}$ sa courbe représentative dans un repère orthonormé (unité graphique : 2 cm).

1. Calculer $f'(x)$.
2. Étudier les variations de f sur $[0\,;4]$.
3. a. Préciser les ordonnées des points A, B, D, E et F de $\mathscr{C}$ d'abscisses respectives 0, 1, 2, 3 et 4.
b. Montrer que les tangentes à $\mathscr{C}$ en B et en E sont horizontales.
c. Déterminer une équation de la tangente à $\mathscr{C}$ en D.
4. Dresser le tableau de variations de f.
5. Représenter f et ses tangentes en B, en D et en E.
6. Déterminer graphiquement le nombre de solutions à l'équation $f(x)=3$ dans l'intervalle $[0\,;4]$.
7. a. Tracer sur le repère précédent la droite Δ d'équation $y=0{,}5(x+3)$.
b. Résoudre graphiquement l'inéquation $f(x)<0{,}5(x+3)$ dans $[0\,;4]$.
8. La fonction f est la dérivée d'une fonction g définie sur $[0\,;4]$.
Donner et justifier le sens de variation de g.

19 CALCUL DE DÉRIVÉES | ★★ | 20 min | ▸ P. 76

Déterminer la dérivée de chacune des fonctions suivantes :

1. $f(x)=-16x+5$.
2. $g(x)=-3x^2+5x-2$.
3. $h(x)=\frac{1}{3}x^3-2x^2-4x-1$.
4. $k(x)=-3x(-x+1)$.
5. $l(x)=(x-3)(-2x+5)$.
6. $m(x)=-2x\left(x^3-5x^2\right)$.

4., **5.** et **6.** Développer avant de dériver.

20 ÉTUDE D'UNE FONCTION RATIONNELLE | ★★ | 25 min | ▸ P. 76

Soit f la fonction définie pour tout réel x différent de -1 et de 2 par :

$$f(x)=\frac{-3x+3}{x^2-x-2}.$$

1. Montrer que pour tout x différent de -1 et de 2, on a :

$$f(x)=\frac{-1}{x-2}-\frac{2}{x+1}.$$

2. a. Calculer $f'(x)$ pour tout x différent de -1 et de 2.

b. Dresser le tableau des variations de f.

3. Soit $\mathscr{C}$ la courbe représentative de f. Calculer les coordonnées des points d'intersection de $\mathscr{C}$ avec les deux axes, ainsi qu'avec la droite d'équation $y=1{,}2$.

4. Reproduire et compléter le tableau de valeurs suivant en arrondissant si nécessaire au dixième.

x	-5	-4	-3	-2	$-1{,}5$	$-0{,}5$	0	1	$1{,}5$	$2{,}5$	3	4
$f(x)$												

5. Dans un repère orthonormé, représenter $\mathscr{C}$.

CORRIGÉS

1 DÉRIVÉES DE SOMMES

1. $f(x)=2x+3$. $f'(x)=2\times1+0$, soit $\boldsymbol{f'(x)=2}$.

2. $f(x)=3x^2$. $f'(x)=3\times2x$, soit $\boldsymbol{f'(x)=6x}$.

3. $f(x)=x^3-5x$. $f'(x)=3x^2-5\times1$, soit $\boldsymbol{f'(x)=3x^2-5}$.

4. $f(x)=6x^2-2x+3$. $f'(x)=6\times2x-2\times1+0$, soit $\boldsymbol{f'(x)=12x-2}$.

Les constantes multiplicatives sont conservées en dérivant. Les constantes additives donnent 0 en dérivant.

2 CALCULS DE FONCTIONS DÉRIVÉES

1. $f(x)=5x^2-3x+2$.
$f'(x)=5\times2x-3\times1+0$, soit $\boldsymbol{f'(x)=10x-3}$.

2. $f(x)=5(2x+3)^4$.

$f'(x)=5\times4\times2\times(2x+3)^3$, soit $\boldsymbol{f'(x)=40(2x+3)^3}$.

3. $f(x)=\dfrac{2x+3}{x-1}$. On utilise $\left(\dfrac{u}{v}\right)'=\dfrac{u'v-uv'}{v^2}$.

Pour $u(x)=2x+3$, on a $u'(x)=2$ et pour $v(x)=x-1$, on a $v'(x)=1$.

Donc $f'(x)=\dfrac{2(x-1)-(2x+3)\times1}{(x-1)^2}$. Soit $\boldsymbol{f'(x)=\dfrac{-5}{(x-1)^2}}$.

4. $f(x)=\dfrac{-x+3}{x^2-5}$. On utilise $\left(\dfrac{u}{v}\right)'=\dfrac{u'v-uv'}{v^2}$.

Pour $u(x)=-x+3$, on a $u'(x)=-1$ et pour $v(x)=x^2-5$, on a $v'(x)=2x$.

$$\text{Donc } f'(x)=\frac{-1(x^2-5)-(-x+3)\times2x}{(x^2-5)^2}$$

$$=\frac{-x^2+5+2x^2-6x}{(x^2-5)^2}.$$

Soit $\boldsymbol{f'(x)=\dfrac{x^2-6x+5}{(x^2-5)^2}}$.

2. Ne pas oublier de facteurs dans $(ku^n)'=knu'u^{n-1}$.

3. et **4.** Identifier $u(x)$ et $v(x)$, puis calculer $u'(x)$ et $v'(x)$ avant de commencer les calculs.

3 ÉTUDE DU SIGNE DE FONCTIONS DÉRIVÉES

1. Pour $f(x) = 5x^2 - 3x + 2$, on a $f'(x) = 5 \times 2x - 3 \times 1 + 0 = \mathbf{10x - 3}$.

$f'(x) \geqslant 0 \Leftrightarrow 10x - 3 \geqslant 0 \Leftrightarrow 10x \geqslant 3 \Leftrightarrow x \geqslant 0{,}3$.

$f'(x)$ est positive sur $[0{,}3\,;+\infty[$ et négative sur $]-\infty\,;0{,}3]$.

2. $f(x) = (2x+3)^2$. On utilise $(u^n)' = nu'u^{n-1}$ avec $n = 2$, $u(x) = 2x + 3$ et $u'(x) = 2$.

$f'(x) = 2 \times 2 \times (2x+3)$, soit $f'(x) = \mathbf{8x + 12}$.

$f'(x) \geqslant 0 \Leftrightarrow 8x + 12 \geqslant 0 \Leftrightarrow 8x \geqslant -12 \Leftrightarrow x \geqslant -1{,}5$.

$f'(x)$ est positive sur $[-1{,}5\,;+\infty[$ et négative sur $]-\infty\,;-1{,}5]$.

3. $f(x) = \dfrac{2x+3}{x-1}$ n'existe pas pour $x = 1$ (valeur qui annule le dénominateur).

On a $f'(x) = \dfrac{2(x-1)-(2x+3)\times 1}{(x-1)^2} = \dfrac{\mathbf{-5}}{\mathbf{(x-1)^2}}$.

Le dénominateur étant un carré, il est positif. $f'(x)$ est donc du même signe que le numérateur. **$f'(x)$ est strictement négative sur $]-\infty\,;1[$ et sur $]1\,;+\infty[$.**

4. $f(x) = \dfrac{-x+2{,}5}{x^2-4}$ n'existe pas pour $x = 2$ et pour $x = -2$ (valeurs qui annulent le dénominateur). On utilise $\left(\dfrac{u}{v}\right)' = \dfrac{u'v - uv'}{v^2}$.

Pour $u(x) = -x + 2{,}5$, on a $u'(x) = -1$ et pour $v(x) = x^2 - 4$, on a $v'(x) = 2x$.

On a :

$$f'(x) = \frac{-1(x^2-4)-(-x+2{,}5)\times 2x}{(x^2-4)^2} = \frac{-x^2+4+2x^2-5x}{(x^2-4)^2} = \frac{\mathbf{x^2-5x+4}}{\mathbf{(x^2-4)^2}}.$$

Le dénominateur étant un carré, il est positif.

$f'(x)$ est donc du même signe que le numérateur $x^2 - 5x + 4$.

$\Delta = b^2 - 4ac = (-5)^2 - 4 \times 1 \times 4 = 9$.

Il y a deux racines : $x_1 = \dfrac{-b+\sqrt{\Delta}}{2a} = \dfrac{5+3}{2} = 4$ et $x_2 = \dfrac{-b-\sqrt{\Delta}}{2a} = \dfrac{5-3}{2} = 1$.

$x^2 - 5x + 4$ est toujours positif sauf entre ses racines 1 et 3.

$f'(x)$ est strictement positive sur $]-\infty\,;-2[$, sur $]-2\,;1[$ et sur $]3\,;+\infty[$.

$f'(x)$ est nulle en 1 et en 3.

$f'(x)$ est strictement négative sur $]1\,;2[$ et sur $]2\,;3[$.

1. et **2.** On cherche quand la dérivée est positive et on déduit quand elle est négative.

3. et **4.** On commence par déterminer les valeurs interdites, celles qui annulent le dénominateur.

4 ÉTUDE DU SENS DE VARIATION DE FONCTIONS

1. Pour $f(x)=x^2-6x+3$, on a $\boldsymbol{f'(x)=2x-6}$.

$f'(x)\geqslant 0 \Leftrightarrow 2x-6\geqslant 0 \Leftrightarrow 2x\geqslant 6 \Leftrightarrow x\geqslant 3$.

***f* est croissante sur $[3\,;+\infty[$ et *f* est décroissante sur $]-\infty\,;3]$.**

2. Pour $f(x)=x^3+3x^2-9x$, on a $f'(x)=3x^2+6x-9$.

Pour $3x^2+6x-9$, on a $\Delta=b^2-4ac=6^2-4\times3\times(-9)=144$.

On a $\Delta>0$, donc $3x^2+6x-9$ admet deux racines.

$x_1=\dfrac{-b+\sqrt{\Delta}}{2a}=\dfrac{-6+12}{6}=1$ et $x_2=\dfrac{-b-\sqrt{\Delta}}{2a}=\dfrac{-6-12}{6}=-3$.

$3x^2+6x-9$ est positif sauf entre les racines -3 et 1.

***f* est croissante sur $]-\infty\,;-3]$ et sur $[1\,;+\infty[$ et *f* est décroissante sur $[-3\,;1]$.**

3. Pour $f(x)=\dfrac{x-5}{x+3}$, on utilise $\left(\dfrac{u}{v}\right)'=\dfrac{u'v-uv'}{v^2}$.

Pour $u(x)=x-5$, on a $u'(x)=1$ et pour $v(x)=x+3$, on a $v'(x)=1$.

On a : $f'(x)=\dfrac{1(x+3)-(x-5)\times1}{(x+3)^2}=\dfrac{8}{(x+3)^2}$.

Sur $]-\infty;-3[$, on a $f'(x)>0$ et ***f* est strictement croissante sur $]-\infty\,;-3[$.**

4. Pour $f(x)=\dfrac{x+3}{x^2+x+3}$, on utilise $\left(\dfrac{u}{v}\right)'=\dfrac{u'v-uv'}{v^2}$.

Pour $u(x)=x+3$, on a $u'(x)=1$ et pour $v(x)=x^2+x+3$, on a $v'(x)=2x+1$.

On a :

$$f'(x)=\frac{1(x^2+x+3)-(x+3)(2x+1)}{(x^2+x+3)^2}=\frac{x^2+x+3-2x^2-x-6x-3}{(x^2+x+3)^2}$$

$$=\frac{-x^2-6x}{(x^2+x+3)^2}.$$

Le dénominateur étant un carré, il est positif. $f'(x)$ est donc du même signe que le numérateur $-x^2-6x$, c'est-à-dire le même signe que $-x(x+6)$.

x	$-\infty$		-6		0		$+\infty$
$-x$		+		+	0	−	
$x+6$		−	0	+		+	
$f'(x)$		−	0	+	0	−	

***f* décroît sur $]-\infty\,;-6]$ et sur $[0\,;+\infty[$. *f* croît sur $[-6\,;0]$.**

4. On peut aussi utiliser la règle sur le signe d'un trinôme comme à la question **2**.

5 DÉTERMINER L'ÉQUATION D'UNE TANGENTE

1. Pour $f(x)=x^2+5x+3$, on a $f'(x)=2x+5$.
Comme $a=-3$, on a :
$f'(-3)=2\times(-3)+5=-1$ et $f(-3)=(-3)^2+5\times(-3)+3=-3$.
On utilise comme équation de la tangente $y=f'(a)(x-a)+f(a)$.
Ici, on a : $y=-1(x-(-3))+(-3)$, soit $\boldsymbol{y=-x-6}$.

2. Pour $f(x)=\dfrac{1}{x+1}$, on a $f'(x)=\dfrac{-1}{(x+1)^2}$.
Comme $a=0$, on a :
$f'(0)=\dfrac{-1}{(0+1)^2}=-1$ et $f(0)=\dfrac{1}{0+1}=1$.
On utilise comme équation de la tangente $y=f'(a)(x-a)+f(a)$.
Ici, on a :
$y=-1(x-0)+1$, soit $\boldsymbol{y=-x+1}$.

3. Pour $f(x)=\sqrt{x+4}$, on a $f'(x)=\dfrac{1}{2\sqrt{x+4}}$.
Comme $a=5$, on a :
$f'(5)=\dfrac{1}{2\sqrt{5+4}}=\dfrac{1}{6}$ et $f(5)=\sqrt{5+4}=3$.
On utilise comme équation de la tangente $y=f'(a)(x-a)+f(a)$.
Ici, on a :
$y=\dfrac{1}{6}(x-5)+3$, soit $\boldsymbol{y=\dfrac{x+13}{6}}$.

On détermine $f'(x)$, $f'(a)$ et $f(a)$ avant d'écrire une équation de la tangente.

6 VALEURS INTERMÉDIAIRES

1. a. Avec $f(x)=\dfrac{5x+2}{x+3}$, on a :
$f(2)=\dfrac{5\times2+2}{2+3}=\dfrac{12}{5}=2{,}4$ et $f(-2)=\dfrac{5\times(-2)+2}{-2+3}=\dfrac{-8}{1}=-8$.

b. f est continue sur $[-2\,;2]$ comme fonction rationnelle avec $f(-2)<1<f(2)$.
D'après le théorème des valeurs intermédiaires, l'équation $f(x)=1$ admet au moins une solution dans $[-2\,;2]$.

c. Graphiquement, la représentation graphique de f ne coupe qu'une seule fois la droite d'équation $y=1$. L'équation $f(x)=1$ admet une unique solution dans $[-2\,;2]$.

d. $f(x)=1 \Leftrightarrow \dfrac{5x+2}{x+3}=1 \Leftrightarrow 5x+2=x+3 \Leftrightarrow 4x=1 \Leftrightarrow x=\dfrac{1}{4}$.
La solution de l'équation $f(x)=1$ est 0,25.

2. a. Avec $f(x) = x^3 - 3x + 1$, on a :
$f(2) = 2^3 - 3 \times 2 + 1 = 3$ et $f(-2) = (-2)^3 - 3 \times (-2) + 1 = -1$.
b. f est continue sur $[-2\,;2]$ comme fonction polynôme avec $f(-2) < 1 < f(2)$.
D'après le théorème des valeurs intermédiaires, l'équation $f(x) = 1$ admet au moins une solution dans $[-2\,;2]$.
c. Graphiquement, la représentation graphique de f coupe trois fois la droite d'équation $y = 1$. L'équation $f(x) = 1$ admet trois solutions dans $[-2\,;2]$.
d. $f(x) = 1 \Leftrightarrow x^3 - 3x + 1 = 1 \Leftrightarrow x^3 - 3x = 0 \Leftrightarrow x(x^2 - 3) = 0$
$$\Leftrightarrow x\left(x - \sqrt{3}\right)\left(x + \sqrt{3}\right) = 0.$$
Les solutions de l'équation $f(x) = 1$ sont 0, $\sqrt{3}$ et $-\sqrt{3}$.

Le premier théorème des valeurs intermédiaires qui n'utilise que la continuité permet de prouver l'existence d'au moins une solution, mais il ne permet pas de connaître le nombre de solutions.

7 EXISTENCE D'UNE SOLUTION UNIQUE À UNE ÉQUATION

1. a. Pour tout réel x, on a $\boldsymbol{f'(x) = 3x^2 + 4x + 5}$.
b. Pour $3x^2 + 4x + 5$, on a $\Delta = b^2 - 4ac = 4^2 - 4 \times 3 \times 5 = -44$.
Comme $\Delta < 0$, $3x^2 + 4x + 5$ est toujours strictement positif, c'est-à-dire que **pour tout x réel, on a $f'(x) > 0$.**
c. La fonction f est strictement croissante sur $\mathbb{R}$.
2. On a $f(-1) = (-1)^3 + 2 \times (-1)^2 + 5 \times (-1) + 1 = -3$
et $f(1) = 1^3 + 2 \times 1^2 + 5 \times 1 + 1 = 9$.
On a f continue et strictement croissante sur $[-1\,;1]$ avec $f(-1) < 0 < f(1)$.
D'après le théorème des valeurs intermédiaires, l'équation $f(x) = 0$, c'est-à-dire l'équation (E), admet une unique solution dans $[-1\,;1]$.
De plus, comme f croît sur $\mathbb{R}$ avec $f(-1) = -3$, si $x < -1$, alors $f(x) < f(-1)$, soit $f(x) < -3$.
L'équation $f(x) = 0$ n'admet pas de solution dans $]-\infty\,;-1]$.
De plus, comme f croît sur $\mathbb{R}$ avec $f(1) = 9$, si $x > 1$, alors $f(x) > f(1)$, soit $f(x) > 9$.
L'équation $f(x) = 0$ n'admet pas de solution dans $[1\,;+\infty[$.
L'équation (E) admet donc une unique solution dans $\mathbb{R}$.

8 LECTURE GRAPHIQUE ET SENS DE VARIATION

1. Graphiquement les solutions de $f(x) = g(x)$ sont les abscisses des points d'intersection de $\mathscr{C}_f$ et de $\mathscr{C}_g$. On a donc $\boldsymbol{S = \{-2\,;0\,;2\}}$.
2. $f(x) = g(x) \Leftrightarrow x^3 - 3x + 4 = x + 4 \Leftrightarrow x^3 - 4x = 0 \Leftrightarrow x(x^2 - 4) = 0$
$$\Leftrightarrow x(x - 2)(x + 2) = 0.$$
On a bien : $\boldsymbol{S = \{-2\,;0\,;2\}}$.

3. a. Par lecture graphique, la fonction f **croît sur** $]-\infty\,;-1]$, **décroît sur** $[-1\,;1]$ **et croît sur** $[1\,;+\infty[$.

b. Pour tout réel x, on a $f'(x)=3x^2-3=3(x-1)(x+1)$.
$f'(x)$ possède deux racines 1 et -1. Donc $f'(x)$ est positive sauf entre ses deux racines.
f **croît sur** $]-\infty\,;-1]$, **décroît sur** $[-1\,;1]$ **et croît sur** $[1\,;+\infty[$.

3. b. Un trinôme ax^2+bx+c est du signe de a sauf entre ses racines si elles existent.

9 ÉTUDE D'UNE FONCTION ET PROBLÈME ÉCONOMIQUE

Partie A

1. a. Pour $f(x)=\dfrac{3(3x-5)}{x-3}$, on utilise $\left(\dfrac{u}{v}\right)'=\dfrac{u'v-uv'}{v^2}$.

Pour $u(x)=9x-15$, on a $u'(x)=9$ et pour $v(x)=x-3$, on a $v'(x)=1$.

On a : $f'(x)=\dfrac{9(x-3)-(9x-15)\times 1}{(x-3)^2}=\dfrac{9x-27-9x+15}{(x-3)^2}$,

soit $\boldsymbol{f'(x)=\dfrac{-12}{(x-3)^2}}$.

b. Pour tout réel de $[0\,;3[$, on a $f'(x)<0$ donc **f décroît strictement sur $[0\,;3[$.**

x	0		3
$f(x)$	5	↘	

2. Voir la figure page suivante.

x	0	0,5	1	1,5	2	2,5
$f(x)$	5	4,2	3	1	– 3	– 15

3. Voir la figure page suivante.

x	0	0,5	1	1,5	2	2,5
x^2	0	0,25	1	2,25	4	6,25

4. a. Par lecture graphique, la courbe $\mathscr{C}$ et la parabole $\mathscr{P}$ ont un seul point en commun. Donc l'équation $f(x)=x^2$ admet **une unique solution.**

b. Par lecture graphique, la solution α est comprise entre 1 et 1,5.

x	1	1,1	1,2	1,3	1,4	1,5
$f(x)-x^2$	2	1,47	0,89	0,25	– 0,46	– 1,25

On a donc 1,3 comme valeur approchée de α à 0,1 près.

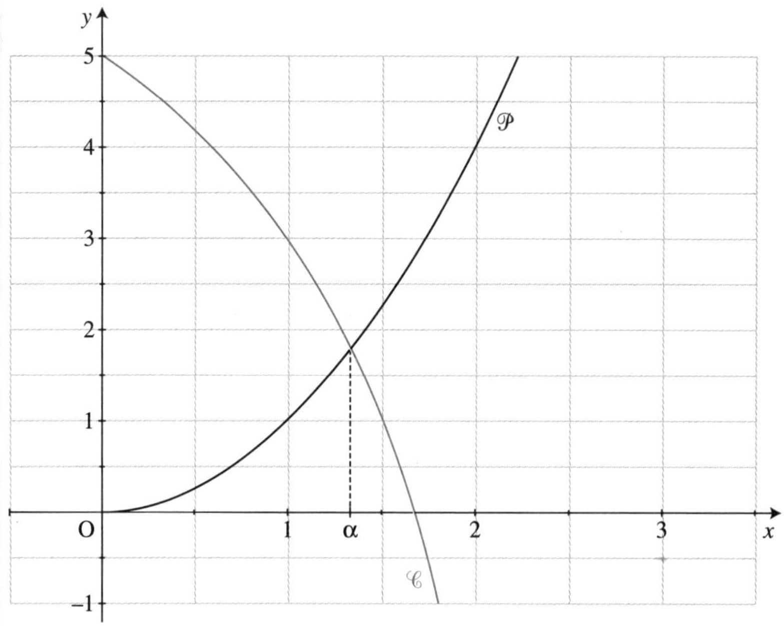

4. b. Ne sachant pas résoudre l'équation $f(x)=x^2$, on procède en cherchant la valeur qui annule $f(x)-x^2$ par essais avec des valeurs comprises entre 1 et 1,5.

Partie B

1. Pour x dans $[0\,;3[$, on a $x-3$ non nul et :

$$(1) \Leftrightarrow \frac{3(3x-5)}{x-3}=x^2 \Leftrightarrow 9x-15=x^2(x-3) \Leftrightarrow 9x-15=x^3-3x^2$$
$$\Leftrightarrow -x^3+3x^2+9x-15=0.$$

2. On veut un bénéfice de 10 milliers d'euros, soit $h(x)=10$ avec x dans $[0\,;3[$.
Or, on a :
$h(x)=10 \Leftrightarrow -x^3+3x^2+9x-5=10 \Leftrightarrow -x^3+3x^2+9x-15=0 \Leftrightarrow (1)$.
D'après la **partie A**, la solution est α.
Il faut fabriquer **1 300 chaises** par mois, à une centaine près, pour réaliser un bénéfice mensuel de 10 000 euros.

10 TANGENTE À UNE COURBE

1. Résoudre graphiquement l'équation $f'(x)=0$, c'est déterminer les abscisses des points en lesquels le coefficient directeur de la tangente est nul, c'est-à-dire en lesquels la tangente est parallèle à l'axe des abscisses. $\boldsymbol{S=\{-2\,;2\,;3\}}$.

2. a. $f'(4)$ est le coefficient directeur de T la tangente à $\mathscr{C}$ au point A d'abscisse 4. T passe par $A(4\,;4)$ et par $B(2\,;-2)$. Son coefficient directeur est :

$$m=\frac{y_B-y_A}{x_B-x_A}=\frac{-2-4}{2-4}=\frac{-6}{-2}=3.$$

On a donc $\boldsymbol{f'(4)=3}$.

b. On a $f(x)=\dfrac{x^4-4x^3-8x^2+48x}{16}$. Donc $f'(x)=\dfrac{4x^3-12x^2-16x+48}{16}$.

$f'(4)=\dfrac{4\times4^3-12\times4^2-16\times4+48}{16}=\dfrac{48}{16}$. On a bien $\boldsymbol{f'(4)=3}$.

3. On utilise comme équation de la tangente $y=f'(a)(x-a)+f(a)$ avec $a=4$, $f'(4)=3$ et $f(4)=4$, ordonnée du point A.
Ici, on a : $y=3(x-4)+4$, **soit $\boldsymbol{y=3x-8}$ comme équation de $\boldsymbol{T}$.**

1. $f'(a)=0$: la tangente au point d'abscisse a est donc parallèle à l'axe des abscisses.

2. a. Le coefficient directeur d'une droite (AB) est $\dfrac{y_B-y_A}{x_B-x_A}$.

b. Il serait maladroit de considérer $f(x)$ comme le quotient de deux fonctions. Il faut considérer $f(x)$ comme le produit de $x^4-4x^3-8x^2+48x$ par $\dfrac{1}{16}$.

11 BÉNÉFICE MAXIMAL

Partie A

1. a. Pour tout x de $[0\,;300]$, on a $C(x)=\dfrac{1}{30}x^3-15x^2+2\,500x$.

Donc : $C'(x)=\dfrac{1}{30}\times3x^2-15\times2x+2\,500$, soit $\boldsymbol{C'(x)=0{,}1x^2-30x+2\,500}$.

b. C' est dérivable sur $[0\,;300]$ avec $C''(x)=0{,}2x-30$.

$C''(x)>0\Leftrightarrow0{,}2x-30>0\Leftrightarrow0{,}2x>30\Leftrightarrow x>\dfrac{30}{0{,}2}\Leftrightarrow x>150.$

C' est donc croissante sur $[150\,;300]$ et décroissante sur $[0\,;150]$.

x	0	150	300
$C'(x)$	2 500 ↘	250	↗ 2 500

C' admet en 150 un minimum positif, donc **$\boldsymbol{C'(x)}$ est positive sur $\boldsymbol{[0\,;300]}$.**

2. a. Une équation de T la tangente à $\mathscr{C}$ en A d'abscisse 150 est :
$y = C'(150)(x-150)+C(150)$, soit $y = 250(x-150)+150\,000$,
ou encore $\boldsymbol{y = 250x + 112\,500}$.

b. Soit h la fonction définie sur $[0\,;300]$ par : $h(x) = C(x) - (250x + 112\,500)$.
Sur $[0\,;300]$, on a : $h'(x) = C'(x) - 250$.
Or, d'après les variations de C', on a $C'(x) \geqslant 250$ sur $[0\,;300]$,
donc $h'(x) \geqslant 0$ sur $[0\,;300]$.
h' ne s'annule que si $C'(x) = 250$, donc si $x = 150$.
h est strictement croissante sur $[0\,;300]$ avec $h(150) = 0$.
Si x appartient à $[0\,;150[$, on a $h(x) < 0$.
Si x appartient à $]150\,;300]$, on a $h(x) > 0$.
De plus, on a :
$\mathscr{C}$ au-dessus de $T \Leftrightarrow C(x) > y \Leftrightarrow C(x) > 250x + 112\,500 \Leftrightarrow h(x) > 0$.

On en conclut que **si $x > 150$, $\mathscr{C}$ est au-dessus de T et que si $x < 150$, $\mathscr{C}$ est au-dessous de T.**

3.

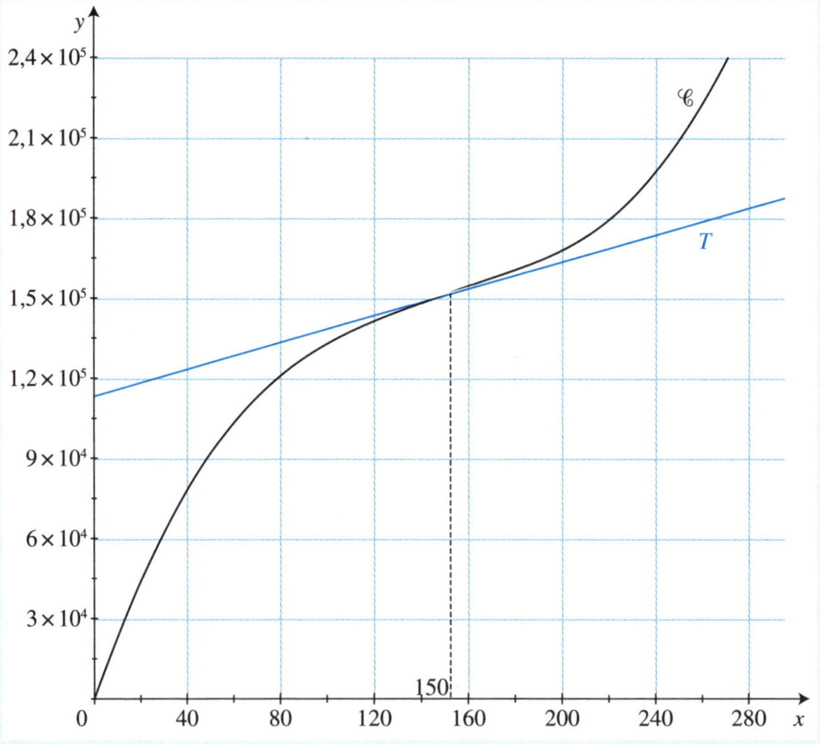

Partie B

1. La recette totale $R(x)$ est le produit du nombre d'objets vendus par le prix unitaire.

$R(x) = xp(x)$, soit $\boldsymbol{R(x) = \dfrac{-45}{8}x^2 + 2\,750x}$.

2. Pour tout x de $[0\,;300]$, on a $r_m(x) = R'(x) = \dfrac{-45}{4}x + 2\,750$.

On a : $r_m(x) = C_m(x) \Leftrightarrow \dfrac{-45}{4}x + 2\,750 = 0{,}1x^2 - 30x + 2\,500$

$$\Leftrightarrow 0{,}1x^2 - 18{,}75x - 250 = 0.$$

$\Delta = b^2 - 4ac = (-18{,}75)^2 - 4 \times 0{,}1 \times (-250) = 451{,}5625$.

Il y a deux solutions :

$$x_1 = \frac{-b+\sqrt{\Delta}}{2a} = \frac{18{,}75+\sqrt{451{,}562\,5}}{0{,}2} = 200$$

et $x_2 = \dfrac{-b-\sqrt{\Delta}}{2a} = \dfrac{18{,}75-\sqrt{451{,}562\,5}}{0{,}2} = -12{,}5$.

Seule x_1 appartient à $[0\,;300]$.

Pour $x = 200$, la recette marginale est égale au coût marginal.

3. Pour x objets fabriqués et vendus, le bénéfice est la différence entre la recette et le coût.

On a :

$$B(x) = R(x) - C(x) = \frac{-45}{8}x^2 + 2\,750x - \left(\frac{1}{30}x^3 - 15x^2 + 2\,500x\right).$$

Soit $B(x) = \dfrac{-1}{30}x^3 + \dfrac{75}{8}x^2 + 250x$.

4. a. Pour tout x de $[0\,;300]$, on a $\boldsymbol{B'(x) = -0{,}1x^2 + 18{,}75x + 250}$.

b. Le signe de $-0{,}1x^2 + 18{,}75x + 250$ qui admet deux racines $x_1 = 200$ et $x_2 = -12{,}5$ est donné par le tableau :

x	$-\infty$		$-12{,}5$		200		$+\infty$
$-0{,}1x^2 + 18{,}75x + 250$		$-$	0	$+$	0	$-$	

On a donc $B'(x) > 0$ sur $[0\,;200[$ et $B'(x) < 0$ sur $]200\,;300]$.

B atteint son maximum pour $x = 200$, c'est-à-dire quand la recette marginale est égale au coût marginal.

$B(200) = \dfrac{-200^3}{30} + \dfrac{75 \times 200^2}{8} + 250 \times 200$,

soit $B(200) = 158\,333{,}33$ à 0,01 près.

Le bénéfice maximal vaut 158 333 euros à un euro près.

Partie B 4. b. Un trinôme $ax^2 + bx + c$ est du signe de a sauf entre ses racines si elles existent.

12 BÉNÉFICE MAXIMAL

1. a. On a : $v(4)=\dfrac{30}{0,5\times 4+1}=10.$

La valeur de revente au bout de 4 ans est 10 k€, soit **10 000 €.**

b. On a :

$$\begin{aligned} v(t)=15 &\Leftrightarrow \frac{30}{0,5t+1}=15 \\ &\Leftrightarrow 30=15(0,5t+1) \\ &\Leftrightarrow 30=7,5t+15 \\ &\Leftrightarrow 15=7,5t \\ &\Leftrightarrow \frac{15}{7,5}=t \Leftrightarrow 2=t. \end{aligned}$$

Au bout de 2 ans, la machine aura perdu la moitié de sa valeur à l'achat.

c. Pour tout t de $[0\,;8]$, on a :

$$\begin{aligned} D(t)&=30-\frac{30}{0,5t+1} \\ &=\frac{30(0,5t+1)-30}{0,5t+1}. \end{aligned}$$

Soit $D(t)=\dfrac{15t}{0,5t+1}$.

On a donc $D'(t)=\dfrac{15(0,5t+1)-15t\times 0,5}{(0,5t+1)^2}$

$$=\frac{15}{(0,5t+1)^2}.$$

Sur $[0\,;8]$, on a donc $\boldsymbol{D'(t)>0}$. ***D* est une fonction croissante sur l'intervalle $\boldsymbol{[0\,;8]}$.**

2. Sur $[0\,;8]$, on a $E'(t)=0,5\times 2t$. Donc $E'(x)\geqslant 0$.

***E* est une fonction croissante sur $\boldsymbol{[0\,;8]}$.**

3. a. Le coût total d'usage de cette machine est le prix d'achat augmenté du coût d'entretien et diminué de la valeur de la revente.

On a bien : $f(t)=30-\dfrac{30}{0,5t+1}+0,5t^2$.

b. On a aussi $f(t)=D(t)+E(t)$.

f est la somme de deux fonctions croissantes sur $[0\,;8]$, donc ***f* est croissante sur $\boldsymbol{[0\,;8]}$.**

c. La figure (page suivante) n'est pas en vraie grandeur.

4. a. M le point de Γ d'abscisse t a pour ordonnée $f(t)$.

Le coefficient directeur de (OM) est $\dfrac{y_M-y_O}{x_M-x_O}=\dfrac{f(t)}{t}$.

$\boldsymbol{U(t)}$ est le coefficient directeur de la droite (OM).

b. Graphiquement $U(t)$ est minimale pour $\boldsymbol{t = 5{,}7}$ à 0,1 près.

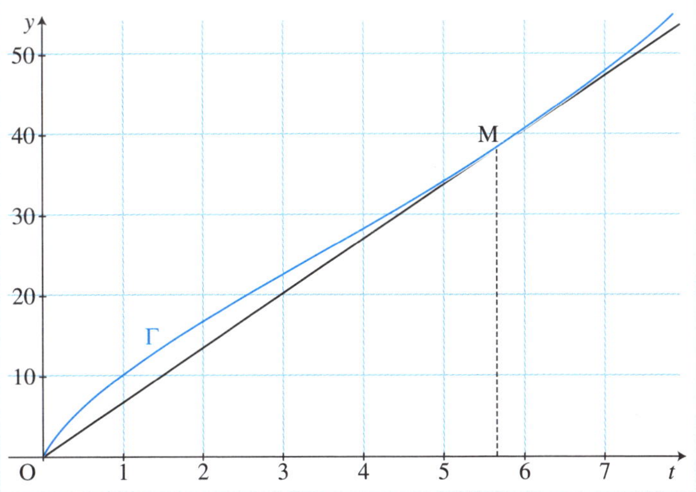

c. Avec $t = 5{,}7$, le coût moyen est $U(5{,}7) = \dfrac{f(5{,}7)}{5{,}7}$, soit environ 6,746.

Le coût moyen est alors **6,746 k€,** soit **6 746 €.**
Et le coût total est $f(5{,}7)$, soit **38,453 k€ ou 38 453 €.**

4. b. $U(t)$ est minimal quand le coefficient directeur de (OM) est minimal, c'est-à-dire quand la droite (OM) est le moins « incliné » possible.

13 RENTABILITÉ D'UNE ENTREPRISE

1. a. Sur $]0\,;+\infty[$, on a $f'(x) = 0{,}5 - \dfrac{8}{x^2}$.

$$f'(x) = 0 \Leftrightarrow 0{,}5 - \frac{8}{x^2} = 0 \Leftrightarrow 0{,}5 = \frac{8}{x^2}$$
$$\Leftrightarrow 0{,}5x^2 = 8 \Leftrightarrow x^2 = 16$$
$$\Leftrightarrow x = 4 \text{ (car } x > 0).$$
$$f'(x) > 0 \Leftrightarrow 0{,}5 - \frac{8}{x^2} > 0 \Leftrightarrow 0{,}5 > \frac{8}{x^2}$$
$$\Leftrightarrow 0{,}5x^2 > 8 \Leftrightarrow x^2 > 16$$
$$\Leftrightarrow x > 4 \text{ (car } x > 0).$$

***f* croît sur $[4\,;+\infty[$ et *f* décroît sur $]0\,;4]$.**

b. Pour tout x de $]0\,;+\infty[$, on a :

$$f(x) - y = 0{,}5x + \frac{8}{x} - 0{,}5x = \frac{8}{x}.$$

Comme on a $x > 0$, on a $f(x) - y > 0$
$\mathscr{C}$ est toujours au-dessus de la droite $\mathscr{D}$.

c.

x	0,5	1	2	3	4	5	7	10
$f(x)$	16,25	8,5	5	4,17	4	4,1	4,64	5,8

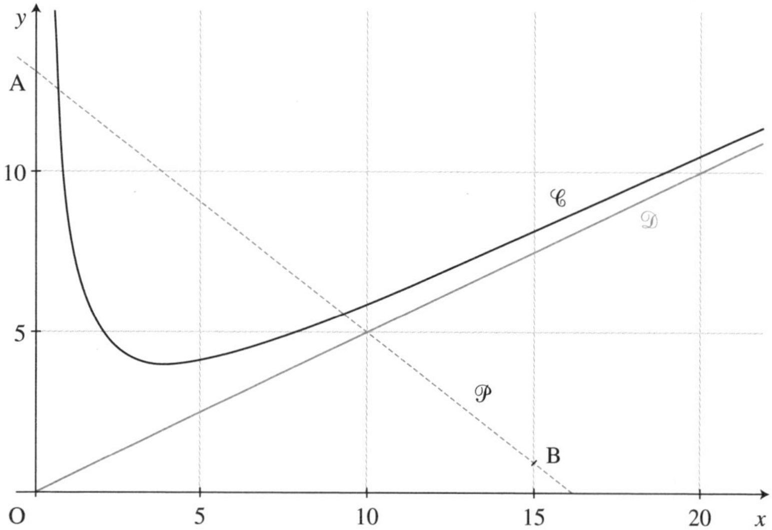

2. a. La fonction p étant affine, sa représentation graphique $\mathscr{P}$ est une droite.

b. Graphiquement l'entreprise est bénéficiaire quand la droite $\mathscr{P}$ est au-dessus de la courbe $\mathscr{C}$.

c. On a :

$$p(x) \geqslant f(x) \Leftrightarrow -0,8x+13 \geqslant 0,5x+\frac{8}{x}$$
$$\Leftrightarrow -0,8x^2+13x \geqslant 0,5x^2+8 \text{ (car } x>0\text{)}$$
$$\Leftrightarrow -1,3x^2+13x-8 \geqslant 0.$$

On étudie le signe de $-1,3x^2+13x-8$:

$\Delta = b^2-4ac = 13^2-4\times(-1,3)\times(-8) = 127,4.$

Il y a deux racines :

$x_1 = \dfrac{-b+\sqrt{\Delta}}{2a} = \dfrac{-13+\sqrt{127,4}}{2\times(-1,3)}$, soit $x_1 = 0,7$ à 0,1 près

et $x_2 = \dfrac{-b-\sqrt{\Delta}}{2a} = \dfrac{-13-\sqrt{127,4}}{2\times(-1,3)}$, soit $x_2 = 9,3$ à 0,1 près.

$-1,3x^2+13x-8$ est positif ou nul sur $[x_1 ; x_2]$.

On en déduit que **l'entreprise est bénéficiaire pour une production comprise dans $[0,7 ; 9,3]$.**

14 PROBLÈME D'OPTIMISATION

1. a. On a $V = l \times L \times h$, soit $1 = x \times L \times 4x$. On a bien $\mathbf{L = \frac{1}{4x^2}}$.

b. Les faces opposées sont deux à deux de même dimension.

On a $A = l \times L \times 2 + l \times h \times 2 + L \times h \times 2 = \frac{1}{2x} + 8x^2 + \frac{2}{x}$.

On a donc $\mathbf{A = 8x^2 + \frac{5}{2x}}$.

2. a. Pour tout x de $]0\,;+\infty[$, on a $f'(x) = 8 \times 2x + \frac{5}{2} \times \frac{-1}{x^2}$.

On a $\mathbf{f'(x) = \frac{32x^3 - 5}{2x^2}}$.

$f'(x) > 0 \Leftrightarrow 32x^3 - 5 > 0 \Leftrightarrow x^3 > \frac{5}{32}$

$\Leftrightarrow x > \left(\frac{5}{32}\right)^{\frac{1}{3}}$ (car la fonction $x \mapsto x^3$ est strictement croissante sur $\mathbb{R}$)

$\Leftrightarrow x > 0{,}538\,6$.

On a aussi $f'(x) < 0 \Leftrightarrow x < 0{,}538\,6$.

b.

x	0		0,538 6		$+\infty$
$f'(x)$	‖	$-$	0	$+$	
$f(x)$	‖	↘	$f(0{,}538\,6)$	↗	

On a : $f(0{,}538\,6) \approx 6{,}962$.

c. La figure n'est pas en vraie grandeur.

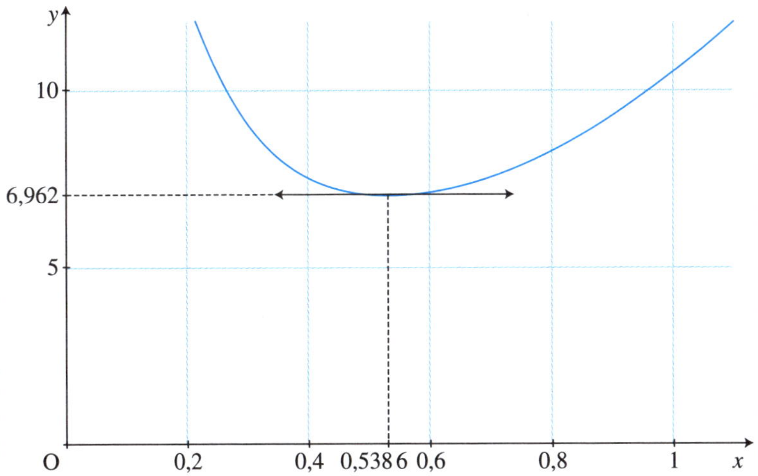

3. La fonction f correspond à l'aire du carton nécessaire pour réaliser une brique. Cette aire est donc minimale quand f est minimale, c'est-à-dire pour $x \approx 0,539$.
La largeur de la brique est donc x, soit environ **0,539 dm.**
La hauteur de la brique est donc $4x$, soit environ **2,156 dm.**
La profondeur de la brique est $\frac{1}{4x^2}$, soit environ **0,861 dm.**

15 RENTABILITÉ D'UNE ENTREPRISE

Partie A

1. Sur $[0\,;1]$, on a $f(x) = \frac{x}{x+1}$.

Donc $f'(x) = \frac{1(x+1) - x \times 1}{(x+1)^2} = \frac{1}{(x+1)^2}$.

Pour tout x de $[0\,;1]$, on a $f'(x) > 0$. Donc **f est strictement croissante sur $[0\,;1]$.**

x	0	1
$f(x)$	0 ↗	0,5

2. f étant strictement croissante sur $[0\,;1]$:

si $0 < x < \frac{1}{10}$, alors on a $f(0) < f(x) < f\left(\frac{1}{10}\right)$

avec $f\left(\frac{1}{10}\right) = \frac{\frac{1}{10}}{1+\frac{1}{10}} = \frac{\frac{1}{10}}{\frac{11}{10}} = \frac{1}{10} \times \frac{10}{11} = \frac{1}{11}$.

On a bien, **si $0 < x < \frac{1}{10}$, alors on a $0 < f(x) < \frac{1}{11}$.**

Partie B

1. a. On a $V_1 p = 100$, donc $\boldsymbol{V_1 = \frac{100}{p}}$.

b. Augmenter le prix de 25 % revient à le multiplier par $\left(1 + \frac{25}{100}\right)$, soit par 1,25.

Le prix de l'essence est donc $1,25p$.
On a $V_2 \times 1,25p = 100$.

Donc $V_2 = \frac{100}{1,25p}$ ou encore $\boldsymbol{V_2 = \frac{80}{p}}$.

c. $\dfrac{V_2}{V_1} = \dfrac{\dfrac{80}{p}}{\dfrac{100}{p}} = \dfrac{80}{p} \times \dfrac{p}{100}$, donc $\boldsymbol{\dfrac{V_2}{V_1} = 0{,}8}$.

On a donc $V_2 = 0{,}8V_1 = \left(1 - \dfrac{1}{20}\right)V_1$.

Le volume du carburant acheté a bien diminué de 20 %.

2. Soit p le prix au litre et V le volume acheté.

Soit p' le prix après une hausse de t % et V' le volume correspondant.

On veut : $pV = p'V'$ avec $p' = \left(1 + \dfrac{t}{100}\right)p$.

On a donc $V = \dfrac{100+t}{100}V'$, soit $V' = \dfrac{100}{100+t}V$.

Avec : $\dfrac{100}{100+t} = 1 - 1 + \dfrac{100}{100+t} = 1 - \dfrac{t}{100+t} = 1 - \dfrac{100t}{100(100+t)}$.

Le volume baisse de n % avec $\boldsymbol{n = \dfrac{100t}{100+t}}$.

3. $y = \dfrac{n}{100} = \dfrac{\dfrac{100t}{100+t}}{100} = \dfrac{100t}{100+t} \times \dfrac{1}{100} = \dfrac{100}{100+t} \times \dfrac{t}{100} = \dfrac{1}{1 + \dfrac{t}{100}} \times \dfrac{t}{100}$.

On a donc : $\boldsymbol{y = \dfrac{x}{1+x}}$.

4. Une hausse du prix de l'essence inférieure à 10 % correspond à $0 < t < 10$, c'est-à-dire à $0 < x < \dfrac{1}{10}$, donc à $0 < y < \dfrac{1}{11}$ d'après **A2**.

On a alors $0 < \dfrac{n}{100} < \dfrac{1}{11}$, soit $0 < n < \dfrac{100}{11}$.

Comme $\dfrac{100}{11}$ est plus petit que 10, **on a raison de dire :**

« À dépense constante, pour une augmentation du prix de l'essence inférieure à 10 %, la diminution du volume de carburant acheté en résultant est inférieure à 10 %. »

16 RÉSOLUTION D'UN PROBLÈME DE GÉOMÉTRIE

1. x représente la longueur OA, donc $x \geqslant 0$.

On a toujours OA $\leqslant$ AB, donc $x \leqslant 10$. **x varie dans $[0\,;10]$.**

2. a. OAB est rectangle en O, donc d'après le théorème de Pythagore, on a :

$AB^2 = OA^2 + OB^2 \Leftrightarrow 10^2 = x^2 + OB^2 \Leftrightarrow 100 - x^2 = OB^2$.

Comme OB est une longueur, on a $\boldsymbol{OB = \sqrt{100 - x^2}}$.

b. Le périmètre de OAB est $p = OA + OB$, soit $\boldsymbol{p = x + 10 + \sqrt{100 - x^2}}$.

3. a. Pour tout x de $[0\,;10]$, on a $f'(x)=1+\dfrac{-2x}{2\sqrt{100-x^2}}$.

$\boldsymbol{f'(x)=1-\dfrac{x}{\sqrt{100-x^2}}}$.

b. $f'(x)=0 \Leftrightarrow 1=\dfrac{x}{\sqrt{100-x^2}} \Leftrightarrow \sqrt{100-x^2}=x \Leftrightarrow 100-x^2=x^2$

$\Leftrightarrow 100=2x^2 \Leftrightarrow x=\sqrt{50}$ (car $x \geqslant 0$)

$\Leftrightarrow x=5\sqrt{2}$.

$f'(x)>0 \Leftrightarrow 1>\dfrac{x}{\sqrt{100-x^2}} \Leftrightarrow \sqrt{100-x^2}>x \Leftrightarrow 100-x^2>x^2$

$\Leftrightarrow 100>2x^2 \Leftrightarrow x<\sqrt{50}$ (car $x \geqslant 0$)

$\Leftrightarrow x<5\sqrt{2}$.

Sur $\left]5\sqrt{2}\,;10\right]$, on a $f'(x)<0$ et sur $\left[0\,;5\sqrt{2}\right[$, on a $f'(x)>0$.

c.

x	0	$5\sqrt{2}$	10
$f(x)$	20 ↗	$10+10\sqrt{2}$	↘ 20

avec $f(0)=0+10+\sqrt{100-0^2}=20$, $f(10)=10+10+\sqrt{100-10^2}=20$ et

$f\left(5\sqrt{2}\right)=5\sqrt{2}+10+\sqrt{100-\sqrt{50}^{\,2}}=10+10\sqrt{2}$.

d. La figure n'est pas en vraie grandeur.

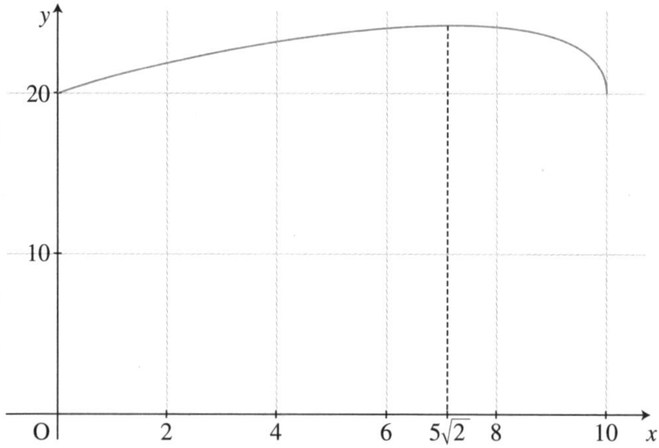

4. Le périmètre p, qui correspond à la fonction f, atteint son **maximum pour $x = 5\sqrt{2}$.**

Ce maximum de $f(x)$ vaut $10 + 10\sqrt{2}$.

On a alors $OB = \sqrt{100 - \sqrt{50}^2} = 5\sqrt{2} = OA$.
Le périmètre de OAB est maximal lorsque OAB est isocèle et rectangle en O.

Remarque : Quand AOB est isocèle et rectangle en O, l'aire de AOB est aussi maximale.
Les résultats précédents demeurent vrais quand on choisit une autre longueur constante pour [AB]. De tous les triangles rectangles ayant la même hypoténuse, celui qui est isocèle a le plus grand périmètre et la plus grande aire.

17 ALGORITHMIQUE

Partie A

1. a. $f(1) = 1^3 + 2\times1 - 4 = \mathbf{-1}$ et $f(2) = 2^3 + 2\times2 - 4 = \mathbf{8}$.

b. $f(1)$ et $f(2)$ sont de signes contraires, donc, **dans l'intervalle [1 ; 2], il existe une solution à l'équation $f(x) = 0$.**

2. a. • $\dfrac{a+b}{2} = \mathbf{1{,}5}$ et $f(1{,}5) = 1{,}5^3 + 2\times1{,}5 - 4 = \mathbf{2{,}375}$.

• $f(1)$ et $f(1{,}5)$ sont de signes contraires.
• On remplace donc b par 1,5.
• La solution est donc dans [1 ; 1,5], d'amplitude 0,5.

b. En arrondissant à 0,001 près, on a :

Étape	a	b	$\frac{a+b}{2}$	$f\left(\frac{a+b}{2}\right)$
(1)	1	2	1,5	2,375
(2)	1	1,5	1,25	0,453
(3)	1	1,25	1,125	– 0,326
(4)	1,125	1,25	1,188	0,050
(5)	1,125	1,188	1,156	– 0,142
(6)	1,156	1,188	1,172	– 0,047
(7)	1,172	1,188	1,180	0,001

La solution est comprise dans [1,17 ; 1,18].

Partie B

1. a.

Programme pour Texas	Commentaires
:Input "A=?",A	Demande la valeur de A
:A → X	Affecte la valeur de A dans X
:Y_1 → Y	Calcule l'image de A par *f* et l'affecte dans Y
:Input "B=?",E	Demande la valeur de B
:Input "E=?",E	Demande la valeur de l'amplitude E
:Lbl 1	
:(A+B) / 2 → X	Calcule $\frac{A+B}{2}$ et l'affecte dans X
:If $YY_1 > 0$	Teste si $f(A)$ et $f\left(\frac{A+B}{2}\right)$ ont le même signe
:Then	
:X → A	Si oui, on remplace A par $\frac{A+B}{2}$
:Else	
:X → B	Sinon, on remplace B par $\frac{A+B}{2}$
:End	
:If B − A > E	Teste si l'amplitude de l'encadrement est supérieure à la précision souhaitée
:Then	
:Goto 1	Si oui, on recommence à l'étiquette 1.
:End	
:Disp "A=",A	Affiche la borne inférieure de l'encadrement
:Disp "B=",B	Affiche la borne supérieure de l'encadrement

b. On retrouve que **la solution est comprise dans $[1,17\,;1,18]$.**

2. À l'aide du programme, on trouve que la solution de $x^2-5-\sqrt{x}=0$ dans l'intervalle $[0\,;10]$ est comprise dans $[\mathbf{2,569\,58\,;2,569\,66}]$, intervalle d'amplitude inférieure à 0,000 1.

18 ÉTUDE D'UNE FONCTION

1. $f'(x)=\frac{1}{2}\left(3x^2-6\times 2x+9\right)=\mathbf{1,5x^2-6x+4,5}$.

2. Pour $1,5x^2-6x+4,5$, on a $\Delta=b^2-4ac=(-6)^2-4\times 1,5\times 4,5=9$.
Comme $\Delta>0$, il y a deux racines :

$$x_1=\frac{-b+\sqrt{\Delta}}{2a}=\frac{6+3}{3}=3 \quad \text{et} \quad x_2=\frac{-b-\sqrt{\Delta}}{2a}=\frac{6-3}{3}=1.$$

Le trinôme $1,5x^2-6x+4,5$ est positif sauf entre ses racines 1 et 3.
Sur $[0\,;1]$, on a $f'(x)\geqslant 0$, donc ***f* est croissante sur $[0\,;1]$.**

Sur $[1\,;3]$, on a $f'(x)\leqslant 0$ et ***f* est décroissante sur $[1\,;3]$.**

Sur $[3\,;4]$, on a $f'(x)\geqslant 0$ et ***f* est croissante sur $[3\,;4]$.**

3. a. $f(0)=\frac{1}{2}\left(0^3-6\times0^2+9\times0+3\right)=3,5$, donc on a $\mathbf{A(0\,;1,5)}$.

$f(1)=\frac{1}{2}\left(1^3-6\times1^2+9\times1+3\right)=3,5$, donc on a $\mathbf{B(1\,;3,5)}$.

$f(2)=\frac{1}{2}\left(2^3-6\times2^2+9\times2+3\right)=2,5$, donc on a $\mathbf{D(2\,;2,5)}$.

$f(3)=\frac{1}{2}\left(3^3-6\times3^2+9\times3+3\right)=1,5$, donc on a $\mathbf{E(3\,;1,5)}$.

$f(4)=\frac{1}{2}\left(4^3-6\times4^2+9\times4+3\right)=3,5$, donc on a $\mathbf{F(4\,;3,5)}$.

b. Comme on a $f'(1)=0$ et $f'(3)=0$, les tangentes à $\mathscr{C}$ en B d'abscisse 1 et en E d'abscisse 3 sont parallèles à l'axe des abscisses. Elles sont donc horizontales.

c. D a pour abscisse 2, donc une équation de la tangente à $\mathscr{C}$ en D est :

$y=f'(x)(x-2)+f(2)$, soit $y=\frac{-3}{2}(x-2)+2,5$ ou encore $\mathbf{y=-1,5x+5,5.}$

Cette tangente passe par D et par $G(0\,;5,5)$.

4.

x	0	1	3	4
$f(x)$	1,5 ↗	3,5 ↘	1,5 ↗	3,5

5.

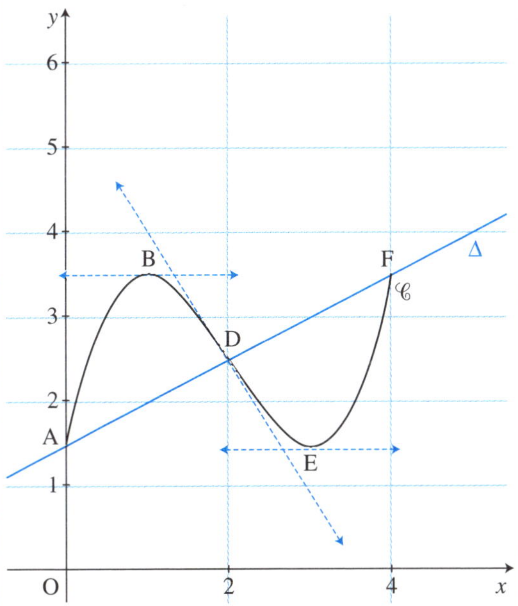

6. Graphiquement, la courbe $\mathscr{C}$ coupe la droite d'équation $y = 3$ en trois points. Donc l'équation **$f(x) = 3$ a trois solutions dans l'intervalle $[0 ; 4]$.**
7. a. Pour $y = 0,5(x+3)$, si $x = 4$ alors $y = 3,5$ et si $x = 0$ alors $y = 1,5$.
La droite Δ passe par F$(4 ; 3,5)$ et par A$(0 ; 3)$
b. Graphiquement les solutions de l'inéquation $f(x) < 0,5(x+3)$ sont les abscisses des points de $\mathscr{C}$ situés au-dessous de la droite Δ. **$S =]2 ; 4[$.**
8. La fonction f, dérivée de g, étant positive sur $[0 ; 4]$, **la fonction g est croissante sur $[0 ; 4]$.**

19 CALCUL DE DÉRIVÉES

1. $f(x) = -16x + 5$, donc $\boldsymbol{f'(x) = -16}$.
2. $g(x) = -3x^2 + 5x - 2$, donc $\boldsymbol{g'(x) = -6x + 5}$.
3. $h(x) = \frac{1}{3}x^3 - 2x^2 - 4x - 1$, donc $\boldsymbol{h'(x) = x^2 - 4x - 4}$.
4. $k(x) = -3x(-x+1) = 3x^2 - 3x$, donc $\boldsymbol{k'(x) = 6x - 3}$.
5. $l(x) = (x-3)(-2x+5) = -2x^2 + 5x + 6x - 15 = -2x^2 + 11x - 15$, donc $\boldsymbol{l'(x) = -4x + 11}$.
6. $m(x) = -2x(x^3 - 5x^2) = -2x^4 + 10x^3$, donc $\boldsymbol{m'(x) = -8x^3 + 30x^2}$.

20 ÉTUDE D'UNE FONCTION RATIONNELLE

1. Pour tout x différent de -1 et de 2, on a :

$$\frac{-1}{x-2} - \frac{2}{x+1} = \frac{-(x+1) - 2(x-2)}{(x-2)(x+1)} = \frac{-x-1-2x+4}{x^2+x-2x-2} = \frac{-3x+3}{x^2-x-2}.$$

On a bien : $\boldsymbol{f(x) = \frac{-1}{x-2} - \frac{2}{x+1}}$.

2. a. Pour tout x différent de -1 et de 2, on a :

$$f'(x) = \left(\frac{-1}{x-2}\right)' - \left(\frac{2}{x+1}\right)' = -1 \times \frac{-1}{(x-2)^2} - 2\frac{-1}{(x+1)^2}.$$

Soit : $\boldsymbol{f'(x) = \frac{1}{(x-2)^2} + \frac{2}{(x+1)^2}}$.

b. $f'(x)$ étant la somme de deux expressions positives, $f'(x)$ est positive sur chacun des intervalles où elle est définie. f est croissante sur chacun des intervalles où elle est définie.

x	$-\infty$		-1		2		$+\infty$
$f(x)$		↗	‖	↗	‖	↗	

3. • $\mathscr{C}$ coupe l'axe des ordonnées en un point d'abscisse 0. Son ordonnée est : $f(0)=\dfrac{-3\times0+3}{0^2-0-2}=-1{,}5$. **$\mathscr{C}$ coupe l'axe des ordonnées en $\mathbf{A(0\,;-1{,}5)}$.**

• $f(x)=0 \Leftrightarrow -3x+3=0 \Leftrightarrow x=1$.

$\mathscr{C}$ coupe l'axe des ordonnées en $\mathbf{B(1\,;0)}$.

• $f(x)=1{,}2 \Leftrightarrow \dfrac{-3x+3}{x^2-x-2}=1{,}2 \Leftrightarrow -3x+3=1{,}2\left(x^2-x-2\right)$

$\Leftrightarrow -3x+3=1{,}2x^2-1{,}2x-2{,}4$

$\Leftrightarrow 0=1{,}2x^2+1{,}8x-5{,}4.$

Pour $1{,}2x^2+1{,}8x-5{,}4$, on $\Delta=1{,}8^2-4\times1{,}2\times(-5{,}4)=29{,}16$.

On a $x_1=\dfrac{-1{,}8+\sqrt{29{,}16}}{2\times1{,}2}=1{,}5$ et $x_2=\dfrac{-1{,}8-\sqrt{29{,}16}}{2\times1{,}2}=-3$.

$\mathscr{C}$ coupe la droite d'équation $\mathbf{y=1{,}2}$ en $\mathbf{D(-3\,;1{,}2)}$ et en $\mathbf{E(1{,}5\,;1{,}2)}$.

4.

x	– 5	– 4	– 3	– 2	– 1,5	– 0,5	0	1	1,5	2,5	3	4
$f(x)$	**0,6**	**0,8**	**1,2**	**2,3**	**4,3**	**– 3,6**	**– 1,5**	**0**	**1,2**	**– 2,6**	**– 1,5**	**– 0,9**

5.

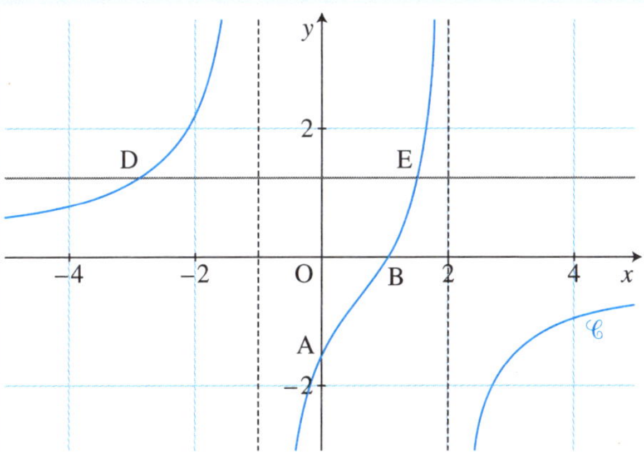

3 Fonctions exponentielles

I FONCTIONS EXPONENTIELLES DE BASE a

1. Définition

Soit a un réel strictement positif.
On appelle fonction exponentielle de base a, la fonction définie pour tout réel x par : $x \mapsto a^x$.

2. Sens de variation et représentation graphique

Soit $x \mapsto a^x$ une fonction exponentielle de base a.

• Si $0 < a < 1$, la fonction est strictement décroissante sur $\mathbb{R}$.

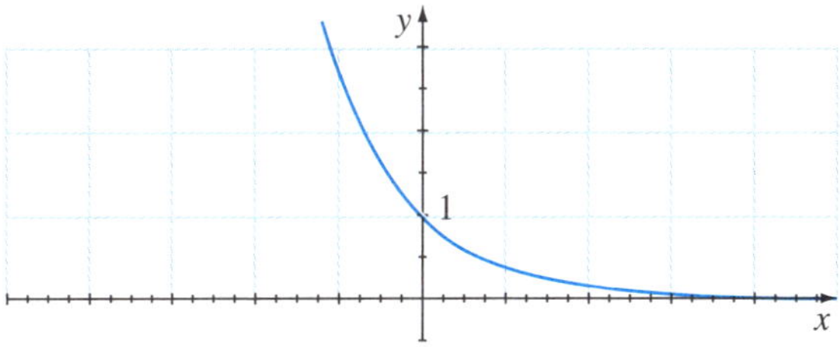

• Si $a = 1$, la fonction est constante. La représentation graphique est une droite parallèle à l'axe des abscisses.

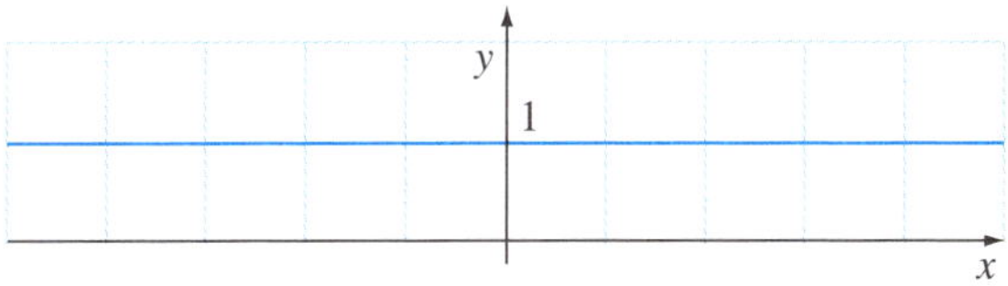

• Si $a > 1$, la fonction est strictement croissante sur $\mathbb{R}$.

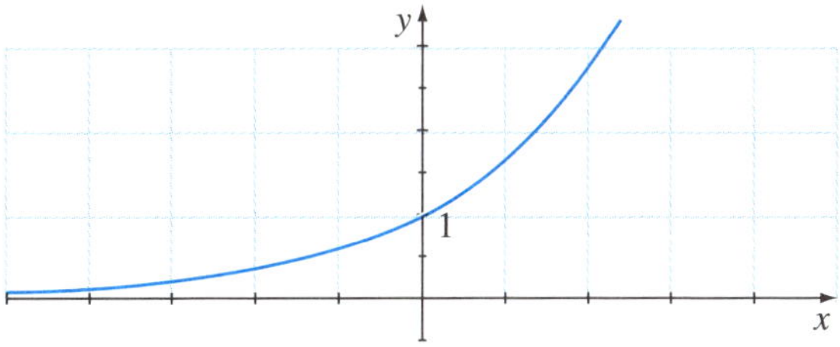

3. Règles de calcul

Soit a et b deux réels strictement positifs.
Soit x et y deux réels.

- $a^0 = 1$
- $a^1 = a$
- $a^{-x} = \dfrac{1}{a^x}$
- $a^x \times a^y = a^{x+y}$
- $\dfrac{a^x}{a^y} = a^{x-y}$
- $(a^x)^y = a^{xy}$
- $a^x \times b^x = (ab)^x$
- $\dfrac{a^x}{b^x} = \left(\dfrac{a}{b}\right)^x$
- $\sqrt{a} = a^{0,5}$

II FONCTION EXPONENTIELLE $x \mapsto e^x$

1. Définition

Parmi toutes les fonctions exponentielles $x \mapsto a^x$, on appelle exponentielle de base e celle dont la dérivée en 0 vaut 1. On la note $x \mapsto e^x$.
Une valeur approchée de e est : 2,718 281 828 4....

2. Étude de la fonction $x \mapsto e^x$ et représentation graphique

- Pour tout x réel, on a : $e^x > 0$.
- Pour tout réel x, on a : $(e^x)' = e^x$. La dérivée étant un nombre strictement positif, la fonction $x \mapsto e^x$ croît strictement sur $\mathbb{R}$.
- Sa représentation graphique est :

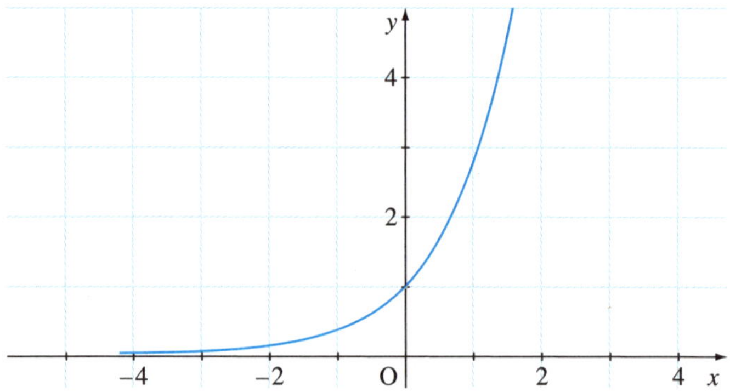

3. Équations et inéquations

Soit a, b deux réels.
$e^a = e^b$ équivaut à $a = b$.
$e^a < e^b$ équivaut à $a < b$.

4. Dérivation

Soit u une fonction dérivable.
On a : $(e^u)' = u'e^u$.

Comme e^u est toujours positif, le signe de $u'e^u$ est celui de u'.

5. Règles de calcul

Soit a et b deux réels.

- $e^a \times e^b = e^{a+b}$
- $e^{-b} = \dfrac{1}{e^b}$
- $\dfrac{e^a}{e^b} = e^{a-b}$
- $(e^a)^b = e^{ab}$
- $e^{0,5} = \sqrt{e}$.

On a aussi $e^0 = 1$ et $e^1 = e$.

SAVOIR-FAIRE

1. Simplifier l'écriture d'un nombre avec exposants réels

1. Reconnaître la règle de calcul correspondant au calcul demandé.
2. Appliquer la règle.
3. Écrire le résultat sous une forme simplifiée.

EXEMPLES :

- Simplifier l'écriture de $2,7^{3,4} \times 2,7^{-2,5}$.

1. On utilise la règle $a^x \times a^y = a^{x+y}$.
2. On a : $2,7^{3,4} \times 2,7^{-2,5} = 2,7^{3,4+(-2,5)}$.
3. On obtient $2,7^{0,9}$.

- Écrire $4^{7,3} \times 1,5^{7,3}$ sous la forme a^x.

1. On utilise la règle $a^x \times b^x = (ab)^x$.
2. On a : $4^{7,3} \times 1,5^{7,3} = (4 \times 1,5)^{7,3}$.
3. On obtient $6^{7,3}$.

2. Résoudre une équation du type $a^x = a^b$ avec $a > 0$ et $a \neq 1$

Pour $a > 0$ et $a \neq 1$, la fonction $x \mapsto a^x$ étant strictement décroissante ou strictement croissante sur $\mathbb{R}$, l'équation $a^x = a^b$ est équivalente à $x = b$.

EXEMPLE : L'équation $2^x = 16$ équivaut à $2^x = 2^4$, soit aussi à $x = 4$. La solution est 4.

3. Résoudre une inéquation du type $a^x > a^b$ (ou $a^x < a^b$) avec $a > 0$

1. Étudier la position de la base a par rapport au nombre 1.
2. • Si $0 < a < 1$, alors la fonction $x \mapsto a^x$ est décroissante et elle inverse l'ordre. $a^x > a^b$ équivaut à $x < b$.
   • Si $1 < a$, alors la fonction $x \mapsto a^x$ est croissante et elle conserve l'ordre. $a^x > a^b$ équivaut à $x > b$.
3. Conclure en donnant l'ensemble des solutions sous forme d'un intervalle.

EXEMPLES :

- Résoudre dans $\mathbb{R}$ l'inéquation $0,7^x > 0,7^{-2,3}$.

1. La base a vaut ici 0,7, nombre compris entre 0 et 1.
2. On inverse l'ordre, donc : $0,7^x > 0,7^{-2,3} \Leftrightarrow x < -2,3$.
3. L'ensemble des solutions est $]-\infty ; -2,3[$.

- Résoudre dans $\mathbb{R}$ l'inéquation $1,2^{x-1} \geqslant 1,2^3$.

1. La base a vaut ici 1,2, nombre supérieur à 1.
2. On conserve l'ordre, donc : $1,2^{x+1} \geqslant 1,2^3 \Leftrightarrow x+1 \geqslant 3 \Leftrightarrow x \geqslant 2$.
3. L'ensemble des solutions est $[2 ; +\infty[$.

4. Étudier les variations d'une fonction exponentielle

1. Déterminer l'expression de $f'(x)$.
2. Étudier le signe de $f'(x)$ selon les valeurs de x en utilisant le fait qu'une exponentielle est toujours positive.
3. En déduire le sens de variation de f selon les valeurs de x.

EXEMPLE : Soit f la fonction définie sur $\mathbb{R}$ par $f(x) = \mathrm{e}^{-x^2}$.
Étudier les variations de f selon les valeurs de x.

1. On utilise $(\mathrm{e}^u)' = u'\mathrm{e}^u$ avec $u(x) = -x^2$ et $u'(x) = -2x$.
Pour tout réel x, on a : $f'(x) = -2x\mathrm{e}^{-x^2}$.
2. Pour tout réel x, on a : $\mathrm{e}^{-x^2} > 0$. $f'(x)$ est donc du même signe que $-2x$.
Si $x < 0$, on a $-2x > 0$ et donc $f'(x) > 0$.
Si $x > 0$, on a $-2x < 0$ et donc $f'(x) < 0$.
3. On en déduit que f est croissante sur $]-\infty\,;0[$ et que f est décroissante sur $]0\,;+\infty[$.

5. Résoudre une équation $\mathrm{e}^x = a$

1. Si $a \leqslant 0$, l'équation $\mathrm{e}^x = a$ n'a pas de solution dans $\mathbb{R}$.
Si $a > 0$, l'équation $\mathrm{e}^x = a$ est équivalente à $x = \ln(a)$.
2. Dans le cas où on a $a > 0$, une calculatrice permet d'avoir une valeur approchée de la solution $\ln(a)$.

> La fonction **ln** est étudiée dans le chapitre 4 : ici, on n'utilisera que la touche **ln** de la calculatrice pour obtenir des valeurs approchées.

EXEMPLES :

- Résoudre dans $\mathbb{R}$ l'équation $\mathrm{e}^x = -5$.

On a $-5 < 0$. Donc l'équation $\mathrm{e}^x = -5$ n'a pas de solution dans $\mathbb{R}$.

- Résoudre dans $\mathbb{R}$ l'équation $\mathrm{e}^x = 3$ et donner une valeur de la solution arrondie à 10^{-3} près.

1. On a $3 > 0$, donc l'équation $\mathrm{e}^x = 3$ équivaut à $x = \ln(3)$.
2. La calculatrice donne $\ln(3) = 1{,}098\,6\ldots$
La solution de l'équation est 1,099 à 10^{-3} près.

EXERCICES D'APPLICATION

1 SIMPLIFICATION D'ÉCRITURE

★ | 10 min | ▸ P. 99

Simplifier les écritures suivantes :

1. $27^{3,1} \times 27^{4,5}$;
2. $3,8^{2,9} \times 3,8^{-1,57}$;
3. $\left(7^3\right)^4$;
4. $\dfrac{4,3^7}{4,3^5}$;
5. $\dfrac{3,4^{-2}}{3,4^6}$;
6. $6,2^{-7,3} \times 6,2$.

Revoir les règles de calcul sur les exponentielles et le savoir-faire **1**.
6. Écrire 6,2 sous la forme $6,2^1$.

2 SOUS LA FORME a^x

★ | 10 min | ▸ P. 99

Écrire les nombres suivants sous la forme a^x avec $x \neq 1$.

1. $5^{2,4} \times 2^{2,4}$;
2. $32^{2,9} \times 0,125^{2,9}$;
3. 8×7^3 ;
4. $\dfrac{42^7}{6^7}$;
5. $\dfrac{21^{-2}}{9^{-2}}$;
6. $\dfrac{11^2}{25}$.

Pour simplifier l'écriture d'un nombre avec des exposants réels, on utilise les mêmes règles qu'avec des exposants entiers.
3. Écrire 8 sous forme d'une puissance d'exposant 3.
6. Faire apparaître la forme $\dfrac{a^n}{b^n}$ en transformant le dénominateur.

3 SOUS LA FORME e^x

★ | 10 min | ▸ P. 99

Écrire chaque nombre sous la forme e^x.

$a = \left(e^2\right)^4$; $b = e^3 \times e^{-2}$; $c = e^{6,5} \div e^{4,5}$;

$d = \sqrt{e^6}$; $f = e^x \times e^{2x}$; $g = \dfrac{e^{3x+2}}{e^{2x+1}}$.

Revoir les règles de calcul sur les exponentielles et le savoir-faire **1**.

4 ÉQUATIONS DU TYPE $a^x = a^y$ | ★ | 8 min | ▸ P. 99

Résoudre les équations suivantes :

1. $3{,}7^x = 3{,}7^4$; 2. $0{,}5^{x+1} = 0{,}5^3$; 3. $5^x = 5^{-2}$;
4. $0{,}1^{x^2} = 0{,}1^{25}$; 5. $7{,}2^{3-x} = 7{,}2^5$; 6. $2^{x+2} = 32$.

Revoir le savoir-faire **2**.
4. Attention au nombre de solutions.
6. Écrire 32 sous la forme d'une puissance de 2 pour retrouver le modèle $a^x = a^y$.

5 ÉQUATIONS DU TYPE $e^x = e^y$ | ★★ | 12 min | ▸ P. 100

Résoudre les équations suivantes :

1. $e^{2x} = e^4$; 2. $e^{2x+1} = e^x$; 3. $e^{x(x-1)} = 1$;
4. $e^x = \sqrt{e}$; 5. $e^{x^2-1} = e^3$; 6. $e^{x+1} + e^x = 1 + e$.

Revoir le savoir-faire **2**.
3. Écrire 1 sous la forme d'une puissance de e.
6. Commencer par factoriser $e^{x+1} + e^x$ par e^x.

6 INÉQUATIONS | ★★ | 15 min | ▸ P. 100

Résoudre les inéquations suivantes :

1. $2{,}7^x > 2{,}7^3$; 2. $0{,}8^x > 0{,}8^{4{,}5}$; 3. $7^{x-1} < 7^{-3}$;
4. $0{,}5^{x^2} > 0{,}5^4$; 5. $8{,}5^{4-x} \geqslant 8{,}5^5$; 6. $5^x < 125$.

Revoir le savoir-faire **3**.
3. Utiliser la parabole représentative de la fonction carré.
6. Reconnaître dans 125 une puissance de 5.

7 INÉQUATIONS DE BASE e | ★ | 10 min | ▸ P. 101

Résoudre les inéquations suivantes :

1. $e^x > e^3$; 2. $e^x < -2$;
3. $e^x \geqslant e^{-x}$; 4. $e^{2x-4} \leqslant e^x$.

Revoir le savoir-faire **3**.
2. Utiliser le signe d'une exponentielle pour conclure.

8 SIGNE D'UNE FONCTION | ★ | 15 min | ▸ P. 101

Dans chaque cas, discuter le signe de $f(x)$ suivant les valeurs de x :

1. $f(x) = e^x - e$;
2. $f(x) = x(e^x - 1)$;
3. $f(x) = (e^x - e^2)(e^x - e)$;
4. $f(x) = 1 - e^x$.

Revoir le savoir-faire **3**.
1. et 4. Résoudre $f(x) > 0$, puis conclure.
2. et 3. Utiliser un tableau de signes.

9 DÉRIVÉE D'UNE FONCTION EXPONENTIELLE | ★ | 5 min | ▸ P. 101

Déterminer les dérivées des fonctions f sur $\mathbb{R}$.

1. $f(x) = e^{-3x}$;
2. $f(x) = (x+1)e^x$;
3. $f(x) = 4e^{5x}$;
4. $f(x) = x^2 + 4 + e^{-x}$.

Revoir le cours sur la dérivée de $e^{u(x)}$.
2. Rappel : $(uv)' = u'v + uv'$.

10 VARIATIONS D'UNE FONCTION EXPONENTIELLE | ★ | 20 min | ▸ P. 102

Déterminer les dérivées des fonctions f et étudier leurs variations sur $\mathbb{R}$:

1. $f(x) = e^{-x}$;
2. $f(x) = (x+2)e^x$;
3. $f(x) = (2x^2 + 3x)e^x$;
4. $f(x) = -2x + e^{2x}$.

Revoir le savoir-faire **4**.
2. et **3.** Rappel : $(uv)' = u'v + uv'$ et écrire $f'(x)$ sous une forme factorisée.

11 ÉQUATIONS DE LA FORME $e^x = a$ | ★ | 15 min | ▸ P. 103

1. Résoudre dans $\mathbb{R}$ les équations suivantes. Pour chacune des équations, on donnera la valeur exacte de la solution et la valeur arrondie à 0,01 près si elle n'est pas entière.

a. $e^x = 3$; **b.** $e^x - 5 = 2$.

2. a. Résoudre dans $\mathbb{R}$ l'équation $x^2 + x - 6 = 0$.

b. En déduire les solutions de $e^{2x} + e^x - 6 = 0$.

Revoir le savoir-faire **5**.
2. a. Utiliser le discriminant Δ pour trouver les deux solutions.
b. Écrire e^{2x} comme le carré de e^x et utiliser les résultats de la question **2. a.**

EXERCICES D'ENTRAÎNEMENT

12 FONCTION EXPONENTIELLE ET APPLICATION ÉCONOMIQUE

★★ | 40 min | ▸ P. 103

Partie A – Étude d'une fonction

On considère les fonctions f, g et h définies et dérivables pour tout nombre réel x de l'intervalle $[4\,;6]$ par :

$$f(x)=100(\mathrm{e}^{x}-45), \quad g(x)=10^{6}\mathrm{e}^{-x} \quad \text{et} \quad h(x)=g(x)-f(x).$$

On note h' la fonction dérivée de la fonction h sur l'intervalle $[4\,;6]$.

Résolution de l'équation $h(x)=0$

1. a. Démontrer que la fonction h est strictement décroissante sur l'intervalle $[4\,;6]$.

b. Dresser le tableau de variation de la fonction h.

c. Justifier que l'équation $h(x)=0$ admet une solution unique α sur l'intervalle $[4\,;6]$.

2. a. Compléter le tableau de valeurs ci-dessous (les résultats seront arrondis à la centaine la plus proche).

x	4	4,2	4,4	4,6	4,8	5
$h(x)$	17 400					−3 600

x	5,2	5,4	5,6	5,8	6
$h(x)$	−8 100			−25 500	−33 400

b. Tracer la courbe représentative $\mathscr{C}_h$ de la fonction h dans le plan muni d'un repère orthogonal (unités : 1 cm pour 0,2 unité en abscisses et 1 cm pour 8 000 unités en ordonnées).

c. Placer α sur ce graphique et en donner un encadrement d'amplitude 10^{-1}.

Partie B – Application économique

Dans la suite de l'exercice, on admet que la valeur exacte du nombre réel α est égale à $3\ln(5)$ où ln désigne la fonction logarithme népérien.

Les fonctions f et g définies dans la partie A modélisent respectivement l'offre et la demande d'un produit de prix unitaire x, compris entre 4 et 6 euros :

- $f(x)$ est la quantité, exprimée en kilogrammes, que les producteurs sont prêts à vendre au prix unitaire x ;
- $g(x)$ la quantité, exprimée en kilogrammes, que les consommateurs sont prêts à acheter au prix unitaire x.

On appelle prix unitaire d'équilibre du marché la valeur de x pour laquelle l'offre est égale à la demande.

1. Quel est, exprimé au centime d'euro près, le prix unitaire d'équilibre du marché ? Justifier.
2. Quelle quantité de produit, exprimée en kilogrammes, correspond à ce prix unitaire d'équilibre ?

A 1. Calculer $h'(x)$, puis étudier son signe. Une exponentielle est toujours positive.

13 CONJECTURE ET VALIDATION | ★★ | 40 min | ▸ P. 104

On considère la fonction numérique f définie et dérivable sur $[-10\,;10]$ telle que, pour tout réel x de $[-10\,;10]$, on ait :

$$f(x)=\frac{x^2}{2}-x^2\mathrm{e}^{x-1}.$$

On note f' sa fonction dérivée sur $[-10\,;10]$.

Le graphique ci-contre est la courbe représentative de cette fonction f telle que l'affiche une calculatrice dans un repère orthogonal.

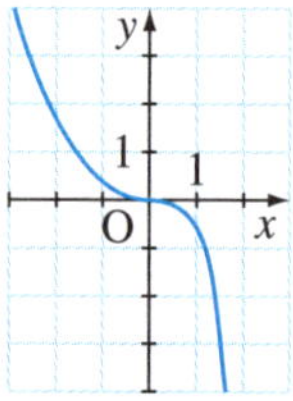

1. Quelle conjecture pourrait-on faire concernant le sens de variation de f sur l'intervalle $[-3\,;2]$ en observant cette courbe ?

Dans la suite du problème, on va s'intéresser à la validité de cette conjecture.

2. Calculer $f'(x)$ et vérifier que $f'(x)=xg(x)$ où $g(x)=1-(x+2)\mathrm{e}^{x-1}$ pour tout x de $[-10\,;10]$.

Pour la suite, on admet que g est dérivable sur $[-10\,;10]$ et on note g' sa fonction dérivée.

3. Étude du signe de $g(x)$ suivant les valeurs de x

a. Calculer $g'(x)$ et étudier son signe suivant les valeurs du nombre réel x.

b. En déduire le sens de variation de la fonction g puis dresser son tableau de variation sur $[-10\,;10]$.

c. Montrer que l'équation $g(x)=0$ possède une unique solution dans $[-10\,;10]$. On note α cette solution. Justifier que $0{,}20<\alpha<0{,}21$.

d. Déterminer le signe de $g(x)$ suivant les valeurs de x.

4. Sens de variation de la fonction f

a. Étudier le signe de $f'(x)$ suivant les valeurs de x.

b. En déduire le sens de variation de la fonction f.

c. Que penser de la conjecture de la question **1** ?

2. et **3. a.** Revoir la formule donnant la dérivée d'un produit.

14 RECHERCHE D'UNE FONCTION ★★ | 40 min | ▸ P. 105

La courbe $\mathscr{C}_f$ tracée ci-dessous est la représentation graphique d'une fonction f définie et dérivable sur $\mathbb{R}$.
On note f' la fonction dérivée de f.
La tangente $\mathscr{T}$ à la courbe $\mathscr{C}_f$ au point A(0 ; 3) passe par le point B(1 ; 5).

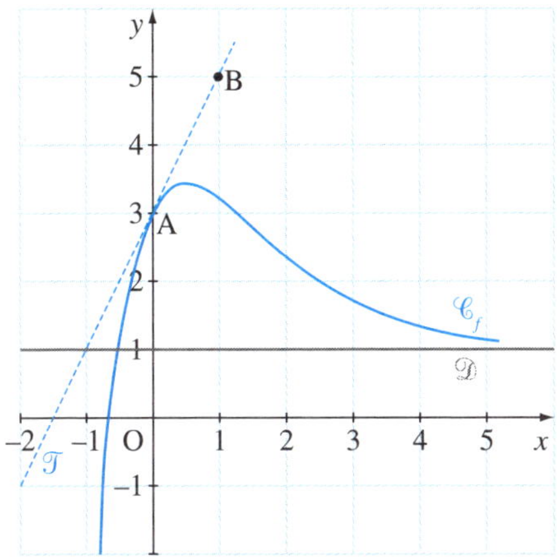

1. En utilisant les données et le graphique, préciser la valeur de $f(0)$ et la valeur de $f'(0)$.

2. Déterminer une équation de la tangente $\mathscr{T}$ à la courbe $\mathscr{C}_f$ au point A.

3. Préciser un encadrement par deux entiers consécutifs de l'aire, en unités d'aire, de la partie du plan située entre la courbe $\mathscr{C}_f$, l'axe des abscisses, l'axe des ordonnées et la droite d'équation $x = 1$.

4. On admet que la fonction f est définie, pour tout nombre réel x, par une expression de la forme :

$$f(x) = 1 + \frac{ax+b}{e^x},$$

où a et b sont des nombres réels.

a. Déterminer l'expression de $f'(x)$ en fonction de a, de b et de x.

b. Démontrer que l'on a pour tout réel x : $f(x) = 1 + \dfrac{4x+2}{e^x}$.

1. $f'(0)$ est le coefficient directeur de la tangente à $\mathscr{C}_f$ au point d'abscisse 0.

15 REVENTE DES MACHINES

★★★ 40 min ▸ P. 106

Au 1er janvier 2012, une entreprise s'est équipée d'un certain nombre de machines-outils identiques, coûtant chacune à l'achat 400 000 €.

Au bout de t années, chacune se revend en ayant perdu chaque année 26 % de sa valeur de l'année précédente ; on désigne par $R(t)$ cette valeur de revente en milliers d'euros. On estime que l'entretien d'une machine coûte forfaitairement 20 000 €, pour l'utilisation jusqu'à sa revente.

1. Exprimer $R(t)$ en fonction de t.

2. On modélise $R(t)$ par la fonction suivante, définie sur $[0 ; 50]$ par :

$$R(t) = 400\mathrm{e}^{-0,3t}.$$

On désigne par $C(t)$ le coût total d'utilisation d'une machine au bout de t années. $C(t)$ est donné par :

$$C(t) = 420 - 400\mathrm{e}^{-0,3t}.$$

a. Calculer la dérivée de $C(t)$ et étudier son signe.

Étudier les variations de la fonction C pour t appartenant à $[0 ; 50]$.

b. Vérifier qu'au bout de 15 ans, le coût total est pratiquement égal au prix d'achat augmenté du coût d'entretien, à 5 000 € près.

3. L'entreprise décide de revendre les machines dès que le coût total d'utilisation d'une machine dépasse 330 000 €.

a. Résoudre l'inéquation $C(t) > 330$. Donner la réponse en nombre entier d'années.

b. Pour des raisons comptables, l'entreprise revend ses machines au mois de janvier.

En quelle année doit-elle le faire ?

Quel sera le prix de revente d'une machine à cette date ?

(On donnera la meilleure approximation de ce prix en nombre entier de milliers d'euros.)

1. Diminuer une valeur de a % revient à multiplier cette valeur par $1 - \frac{a}{100}$.

3. a. On utilisera l'équivalence suivante : pour $b > 0$, $b > \mathrm{e}^a \Leftrightarrow \ln(b) > a$.

16 ÉTUDE D'UNE FONCTION

★★★ | 60 min | ▸ P. 107

Partie A

1. Soit a et b deux nombres réels.

On définit une fonction g sur $\mathbb{R}$ par :

$$g(x)=(ax+b)\mathrm{e}^{-x}+2.$$

On note g' la fonction dérivée de g.

a. Calculer $g'(x)$.

b. Le tableau des variations de g est le suivant :

x	$-\infty$		0		1		2		$+\infty$
$g'(x)$		$+$		$+$		$+$	0	$-$	
$g(x)$	$-\infty$	↗	1	↗	2	↗	$\mathrm{e}^{-2}+2$	↘	2

En utilisant les données numériques de ce tableau, établir que $a=1$ et que $b=-1$.

Ainsi pour la suite du problème, on a :

$$g(x)=(x-1)\mathrm{e}^{-x}+2.$$

2. a. Justifier que, dans l'intervalle $[-1\,;0]$, l'équation $g(x)=0$ possède au moins une solution. On admet que cette solution est unique et on la note α.

b. Déterminer à l'aide de la calculatrice la valeur décimale approchée au centième de α.

3. À l'aide du tableau de variation, étudier le signe de $g(x)$ pour x réel.

Partie B

Soit f la fonction définie sur $[-10\,;10]$ par :

$$f(x)=2x+1-x\,\mathrm{e}^{-x}.$$

1. a. Soit f' la fonction dérivée de f. Montrer que $f'(x)=g(x)$.

b. Dresser, en le justifiant, le tableau de variation de f sur $\mathbb{R}$.

2. Dans le plan muni d'un repère orthonormal, on appelle $\mathscr{C}$ la représentation graphique de f et $\mathscr{D}$ la droite d'équation $y=2x+1$.

a. Étudier la position de $\mathscr{C}$ par rapport à $\mathscr{D}$.

b. Tracer $\mathscr{C}$ et $\mathscr{D}$. On prendra pour unité graphique 2 cm.

2. a. Pour étudier la position de $\mathscr{C}$ par rapport à $\mathscr{D}$, étudier le signe de $f(x)-(2x+1)$.

17 ÉTUDE D'UNE FONCTION EXPONENTIELLE | ★★ | 50 min | ▸ P. 108

On considère la fonction f définie sur $[-20\,;20]$ par :

$$f(x) = e^{\frac{x}{3}} + ax + b,$$

où a et b sont deux réels.

On note $\mathscr{C}$ sa représentation graphique dans un repère orthonormé (unité graphique : 0,5 cm), donnée ci-dessous.

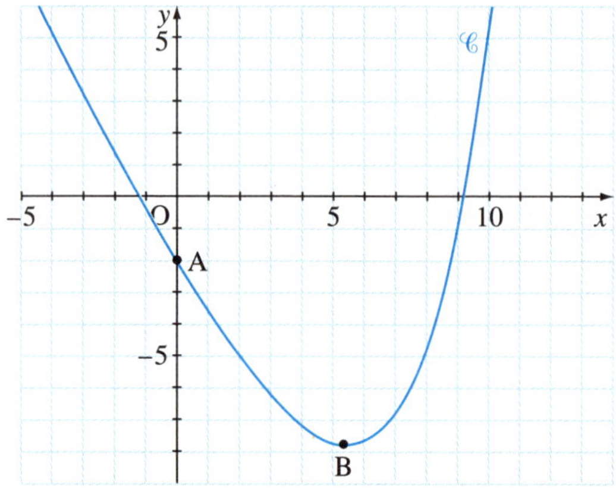

On sait que la courbe $\mathscr{C}$ satisfait aux conditions (a) et (b) suivantes :

(a) elle rencontre l'axe (Oy) au point A$(0\,;-2)$;

(b) elle admet au point B d'abscisse 3 ln(6) une tangente parallèle à l'axe des abscisses.

1. Traduire les conditions (a) et (b) par des équations et démontrer que $a=-2$ et $b=-3$.

Dans toute la suite du problème, on a donc :

$$f(x) = e^{\frac{x}{3}} - 2x - 3.$$

2. Calculer $f'(x)$ et dresser le tableau de variation de f sur $[-20\,;20]$.

3. Étudier la position de $\mathscr{C}$ par rapport à la droite Δ d'équation $y=-2x-3$.

4. Démontrer que l'équation $f(x)=2$ possède au moins une solution dans $[9\,;10]$.

On admet que cette solution est unique et on la note α.

Déterminer la valeur décimale de α à 10^{-1} près par défaut.

5. a. Résoudre graphiquement l'équation $f(x)=2$ (on donnera un encadrement par deux entiers consécutifs de la solution autre que α).

b. Résoudre graphiquement l'inéquation $f(x) \geqslant 2$.

1. $e^{\ln(a)} = a$.

3. Pour étudier la position de $\mathscr{C}$ par rapport à Δ, étudier le signe de $f(x)-(-2x-3)$.

18 PRIX D'ÉQUILIBRE D'UN PRODUIT ★★★ 50 min ▸ P. 109

On considère un produit dont le prix unitaire est x (en milliers d'euros). D'après une étude de marché, l'offre $f(x)$ et la demande $g(x)$ (en milliers d'objets de ce produit) sont définies, pour tout x de l'intervalle $[0\,;10]$, par les formules :

$$f(x) = e^{0,5x} - 1 \quad \text{et} \quad g(x) = \frac{8}{e^{0,5x} + 1}.$$

Partie A

1. a. Déterminer $f(0)$ et $f(10)$.

b. Étudier les variations de f sur $[0\,;10]$.

2. a. Déterminer $g(0)$ et $g(10)$.

b. Étudier les variations de g sur $[0\,;10]$.

3. Le plan est rapporté à un repère orthonormal (on prendra comme unité graphique 1 cm).

Tracer les courbes représentatives des fonctions f et g après avoir déterminé et tracé les tangentes respectives à ces deux courbes aux points d'abscisse 0.

Partie B

L'équation $f(x) = g(x)$ admet une solution unique p dans l'intervalle $[0\,;10]$.

1. Par lecture graphique, donner une approximation à 0,1 près de p et du nombre $n = f(p)$ (on fera apparaître les tracés permettant cette lecture).

2. a. Calculer p et n.

b. Le nombre p est appelé « prix d'équilibre » du produit. Donner le prix d'équilibre, exprimé en euros, arrondi à l'euro près, ainsi que le nombre correspondant d'objets proposés sur le marché.

> **B 2. a.** Utiliser un produit en croix pour obtenir une équation du type $e^x = a$ et revoir le savoir-faire **5**. Pour avoir la valeur exacte de n, utiliser la formule $e^{\ln(a)} = a$.

19 LE PÉTROLE DE DEMAIN ★★ 30 min ▸ P. 110

Certains scientifiques estiment que les futures découvertes de pétrole dans le monde peuvent être modélisées, à partir de l'année 2011, grâce à la fonction f définie sur l'intervalle $[11\,;200]$ par :

$$f(x) = 17\,280e^{-0,024x}$$

de sorte que $f(x)$ représente, en billions de barils (millions de millions de barils), l'estimation de la quantité de pétrole qui sera découverte au cours de l'année $2000 + x$.

On admet que la fonction f est continue et dérivable sur l'intervalle $[11\,;200]$ et on note f' sa fonction dérivée sur cet intervalle.

1. Calculer l'estimation du nombre de barils de pétrole à découvrir en 2011 d'après ce modèle (on arrondira le résultat au billion près).
2. Étudier les variations de la fonction f sur l'intervalle $[11 ; 200]$, puis dresser son tableau de variation.
3. Selon ce modèle, peut-on envisager qu'au cours d'une même année, 10 000 billions de barils de pétrole soient découverts ?
Si oui, déterminer, en justifiant, cette (ces) année(s). Sinon, justifier la réponse.
4. Selon ce modèle, peut-on envisager qu'au cours de chaque année à partir de 2011, au moins 6 000 billions de barils de pétrole soient découverts ?
Si oui, justifier la réponse.
Sinon, déterminer, en justifiant, l'année pour laquelle les découvertes de pétrole deviendront strictement inférieures à 6 000 billions de barils.

EXERCICES D'APPROFONDISSEMENT

20 DEUX CALCULS AVEC BEAUCOUP DE e

★★★ | 15 min | ▶ P. 111

1. Écrire avec une seule fois la lettre e l'expression A suivante :
$$A = e \times e^3 \times e^{3^2} \times e^{3^3} \times e^{3^4} \times e^{3^5} \times e^{3^6}.$$
2. Écrire avec une seule fois la lettre e et en fonction de n l'expression B suivante :
$$B = e \times e^3 \times e^{3^2} \times e^{3^3} \times \ldots \times e^{3^{n-1}} \times e^{3^n}.$$

21 UNE ÉQUATION

★★★ | 10 min | ▶ P. 111

Soit a et b deux réels donnés.
Résoudre l'équation $e^{2x} - e^{a+x} - e^{b+x} + e^{a+b} = 0$.

22 FACTORIELLES ET NOMBRE e

★★★ | 20 min | ▶ P. 112

1. Soit n un entier supérieur ou égal à 1.
On appelle factorielle n le nombre noté $n!$ et défini par :
$$n! = 1 \times 2 \times 3 \times 4 \times \ldots \times (n-1) \times n.$$
a. Calculer à la main $1!$, $2!$, $3!$ et $4!$.
b. Comment peut-on obtenir $5!$ à partir de $4!$ en faisant une seule opération ?
c. Exprimer $(n+1)!$ en fonction de $n!$.
2. Par convention, on pose $0! = 1$.
Vérifier que l'on a la relation $1! = 0! \times 1$.

3. Soit n un entier naturel. On nomme S_n la somme définie par :

$$S_n = \frac{1}{0!} + \frac{1}{1!} + \frac{1}{2!} + \frac{1}{3!} + \ldots + \frac{1}{n!}.$$

Calculer S_0, S_1, S_2, S_3 et S_4 (arrondir à 0,001 près si cela est nécessaire).

4. On souhaite calculer la somme S_n pour n entier compris entre 0 et 20. Pour cela, on utilise un tableur.

a. Préparer une feuille de calcul comme celle ci-dessous.

◇	A	B	C	D	E
1	n	n!	1/n!	Sn	
2	0	1	1	1	
3					
4					
5					
6					

b. Compléter la feuille de la manière suivante :

- dans la cellule A3, mettre la formule = A2+1 et la recopier dans les cellules A4 à A22 ;
- dans la cellule B3, mettre la formule = B2 * A3 et la recopier dans les cellules B4 à B22 ;
- dans la cellule C3, mettre la formule =1 / B3 et la recopier dans les cellules C4 à C22 ;
- dans la cellule D3, mettre la formule = D2 + C3 et la recopier dans les cellules D4 à D22.

c. De quel nombre la somme S_n semble-t-elle se rapprocher quand n prend des valeurs de plus en plus grandes ?

23 MÉTHODE D'EULER POUR APPROCHER LA FONCTION $x \mapsto e^x$

★★★★ | 60 min | ▸ P. 113

Soit f la fonction définie sur $\mathbb{R}$ telle que $f(0)=1$ et $f'(x)=f(x)$ pour tout réel x.

Soit $\mathscr{C}$ sa courbe représentative dans un repère orthonormé (2 cm pour 1 unité).

On souhaite approcher $\mathscr{C}$ sur $[-2 ; 2]$ en traçant des courbes $\mathscr{C}_k$ représentatives de fonctions **continues** g_k affines par morceaux, k appartenant à $]0 ; 1]$.

Pour chacune de ces fonctions g_k, on a $g_k(0)=1$.

On rappelle qu'une fonction est affine si son expression algébrique est de la forme $ax+b$.

Partie A

Dans cette partie, on prend $k=1$.

1. Sur l'intervalle $[0 ; 1]$, le coefficient a vaut $g_1(0)$.

a. Déterminer l'expression algébrique de $g_1(x)$ sur $[0 ; 1]$.

b. En déduire la valeur de $g_1(1)$.

c. Représenter g_1 sur $[0\,;1]$ par un segment [AB].

2. Sur l'intervalle $[1\,;2]$, le coefficient a vaut $g_1(1)$.

a. Déterminer l'expression algébrique de $g_1(x)$ sur $[1\,;2]$.

b. En déduire la valeur de $g_1(2)$.

c. Représenter g_1 sur $[1\,;2]$ par un segment [BD].

3. Plus généralement, sur l'intervalle $[n\,;n+1]$ avec n entier compris entre -2 et 1, le coefficient a vaut $g_1(n)$.

a. Montrer que l'on a : $g_1(x) = g_1(n)(x-n+1)$.

b. En déduire une relation entre $g_1(n+1)$ et $g_1(n)$, puis les valeurs de $g_1(-1)$ et $g_1(-2)$.

c. Terminer $\mathscr{C}_1$ la représentation graphique de g_1.

Partie B

Dans cette partie, on prend $k = 0{,}5$.
L'intervalle $[-2\,;2]$ est découpé en huit intervalles de même amplitude 0,5 de la forme $[0{,}5n\,;0{,}5(n+1)]$ avec n entier compris entre -4 et 3.
Pour n entier compris entre -4 et 3, sur l'intervalle $[0{,}5n\,;0{,}5(n+1)]$, le coefficient a vaut $g_{0,5}(0{,}5n)$.

1. Montrer que l'on a : $g_{0,5}(x) = g_{0,5}(0{,}5n)(x-0{,}5n+1)$.

2. Montrer que $g_{0,5}(0{,}5(n+1)) = 1{,}5 g_{0,5}(0{,}5n)$.

3. Vérifier que $g_{0,5}(0{,}5) = 1{,}5$ et que $g_{0,5}(-0{,}5) = 1{,}5^{-1}$.

4. Remplir le tableau suivant à l'aide de puissances de 1,5 dans la deuxième ligne et de valeurs arrondies à 0,01 près dans la troisième ligne.

x	-2	$-1{,}5$	-1	$-0{,}5$	0	0,5	1	1,5	2
$g_{0,5}(x)$				$1{,}5^{-1}$	$1{,}5^{0}$	$1{,}5^{1}$			
$g_{0,5}(x)$				0,67	1	1,5			

5. Tracer $\mathscr{C}_{0,5}$ la représentation graphique de $g_{0,5}$ dans le même repère que $\mathscr{C}_1$.

Partie C

Soit p un entier supérieur ou égal à 1. On prend $k = \dfrac{1}{p}$. On divise l'intervalle $[-2\,;2]$ en $4p$ intervalles de la forme $\left[\dfrac{n}{p}\,;\dfrac{n+1}{p}\right]$ avec n entier et $-2p \leqslant n < 2p$.

Pour n entier avec $-2p \leqslant n < 2p$, en prenant pour le coefficient a la valeur $g_k\left(\dfrac{n}{p}\right)$ sur chacun des intervalles $\left[\dfrac{n}{p}\,;\dfrac{n+1}{p}\right]$, on montre que :

$$g_k\left(\frac{n+1}{p}\right) = \left(1+\frac{1}{p}\right) g_k\left(\frac{n}{p}\right).$$

1. a. Quelle est la nature de la suite de terme $g_k\left(\frac{n}{p}\right)$, $0 \leqslant n < 2p$?

b. En déduire l'expression de $g_k\left(\frac{n}{p}\right)$ en fonction de n et de p.

c. Exprimer $g_k(1)$ en fonction de p.

2. a. Quand k prend des valeurs de plus en plus proches de 0, la courbe $\mathscr{C}_k$ tend vers une position limite qui est la courbe $\mathscr{C}$ représentative de la fonction $f : x \mapsto \mathrm{e}^x$.
De quelle valeur le nombre $g_k(1)$ se rapproche-t-il quand p prend des valeurs de plus en plus grandes, c'est-à-dire quand k prend des valeurs de plus en plus proches de 0 ?

b. Vérifier la conjecture émise à la question précédente en remplissant le tableau suivant.

p	1	2	5	10	100	5 000	100 000
$g_k(1)$							

CONTRÔLE

24 RECHERCHE DU BÉNÉFICE ★★ 75 min ▸ P. 114

Partie A – Étude d'une fonction

On considère la fonction numérique f définie sur l'intervalle $\mathrm{I} = [0\,;12]$ par :

$$f(x) = 0{,}4x + \mathrm{e}^{-0{,}4x+1}.$$

On désigne par $\mathscr{C}$ sa courbe représentative dans le plan muni d'un repère orthonormé avec 2 cm comme unité graphique.

1. Étudier la position de la courbe $\mathscr{C}$ par rapport à la droite $\mathscr{D}$ d'équation $y = 0{,}4x$.

2. a. Résoudre sur l'intervalle I l'inéquation suivante :

$$1 - \mathrm{e}^{-0{,}4x+1} \geqslant 0.$$

b. À l'aide de la question précédente, étudier les variations de la fonction f sur I.

c. Dresser le tableau de variation de f. En déduire le signe de f sur $[0\,;12]$.

3. a. Montrer que la tangente $\mathscr{T}$ à $\mathscr{C}$ au point d'abscisse 0 passe par le point $\mathrm{B}(2{,}5\,;1)$.

b. Construire $\mathscr{C}$, $\mathscr{D}$ et $\mathscr{T}$.

Partie B – Application économique

x étant le nombre d'objets, exprimé en centaines, fabriqués par une usine, $f(x)$ est leur coût total exprimé en milliers d'euros. On suppose que x appartient à l'intervalle $J = [2,5\,;10]$.

Chaque objet est vendu 5 € pièce.

On suppose que la fabrication est vendue dans sa totalité.

1. a. Exprimer la recette $R(x)$, en milliers d'euros, en fonction du nombre x de centaines d'objets fabriqués.

b. Construire, sur le graphique précédent, la courbe représentative Δ de la fonction R traduisant cette recette.

c. Vérifier graphiquement que Δ et $\mathscr{C}$ se coupent en un seul point. On désigne par a l'abscisse de ce point ; en donner une valeur approchée à 10^{-1}.

2. a. Montrer que le bénéfice, noté $B(x)$, s'exprime en milliers d'euros par :

$$B(x) = 0,1x - \mathrm{e}^{-0,4x+1}.$$

b. Quel est, en euros, le bénéfice obtenu en fabriquant 1 000 objets ? On donnera une valeur arrondie à l'euro.

c. Calculer $B'(x)$ et étudier le sens de variation de B sur $[2,5\,;10]$.

d. Démontrer que l'équation $B(x) = 0$ admet une solution unique sur J.
Montrer que cette solution est le nombre a défini dans la question 1. c.
Donner un encadrement de a d'amplitude 10^{-2}.

e. En déduire le nombre entier minimal d'objets à produire pour réaliser un bénéfice.

25 POSITION RELATIVE DE $\mathscr{C}_f$ ET DE L'UNE DE SES TANGENTES

★★ | 25 min | ▸ P. 116

On considère les fonctions f, g et h définies sur $\mathbb{R}$ par :

$$f(x) = \mathrm{e}^{-x}, \quad g(x) = -x + 1 \quad \text{et} \quad h(x) = f(x) - g(x).$$

On note $\mathscr{C}_f$ la courbe représentative de la fonction f et Δ la droite représentant la fonction g dans un repère orthonormé du plan.

1. Vérifier, par le calcul, que la tangente à $\mathscr{C}_f$ au point d'abscisse 0 est la droite Δ.

2. a. Montrer que pour tout x réel, $h'(x) = 1 - \mathrm{e}^{-x}$.

b. Étudier le signe de $h'(x)$ suivant les valeurs de x.

c. En déduire le sens de variation de la fonction h sur $\mathbb{R}$.

3. En utilisant les questions 1. et 2., étudier la position relative de la courbe $\mathscr{C}_f$ et de sa tangente au point d'abscisse 0.

CORRIGÉS

1 SIMPLIFICATION D'ÉCRITURE

1. $27^{3,1} \times 27^{4,5} = 27^{3,1+4,5} = \mathbf{27^{7,6}}$;

2. $3,8^{2,9} \times 3,8^{-1,57} = 3,8^{2,9+(-1,57)} = \mathbf{3,8^{1,33}}$;

3. $(7^3)^4 = 7^{3\times4} = \mathbf{7^{12}}$;

4. $\dfrac{4,3^7}{4,3^5} = 4,3^{7-5} = \mathbf{4,3^2}$;

5. $\dfrac{3,4^{-2}}{3,4^6} = 3,4^{-2-6} = \mathbf{3,4^{-8}}$;

6. $6,2^{-7,3} \times 6,2^1 = 6,2^{-7,3+1} = \mathbf{6,2^{-6,3}}$.

On utilise les règles :

$a^x \times a^y = a^{x+y}$; $\dfrac{a^x}{a^y} = a^{x-y}$; $(a^x)^y = a^{xy}$.

2 SIMPLIFICATION D'ÉCRITURE SOUS LA FORME a^x

1. $5^{2,4} \times 2^{2,4} = (5\times2)^{2,4} = \mathbf{10^{2,4}}$;

2. $32^{2,9} \times 0,125^{2,9} = (32\times0,125)^{2,9} = \mathbf{4^{2,9}}$;

3. $8\times7^3 = 2^3\times7^3 = (2\times7)^3 = \mathbf{14^3}$;

4. $\dfrac{42^7}{6^7} = \left(\dfrac{42}{6}\right)^7 = \mathbf{7^7}$;

5. $\dfrac{21^{-2}}{9^{-2}} = \left(\dfrac{21}{9}\right)^{-2} = \mathbf{\left(\dfrac{7}{3}\right)^{-2}}$;

6. $\dfrac{11^2}{25} = \dfrac{11^2}{5^2} = \left(\dfrac{11}{5}\right)^2 = \mathbf{2,2^2}$.

On utilise les règles :

$a^x \times b^x = (ab)^x$; $\dfrac{a^x}{b^x} = \left(\dfrac{a}{b}\right)^x$.

5. On peut aussi obtenir $\left(\dfrac{3}{7}\right)^2$.

3 SIMPLIFICATION D'ÉCRITURE SOUS LA FORME e^x

$a = (e^2)^4 = e^{2\times4} = \mathbf{e^8}$;

$b = e^3 \times e^{-2} = e^{3+(-2)} = \mathbf{e^1}$;

$c = e^{6,5} \div e^{4,5} = e^{6,5-4,5} = \mathbf{e^2}$;

$d = \sqrt{e^6} = (e^6)^{0,5} = e^{6\times0,5} = \mathbf{e^3}$;

$f = e^x \times e^{2x} = e^{x+2x} = \mathbf{e^{3x}}$;

$g = \dfrac{e^{3x+2}}{e^{2x+1}} = e^{3x+2-(2x+1)} = \mathbf{e^{x+1}}$.

4 ÉQUATIONS DU TYPE $a^x = a^y$

1. $3,7^x = 3,7^4 \Leftrightarrow x = 4$. **La solution est 4.**

2. $0,5^{x+1} = 0,5^3 \Leftrightarrow x+1 = 3 \Leftrightarrow x = 2$. **La solution est 2.**

3. $5^x = 5^{-2} \Leftrightarrow x = -2$. **La solution est -2.**

4. $0,1^{x^2} = 0,1^{25} \Leftrightarrow x^2 = 25 \Leftrightarrow x = 5$ ou $x = -5$. **Les solutions sont 5 et -5.**

5. $7{,}2^{3-x} = 7{,}2^5 \Leftrightarrow 3 - x = 5 \Leftrightarrow 3 - 5 = x$. **La solution est – 2.**

6. $2^{x+2} = 32 \Leftrightarrow 2^{x+2} = 2^5 \Leftrightarrow x + 2 = 5 \Leftrightarrow x = 3$. **La solution est 3.**

4. Les équations avec des carrés ont en général deux solutions.
6. On a : $2^1 = 2$, $2^2 = 4$, $2^3 = 8$, $2^4 = 16$, $2^5 = 32$, $2^6 = 64$, ...

5 ÉQUATIONS DU TYPE $e^x = e^y$

1. $e^{2x} = e^4 \Leftrightarrow 2x = 4 \Leftrightarrow x = 2$. **La solution est 2.**

2. $e^{2x+1} = e^x \Leftrightarrow 2x + 1 = x \Leftrightarrow x = -1$. **La solution est – 1.**

3. $e^{x(x-1)} = 1 \Leftrightarrow e^{x(x-1)} = e^0 \Leftrightarrow x(x-1) = 0 \Leftrightarrow x = 0$ ou $x - 1 = 0$. **Les solutions sont 0 et 1.**

4. $e^x = \sqrt{e} \Leftrightarrow e^x = e^{0,5} \Leftrightarrow x = 0{,}5$. **La solution est 0,5.**

5. $e^{x^2-1} = e^3 \Leftrightarrow x^2 - 1 = 3 \Leftrightarrow x^2 = 4 \Leftrightarrow x = 2$ ou $x = -2$. **Les solutions sont 2 et – 2.**

6. $e^{x+1} + e^x = 1 + e \Leftrightarrow e^x \times e^1 + e^x = 1 + e \Leftrightarrow e^x(e+1) = 1 + e$
$\Leftrightarrow e^x = 1 \Leftrightarrow e^x = e^0 \Leftrightarrow x = 0$. **La solution est 0.**

3. Ne pas développer, car on obtient une équation produit.
5. Les équations avec des carrés ont en général deux solutions.

6 INÉQUATIONS

1. La base 2,7 est supérieure à 1, donc $2{,}7^x > 2{,}7^3 \Leftrightarrow x > 3$. $\boldsymbol{S =]3\,;+\infty[}$.

2. La base 0,8 est comprise entre 0 et 1, donc $0{,}8^x > 0{,}8^{4,5} \Leftrightarrow x < 4{,}5$.
$\boldsymbol{S =]-\infty\,;4{,}5[}$.

3. La base 7 est supérieure à 1, donc $7^{x-1} < 7^{-3} \Leftrightarrow x - 1 < -3 \Leftrightarrow x < -2$.
$\boldsymbol{S =]-\infty\,;-2[}$.

4. La base 0,5 est comprise entre 0 et 1, donc
$0{,}5^{x^2} > 0{,}5^4 \Leftrightarrow x^2 < 4$.
On utilise la représentation graphique de la fonction carré.
$x^2 < 4 \Leftrightarrow -2 < x < 2$. $\boldsymbol{S =]-2\,;2[}$.

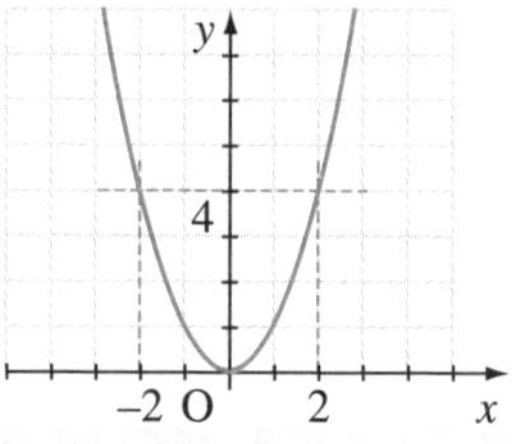

5. La base 8,5 est supérieure à 1, donc :
$8{,}5^{4-x} \geqslant 8{,}5^5 \Leftrightarrow 4 - x \geqslant 5 \Leftrightarrow 4 - 5 \geqslant x \Leftrightarrow -1 \geqslant x$.
$\boldsymbol{S =]-\infty\,;-1]}$.

6. La base 5 est supérieure à 1, donc $5^x < 125 \Leftrightarrow 5^x < 5^3 \Leftrightarrow x < 3$.
$\boldsymbol{S =]-\infty\,;3[}$.

4. Pour résoudre une inéquation avec un carré, utiliser une représentation graphique, un tableau de signes (après avoir factorisé) ou le signe d'un trinôme.
5. Ici, l'inégalité est large, donc le sens du crochet est modifié dans *S*.
6. À retenir : $5^3 = 125$.

7 INÉQUATIONS DE BASE e

1. $e^x > e^3 \Leftrightarrow x > 3$. $\boldsymbol{S =]3\,;+\infty[}$.

2. Une exponentielle est toujours strictement positive. Il est donc impossible d'avoir $e^x < -2$. $\boldsymbol{S = \varnothing}$.

3. $e^x \geqslant e^{-x} \Leftrightarrow x \geqslant -x \Leftrightarrow 2x \geqslant 0 \Leftrightarrow x \geqslant 0$. $\boldsymbol{S = [0\,;+\infty[}$.

4. $e^{2x-4} \leqslant e^x \Leftrightarrow 2x-4 \leqslant x \Leftrightarrow x \leqslant 4$. $\boldsymbol{S =]-\infty\,;4]}$.

3. L'ensemble des solutions peut aussi être noté $\mathbb{R}^+$.

8 SIGNE D'UNE FONCTION

1. $f(x) > 0 \Leftrightarrow e^x - e > 0 \Leftrightarrow e^x > e^1 \Leftrightarrow x > 1$.

Sur $]1\,;+\infty[$, on a $f(x) > 0$; $f(1) = 0$; sur $]-\infty\,;1[$, on a $f(x) < 0$.

2. $e^x - 1 > 0 \Leftrightarrow e^x > 1 \Leftrightarrow e^x > e^0 \Leftrightarrow x > 0$.

x	$-\infty$		0		$+\infty$
$e^x - 1$		$-$	0	$+$	
x		$-$	0	$+$	
$f(x)$		$+$	0	$+$	

$f(x)$ est toujours positif et $f(x)$ est nul pour la valeur 0.

3. $e^x - e^2 > 0 \Leftrightarrow e^x > e^2 \Leftrightarrow x > 2$.

$e^x - e > 0 \Leftrightarrow e^x > e^1 \Leftrightarrow x > 1$.

x	$-\infty$		1		2		$+\infty$
$e^x - e^2$		$-$		$-$	0	$+$	
$e^x - e$		$-$	0	$+$		$+$	
$f(x)$		$+$	0	$-$	0	$+$	

Sur $]-\infty\,;1[\,\cup\,]2\,;+\infty[$, on a $f(x) > 0$; $f(1) = 0$ et $f(2) = 0$; sur $]1\,;2[$, on a $f(x) < 0$.

4. $1 - e^x < 0 \Leftrightarrow 1 < e^x \Leftrightarrow e^0 < e^x \Leftrightarrow 0 < x$.

Sur $]-\infty\,;0[$, on a $f(x) > 0$; $f(0) = 0$; sur $]0\,;+\infty[$, on a $f(x) < 0$.

9 DÉRIVÉE D'UNE FONCTION EXPONENTIELLE

1. $f(x) = e^{-3x}$; $\boldsymbol{f'(x) = -3e^{-3x}}$.

2. $f(x) = (x+1)e^x$. On utilise $(uv)' = u'v + uv'$ avec :

$u(x) = x+1$, $u'(x) = 1$, $v(x) = e^x$ et $v'(x) = e^x$.

$f'(x) = 1 \times e^x + (x+1) \times e^x = (1 + x + 1)e^x$. $\boldsymbol{f'(x) = (x+2)e^x}$.

3. $f(x) = 4e^{5x}$; $f'(x) = 4 \times 5e^{5x}$; $\boldsymbol{f'(x) = 20e^{5x}}$.

4. $f(x) = x^2 + 4 + e^{-x}$; $\boldsymbol{f'(x) = 2x - e^{-x}}$.

4. La dérivée de $e^{u(x)}$ est $u'(x)e^{u(x)}$: ne pas oublier le $u'(x)$.

10 VARIATIONS D'UNE FONCTION EXPONENTIELLE

1. $f(x)=\mathrm{e}^{-x}$; $\boldsymbol{f'(x)=-\mathrm{e}^{-x}}$. $f'(x)$ est toujours strictement négatif : **f décroît sur $\mathbb{R}$.**

2. $f(x)=(x+2)\mathrm{e}^{x}$. On utilise $(uv)'=u'v+uv'$ avec :
$u(x)=x+2$, $u'(x)=1$, $v(x)=\mathrm{e}^{x}$ et $v'(x)=\mathrm{e}^{x}$.
$f'(x)=1\times\mathrm{e}^{x}+(x+2)\times\mathrm{e}^{x}=(1+x+2)\mathrm{e}^{x}$. $\boldsymbol{f'(x)=(x+3)\mathrm{e}^{x}}$.
$f'(x)$ est du signe de $x+3$ car e^{x} est toujours positif.
Sur $]-\infty\,;-3[$, on a $x+3<0$, donc $f'(x)<0$: **f décroît sur $]-\infty\,;-3]$.**
Sur $]-3\,;+\infty[$, on a $x+3>0$, donc $f'(x)>0$: **f croît sur $[-3\,;+\infty[$.**

3. $f(x)=\left(2x^2+3x\right)\mathrm{e}^{x}$. On utilise $(uv)'=u'v+uv'$ avec :
$u(x)=2x^2+3x$, $u'(x)=4x+3$, $v(x)=\mathrm{e}^{x}$ et $v'(x)=\mathrm{e}^{x}$.
$f'(x)=(4x+3)\times\mathrm{e}^{x}+\left(2x^2+3x\right)\times\mathrm{e}^{x}$. $\boldsymbol{f'(x)=\left(2x^2+7x+3\right)\mathrm{e}^{x}}$.
$f'(x)$ est du signe de $2x^2+7x+3$ car e^{x} est toujours positif.
Pour $2x^2+7x+3$, $\Delta=b^2-4ac=7^2-4\times2\times3=25$.
Il y a deux racines :

$$x_1=\frac{-b+\sqrt{\Delta}}{2a}=\frac{-7+5}{4}=-0{,}5 \text{ et } x_2=\frac{-b-\sqrt{\Delta}}{2a}=\frac{-7-5}{4}=-3.$$

x	$-\infty$		-3		$-0{,}5$		$+\infty$
$2x^2+7x+3$		+	0	−	0	+	
e^{x}		+		+		+	
$f'(x)$		+	0	−	0	+	

Sur $]-\infty\,;-3[\,\cup\,]-0{,}5\,;+\infty[$, on a $f'(x)>0$. **f croît sur $]-\infty\,;-3]$ ainsi que sur $[-0{,}5\,;+\infty[$.**
Sur $]-3\,;-0{,}5[$, on a $f'(x)<0$. **f décroît sur $]-3\,;-0{,}5[$.**

4. $f(x)=-2x+\mathrm{e}^{2x}$. On a $f'(x)=-2+2\mathrm{e}^{x}$.
$f'(x)>0 \Leftrightarrow -2+2\mathrm{e}^{x}>0 \Leftrightarrow 2\mathrm{e}^{x}>2 \Leftrightarrow \mathrm{e}^{x}>1 \Leftrightarrow \mathrm{e}^{x}>\mathrm{e}^{0} \Leftrightarrow x>0$.
Sur $]0\,;+\infty[$, on a $f'(x)>0$. **f croît sur $]0\,;+\infty[$.**
Sur $]-\infty\,;0[$, on a $f'(x)<0$. **f décroît sur $]-\infty\,;0[$.**

Une exponentielle est toujours positive.
3. Un trinôme ax^2+bx+c est du signe de a sauf entre ses racines si elles existent.

11 ÉQUATIONS DE LA FORME $e^x = a$

1. a. $e^x = 3 \Leftrightarrow x = \ln(3)$. La solution est $\mathbf{\ln(3)}$, soit **1,10** à 0,01 près.

b. $e^x - 5 = 2 \Leftrightarrow e^x = 2+5 \Leftrightarrow e^x = 7 \Leftrightarrow x = \ln(7)$.

La solution est $\mathbf{\ln(7)}$, soit **1,95** à 0,01 près.

2. a. Pour $x^2 + x - 6 = 0$, on a : $\Delta = b^2 - 4ac = 1^2 - 4 \times 1 \times (-6) = 25$.

Il y a deux solutions :

$$x_1 = \frac{-b+\sqrt{\Delta}}{2a} = \frac{-1+5}{2} = \mathbf{2} \text{ et } x_2 = \frac{-b-\sqrt{\Delta}}{2a} = \frac{-1-5}{2} = \mathbf{-3}.$$

b. $e^{2x} + e^x - 6 = 0 \Leftrightarrow (e^x)^2 + e^x - 6 = 0$.

D'après la question précédente, on a $e^x = 2$ ou $e^x = -3$.

On a donc $x = \ln(2)$ car $e^x = -3$ est impossible.

La solution est $\mathbf{\ln(2)}$, soit **0,69** à 0,01 près.

2. a. Pour une équation $ax^2+bx+c=0$, si le discriminant Δ est strictement positif, il y a deux solutions : $x_1 = \frac{-b+\sqrt{\Delta}}{2a}$ et $x_2 = \frac{-b-\sqrt{\Delta}}{2a}$.

b. Retenir que e^{2x} est le carré de e^x : $e^{2x} = (e^x)^2$.

Une exponentielle est toujours positive.

12 FONCTION EXPONENTIELLE ET APPLICATION ÉCONOMIQUE

Partie A

1. a. On a : $h(x) = g(x) - f(x) = 10^6 e^{-x} - 100(e^x - 45)$.

Pour tout réel x de $[4 ; 6]$, on a : $h'(x) = -10^6 e^{-x} - 100e^x$.

Une exponentielle étant toujours positive, on a $h'(x) < 0$ sur $[4 ; 6]$.

La fonction h est strictement décroissante sur l'intervalle $[4 ; 6]$.

b.

x	4	6
$h(x)$	$h(4)$ ↘	$h(6)$

avec $h(4) \approx 17\,400$ et $h(6) \approx -33\,400$.

c. h est continue et strictement décroissante sur $[4 ; 6]$ avec $h(4) > 0 > h(6)$.

L'équation $h(x) = 0$ admet une solution unique α sur l'intervalle $[4 ; 6]$.

2. a.

x	4	4,2	4,4	4,6	4,8	5
$h(x)$	17 400	**12 800**	**8 600**	**4 600**	**600**	−3 600

x	5,2	5,4	5,6	5,8	6
$h(x)$	−8 100	**−13 100**	**−18 900**	−25 500	−33 400

b. c. Graphiquement, on a $\mathbf{4{,}8 < \alpha < 4{,}9}$.

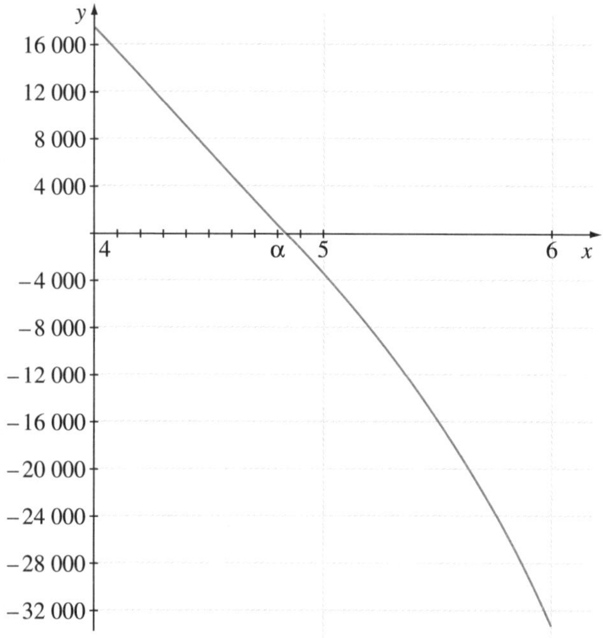

Partie B

1. Le prix unitaire d'équilibre du marché est la solution de $f(x) = g(x)$ ce qui est équivalent à $h(x) = 0$: c'est donc α, qui vaut $3\ln(5)$ d'après l'énoncé, soit environ 4,83.

Le prix unitaire d'équilibre du marché est 4,83 € au centime d'euro près.

2. On a : $f(\alpha) = 100\left(e^{3\ln(5)} - 45\right) = 8\,000$.

8 000 kg de produit correspond à ce prix unitaire d'équilibre.

B 2. On peut aussi calculer $g(\alpha)$.

13 CONJECTURE ET VALIDATION

1. En observant la courbe, on conjecture que f **est décroissante sur l'intervalle** $\mathbf{[-3\,;2]}$.

2. On utilise $(uv)' = u'v + uv'$ avec $u(x) = -x^2$, $u'(x) = -2x$, $v(x) = e^{x-1}$ et $v'(x) = e^{x-1}$.

Pour tout x de $[-10\,;10]$, on a :

$f'(x) = x + (-2x)e^{x-1} + \left(-x^2\right)e^{x-1} = \boldsymbol{x - \left(2x + x^2\right)e^{x-1}}$.

En factorisant par x, on a aussi $f'(x) = x - x(2+x)e^{x-1} = x\left(1-(2+x)e^{x-1}\right)$.

On a bien $\boldsymbol{f'(x) = xg(x)}$.

3. a. On utilise $(uv)' = u'v + uv'$ avec $u(x) = -(x+2)$, $u'(x) = -1$, $v(x) = \mathrm{e}^{x-1}$ et $v'(x) = \mathrm{e}^{x-1}$.

$g'(x) = -1\mathrm{e}^{x-1} + [-(x+2)]\mathrm{e}^{x-1} = (-x-3)\mathrm{e}^{x-1}$.

$g'(x)$ est du même signe que $-x-3$ car une exponentielle est toujours positive.

Sur $[-10\,;-3]$, on a $-x-3 \geqslant 0$, donc $\boldsymbol{g'(x) \geqslant 0}$ **sur** $\boldsymbol{[-10\,;-3]}$.

Sur $[-3\,;10]$, on a $-x-3 \leqslant 0$, donc $\boldsymbol{g'(x) \leqslant 0}$ **sur** $\boldsymbol{[-3\,;10]}$.

b. ***g* est croissante sur $[-10\,;-3]$ et *g* est décroissante sur $[-3\,;10]$.**

x	-10		-3		10
$h(x)$	1,000 1	↗	5,6	↘	−97 236

c. • Sur $[-10\,;-3]$, g est strictement croissante avec $g(-10) > 0$, donc $g(x) > 0$. L'équation $g(x) = 0$ n'admet pas de solution dans $[-10\,;-3]$.

• Sur $[-3\,;10]$, g est continue et strictement décroissante avec $g(-3) > 0 > g(10)$. L'équation $g(x) = 0$ possède une unique solution dans $[-3\,;10]$.

L'équation $g(x) = 0$ possède donc une unique solution dans $[-10\,;10]$.

On a $g(0{,}20) \approx 0{,}011$ et $g(0{,}21) \approx -0{,}003$, donc $\boldsymbol{0{,}20 < \alpha < 0{,}21}$.

d. Du tableau de variation, on déduit que **$g(x)$ est positif sur $[-10\,;\alpha]$ et $g(x)$ est négatif sur $[\alpha\,;10]$.**

4. a. On utilise $f'(x) = xg(x)$.

x	-10		0		α		10
x		$-$	0	$+$		$+$	
$g(x)$		$+$		$+$	0	$-$	
$f'(x)$		$-$	0	$+$	0	$-$	

b. *f* est donc décroissante sur $[-10\,;0]$, croissante sur $[0\,;\alpha]$ et décroissante sur $[\alpha\,;10]$.

c. f n'est pas décroissante sur $[-3\,;2]$. **La conjecture de la question 1 est donc fausse.**

Les lectures graphiques peuvent conduire à des conclusions fausses. Un calcul est plus rigoureux.

14 RECHERCHE D'UNE FONCTION

1. $f(0)$ est l'ordonnée du point A de $\mathscr{C}_f$ d'abscisse 0, donc $f(0) = 3$.

$f'(0)$ est le coefficient directeur de (AB), la tangente $\mathscr{T}$ en A à $\mathscr{C}_f$. On a $\boldsymbol{f'(0) = 2}$.

2. Une équation de $\mathscr{T}$ est $y = f'(0)(x-0) + f(0)$, soit $\boldsymbol{y = 2x+3}$.

3. La partie du plan située entre la courbe $\mathscr{C}_f$, l'axe des abscisses, l'axe des ordonnées et la droite d'équation $x = 1$ est comprise **entre 3 carreaux et 4 carreaux.**

4. a. On utilise $\left(\frac{u}{v}\right)' = \frac{u'v - uv'}{v^2}$ avec $u(x) = ax + b$, $u'(x) = a$, $v(x) = e^x$ et $v'(x) = e^x$.

$f'(x) = \frac{a \times e^x - (ax+b)e^x}{(e^x)^2}$, donc $\boldsymbol{f'(x) = \frac{(-ax + a - b)e^x}{e^{2x}}}$.

b. $\begin{cases} f(0) = 3 \\ f'(0) = 2 \end{cases} \Leftrightarrow \begin{cases} 1 + b = 3 \\ a - b = 2 \end{cases} \Leftrightarrow \begin{cases} b = 3 - 1 \\ a = 2 + b \end{cases} \Leftrightarrow \begin{cases} b = 2 \\ a = 4 \end{cases}$.

On obtient : $\boldsymbol{f(x) = 1 + \frac{4x+2}{e^x}}$.

1. Le coefficient directeur d'une droite (AB) est $\frac{y_B - y_A}{x_B - x_A}$.

2. Une équation d'une tangente au point d'abscisse a est $y = f'(a)(x-a) + f(a)$.

4. b. Pour déterminer deux nombres, on peut résoudre un système.

15 REVENTE DES MACHINES

1. On a $R(0) = 400$ et $R(t+1) = \left(1 - \frac{26}{100}\right)R(t)$ car chaque année la valeur diminue de 26 %. On a donc $\boldsymbol{R(t) = 400 \times 0,74^t}$.

2. a. $C(t) = 420 - 400e^{-0,3t}$, donc $C'(t) = -400 \times (-0,3)e^{-0,3t} = \boldsymbol{120e^{-0,3t}}$.

Une exponentielle étant toujours positive, on a **$C'(t)$ positif sur [0 ; 50].**
La fonction C est croissante sur [0 ; 50].

b. $C(15) = 420 - 400e^{-0,3 \times 15} = 415,55$ à 10^{-2} près.
Au bout de 15 ans, **le coût total est de 415,55 milliers d'euros**, soit le prix d'achat (400 milliers d'euros) augmenté du coût d'entretien (20 milliers d'euros), à 5 milliers d'euros près.

3. a. $C(t) > 300 \Leftrightarrow 420 - 400e^{-0,3t} > 330$

$$\Leftrightarrow 420 - 330 > 400e^{-0,3t}$$

$$\Leftrightarrow \frac{90}{400} > e^{-0,3t} \Leftrightarrow \ln\left(\frac{90}{400}\right) > -0,3t$$

$$\Leftrightarrow \frac{\ln\left(\frac{9}{40}\right)}{-0,3} < t.$$

$C(t) > 300$ équivaut, avec t entier, à $t \geqslant 5$.

b. Les machines sont revendues au bout de 5 ans, soit en 2017.
$R(5) = 400e^{-0,3 \times 5} = 89,3$ à 0,1 près.
En 2017, le prix de vente est de 89 milliers d'euros à 1 millier près.

1. On assimile $R(t)$ à une suite géométrique et on utilise la formule qui donne l'expression d'une suite géométrique en fonction du terme initial même si t peut prendre des valeurs qui ne sont pas entières.

16 ÉTUDE D'UNE FONCTION

Partie A

1. a. On a $g(x)=(ax+b)\mathrm{e}^{-x}+2$.

On utilise $(uv)'=u'v+uv'$ avec $u(x)=ax+b$, $u'(x)=a$, $v(x)=\mathrm{e}^{-x}$ et $v'(x)=-\mathrm{e}^{-x}$.

$g'(x)=a\mathrm{e}^{-x}+(ax+b)\left(-\mathrm{e}^{-x}\right)=\boldsymbol{(-ax+a-b)\mathrm{e}^{-x}}$.

b. On a $g(0)=1 \Leftrightarrow b\times\mathrm{e}^{0}+2=1 \Leftrightarrow b+2=1 \Leftrightarrow \boldsymbol{b=-1}$.

On a $g'(2)=0 \Leftrightarrow (-2a+a+1)\mathrm{e}^{-2}=0 \Leftrightarrow -a+1=0 \Leftrightarrow \boldsymbol{1=a}$.

2. a. On a $g(-1)\approx-3,437$.

g est continue et strictement croissante sur l'intervalle $[-1\,;0]$ avec $g(-1)<0<g(0)$.

L'équation $g(x)=0$ admet au moins une solution sur l'intervalle $[-1\,;0]$.

b. En faisant des essais à l'aide de la calculatrice, on trouve que **la valeur décimale approchée au centième de α est $-0,38$.**

3. D'après le tableau de variation, on a **$g(x)<0$ sur $]-\infty\,;\alpha[$, $g(\alpha)=0$ et $g(x)>0$ sur $]\alpha\,;+\infty[$.**

Partie B

1. a. On utilise $(uv)'=u'v+uv'$ avec $u(x)=-x$, $u'(x)=-1$, $v(x)=\mathrm{e}^{-x}$ et $v'(x)=-\mathrm{e}^{-x}$.

Pour tout réel de $[-10\,;10]$, on a :

$f'(x)=2+(-1)\times\mathrm{e}^{-x}+(-x)\times\left(-\mathrm{e}^{-x}\right)=2+(-1+x)\mathrm{e}^{-x}$.

On a bien **$f'(x)=g(x)$.**

b. Comme on a $f'(x)=g(x)$, $f'(x)$ est du même signe que $g(x)$.

Sur $[-10\,;\alpha]$, on a $g(x)\leqslant 0$, donc $f'(x)\leqslant 0$ et f est décroissante sur $[-10\,;\alpha]$.

Sur $[\alpha\,;10]$, on a $g(x)\geqslant 0$, donc $f'(x)\geqslant 0$ et f est croissante sur $[\alpha\,;10]$.

x	-10	α	10
$f(x)$	$f(-10)$ ↘	$f(\alpha)$	↗ $f(10)$

$f(10)\approx 220\,246$, $f(\alpha)\approx 0,796$ et $f(10)\approx 21$.

2. a. Pour tout x de $[-10\,;10]$, on a : $f(x)-y=2x+1-x\mathrm{e}^{-x}-(2x+1)=-x\mathrm{e}^{-x}$.

Comme une exponentielle est toujours positive, $f(x)-y$ est du signe contraire de x.

Sur $[-10\,;0[$, $f(x)-y$ est positif et **$\mathscr{C}$ est au-dessus de $\mathscr{D}$.**

En 0, $f(x)-y$ est nul et $\mathscr{C}$ rencontre $\mathscr{D}$.

Sur $]0\,;10]$, $f(x)-y$ est négatif et **$\mathscr{C}$ est au-dessous de $\mathscr{D}$.**

b. Voir la figure page suivante.

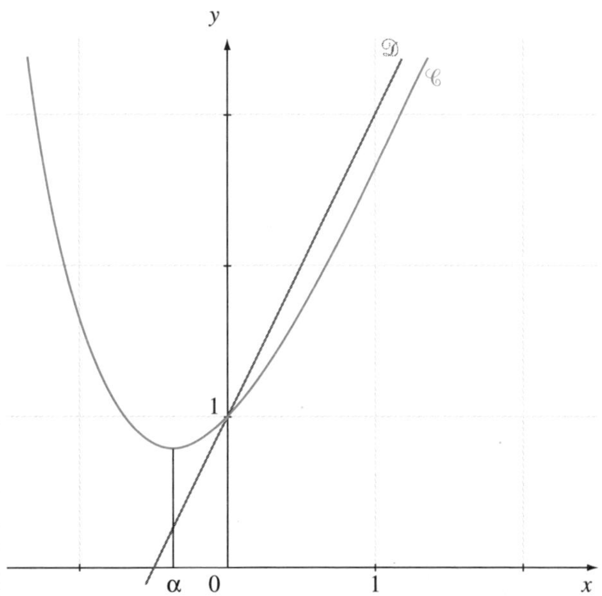

17 ÉTUDE D'UNE FONCTION EXPONENTIELLE

1. Condition (a) $\mathscr{C}$ rencontre l'axe (Oy) au point $A(0\,;-2)$ donne $f(0)=-2$, soit $1+b=-2$.

On obtient $\boldsymbol{b=-3}$.

Condition (b) $\mathscr{C}$ admet au point B d'abscisse $3\ln(6)$ une tangente parallèle à l'axe des abscisses donne $f'(3\ln(6))=0$. Or, on a $f'(x)=\frac{1}{3}\mathrm{e}^{\frac{x}{3}}+a$ et $f'(3\ln(6))=\frac{1}{3}\mathrm{e}^{\ln(6)}+a$.

On a donc $2+a=0$. On obtient $\boldsymbol{a=-2}$.

2. On a $f'(x)=\frac{1}{3}\mathrm{e}^{\frac{x}{3}}-2$. On sait que $f'(3\ln(6))=0$ et que la fonction exponentielle est croissante. Donc, si $x>3\ln(6)$, $f'(x)>0$ et f croît ; si $x<3\ln(6)$, $f'(x)<0$ et f décroît.

x	–20	3ln(6)	20
f(x)	37 ↘	–7,75	↗ 742,8

3. On a $f(x)-y=\mathrm{e}^{\frac{x}{3}}-2x-3-(-2x-3)=\mathrm{e}^{\frac{x}{3}}$.

Une exponentielle étant toujours positive, on a toujours $f(x)-y>0$.

$\mathscr{C}$ est toujours au-dessus de Δ.

4. Sur l'intervalle $[9\,;10]$, f est continue et strictement croissante avec $f(9) \approx -0{,}91$ et $f(10) \approx 5{,}03$, donc $f(9) < 2 < f(10)$.
L'équation $f(x) = 2$ admet au moins une solution dans $[9\,;10]$.
On a :

x	9	9,5	9,6	9,7	10
$f(x)$	5,03	1,73	2,33	2,96	5,03

La valeur décimale de α à 10^{-1} près par défaut est 9,5.
5. a. Graphiquement les solutions de l'équation $f(x) = 2$ sont les abscisses des points de $\mathscr{C}$ situés sur la droite d'équation $y = 2$. **Il y a deux solutions α et β avec $-3 < \beta < -2$.**
b. Graphiquement les solutions de l'inéquation $f(x) \geqslant 2$ sont les abscisses des points de $\mathscr{C}$ situés au-dessus la droite d'équation $y = 2$ ou sur cette droite.
$\boldsymbol{S = [-20\,;\alpha] \cup [\beta\,;20]}$.

1. $(e^u)' = u'e^u$.
2. Si $f(x) - y > 0$ alors $f(x) > y$, donc $\mathscr{C}$ est au-dessus de Δ.

18 PRIX D'ÉQUILIBRE D'UN PRODUIT

Partie A

1. a. $f(0) = e^{0,5\times 0} - 1 = \mathbf{0}$ et $f(10) = e^{0,5\times 10} - 1 = \mathbf{e^5 - 1}$.
b. Pour $f(x) = e^{0,5x} - 1$, on a $f'(x) = 0{,}5e^{0,5x}$.
Une exponentielle étant strictement positive, on a $f'(x) > 0$ sur $[0\,;10]$.
f est strictement croissante sur $[0\,;10]$.

2. a. $g(0) = \dfrac{8}{e^{0,5\times 0} + 1} = \mathbf{4}$ et $g(10) = \dfrac{8}{e^{0,5\times 10} + 1} = \boldsymbol{\dfrac{8}{e^5 + 1}}$.

b. On utilise $\left(\dfrac{1}{u}\right)' = \dfrac{-u'}{u^2}$ avec $u(x) = e^{0,5x} + 1$ et $u'(x) = 0{,}5\,e^{0,5x}$.

Pour $g(x) = 8 \times \dfrac{1}{e^{0,5x} + 1}$, on a $g'(x) = 8 \times \dfrac{-0{,}5\,e^{0,5x}}{(e^{0,5x} + 1)^2}$.

Une exponentielle étant strictement positive ainsi que le carré, on a $g'(x) < 0$ sur $[0\,;10]$.
g est strictement décroissante sur $[0\,;10]$.
3. Pour $\mathscr{C}_f$, le coefficient directeur de la tangente est $f'(0)$, soit 0,5.
Pour $\mathscr{C}_g$, le coefficient directeur de la tangente est $g'(0)$, soit -1.
Voir la figure page suivante.

Partie B

1. Par lecture graphique, une approximation à 0,1 près de p est **2,2** et celle du nombre n est **2.**

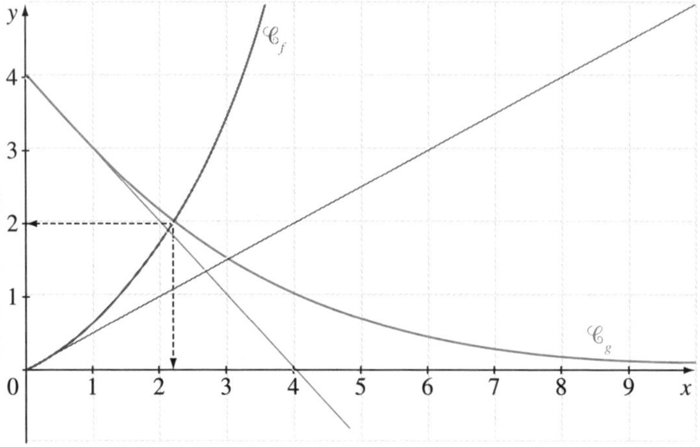

2. a. $f(x)=g(x) \Leftrightarrow \mathrm{e}^{0,5x}-1=\dfrac{8}{\mathrm{e}^{0,5x}+1} \Leftrightarrow \left(\mathrm{e}^{0,5x}-1\right)\left(\mathrm{e}^{0,5x}+1\right)=8$

$$\Leftrightarrow \mathrm{e}^{x}-1=8 \Leftrightarrow \mathrm{e}^{x}=9 \Leftrightarrow x=\ln(9).$$

On a $\boldsymbol{p}=\mathbf{ln(9)}$. $n=f(p)=\mathrm{e}^{0,5\ln(9)}-1=\left(\mathrm{e}^{\ln(9)}\right)^{0,5}-1=9^{0,5}-1$. $\boldsymbol{n}=\mathbf{2}$.

b. On a $p=\ln(9)=2,197$ à 0,001 près. Or p est en milliers d'euros. **Le « prix d'équilibre » du produit est de 2 197 €** à l'euro près. On a $n=2$ en milliers.
Le nombre correspondant d'objets proposés sur le marché est 2 000.

A 3. Le coefficient directeur d'une tangente au point d'abscisse *a* est le nombre dérivé en *a*.

19 LE PÉTROLE DE DEMAIN

1. $f(11)=17\,280\mathrm{e}^{-0,024\times 11}$, soit $f(11)=13\,270,6$.

On estime à **13 271 billions**, le nombre de barils de pétrole à découvrir en 2011 d'après ce modèle (au billion près).

2. Sur l'intervalle [11 ; 200], on a :

$f'(x)=17\,280\times(-0,024)\mathrm{e}^{-0,024x}=-414,72\mathrm{e}^{-0,024x}$.

Une exponentielle étant strictement positive, on a $f'(x)<0$. **Donc la fonction *f* décroît strictement sur l'intervalle [11 ; 200].**

x	11	200
$f(x)$	13 271 ↘	142

3. Selon ce modèle, au cours d'une même année, on envisage de découvrir entre 13 271 et 142 billions de barils de pétrole. On peut donc envisager en découvrir 10 000 billions une année. Pour cela, on résout l'équation $f(x) = 10\,000$.

$$f(x) = 10\,000 \Leftrightarrow 17\,280\mathrm{e}^{-0{,}024x} = 10\,000 \Leftrightarrow \mathrm{e}^{-0{,}024x} = \frac{10\,000}{17\,280}$$

$$\Leftrightarrow -0{,}024x = \ln\left(\frac{10\,000}{17\,280}\right) \Leftrightarrow x = \ln\left(\frac{10\,000}{17\,280}\right) \div (-0{,}024).$$

On a : $x \approx 23$.

En 2023, on envisage de découvrir environ 10 000 billions de barils de pétrole.

4. Selon ce modèle, au cours d'une même année, on envisage de découvrir entre 13 271 et 142 billions de barils de pétrole. **On ne peut donc pas envisager découvrir au moins 6 000 billions de barils de pétrole chaque année.**

3. En résolvant l'inéquation $f(x) < 6\,000$, on trouve qu'à partir de 2045, on envisage de découvrir moins de 6 000 billions de barils de pétrole par an.

20 DEUX CALCULS AVEC BEAUCOUP DE e

1. $A = \mathrm{e} \times \mathrm{e}^3 \times \mathrm{e}^{3^2} \times \mathrm{e}^{3^3} \times \mathrm{e}^{3^4} \times \mathrm{e}^{3^5} \times \mathrm{e}^{3^6} = \mathrm{e}^{1+3+3^2+3^3+3^4+3^5+3^6}$.

Or, $1+3+3^2+3^3+3^4+3^5+3^6$ est la somme des sept premiers termes d'une suite géométrique de raison 3 et de terme initial 1.

$$1+3+3^2+3^3+3^4+3^5+3^6 = \frac{1-3^7}{1-3} = 1\,093.$$

On obtient : $\boldsymbol{A = \mathrm{e}^{1\,093}}$.

2. De même, on a :

$B = \mathrm{e} \times \mathrm{e}^3 \times \mathrm{e}^{3^2} \times \mathrm{e}^{3^3} \times \cdots \times \mathrm{e}^{3^{n-1}} \times \mathrm{e}^{3^n} = \mathrm{e}^{1+3+3^2+3^3+\cdots+3^{n-1}+3^n}$

avec $1+3+3^2+3^3+\ldots+3^{n-1}+3^n$ qui est la somme des $(n+1)$ premiers termes d'une suite géométrique de raison 3 et de terme initial 1.

$$1+3+3^2+3^3+\ldots+3^{n-1}+3^n = \frac{1-3^{n+1}}{1-3} = \frac{3^{n+1}-1}{2}.$$

On obtient : $\boldsymbol{B = \mathrm{e}^{\frac{3^{n+1}-1}{2}}}$.

21 UNE ÉQUATION

$$\mathrm{e}^{2x} - \mathrm{e}^{a+x} - \mathrm{e}^{b+x} + \mathrm{e}^{a+b} = 0 \Leftrightarrow (\mathrm{e}^x)^2 - \mathrm{e}^a\mathrm{e}^x - \mathrm{e}^b\mathrm{e}^x + \mathrm{e}^{a+b} = 0$$

$$\Leftrightarrow (\mathrm{e}^x)^2 - (\mathrm{e}^a + \mathrm{e}^b)\mathrm{e}^x + \mathrm{e}^{a+b} = 0.$$

En posant $X = \mathrm{e}^x$, on a $X^2 - (\mathrm{e}^a + \mathrm{e}^b)X + \mathrm{e}^{a+b} = 0$.

Pour cette équation du second degré, on a :

$$\Delta = (\mathrm{e}^a + \mathrm{e}^b)^2 - 4\mathrm{e}^{a+b}$$

$$= (\mathrm{e}^a)^2 + 2\mathrm{e}^{a+b} + (\mathrm{e}^b)^2 - 4\mathrm{e}^{a+b}$$

$$= (\mathrm{e}^a)^2 - 2\mathrm{e}^{a+b} + (\mathrm{e}^b)^2 = (\mathrm{e}^a - \mathrm{e}^b)^2.$$

Il y a deux solutions :

$$X_1 = \frac{(e^a + e^b) + (e^a - e^b)}{2} = e^a \text{ et } X_2 = \frac{(e^a + e^b) - (e^a - e^b)}{2} = e^b.$$

On a donc $e^x = e^a$ ou $e^x = e^b$, soit $x = a$ ou $x = b$.

Les solutions sont *a* et *b*.

22 FACTORIELLES ET NOMBRE e

1. a. $1! = $ **1.** $2! = 1 \times 2 = $ **2.** $3! = 1 \times 2 \times 3 = $ **6.** $4! = 1 \times 2 \times 3 \times 4 = $ **24.**

b. On a $5! = (1 \times 2 \times 3 \times 4) \times 5 = 4! \times 5$.

On peut obtenir 5! en multipliant 4! par 5.

c. De même, on a : $\boldsymbol{(n+1)! = n! \times (n+1)}$.

2. On a $1! = 1$ et $0! \times 1 = 1 \times 1 = 1$.

On a bien la relation $\boldsymbol{1! = 0! \times 1}$.

3. On trouve $S_0 = \mathbf{1}$, $S_1 = \mathbf{2}$, $S_2 = \mathbf{2{,}5}$, $S_3 = \mathbf{2{,}66}$ et $S_4 = \mathbf{2{,}70}$.

4. a. b. On obtient :

◇	A	B	C	D
1	n	n!	1/n!	Sn
2	0	1	1	1
3	1	1	1	2
4	2	2	0,5	2,5
5	3	6	0,16666667	2,66666667
6	4	24	0,04166667	2,70833333
7	5	120	0,00833333	2,71666667
8	6	720	0,00138889	2,71805556
9	7	5040	0,00019841	2,71825397
10	8	40320	2,4802E-05	2,71827877
11	9	362880	2,7557E-06	2,71828153
12	10	3628800	2,7557E-07	2,7182818
13	11	39916800	2,5052E-08	2,71828183
14	12	479001600	2,0877E-09	2,71828183
15	13	6227020800	1,6059E-10	2,71828183
16	14	8,7178E+10	1,1471E-11	2,71828183
17	15	1,3077E+12	7,6472E-13	2,71828183
18	16	2,0923E+13	4,7795E-14	2,71828183
19	17	3,5569E+14	2,8115E-15	2,71828183
20	18	6,4024E+15	1,5619E-16	2,71828183
21	19	1,2165E+17	8,2206E-18	2,71828183
22	20	2,4329E+18	4,1103E-19	2,71828183

c. **La somme $\boldsymbol{S_n}$ semble se rapprocher du nombre e** quand n prend des valeurs de plus en plus grandes.

23 MÉTHODE D'EULER POUR APPROCHER LA FONCTION $x \mapsto e^x$

Partie A

1. a. On veut $g_1(x) = ax + b$ avec $a = g_1(0) = 1$. On a aussi $g_1(0) = 1 \times 0 + b$, soit $1 = b$.
Sur $[0 ; 1]$, on a $g_1(x) = x + 1$.
b. On a donc : $g_1(1) = 1 + 1$, **soit $g_1(1) = 2$.**
c. On trace le segment [AB] avec A(0 ; 1) et B(1 ; 1).
2. a. On veut $g_1(x) = ax + b$ avec $a = g_1(1) = 2$. On a aussi $g_1(1) = 2 \times 1 + b$, soit $2 = 2 + b$.
On obtient $b = 0$. Sur $[1 ; 2]$, on a $\boldsymbol{g_1(x) = 2x}$.
b. On a donc : $g_1(2) = 2 \times 2$, **soit $g_1(2) = 4$.**
c. On trace le segment [BD] avec D(2 ; 4).
3. a. On veut $g_1(x) = ax + b$ avec $a = g_1(n)$.
On a aussi $g_1(n) = a \times n + b$, soit $g_1(n) = g_1(n) \times n + b$.
On obtient $g_1(n)(1 - n) = b$.
Sur $[n ; n + 1]$, on a $g_1(x) = g_1(n)x + g_1(n)(1 - n)$, soit $\boldsymbol{g_1(x) = g_1(n)(x - n + 1)}$.
b. On a donc $g_1(n + 1) = g_1(n)(n + 1 - n + 1)$, soit $\boldsymbol{g_1(n+1) = 2g_1(n)}$.
On a donc $g_1(0) = 2g_1(-1)$, soit $1 = 2g_1(-1)$. On obtient $\boldsymbol{g_1(-1) = 0,5}$.
On a donc $g_1(-1) = 2g_1(-2)$, soit $0,5 = 2g_1(-2)$. On obtient $\boldsymbol{g_1(-2) = 0,25}$.
c. On trace les segments [FE] et [EA] avec F(−2 ; 0,25) et E(−1 ; 0,5).

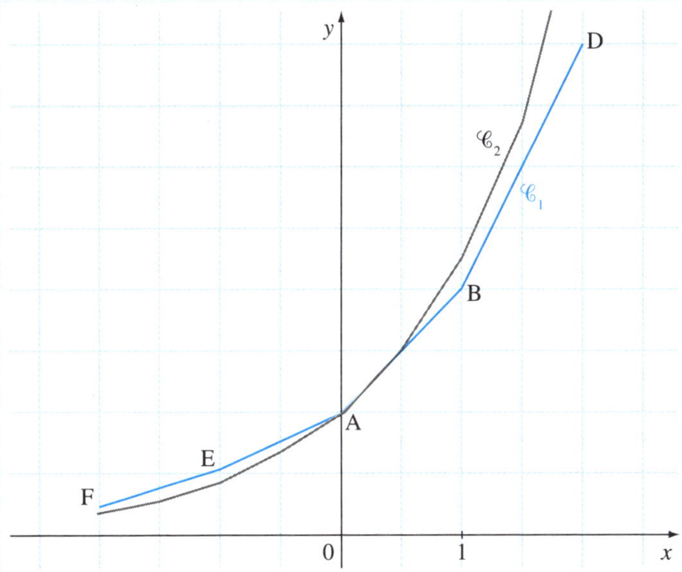

Partie B

1. Sur l'intervalle $[0,5n ; 0,5(n + 1)]$, on veut $g_{0,5}(x) = ax + b$ avec $a = g_{0,5}(0,5n)$.
On a aussi $g_{0,5}(0,5n) = a \times 0,5n + b$. D'où :
$b = g_{0,5}(0,5n) - a \times 0,5n = (1 - 0,5n)g_{0,5}(0,5n)$.

On a donc : $g_{0,5}(x) = g_{0,5}(0,5n)x + g_{0,5}(0,5n)(1-0,5n)$.

Soit : $\boldsymbol{g_{0,5}(x) = g_{0,5}(0,5n)(x-0,5n+1)}$.

2. En remplaçant x par $0,5(n+1)$, on obtient $\boldsymbol{g_{0,5}(0,5(n+1)) = 1,5g_{0,5}(0,5n)}$.

3. En prenant $n = 0$ dans la formule précédente, on a $g_{0,5}(0,5) = 1,5g_{0,5}(0)$, soit $\boldsymbol{g_{0,5}(0,5) = 1,5}$.

En prenant $n = -1$, on a $g_{0,5}(0) = 1,5g_{0,5}(-0,5)$, soit $1 = 1,5g_{0,5}(-0,5)$.

On a donc $1 \div 1,5 = g_{0,5}(-0,5)$, soit $\boldsymbol{g_{0,5}(-0,5) = 1,5^{-1}}$.

4.

x	-2	$-1,5$	-1	$-0,5$	0	$0,5$	1	$1,5$	2
$g_{0,5}(x)$	$\boldsymbol{1,5^{-4}}$	$\boldsymbol{1,5^{-3}}$	$\boldsymbol{1,5^{-2}}$	$1,5^{-1}$	$1,5^0$	$1,5^1$	$\boldsymbol{1,5^2}$	$\boldsymbol{1,5^3}$	$\boldsymbol{1,5^4}$
$g_{0,5}(x)$	**0,20**	**0,30**	**0,44**	0,67	1	1,5	**2,25**	**3,38**	**5,06**

5. On place les neuf points correspondant au tableau précédent et les huit segments (voir figure page précédente).

Partie C

1. a. Comme on a $g_k\left(\frac{n+1}{p}\right) = \left(1+\frac{1}{p}\right)g_k\left(\frac{n}{p}\right)$, la suite de terme $g_k\left(\frac{n}{p}\right)$, $0 \leqslant n \leqslant 2p$, est **une suite géométrique de raison** $\boldsymbol{\left(1+\frac{1}{p}\right)}$ **et de terme initial** $\boldsymbol{g_k(0) = 1}$.

b. On utilise la formule $u_n = u_0 \times q^n$.

On a $g_k\left(\frac{n}{p}\right) = g_k(0) \times \left(1+\frac{1}{p}\right)^n$, **soit** $\boldsymbol{g_k\left(\frac{n}{p}\right) = \left(1+\frac{1}{p}\right)^n}$ en fonction de n et de p.

c. En prenant $n = p$, on a $\boldsymbol{g_k(1) = \left(1+\frac{1}{p}\right)^p}$.

2. a. Quand p prend des valeurs de plus en plus grandes, c'est-à-dire quand k prend des valeurs de plus en plus proches de 0, **le nombre $\boldsymbol{g_k(1)}$ se rapproche de $\boldsymbol{f(1)}$, c'est-à-dire de e.**

b.

p	1	2	5	10	100	5 000	100 000
$g_k(1)$	**2**	**2,25**	**2,488 3**	**2,593 7**	**2,704 8**	**2,718 0**	**2,718 3**

Quand p prend des valeurs de plus en plus grandes, $g_k(1)$ prend bien des valeurs de plus en plus proches de e qui vaut 2,718 281 82…

24 RECHERCHE DU BÉNÉFICE

Partie A

1. Pour tout x de $[0\,;12]$, on a $f(x) - y = 0,4x + \mathrm{e}^{-0,4x+1} - 0,4x = \mathrm{e}^{-0,4x+1}$.

Une exponentielle étant toujours strictement positive, on a $f(x) - y > 0$.

La courbe $\boldsymbol{\mathscr{C}}$ est toujours au-dessus de la droite $\boldsymbol{\mathscr{D}}$.

2. a. $1-\mathrm{e}^{-0,4x+1} \geqslant 0 \Leftrightarrow \mathrm{e}^{0} \geqslant \mathrm{e}^{-0,4x+1} \Leftrightarrow 0 \geqslant -0,4x+1 \Leftrightarrow 0,4x \geqslant 1$

$\Leftrightarrow x \geqslant 1 \div 0,4.$

L'ensemble des solutions est $[2,5\,;+\infty[$.

b. Pour tout x de $[0\,;12]$, on a $f'(x)=0,4-0,4\mathrm{e}^{-0,4x+1}=0,4\left(1-\mathrm{e}^{0,4x+1}\right)$.

$f'(x)$ est du même signe que $1-\mathrm{e}^{-0,4x+1}$.

Sur $[2,5\,;12]$, on a donc $f'(x) \geqslant 0$. **f est croissante sur $[2,5\,;12]$.**

Sur $[0\,;2,5]$, on a donc $f'(x) \leqslant 0$. **f est décroissante sur $[0\,;2,5]$.**

c.

x	0	2,5	12
$f(x)$	e ↘	2	↗ $4,8+\mathrm{e}^{-3,8}$

$f(0)=0,4\times 0+\mathrm{e}^{-0,4\times 0+1}=\mathrm{e}$.

$f(2,5)=0,4\times 2,5+\mathrm{e}^{-0,4\times 2,5+1}=1+\mathrm{e}^{0}=2$.

$f(12)=0,4\times 12+\mathrm{e}^{-0,4\times 12+1}=4,8+\mathrm{e}^{-3,8}$.

f admet en 2,5 un minimum qui vaut 2. On a donc **$f(x)>0$ sur $[0\,;12]$.**

3. a. Une équation de $\mathcal{T}$ est : $y=f'(0)(x-0)+f(0)$, soit $\boldsymbol{y=0,4(1-\mathrm{e})x+\mathrm{e}}$.

Pour $x=2,5$, on a $y=0,4(1-\mathrm{e})\times 2,5+\mathrm{e}=1-\mathrm{e}+\mathrm{e}=1$.

$\mathcal{T}$ passe par $B(2,5\,;1)$.

b. Pour $\mathcal{D}$, si $x=5$, alors $y=0,4\times 5=2$.

Pour construire $\mathcal{C}$, on dresse un tableau de valeurs.

x	0	1	2	3	4	6	8	10	12
$f(x)$	2,72	2,22	2,02	2,02	2,15	2,65	3,31	4,05	4,82

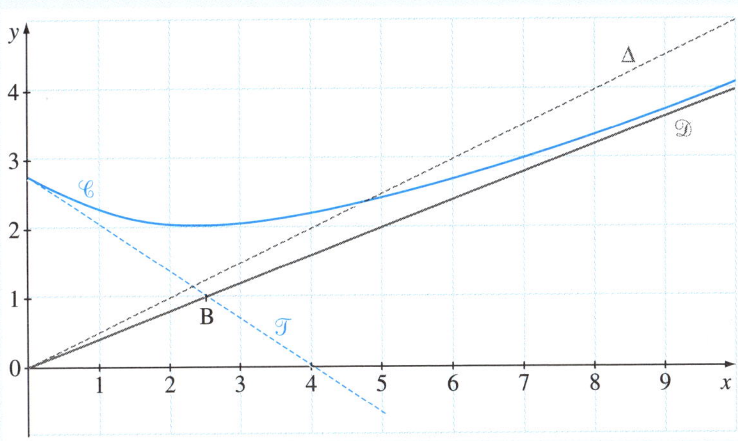

Partie B

1. a. x centaines d'objets rapportent $500x$ euros, soit $0,5x$ milliers d'euros.

On a donc : $\boldsymbol{R(x)=0,5x}$.

b. Voir le graphique page précédente.
c. Graphiquement, Δ et $\mathscr{C}$ se coupent en **un seul point d'abscisse a qui vaut 4,5** à 10^{-1} près.
2. a. Le bénéfice est la différence entre la recette et le coût total.
$B(x) = R(x) - C(x) = 0{,}5x - \left(0{,}4x + \mathrm{e}^{-0{,}4x+1}\right)$.
On a bien : $\boldsymbol{B(x) = 0{,}1x - \mathrm{e}^{-0{,}4x+1}}$.
b. 1 000 objets sont 10 centaines d'objets.
$B(10) = 0{,}1 \times 10 - \mathrm{e}^{-0{,}4\times 10+1} \approx 0{,}950$. Pour 1 000 objets fabriqués, **le bénéfice est de 950 €** à 1 € près (0,950 milliers).
c. Sur $[2{,}5\,;10]$, on a $B'(x) = 0{,}1 - (-0{,}4)\mathrm{e}^{-0{,}4x+1}$, soit $\boldsymbol{B'(x) = 0{,}1 + 0{,}4\mathrm{e}^{-0{,}4x+1}}$.
On a donc $B'(x) > 0$ et **B est strictement croissante sur $[2{,}5\,;10]$.**
d. De plus, $B(2{,}5) \approx -0{,}75$ et $B(10) \approx 0{,}95$.
L'équation $B(x) = 0$ admet une solution unique sur J et **qui appartient à $[2{,}5\,;10]$.**
$B(x) = 0 \Leftrightarrow R(x) - f(x) = 0 \Leftrightarrow R(x) = f(x)$.
L'unique solution de $B(x) = 0$ est a défini dans la question 1. c. comme l'abscisse du point commun à Δ et à $\mathscr{C}$.

x	4,4	4,45	4,48	4,49	4,5
$B(x)$	$-0{,}03$	$-0{,}01$	-5×10^{-3}	-2×10^{-3}	$6{,}7\times 10^{-4}$

On a donc $\boldsymbol{4{,}49 < a < 4{,}50}$.
e. Pour $x > a$, on a $B(x) > 0$ car B est strictement croissante et que $B(a) = 0$.
Pour $x > 4{,}49$, le bénéfice est positif.
x exprime le nombre d'objets en centaines : **il faut produire au minimum 450 objets pour réaliser un bénéfice.**

25 POSITION RELATIVE DE $\mathscr{C}_f$ ET DE L'UNE DE SES TANGENTES

1. Pour $f(x) = \mathrm{e}^{-x}$, on a $f'(x) = -\mathrm{e}^{-x}$. On a $f(0) = \mathrm{e}^0 = 1$ et $f'(0) = -\mathrm{e}^0 = -1$.
Une équation de la tangente $\mathscr{C}_f$ au point d'abscisse 0 est $y = f'(0)(x-0) + f(0)$, soit $y = -x+1$. **La tangente à $\mathscr{C}_f$ au point d'abscisse 0 est la droite Δ.**
2. a. Pour tout x réel, $h'(x) = f'(x) - g'(x)$, soit $\boldsymbol{h'(x) = 1 - \mathrm{e}^{-x}}$.
b. $h'(x) > 0 \Leftrightarrow 1 - \mathrm{e}^{-x} > 0 \Leftrightarrow \mathrm{e}^0 > \mathrm{e}^{-x} \Leftrightarrow 0 > -x \Leftrightarrow 0 < x$.
Sur $]0\,;+\infty[$, on a $h'(x) > 0$ et sur $]-\infty\,;0[$, on a $h'(x) < 0$.
c. **h croît strictement sur $[0\,;+\infty[$ et h décroît strictement sur $]-\infty\,;0]$.**
3. Comme Δ est la tangente à $\mathscr{C}_f$ au point d'abscisse 0, on a $f(0) = g(0)$, soit $h(0) = 0$.
h étant croissante strictement sur $[0\,;+\infty[$, on a $h(x) > 0$ sur $]0\,;+\infty[$ et $\mathscr{C}_f$ est au-dessus de Δ.
h étant décroissante strictement sur $]-\infty\,;0]$, on a $h(x) > 0$ sur $]-\infty\,;0[$ et $\mathscr{C}_f$ est au-dessus de Δ.
$\mathscr{C}_f$ rencontre sa tangente Δ au point d'abscisse 0 et $\mathscr{C}_f$ est toujours au-dessus de sa tangente.

4 Logarithme népérien

I DÉFINITION

1. Logarithme népérien d'un réel strictement positif x

Soit x un réel strictement positif.
L'équation $e^y = x$ d'inconnue y admet une unique solution notée $\ln x$.
$\ln x$ est le logarithme népérien du réel x.

2. Fonction ln

On appelle fonction logarithme népérien la fonction qui, à tout réel x strictement positif, fait correspondre le réel $\ln x$. Cette fonction se note ln.

3. Valeurs remarquables

- $\ln 1 = 0$
- $\ln e = 1$

II FONCTION ln

1. Dérivée

La fonction $x \mapsto \ln x$ est définie et dérivable sur $]0;+\infty[$ avec $(\ln x)' = \dfrac{1}{x}$.

2. Sens de variation et représentation graphique

- La fonction $x \mapsto \ln x$ est strictement croissante sur $]0;+\infty[$.
- La représentation graphique de la fonction $x \mapsto \ln x$ est :

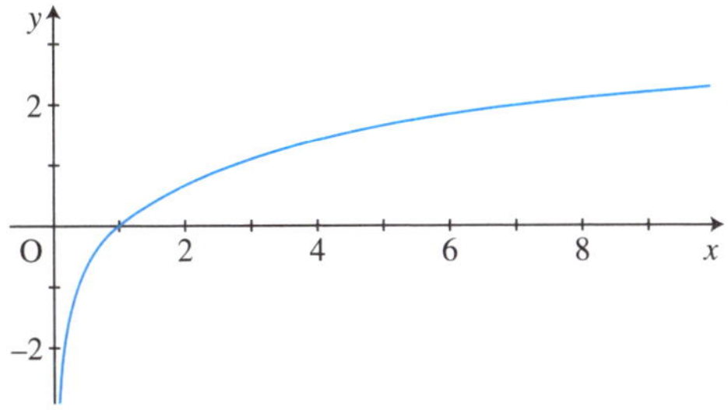

3. Résultat complémentaire

Soit a et b deux réels, $a \neq 0$.
La dérivée de la fonction $x \mapsto \ln(ax+b)$ est $\dfrac{a}{ax+b}$.

COURS

III ÉQUATIONS ET INÉQUATIONS

Soit a et b deux réels strictement positifs et c un réel.

1. Équations

- $\ln a = \ln b \Leftrightarrow a = b$;
- $\ln a = c \Leftrightarrow a = e^c$.

2. Inéquation

La fonction ln étant strictement croissante, elle conserve l'ordre.

- $\ln a < \ln b \Leftrightarrow a < b$;
- $\ln a > \ln b \Leftrightarrow a > b$;
- $\ln a < c \Leftrightarrow a < e^c$;
- $\ln a > c \Leftrightarrow a > e^c$.

Ne pas oublier que a est un réel strictement positif.

IV RÈGLES DE CALCUL

Soit a et b deux réels strictement positifs et x un réel.

- $\ln(ab) = \ln a + \ln b$;
- $\ln(a^x) = x \ln a$;
- $\ln\left(\frac{1}{b}\right) = -\ln b$;
- $\ln\left(\frac{a}{b}\right) = \ln a - \ln b$;
- $\ln(e^x) = x$;
- $e^{\ln a} = a$.

SAVOIR-FAIRE

1. Déterminer un ensemble de définition

1. Le contenu de chaque fonction logarithme devant être strictement positif, on écrit des inéquations exprimant chacune de ces conditions.
2. On résout chacune des inéquations.
3. L'ensemble de définition est l'intersection des ensembles de solutions des inéquations.

EXEMPLE 1 : Déterminer l'ensemble de définition de $\ln(2x+3)$.

1. $\ln(2x+3)$ existe si et seulement si $2x+3>0$.
2. $2x+3>0 \Leftrightarrow 2x>-3 \Leftrightarrow x>-\frac{3}{2}$.
3. L'ensemble de définition est $]-1{,}5\,;+\infty[$.

EXEMPLE 2 : Déterminer l'ensemble de définition de :

$$f(x)=\ln(x+3)+\ln(x-4).$$

1. $f(x)$ existe si et seulement si $x+3>0$ et $x-4>0$.
2. $x+3>0 \Leftrightarrow x>-3 : S_1=]-3\,;+\infty[$.
$x-4>0 \Leftrightarrow x>4 : S_2=]4\,;+\infty[$.
3. L'ensemble de définition de f est $S_1 \cap S_2=]4\,;+\infty[$.

2. Résoudre une équation avec un logarithme népérien

1. Ramener l'équation soit au modèle « $\ln a=\ln b$ » soit au modèle « $\ln a=b$ ».
2. Pour le modèle « $\ln a=\ln b$ », on transforme en $a=b$.
Pour le modèle « $\ln a=b$ », on transforme en $a=\mathrm{e}^b$.
3. On termine la résolution et on conclut en vérifiant que les solutions proposées appartiennent à l'ensemble de définition.

EXEMPLE 1 : Résoudre l'équation $\ln(2x+3)=\ln 10-\ln 2$.

1. $\ln(2x+3)=\ln 10-\ln 2 \Leftrightarrow \ln(2x+3)=\ln\left(\frac{10}{2}\right) \Leftrightarrow \ln(2x+3)=\ln 5$.
2. On a aussi : $\ln(2x+3)=\ln 5 \Leftrightarrow 2x+3=5 \Leftrightarrow 2x=2 \Leftrightarrow x=1$.
3. L'ensemble de définition étant $]-1{,}5\,;+\infty[$, **la solution de l'équation est 1.**

EXEMPLE 2 : Résoudre l'équation $\ln(x+3)+\ln(x-4)=\ln 8$.

1. Pour les valeurs pour lesquelles l'expression $\ln(x+3)+\ln(x-4)$ existe, on a : $\ln(x+3)+\ln(x-4)=\ln 8 \Leftrightarrow \ln((x+3)(x-4))=\ln 8$.

2. On a aussi :
$\ln((x+3)(x-4)) = \ln 8 \Leftrightarrow x^2 - 4x + 3x - 12 = 8 \Leftrightarrow x^2 - x - 20 = 0.$

$\Delta = b^2 - 4ac = 1 + 80 = 81$. Il y a deux solutions :

$x_1 = \dfrac{-b+\sqrt{\Delta}}{2a} = 5$ et $x_2 = \dfrac{-b-\sqrt{\Delta}}{2a} = -4.$

3. L'ensemble de définition étant $]4 ; +\infty[$, **la solution de l'équation est 5.**

3. Résoudre une inéquation avec un logarithme népérien

1. Ramener l'équation soit au modèle « $\ln a > \ln b$ » soit au modèle « $\ln a > b$ ».

2. Pour le modèle « $\ln a > \ln b$ », on transforme en $a > b$.
Pour le modèle « $\ln a > b$ », on transforme en $a > e^b$.

3. On termine la résolution et on conclut en vérifiant que les solutions proposées appartiennent à l'ensemble de définition.

Remarque : Le même principe vaut pour des inégalités écrites avec les symboles $<$, $\geqslant$ ou $\leqslant$.

EXEMPLE : Résoudre l'inéquation $\ln x + 2 \leqslant 5$.

1. On a : $\ln x + 2 \leqslant 5 \Leftrightarrow \ln x \leqslant 5 - 2 \Leftrightarrow \ln x \leqslant 3$.

2. On a aussi : $x \leqslant e^3$.

3. L'ensemble de définition étant $]0 ; +\infty[$, **l'ensemble des solutions est $]0 ; e^3]$.**

4. Résoudre une inéquation où l'inconnue est un exposant

1. Écrire l'inéquation sous la forme $a^x < b$ ou $a^x > b$ avec a et b strictement positifs.

2. Appliquer la fonction ln aux deux membres de l'inégalité et transformer le membre de gauche à l'aide de la relation $\ln(a^x) = x \ln a$.

3. Terminer la résolution en faisant attention au signe de $\ln a$.

EXEMPLE : Déterminer la plus petite valeur de l'entier naturel n tel que :

$$15\,000 \times 0{,}95^n < 12\,000.$$

1. $15\,000 \times 0{,}95^n < 12\,000 \Leftrightarrow 0{,}95^n < \dfrac{12\,000}{15\,000} \Leftrightarrow 0{,}95^n < 0{,}8.$

2. On a aussi : $0{,}95^n < 0{,}8 \Leftrightarrow \ln(0{,}95^n) < \ln 0{,}8 \Leftrightarrow n \ln 0{,}95 < \ln 0{,}8.$

3. On a $0 < 0{,}95 < 1$ donc :

$\ln 0{,}95 < 0$ et $n \ln 0{,}95 < \ln 0{,}8 \Leftrightarrow n > \dfrac{\ln 0{,}8}{\ln 0{,}95}.$

On veut donc $n > 4{,}35$. Comme n est entier, la plus petite valeur de l'entier naturel n répondant à la question est 5.

EXERCICES D'APPLICATION

1 DOMAINE DE DÉFINITION ★ 8 min ▸ P. 131

Dans chaque cas, déterminer les valeurs de x pour lesquelles f est définie.

1. $f(x)=\ln(x+1)$;
2. $f(x)=\ln(2x+3)$;
3. $f(x)=\ln(4-x)$;
4. $f(x)=\ln\left(x^2-5x+6\right)$.

Revoir le savoir-faire **1**.

2 ÉQUATIONS ★ 12 min ▸ P. 131

Après avoir déterminé les valeurs permises, résoudre les équations.

1. $\ln(x+1)=\ln 5$;
2. $\ln x=3$;
3. $\ln(2x+1)=\ln(3-x)$;
4. $\ln(2x+5)=0$;
5. $\ln(x-6)=\ln(2-x)$;
6. $\ln\left(x^2-x-1\right)=0$.

Revoir les savoir-faire **1** et **2**.

3 ÉQUATIONS DU SECOND DEGRÉ ★ 10 min ▸ P. 132

1. Résoudre l'équation $x^2-3x-4=0$.
2. En déduire les solutions de $(\ln x)^2-3\ln x-4=0$.
3. Après avoir déterminé les valeurs permises, résoudre l'équation : $\ln(x-3)+\ln x=\ln 4$.

Revoir les savoir-faire **1** et **2**.

3. Utiliser une règle de calcul dans le membre de gauche pour retrouver le modèle « $\ln a=\ln b$ ».

4 INÉQUATIONS ★ 10 min ▸ P. 132

Après avoir déterminé les valeurs permises, résoudre les inéquations suivantes.

1. $\ln x>3$;
2. $\ln x\leqslant -2$;
3. $\ln(x+3)\geqslant\ln(2x-2)$;
4. $\ln(1-x)\leqslant 0$.

Revoir les savoir-faire **1** et **3**.

5 ÉQUATIONS AVEC L'INCONNUE EN EXPOSANT | ★ | 10 min | ▸ P. 133

▸ P. 133

Résoudre les équations suivantes.
Donner la valeur exacte de la solution, puis la valeur approchée à 10^{-2} près.
1. $3^x = 20$; **2.** $0,2^x = 0,01$; **3.** $1,001^x = 0,3$; **4.** $0,8^x = 0,25$.

Appliquer la fonction ln à chaque membre, puis transformer le membre de gauche sous la forme $x \ln a$.

6 INÉQUATIONS AVEC L'INCONNUE EN EXPOSANT | ★ | 10 min | ▸ P. 133

Résoudre les inéquations suivantes.
Donner l'ensemble des solutions avec des valeurs exactes.
1. $3^x > 40$; **2.** $0,2^x > 0,05$; **3.** $2,3^x < 15$; **4.** $0,4^x < 0,003$.

Revoir le savoir-faire **4.**

7 PLUS PETITE VALEUR D'UN ENTIER *n* | ★ | 12 min | ▸ P. 134

Pour chaque cas, trouver le plus petit entier naturel n qui vérifie l'inégalité.
1. $1,9^n > 1\,000$; **2.** $0,2^n < 0,001$; **3.** $1,02^n > 3$; **4.** $0,3^n < 0,000\,1$.

Revoir le savoir-faire **4.**

8 UTILISER LES RÈGLES DE CALCUL SUR LES LOGARITHMES | ★ | 8 min | ▸ P. 134

Écrire plus simplement chacune des expressions.
1. $\ln e + \ln e^2 + (\ln e)^2$; **2.** $\ln(4e) - \ln(2e) - \ln 2$; **3.** $\ln 24 - 3\ln 2$.

Revoir les règles de calcul au paragraphe IV du cours.

9 DÉRIVÉES | ★ | 10 min | ▸ P. 134

Déterminer les dérivées des fonctions *f*.

1. $f(x) = \ln(3x+1)$ sur $I = \left]\frac{-1}{3} ; +\infty\right[$;
2. $f(x) = \ln(-x)$ sur $I =]-\infty ; 0[$;
3. $f(x) = x \ln x$ sur $I =]0 ; +\infty[$;
4. $f(x) = (x+2)\ln(1-x)$ sur $]-\infty ; 1[$.

3. et **4.** Utiliser $(uv)' = u'v + uv'$.

EXERCICES D'ENTRAÎNEMENT

10 ÉQUATIONS ★ 12 min ▸ P. 135

Résoudre dans l'intervalle I donné chacune des équations suivantes :

1. $\ln x = \ln 2$ avec $I =]0\,;+\infty[$; **2.** $\ln x = \ln 5$ avec $I =]0\,;+\infty[$;
3. $\ln(x-2) = \ln 4$ avec $I =]2\,;+\infty[$;
4. $\ln(x+2) = \ln 4$ avec $I =]-2\,;+\infty[$;
5. $\ln 2x = 0$ avec $I =]0\,;+\infty[$; **6.** $\ln(3x-1) = \ln 2x$ avec $I = \left]\frac{1}{3}\,;+\infty\right[$.

Revoir le savoir-faire **2.**

11 INÉQUATIONS ★ 12 min ▸ P. 135

Résoudre dans l'intervalle I donné chacune des inéquations suivantes :

1. $\ln 3x \leqslant 0$ avec $I =]0\,;+\infty[$; **2.** $\ln 4x \leqslant 0$ avec $I =]0\,;+\infty[$;
3. $\ln 2x > 3$ avec $I =]0\,;+\infty[$; **4.** $\ln 3x > 2$ avec $I =]0\,;+\infty[$;

Revoir le savoir-faire **3.**

12 DÉRIVÉE D'UNE FONCTION ★★ 10 min ▸ P. 135

Pour chacune des fonctions f suivantes, déterminer la fonction dérivée f' sur l'intervalle $I =]0\,;+\infty[$:

1. $f(x) = 3\ln x$; **2.** $f(x) = x + 2\ln x$; **3.** $f(x) = x - 3\ln x$;
4. $f(x) = x^2 - 2\ln x$; **5.** $f(x) = x\ln x - x$; **6.** $f(x) = 1 + \dfrac{\ln x}{x}$.

Revoir les formules de dérivation d'un produit et d'un quotient au chapitre 2.

13 SIGNE D'UNE FONCTION ★★ 10 min ▸ P. 136

Dans chaque cas, après avoir déterminé les valeurs permises, discuter le signe de $f(x)$ suivant les valeurs de x.

1. $f(x) = \ln(x-3)$; **2.** $f(x) = x\ln x$;
3. $f(x) = (x-5)\ln x$; **4.** $f(x) = 1 - \ln x$.

1. et **4.** Résoudre $f(x) = 0$, puis $f(x) > 0$.
2. et **3.** Utiliser un tableau de signes.

14 VARIATIONS D'UNE FONCTION | ★★ | 10 min | ▸ P. 136

Déterminer les dérivées des fonctions f et étudier leurs variations sur I.

1. $f(x) = \ln(-2x+3)$ sur $I =]-\infty\,;1{,}5[$;
2. $f(x) = (x-2)\ln(x-2)$ sur $I =]2\,;+\infty[$.

Les variations d'une fonction sont données par le signe de sa fonction dérivée.

15 ÉTUDE D'UNE FONCTION LOGARITHME | ★★ | 15 min | ▸ P. 137

Soit f la fonction définie sur l'intervalle $[0{,}5\,;5]$ par $f(x) = x - 1 - 3\ln x$.
Soit $\mathscr{C}$ sa courbe représentative dans un repère orthogonal (unité graphique : 2 cm).

1. a. Déterminer la fonction dérivée f' de f et vérifier, que pour tout réel x de $[0{,}5\,;5]$, on a : $f'(x) = \dfrac{x-3}{x}$.
b. Étudier le signe de $f'(x)$ et dresser le tableau de variations de f.
2. a. Donner une valeur approchée à 10^{-2} près de $f(0{,}5)$; $f(1)$; $f(3)$; $f(4)$ et $f(5)$.
b. Construire la courbe $\mathscr{C}$.

Les variations d'une fonction sont données par le signe de sa fonction dérivée.

16 UTILISER LES RÈGLES DE CALCUL SUR LES LOGARITHMES | ★★ | 12 min | ▸ P. 138

1. Compléter en écrivant chacun des nombres suivants sous la forme ln a.

a. $2 = \ln\ldots$ b. $3 = \ln\ldots$ c. $-1 = \ln\ldots$ d. $\dfrac{1}{2} = \ln\ldots$

2. Écrire le plus simplement possible les expressions suivantes.

• $A = -\ln \mathrm{e} + 2\ln \mathrm{e}^2 + \ln \mathrm{e}^3$; $B = 5\ln \mathrm{e} - 3\ln\dfrac{1}{\mathrm{e}}$; $C = \dfrac{1}{2}\ln \mathrm{e} - 5\ln \mathrm{e}^2 - \ln\dfrac{1}{\mathrm{e}}$.

3. Calculer en fonction de ln 2 :

• $A = \ln(2\mathrm{e}) + 5\ln 2 + \ln 4$; $B = \ln 2 + \ln(4\mathrm{e}) - \ln(16\mathrm{e}^2)$.

4. Calculer en fonction de ln 3 les expressions suivantes.

• $A = \ln(3^2) + \ln\sqrt{3} - \ln 81$; $B = \ln\dfrac{1}{3} - \ln\left(\dfrac{9}{\mathrm{e}^2}\right)$.

Revoir les règles de calcul au paragraphe IV du cours.

17 ÉTUDE D'UNE FONCTION LOGARITHME ★★ | 30 min | ▸ P. 138

On considère la fonction numérique g définie sur l'intervalle $[0,1\,;6]$ par :

$$g(x)=x+2-2\ln x.$$

On désigne par $\mathscr{C}$ sa courbe représentative dans un repère orthogonal $(\text{O}\,;\vec{i},\vec{j})$. Unité graphique : 1 cm.

1. a. Déterminer la fonction dérivée g' de g.

b. Étudier le signe de g' sur $[0,1\,;6]$ et établir le tableau de variations de g.

2. Déterminer le coefficient directeur de la tangente T à la courbe $\mathscr{C}$ au point d'abscisse 1.

3. Compléter le tableau de valeurs suivant dans lequel on fera figurer des valeurs décimales arrondies à 10^{-2} près.

x	0,1	0,5	1	2	4	6
$g(x)$		3,89				4,41

4. Tracer T et $\mathscr{C}$.

5. a. Démontrer que l'équation $g(x)=3$ a une seule solution α dans $[3\,;4]$.

b. Placer sur la figure le point d'abscisse α.

c. Donner un encadrement de α d'amplitude égale à 0,5.

2. Le coefficient directeur d'une tangente en un point d'abscisse a est $f'(a)$.

18 SUITE GÉOMÉTRIQUE ★★ | 10 min | ▸ P. 139

Soit (t_n) la suite géométrique de raison $q=1{,}01$ et de terme initial $t_0=1\,000$.

1. Exprimer t_n en fonction de n.

2. Déterminer le premier terme de la suite qui est strictement supérieur à 1 400.

1. Pour une suite géométrique de raison q, on a $t_n=t_0\times q^n$.

19 SUITE GÉOMÉTRIQUE ★★ | 8 min | ▸ P. 140

Soit (v_n) la suite géométrique de raison $q=0{,}9$ et de terme initial $v_1=8$.

1. Exprimer v_n en fonction de n.

2. Déterminer le premier terme de la suite qui est strictement inférieur à 0,01.

1. Attention le terme initial est v_1.

20 ÉVOLUTION D'UNE POPULATION | ★★ | 15 min | ▸ P. 140

La population d'une ville s'accroît de 3 % chaque année. Elle était de 25 000 habitants en 2010.
On pose $p_0 = 25\,000$ et on note p_n la population en $(2010+n)$.
1. a. Calculer p_1 et p_2 ; on arrondira à l'unité.
b. Montrer que la suite (p_n) est une suite géométrique ; déterminer sa raison.
c. Exprimer p_n en fonction de n.
2. Déterminer en quelle année, la population de cette ville dépassera pour la première fois les 50 000 habitants.

2. On pourra résoudre $p_n > 50\,000$.

21 DATATION AU CARBONE 14 | ★★ | 40 min | ▸ P. 140

Partie A
On considère la fonction f définie sur l'intervalle $[0,2\,;1]$ par :
$$f(x) = -8\,130 \ln x.$$
1. a. Calculer la dérivée f'.
b. Montrer que pour tout réel x de l'intervalle $[0,2\,;1]$, $f'(x)$ est négatif.
2. Dresser le tableau de variations de la fonction f.
3. On donne le tableau suivant :

x	0,2	0,3	0,4	0,5	0,6	0,7	0,8	0,9	1
$f(x)$	13 100		7 400			2 900			

Compléter le tableau ci-dessus en arrondissant les résultats à la centaine la plus proche.
4. Tracer la courbe représentative de la fonction f dans un repère orthogonal tel que : **10 cm** représentent une unité sur l'axe des abscisses et **1 cm** représente 1 000 unités sur l'axe des ordonnées.

Partie B
On admet que tant qu'un organisme est vivant, la quantité de carbone 14 qu'il contient est constante. Après sa mort, cette quantité diminue. On appelle x la fraction de carbone 14 restant dans l'organisme.
On admet que l'expression $f(x) = -8\,130 \ln x$ donne l'âge $f(x)$, en années, d'un fossile en fonction de x.

1. a. Calculer l'âge d'un fossile qui contient encore 35 % de son carbone 14, c'est-à-dire $x = 0{,}35$. Le résultat sera donné arrondi à la centaine d'années la plus proche.
b. Tracer, sur la courbe de la **partie A**, les constructions utiles permettant de retrouver ce résultat.
2. Faire sur la courbe les tracés permettant de lire la valeur de x pour un fossile de 3 500 ans. Donner le résultat de la lecture arrondi au centième le plus proche.

22 ÉTUDE D'UNE SITUATION ÉCONOMIQUE | ★★ | 50 min | ▸ P. 141

Une entreprise fabrique un produit, en quantité x, exprimée en milliers de tonnes. Le coût total de fabrication est donné par :

$$C_{\mathrm{T}}(x) = \frac{x^2}{4} + \frac{9}{2}\ln(x+1) \quad \text{pour } x \text{ appartenant à } [0\,;5].$$

Les coûts sont exprimés en milliers d'euros.

Partie A – Fonction auxiliaire
On considère la fonction f définie sur $[0\,;5]$ par :

$$f(x) = \frac{x^2}{2} + \frac{9x}{x+1} - 9\ln(x+1).$$

1. Calculer $f'(x)$ et vérifier que $f'(x) = \dfrac{x(x-2)(x+4)}{(x+1)^2}$.
2. Établir le tableau des variations de f sur $[0\,;5]$.
3. En déduire que f s'annule sur $]0\,;5]$ pour une valeur unique a.
4. Donner un encadrement de a d'amplitude 10^{-3}.
5. Déduire des résultats précédents le signe de f sur $[0\,;5]$.

Partie B – Coût moyen C_{m}
La fonction coût moyen est définie sur $]0\,;5]$ par :

$$C_{\mathrm{m}}(x) = \frac{C_{\mathrm{T}}(x)}{x} = \frac{x}{4} + \frac{9}{2}\left[\frac{\ln(x+1)}{x}\right].$$

1. Calculer $C'_{\mathrm{m}}(x)$ et vérifier que $C'_{\mathrm{m}}(x) = \dfrac{f(x)}{2x^2}$.
2. Étudier le sens de variation de C_{m} sur $]0\,;5]$.
3. Pour quelle production l'entreprise a-t-elle un coût moyen minimal, exprimé en euros par tonne ? Quel est ce coût ?

EXERCICES D'APPROFONDISSEMENT

23 LE LOGARITHME DÉCIMAL ★★★ 20 min ▸ P. 143

La fonction logarithme, notée log, est définie sur $]0\,;+\infty[$ par :

$$\log(x)=\frac{\ln(x)}{\ln(10)}.$$

1. a. Calculer $\log(1)$, $\log(10)$, $\log(100)$, $\log(0{,}1)$ et $\log\left(10^{-3}\right)$.

b. Quel résultat peut-on conjecturer sur la valeur de $\log\left(10^{n}\right)$ pour n entier naturel ? Le démontrer.

2. Soit a et b deux réels strictement positifs. Démontrer les deux propriétés suivantes :

a. $\log(ab)=\log(a)+\log(b)$; **b.** $\log\left(\frac{a}{b}\right)=\log(a)-\log(b)$.

3. Prouver que la fonction log est strictement croissante sur $]0\,;+\infty[$.

24 QUI EST LE PLUS GRAND ? ★★★ 10 min ▸ P. 143

Comparer les nombres $2\,012^{2\,013}$ et $2\,013^{2\,012}$.

25 LOGARITHME OU NON ★★★ 15 min ▸ P. 143

On appelle fonction logarithme toute fonction définie sur $]0\,;+\infty[$ qui transforme un produit en somme comme la fonction logarithme népérien.

1. Soit f la fonction définie sur $]0\,;+\infty[$ par $f(x)=\ln(x)\times\ln(10)$.
f est-elle une fonction logarithme ?

2. Soit g la fonction définie sur $]0\,;+\infty[$ par $g(x)=\ln(x)-\ln(10)$.
g est-elle une fonction logarithme ?

CONTRÔLE

26 ÉQUATIONS ET INÉQUATIONS ★★ 15 min ▸ P. 144

1. Résoudre les équations suivantes.

a. $\ln 2x = 1$; b. $\ln 3x = \ln 9$; c. $\ln(2x-3) = \ln(5x-6)$.

2. Résoudre dans l'intervalle I donné chacune des inéquations suivantes.

a. $\ln(3x) \leqslant 1$ avec $\mathrm{I} =]0\,;+\infty[$; b. $\ln(4x) \geqslant 0$ avec $\mathrm{I} =]0\,;+\infty[$.

27 ÉTUDE D'UNE FONCTION ★★ 35 min ▸ P. 144

Le plan est rapporté à un repère orthogonal.

La courbe $\mathscr{C}$ est la représentation graphique d'une fonction f définie sur $]0\,;10]$ par $f(x) = x^2(a + b\ln x)$, où a et b sont deux constantes et ln la fonction logarithme népérien.

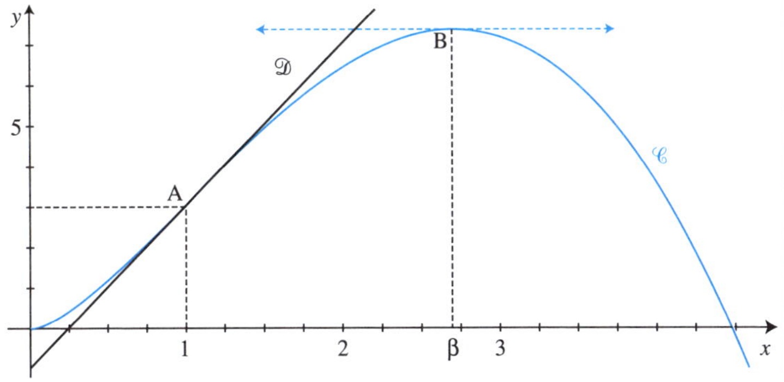

1. Calculer $f'(x)$ où f' désigne la fonction dérivée de f.

2. La courbe représentative passe par le point A(1 ; 3). Elle admet en A une tangente $\mathscr{D}$ de coefficient directeur 4. Montrer que $f(x) = x^2(3 - 2\ln x)$.

3. Déterminer une équation de la droite $\mathscr{D}$.

4. Déterminer la valeur exacte de l'abscisse β du point B de la courbe où la tangente à $\mathscr{C}$ est parallèle à l'axe des abscisses.

5. a. Étudier les variations de f sur l'intervalle $[4\,;10]$.

b. Montrer que l'équation $f(x) = 3$ admet une solution sur l'intervalle $[4\,;5]$ et donner une valeur approchée à 0,01 près de cette solution.

28 PROBLÈME ÉCONOMIQUE | ★★ | 45 min | ▸ P. 145

Pour un promoteur immobilier, le coût de production, en millions d'euros, pour n maisons construites, $0 \leqslant n \leqslant 30$, est donné par :

$$C(n) = 0,2n + 0,8 - 0,6\ln(n+1).$$

Chaque maison est vendue 160 000 euros.

Partie A – Étude de fonction

Soit f la fonction définie sur $[0 ; 30]$ par :

$$f(x) = 0,2x + 0,8 - 0,6\ln(x+1).$$

On appelle $\mathscr{C}$ la courbe représentative de f et $\mathscr{D}$ la droite d'équation $y = 0,16x$ dans un repère orthogonal (unités graphique : 0,5 cm en abscisses et 2,5 cm en ordonnées).

1. Étudier le sens de variation de f et dresser son tableau de variations.
2. Montrer qu'il existe un point A de $\mathscr{C}$ où la tangente Δ est parallèle à $\mathscr{D}$. Donner les coordonnées de A.
3. Tracer $\mathscr{D}$, Δ et $\mathscr{C}$.

Partie B – Utilisation du graphique

(Les réponses seront justifiées.)

1. Quel nombre de maisons faut-il construire pour que le coût de production soit minimal ?
2. Combien le promoteur doit-il construire de maisons pour réaliser du bénéfice ?
3. Comment peut-on utiliser le graphique pour déterminer le nombre de maisons à construire pour obtenir le bénéfice maximal ?

Partie C – Étude du bénéfice

1. Montrer que le bénéfice réalisé pour la fabrication de n maisons est, en millions d'euros : $B(n) = -0,04n - 0,8 + 0,6\ln(n+1)$.
2. a. Étudier le sens de variation de la fonction g définie sur $[0 ;30]$ par :

$$g(x) = 0,16x - f(x).$$

b. Déterminer la valeur de x pour laquelle $g(x)$ est maximal.

3. En déduire le nombre de maisons à construire pour que le bénéfice soit maximal.

CORRIGÉS

1 DOMAINE DE DÉFINITION

1. $f(x)=\ln(x+1)$; on a : $x+1>0 \Leftrightarrow x>-1$.

$\mathbf{D}_f =]-1\,;+\infty[$.

2. $f(x)=\ln(2x+3)$; on a $2x+3>0 \Leftrightarrow 2x>-3 \Leftrightarrow x>-\dfrac{3}{2}$.

$\mathbf{D}_f =]-1{,}5\,;+\infty[$.

3. $f(x)=\ln(4-x)$; on a $4-x>0 \Leftrightarrow 4>x$.

$\mathbf{D}_f =]-\infty\,;4[$.

4. $f(x)=\ln\left(x^2-5x+6\right)$. Il faut avoir $x^2-5x+6>0$.

Pour x^2-5x+6, on a $\Delta=(-5)^2-4\times1\times6=1$.

Le trinôme admet deux racines : $x_1=\dfrac{5+1}{2}=3$ et $x_2=\dfrac{5-1}{2}=2$.

x^2-5x+6 est du signe de a donc positif sauf entre les racines 2 et 3.

$\mathbf{D}_f =]-\infty\,;2[\,\cup\,]3\,;+\infty[$.

Une expression avec un logarithme existe si et seulement si le contenu du logarithme est strictement positif.

4. Un trinôme ax^2+bx+c est du signe de a sauf entre les racines si elles existent.

2 ÉQUATIONS

1. $\ln(x+1)=\ln 5$. Il faut avoir $x+1>0$, soit $x>-1$.

$\ln(x+1)=\ln 5 \Leftrightarrow x+1=5 \Leftrightarrow x=5-1$.

$\mathbf{S}=\{4\}$.

2. $\ln x=3$. Il faut avoir $x>0$. On a $x=\mathrm{e}^3$.

$\mathbf{S}=\{\mathbf{e}^3\}$.

3. $\ln(2x+1)=\ln(3-x)$. Il faut avoir $2x+1>0$ et $3-x>0$, soit $x>-0{,}5$ et $3>x$ ou encore $-0{,}5<x<3$.

$\ln(2x+1)=\ln(3-x) \Leftrightarrow 2x+1=3-x \Leftrightarrow 3x=2$.

$\mathbf{S}=\left\{\dfrac{2}{3}\right\}$.

4. $\ln(2x+5)=0$. Il faut avoir $2x+5>0$, soit $x>-2{,}5$.

$\ln(2x+5)=0 \Leftrightarrow \ln(2x+5)=\ln 1 \Leftrightarrow 2x+5=1 \Leftrightarrow 2x=-4 \Leftrightarrow x=-2$.

$\mathbf{S}=\{-2\}$.

5. $\ln(x-6)=\ln(2-x)$. Il faut avoir $x-6>0$ et $2-x>0$, soit $x>6$ et $x<2$: ce qui est impossible. Il n'y a pas de solution. $\mathbf{S}=\varnothing$.

6. $\ln\left(x^2-x-1\right)=0$. Il faut avoir $x^2-x-1>0$.

$\ln\left(x^2-x-1\right)=0 \Leftrightarrow \ln\left(x^2-x-1\right)=\ln 1 \Leftrightarrow x^2-x-1=1 \Leftrightarrow x^2-x-2=0$.

$\Delta=b^2-4ac=1^2-4\times1\times(-2)=9$.

Il y a deux racines : $x_1 = \dfrac{1+3}{2} = 2$ et $x_2 = \dfrac{1-3}{2} = -1$.

2 et – 1 vérifient la condition $x^2 - x - 1 > 0$: $\mathbf{S} = \{-\mathbf{1}\,;\mathbf{2}\}$.

4. et **6.** On remplace 0 par ln1 pour avoir le modèle « $\ln a = \ln b$ ».

5. C'est l'étude des conditions d'existence qui permet de répondre.

6. On peut ne pas déterminer entièrement l'ensemble de définition, mais il faut vérifier que les solutions potentielles vérifient les conditions d'existence.

3 ÉQUATIONS DU SECOND DEGRÉ

1. Pour $x^2 - 3x - 4 = 0$, on a $\Delta = b^2 - 4ac = (-3)^2 - 4\times1\times(-4) = 25$.

Il y a deux solutions : $x_1 = \dfrac{3+5}{2} = 4$ et $x_2 = \dfrac{3-5}{2} = -1$: $\mathbf{S} = \{-\mathbf{1}\,;\mathbf{4}\}$.

2. Pour $(\ln x)^2 - 3\ln x - 4 = 0$, il faut avoir $x > 0$.

On pose $X = \ln x$ et on a $X^2 - 3X - 4 = 0$. D'après la question **1**, on a $X = 4$ ou $X = -1$, soit $\ln x = 4$ ou $\ln x = -1$: $\mathbf{S} = \{\mathbf{e^4}\,;\mathbf{e^{-1}}\}$.

3. Pour $\ln(x-3) + \ln x = \ln 4$, il faut avoir $x - 3 > 0$ et $x > 0$, soit $x > 3$.

$\ln(x-3) + \ln x = \ln 4 \Leftrightarrow \ln(x(x-3)) = \ln 4 \Leftrightarrow x^2 - 3x = 4 \Leftrightarrow x^2 - 3x - 4 = 0$.

D'après la question **1**, on a $x = 4$ ou $x = -1$.

Mais la condition d'existence $x > 3$ donne $\mathbf{S} = \{\mathbf{4}\}$.

2. Un changement d'inconnue permet de se ramener à l'équation du second degré résolue à la question précédente.

3. On applique la formule $\ln a + \ln b = \ln(ab)$ au membre de gauche pour retrouver le modèle « $\ln a = \ln b$ ».

La condition d'existence ($x > 3$) conduit à écarter de l'ensemble des solutions la valeur – 1.

4 INÉQUATIONS

1. $\ln x > 3$: il faut avoir $x > 0$. $\ln x > 3 \Leftrightarrow x > e^3$: $\mathbf{S} = \left]\mathbf{e^3}\,;+\infty\right[$.

2. $\ln x \leqslant -2$: il faut avoir $x > 0$. $\ln x \leqslant -2 \Leftrightarrow x \leqslant e^{-2}$: $\mathbf{S} = \left]\mathbf{0}\,;\mathbf{e^{-2}}\right]$.

3. $\ln(x+3) \geqslant \ln(2x-2)$: il faut avoir $x + 3 > 0$ et $2x - 2 > 0$, soit $x > -3$ et $x > 1$.

Il faut donc avoir $x > 1$. $\ln(x+3) \geqslant \ln(2x-2) \Leftrightarrow x + 3 \geqslant 2x - 2 \Leftrightarrow 5 \geqslant x$: $\mathbf{S} = \left]\mathbf{1}\,;\mathbf{5}\right]$.

4. $\ln(1-x) \leqslant 0$: il faut avoir $1 - x > 0$, soit $1 > x$.

$\ln(1-x) \leqslant 0 \Leftrightarrow \ln(1-x) \leqslant \ln 1 \Leftrightarrow 1 - x \leqslant 1 \Leftrightarrow 0 \leqslant x$: $\mathbf{S} = \left[\mathbf{0}\,;\mathbf{1}\right[$.

Ne pas oublier, pour écrire l'ensemble des solutions, qu'un logarithme n'existe que pour des valeurs strictement positives.

5 ÉQUATIONS AVEC L'INCONNUE EN EXPOSANT

1. $3^x = 20 \Leftrightarrow \ln(3^x) = \ln 20 \Leftrightarrow x\ln 3 = \ln 20 \Leftrightarrow x = \dfrac{\ln 20}{\ln 3}$.

La solution est $\mathbf{\dfrac{\ln 20}{\ln 3}}$, soit 2,73 à 10^{-2} près.

2. $0{,}2^x = 0{,}01 \Leftrightarrow \ln(0{,}2^x) = \ln 0{,}01 \Leftrightarrow x\ln 0{,}2 = \ln 0{,}01 \Leftrightarrow x = \dfrac{\ln 0{,}01}{\ln 0{,}2}$.

La solution est $\mathbf{\dfrac{\ln 0{,}01}{\ln 0{,}2}}$, soit 2,86 à 10^{-2} près.

3. $1{,}001^x = 0{,}3 \Leftrightarrow \ln(1{,}001^x) = \ln 0{,}3 \Leftrightarrow x\ln 1{,}001 = \ln 0{,}3 \Leftrightarrow x = \dfrac{\ln 0{,}3}{\ln 1{,}001}$.

La solution est $\mathbf{\dfrac{\ln 0{,}3}{\ln 1{,}001}}$, soit $-1\,204{,}57$ à 10^{-2} près.

4. $0{,}8^x = 0{,}25 \Leftrightarrow \ln(0{,}8^x) = \ln 0{,}25 \Leftrightarrow x\ln 0{,}8 = \ln 0{,}25 \Leftrightarrow x = \dfrac{\ln 0{,}25}{\ln 0{,}8}$.

La solution est $\mathbf{\dfrac{\ln 0{,}25}{\ln 0{,}8}}$, soit 6,21 à 10^{-2} près.

La formule « $\ln(a^x) = x\ln a$ » permet de transformer une équation où l'inconnue est en exposant en équation linéaire.

6 INÉQUATIONS AVEC L'INCONNUE EN EXPOSANT

1. $3^x > 40 \Leftrightarrow \ln(3^x) > \ln 40 \Leftrightarrow x\ln 3 > \ln 40 \Leftrightarrow x > \dfrac{\ln 40}{\ln 3}$ car $\ln 3 > 0$.

$\mathbf{S} = \left]\mathbf{\dfrac{\ln 40}{\ln 3}}\,; +\infty\right[$.

2. $0{,}2^x > 0{,}05 \Leftrightarrow \ln(0{,}2^x) > \ln 0{,}05 \Leftrightarrow x\ln 0{,}2 > \ln 0{,}05 \Leftrightarrow x < \dfrac{\ln 0{,}05}{\ln 0{,}2}$

car $\ln 0{,}2 < 0$. $\mathbf{S} = \left]-\infty\,; \mathbf{\dfrac{\ln 0{,}05}{\ln 0{,}2}}\right[$.

3. $2{,}3^x < 15 \Leftrightarrow \ln(2{,}3^x) < \ln 15 \Leftrightarrow x\ln 2{,}3 < \ln 15 \Leftrightarrow x < \dfrac{\ln 15}{\ln 2{,}3}$

car $\ln 2{,}3 > 0$. $\mathbf{S} = \left]-\infty\,; \mathbf{\dfrac{\ln 15}{\ln 2{,}3}}\right[$.

4. $0{,}4^x < 0{,}003 \Leftrightarrow \ln(0{,}4^x) < \ln 0{,}003 \Leftrightarrow x\ln 0{,}4 < \ln 0{,}003 \Leftrightarrow x > \dfrac{\ln 0{,}003}{\ln 0{,}4}$

car $\ln 0{,}4 < 0$. $\mathbf{S} = \left]\mathbf{\dfrac{\ln 0{,}003}{\ln 0{,}4}}\,; +\infty\right[$.

La formule « $\ln(a^x) = x\ln a$ » permet de transformer une inéquation où l'inconnue est en exposant en inéquation linéaire.
$\ln a$ est positif si a est supérieur à 1 et négatif si a est compris entre 0 et 1. Le signe de $\ln a$ est important au moment de la division par $\ln a$.

7 PLUS PETITE VALEUR D'UN ENTIER n

1. $1{,}9^n > 1\,000 \Leftrightarrow \ln(1{,}9^n) > \ln 1\,000 \Leftrightarrow n\ln 1{,}9 > \ln 1\,000 \Leftrightarrow n > \dfrac{\ln 1\,000}{\ln 1{,}9}$
car $\ln 1{,}9 > 0$. On veut donc $n > 10{,}76$ et n le plus petit possible : $\boldsymbol{n = 11}$.

2. $0{,}2^n < 0{,}001 \Leftrightarrow \ln(0{,}2^n) < \ln 0{,}001 \Leftrightarrow n\ln 0{,}2 < \ln 0{,}001 \Leftrightarrow n > \dfrac{\ln 0{,}001}{\ln 0{,}2}$
car $\ln 0{,}2 < 0$. On veut donc $n > 4{,}29$ et n le plus petit possible : $\boldsymbol{n = 5}$.

3. $1{,}02^n > 3 \Leftrightarrow \ln(1{,}02^n) > \ln 3 \Leftrightarrow n\ln 1{,}02 > \ln 3 \Leftrightarrow n > \dfrac{\ln 3}{\ln 1{,}02}$
car $\ln 1{,}02 > 0$. On veut donc $n > 55{,}48$ et n le plus petit possible : $\boldsymbol{n = 56}$.

4. $0{,}3^n < 0{,}000\,1 \Leftrightarrow \ln(0{,}3^n) < \ln 0{,}000\,1 \Leftrightarrow n\ln 0{,}3 < \ln 0{,}000\,1$

$$\Leftrightarrow n > \frac{\ln 0{,}000\,1}{\ln 0{,}3}$$

car $\ln 0{,}3 < 0$. On veut donc $n > 7{,}65$ et n le plus petit possible : $\boldsymbol{n = 8}$.

La formule « $\ln(a^x) = x\ln a$ » permet de transformer une inéquation où l'inconnue est en exposant en inéquation linéaire.
$\ln a$ est positif si a est supérieur à 1 et négatif si a est compris entre 0 et 1. Le signe de $\ln a$ est important au moment de la division par $\ln a$.

8 UTILISER LES RÈGLES DE CALCUL SUR LES LOGARITHMES

1. $\ln e + \ln e^2 + (\ln e)^2 = 1 + 2 + 1^2 = \mathbf{4}$.

2. $\ln(4e) - \ln(2e) - \ln 2 = \ln 4 + \ln e - (\ln 2 + \ln e) - \ln 2$
$= \ln(2^2) + \ln e - \ln 2 - \ln e - \ln 2$
$= 2\ln 2 - 2\ln 2 = \mathbf{0}$.

3. $\ln 24 - 3\ln 2 = \ln(3\times 8) - 3\ln 2 = \ln 3 + \ln(2^3) - \ln(2^3) = \mathbf{\ln 3}$.

Retenir que $\ln(e^n) = n$; $\ln(ab) = \ln a + \ln b$; $\ln(a^n) = n\ln a$.

9 DÉRIVÉES

1. Pour $f(x) = \ln(3x+1)$, on a $\boldsymbol{f'(x) = \dfrac{3}{3x+1}}$.

2. Pour $f(x) = \ln(-x)$, on a $f'(x) = \dfrac{-1}{-x}$, soit $\boldsymbol{f'(x) = \dfrac{1}{x}}$.

3. Pour $f(x) = x\ln x$, on utilise $(uv)' = u'v + uv'$ avec $u(x) = x$, $u'(x) = 1$, $v(x) = \ln x$ et $v'(x) = \dfrac{1}{x}$. On a $f'(x) = 1\times\ln x + x\times\dfrac{1}{x}$, soit $\boldsymbol{f'(x) = \ln x + 1}$.

4. Pour $f(x) = (x+2)\ln(1-x)$, on utilise $(uv)' = u'v + uv'$ avec $u(x) = x+2$, $u'(x) = 1$, $v(x) = \ln(1-x)$ et $v'(x) = \dfrac{-1}{1-x}$.

On a $f'(x) = 1 \times \ln(1-x) + (x+2) \times \dfrac{-1}{1-x}$, soit $\boldsymbol{f'(x) = \ln(1-x) - \dfrac{x+2}{1-x}}$.

On a $(\ln(ax+b))' = \dfrac{a}{ax+b}$.

10 ÉQUATIONS

1. $\ln x = \ln 2 \Leftrightarrow x = 2$: $\mathbf{S = \{2\}}$.

2. $\ln x = \ln 5 \Leftrightarrow x = 5$: $\mathbf{S = \{5\}}$.

3. $\ln(x-2) = \ln 4 \Leftrightarrow x - 2 = 4 \Leftrightarrow x = 4 + 2$: $\mathbf{S = \{6\}}$.

4. $\ln(x+2) = \ln 4 \Leftrightarrow x + 2 = 4 \Leftrightarrow x = 4 - 2$: $\mathbf{S = \{2\}}$.

5. $\ln 2x = 0 \Leftrightarrow \ln 2x = \ln 1 \Leftrightarrow 2x = 1 \Leftrightarrow x = \dfrac{1}{2}$: $\mathbf{S = \{0,5\}}$.

6. $\ln(3x-1) = \ln 2x \Leftrightarrow 3x - 1 = 2x \Leftrightarrow 3x - 2x = 1 \Leftrightarrow x = 1$: $\mathbf{S = \{1\}}$.

5. Penser que 0 peut être remplacé par ln 1.

11 INÉQUATIONS

1. $\ln 3x \leqslant 0 \Leftrightarrow 3x \leqslant \mathrm{e}^0 \Leftrightarrow x \leqslant \dfrac{1}{3}$: $\mathbf{S} = \left]\mathbf{0}\,;\dfrac{\mathbf{1}}{\mathbf{3}}\right]$.

2. $\ln 4x \leqslant 0 \Leftrightarrow 4x \leqslant \mathrm{e}^0 \Leftrightarrow x \leqslant \dfrac{1}{4}$: $\mathbf{S} =]\mathbf{0}\,;\mathbf{0,25}]$.

3. $\ln 2x > 3 \Leftrightarrow 2x > \mathrm{e}^3 \Leftrightarrow x > \dfrac{\mathrm{e}^3}{2}$: $\mathbf{S} =]\mathbf{0,5e^3}\,;+\infty[$.

4. $\ln 3x > 2 \Leftrightarrow 3x > \mathrm{e}^2 \Leftrightarrow x > \dfrac{\mathrm{e}^2}{3}$: $\mathbf{S} = \left]\dfrac{\mathbf{e^2}}{\mathbf{3}}\,;+\infty\right[$.

1. et **2.** Faire attention à l'ensemble de définition pour déterminer l'ensemble des solutions.

12 DÉRIVÉE D'UNE FONCTION

1. Pour $f(x) = 3\ln x$, on a $\boldsymbol{f'(x) = \dfrac{3}{x}}$.

2. Pour $f(x) = x + 2\ln x$, on a $\boldsymbol{f'(x) = 1 + \dfrac{2}{x}}$.

3. Pour $f(x) = x - 3\ln x$, on a $\boldsymbol{f'(x) = 1 - \dfrac{3}{x}}$.

4. Pour $f(x) = x^2 - 2\ln x$, on a $\boldsymbol{f'(x) = 2x - \dfrac{2}{x}}$.

5. Pour $f(x) = x\ln x - x$, on utilise $(uv)' = u'v + uv'$ avec $u(x) = x$, $u'(x) = 1$, $v(x) = \ln x$ et $v'(x) = \dfrac{1}{x}$. On a $f'(x) = 1 \times \ln x + x \times \dfrac{1}{x} - 1$, soit $\boldsymbol{f'(x) = \ln x}$.

6. Pour $f(x)=1+\dfrac{\ln x}{x}$, on utilise $\left(\dfrac{u}{v}\right)'=\dfrac{u'v-uv'}{v^2}$ avec $u(x)=\ln x$, $u'(x)=\dfrac{1}{x}$, $v(x)=x$ et $v'(x)=1$. On a $f'(x)=0+\dfrac{\dfrac{1}{x}\times x-\ln x}{x^2}$, soit $\boldsymbol{f'(x)=\dfrac{1-\ln x}{x^2}}$.

Pour les formules de dérivation d'un produit et d'un quotient, il faut prendre le temps de réécrire la formule et de calculer $u'(x)$ et $v'(x)$ avant de commencer le calcul de $f'(x)$.

13 SIGNE D'UNE FONCTION

1. $f(x)=0 \Leftrightarrow \ln(x-3)=0 \Leftrightarrow x-3=e^0 \Leftrightarrow x=1+3 \Leftrightarrow x=4$.
De même, on a $f(x)>0 \Leftrightarrow \ln(x-3)>0 \Leftrightarrow x-3>e^0 \Leftrightarrow x>1+3 \Leftrightarrow x>4$.
f est nulle pour $x=4$, strictement positive sur $]4\,;+\infty[$ et strictement négative sur $]-\infty\,;4[$.
2. Pour $f(x)=x\ln x$, on a :

x	0		1		$+\infty$
x	0	+	|	+	
$\ln x$	‖	−	0	+	
$f(x)$	‖	−	0	+	

3. Pour $f(x)=(x-5)\ln x$, on a :

x	0		1		5		$+\infty$
$x-5$	0	−	|	−	0	+	
$\ln x$	‖	−	0	+	|	+	
$f(x)$	‖	+	0	−	0	+	

4. $f(x)=0 \Leftrightarrow 1-\ln x=0 \Leftrightarrow 1=\ln x \Leftrightarrow e=x$.
De même, on a $f(x)>0 \Leftrightarrow 1-\ln x>0 \Leftrightarrow 1>\ln x \Leftrightarrow e>x$.
f est nulle pour $x=e$, strictement positive sur $]-\infty\,;e[$ et strictement négative sur $]e\,;+\infty[$.

2. et **3.** L'expression $\ln x$ est nulle en 1, strictement positive sur $]1;+\infty[$ et strictement négative sur $]0;1[$.

14 VARIATIONS D'UNE FONCTION

1. Pour $f(x)=\ln(-2x+3)$, on a $f'(x)=\dfrac{-2}{-2x+3}$. Sur $I=]-\infty\,;1{,}5[$, on a $-2x+3>0$. $f'(x)$ est donc strictement négatif et **f est strictement décroissante sur $I=]-\infty\,;1{,}5[$.**

2. Pour $f(x)=(x-2)\ln(x-2)$, on a :

$$f'(x)=1\times\ln(x-2)+(x-2)\times\frac{1}{x-2}=\ln(x-2)+1.$$

$$f'(x)>0\Leftrightarrow\ln(x-2)+1>0\Leftrightarrow\ln(x-2)>-1\Leftrightarrow x-2>\mathrm{e}^{-1}\Leftrightarrow x>\mathrm{e}^{-1}+2.$$

f **est strictement croissante sur** $\left[\mathbf{e^{-1}+2\,;+\infty}\right[$**.**

f **est strictement décroissante sur** $\left]\mathbf{2\,;e^{-1}+2}\right]$**.**

Une fonction comportant une expression en ln existe si et seulement si le contenu du ln est strictement positif. Pour l'étude du signe de la dérivée, le dénominateur est alors positif.

15 ÉTUDE D'UNE FONCTION LOGARITHME

1. a. Pour $f(x)=x-1-3\ln x$, pour tout réel x de $[0{,}5\,;5]$, on a :

$f'(x)=1-3\times\frac{1}{x}$, soit $\boldsymbol{f'(x)=\frac{x-3}{x}}$**.**

b. Comme x appartient à $[0{,}5\,;5]$, x est strictement positif et $f'(x)$ est du signe de $x-3$.

Sur $[3\,;5]$, on a $x-3\geqslant 0$, donc $f'(x)\geqslant 0$ et f croissante.

Sur $[0{,}5\,;3]$, on a $x-3\leqslant 0$, donc $f'(x)\leqslant 0$ et f décroissante.

x	0,5		3		5
$f(x)$	1,6	↘	−1,30	↗	0,8

2. a.

x	0,5	1	3	4	5
$f(x)$	**1,58**	**0**	**− 1,30**	**− 1,16**	**− 0,83**

b. *La figure n'est pas en vraie grandeur.*

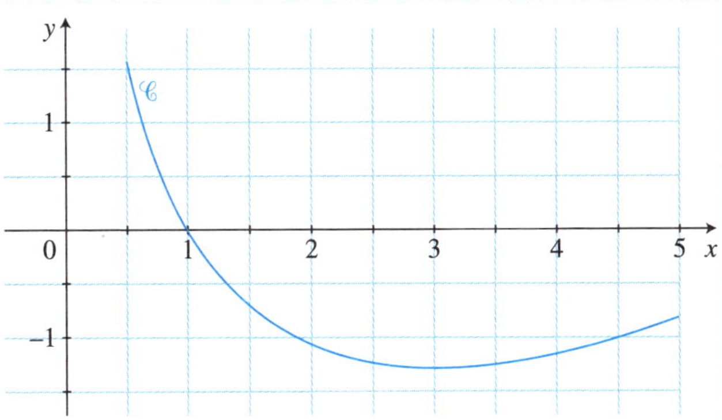

16 UTILISER LES RÈGLES DE CALCUL SUR LES LOGARITHMES

1. a. $2 = \ln \mathbf{e^2}$. b. $3 = \ln \mathbf{e^3}$. c. $-1 = \ln \mathbf{e^{-1}}$. d. $\frac{1}{2} = \ln \sqrt{\mathbf{e}}$.

2. • $A = -\ln e + 2\ln e^2 + \ln e^3 = -1 + 2\times 2 + 3 = \mathbf{6}.$

• $B = 5\ln e - 3\ln\frac{1}{e} = 5\times 1 - 3\times(-1) = \mathbf{8}.$

• $C = \frac{1}{2}\ln e - 5\ln e^2 - \ln\frac{1}{e} = 0{,}5\times 1 - 5\times 2 - (-1) = \mathbf{-8{,}5}.$

3. $A = \ln(2e) + 5\ln 2 + \ln 4 = \ln 2 + \ln e + 5\ln 2 + \ln(2^2) = 6\ln 2 + 1 + 2\ln 2$
$= \mathbf{8\ln 2 + 1}.$

$B = \ln 2 + \ln(4e) - \ln(16e^2) = \ln 2 + \ln 4 + \ln e - \ln 16 - \ln(e^2)$
$= \ln 2 + \ln(2^2) + 1 - \ln(2^4) - 2 = \ln 2 + 2\ln 2 - 4\ln 2 - 1 = \mathbf{-\ln 2 - 1}.$

4. • $A = \ln(3^2) + \ln\sqrt{3} - \ln 81 = 2\ln 3 + 0{,}5\ln 3 - 4\ln 3 = \mathbf{-1{,}5\ln 3}.$

• $B = \ln\frac{1}{3} - \ln\left(\frac{9}{e^2}\right) = \ln 1 - \ln 3 - (\ln 9 - \ln e^2) = -\ln 3 - 2\ln 3 + 2 = \mathbf{-3\ln 3 + 2}.$

$\ln(e^n) = n$; $\ln\left(\frac{1}{e}\right) = -1.$

1. d. $\sqrt{e} = e^{\frac{1}{2}}.$

4. $\sqrt{3} = 3^{\frac{1}{2}}.$

17 ÉTUDE D'UNE FONCTION LOGARITHME

1. a. Pour $g(x) = x + 2 - 2\ln x$, on a $\mathbf{g'(x) = 1 - \frac{2}{x}}$.

b. $g'(x) \geqslant 0 \Leftrightarrow 1 - \frac{2}{x} \geqslant 0 \Leftrightarrow 1 \geqslant \frac{2}{x} \Leftrightarrow x \geqslant 2.$

$g'(x)$ est donc positif sur $[2 ; 6]$ et négatif sur $[0{,}1 ; 2]$.

x	0,1	2	6
$g(x)$	6,7 ↘	2,61	↗ 4,4

2. Le coefficient directeur de la tangente T à la courbe $\mathscr{C}$ au point d'abscisse 1 est $g'(1)$, soit $\mathbf{-1}$.

3.

x	0,1	0,5	1	2	4	6
$g(x)$	**6,71**	3,89	**3**	**2,61**	**3,23**	4,41

4.

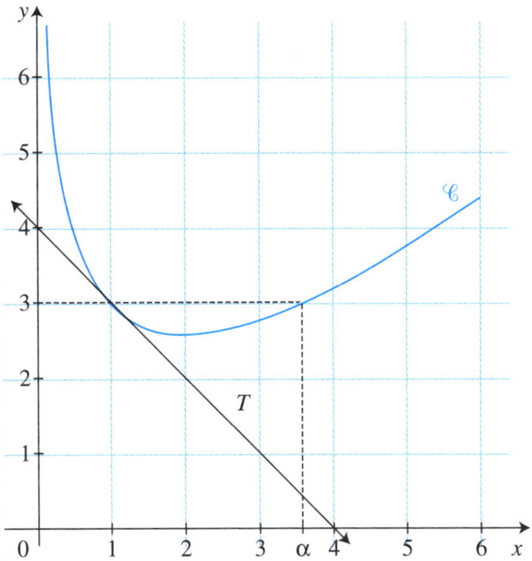

5. a. Sur l'intervalle $[3\,;4]$, g est continue et strictement croissante avec $g(3) \approx 2{,}8$ et $g(4) \approx 3{,}2$. On a donc $g(3) < 3 < g(4)$. **L'équation $g(x) = 3$ admet une seule solution α dans $[3\,;4]$.**

b. Voir la figure ci-dessus.

c. On a $g(3{,}5) \approx 2{,}99$.

Donc $\mathbf{3{,}5 < \alpha < 4}$.

4. Le coefficient directeur de la tangente T au point d'abscisse 1 étant -1, on peut construire T en utilisant le point de coordonnées $(1;3)$ sur $\mathscr{C}$ et un autre point obtenu à partir de ce point en avançant horizontalement d'une unité vers la droite, puis en descendant d'une unité vers le bas.

18 SUITE GÉOMÉTRIQUE

1. (t_n) est une suite géométrique : $t_n = t_0 \times q^n$, $\mathbf{t_n = 1\,000 \times 1{,}01^n}$.

2. $t^n > 1\,400 \Leftrightarrow 1\,000 \times 1{,}01^n > 1\,400 \Leftrightarrow 1{,}01^n > 1{,}4 \Leftrightarrow \ln(1{,}01^n) > \ln 1{,}4$

$$\Leftrightarrow n \ln 1{,}01 > \ln 1{,}4 \Leftrightarrow n > \frac{\ln 1{,}4}{\ln 1{,}01} \text{ (car } \ln 1{,}01 > 0)$$

$$\Leftrightarrow n > 33{,}8.$$

Le premier terme de la suite qui est strictement supérieur à 1 400 est t_{34}.

2. La fonction ln permet de transformer une inéquation avec l'inconnue en exposant en une inéquation linéaire.

19 SUITE GÉOMÉTRIQUE

1. (v_n) est une suite géométrique : $v_n = v_1 \times q^{n-1}$, $\boldsymbol{v_n = 8 \times 0,9^{n-1}}$.

2. $v^n < 0,01 \Leftrightarrow 8 \times 0,9^{n-1} < 0,01 \Leftrightarrow 0,9^{n-1} < \dfrac{0,01}{8}$

$$\Leftrightarrow \ln(0,9^{n-1}) < \ln 0,001\,25 \Leftrightarrow (n-1)\ln 0,9 < \ln 0,001\,25$$

$$\Leftrightarrow n-1 > \frac{\ln 0,001\,25}{\ln 0,9} \text{ (car } \ln 0,9 < 0)$$

$$\Leftrightarrow n > 42,6.$$

Le premier terme de la suite qui est strictement inférieur à 0,01 est v_{43}.

2. Attention au signe de ln 0,9 au moment de la division.

20 ÉVOLUTION D'UNE POPULATION

1. a. Chaque année la population augmente de 3 %.
$p_1 = p_0 \times 1,03 = 25\,000 \times 1,03 =$ **25 750.**
$p_2 = p_1 \times 1,03 = 25\,750 \times 1,03 =$ **26 523.**
b. Chaque année la population augmente de 3 %, donc elle est multipliée par 1,03.
On a donc $p_{n+1} = p_n \times 1,03$.
La suite (p_n) est une suite géométrique de raison 1,03.
c. On utilise $p_n = p_0 \times q^n$. On a donc : $p_n = 25\,000 \times 1,03^n$.

2. $p_n > 50\,000 \Leftrightarrow 25\,000 \times 1,03^n > 50\,000 \Leftrightarrow 1,03^n > 2 \Leftrightarrow \ln(1,03^n) > \ln 2$

$$\Leftrightarrow n \ln 1,03 > \ln 2 \Leftrightarrow n > \frac{\ln 2}{\ln 1,03} \text{ (car } \ln 1,03 > 0)$$

$$\Leftrightarrow n > 23,4.$$

On prend donc $n = 24$.
En 2034, la population de cette ville dépassera pour la première fois les 50 000 habitants.

1. Augmenter une valeur de *a* % revient à multiplier cette valeur par $\left(1+\dfrac{a}{100}\right)$.

21 DATATION AU CARBONE 14

Partie A

1. a. Pour $f(x) = -8\,130 \ln x$, on a $\boldsymbol{f'(x) = \dfrac{-8\,130}{x}}$.

b. Pour tout réel x de l'intervalle $[0,2\,;1]$, x est positif et **$f'(x)$ est négatif.**

2.

x	0,2	1
$f(x)$	1,6 ↘	0

3.

x	0,2	0,3	0,4	0,5	0,6	0,7	0,8	0,9	1
$f(x)$	13 100	**9 800**	7 400	**5 600**	**4 200**	2 900	**1 800**	**900**	**0**

4. La figure n'est pas en vraie grandeur.

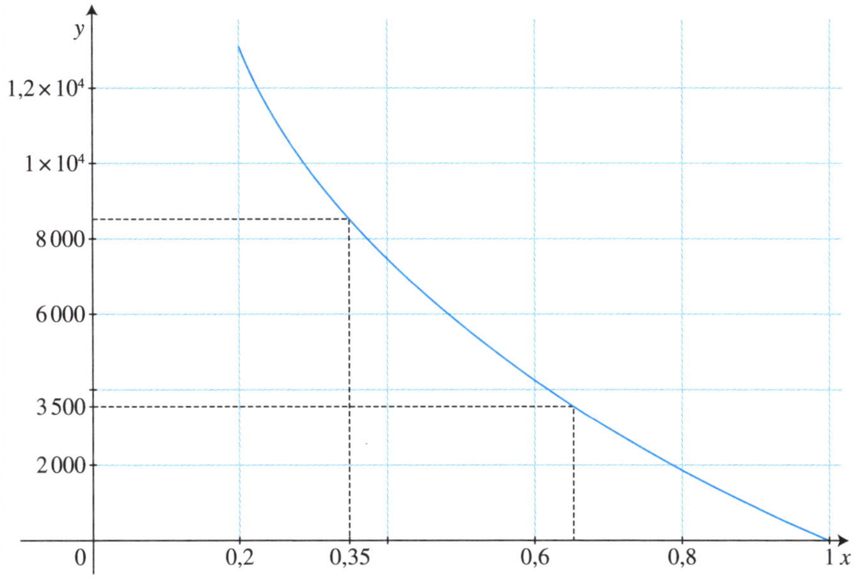

Partie B

1. a. On a $f(0{,}35) = 8\,535$. Un fossile qui contient encore 35 % de son carbone 14 est âgé d'environ **8 500 ans.**

b. Voir la figure.

2. Voir la figure.

Un fossile âgé de 3 500 ans contient encore **65 % de son carbone 14.**

22 ÉTUDE D'UNE SITUATION ÉCONOMIQUE

Partie A

1. Pour $\dfrac{9x}{x+1}$, on utilise $\left(\dfrac{u}{v}\right)' = \dfrac{u'v - uv'}{v^2}$ avec $u(x) = 9x$, $u'(x) = 9$, $v(x) = x+1$ et $v'(x) = 1$.

On a $f'(x) = x + \dfrac{9(x+1) - 9x \times 1}{(x+1)^2} - 9 \times \dfrac{1}{x+1} = \dfrac{x(x+1)^2}{(x+1)^2} + \dfrac{9}{(x+1)^2} - \dfrac{9(x+1)}{(x+1)^2}$

$$= \frac{x^3 + 2x^2 - 8x}{(x+1)^2}.$$

On a aussi $x(x-2)(x+4) = x(x^2+2x-8) = x^3+2x^2-8x$.

On a bien :

$$\boldsymbol{f'(x) = \frac{x(x-2)(x+4)}{(x+1)^2}}.$$

2. Sur $]0\,;5]$, on a x strictement positif, $x+4$ strictement positif et $(x+1)^2$ strictement positif, donc $f'(x)$ est du même signe que $x-2$.
Sur $[0\,;2[$, on a $x-2$ strictement négatif, donc $f'(x)$ strictement négatif et f est strictement décroissante sur $[0\,;2]$.
Sur $]2\,;5]$, on a $x-2$ strictement positif, donc $f'(x)$ strictement positif et f est strictement croissante.

x	0	2	30
$f(x)$	0 ↘	8 – 9 ln3	↗ 20 – 9 ln6

3. Sur $[0\,;2]$, f est strictement décroissante avec $f(0)=0$, donc $f(x)<0$ si x appartient à $]0\,;2]$. f ne s'annule pas sur $]0\,;2]$.
Sur $[2\,;5]$, f est continue et strictement croissante avec $f(2)<0<f(5)$.
L'équation $f(x)=0$ admet une unique solution a sur $[0\,;5]$.
En conclusion, **f s'annule sur $]0\,;5]$ pour une valeur unique a.**
4. En utilisant la calculatrice, on procède par essais.
On en déduit que **$3{,}699 < a < 3{,}700$.**
5. Des variations de f, on déduit que :
$f(x)=0$ pour $x=0$ et pour $x=a$;
$f(x)>0$ sur $]a\,;5]$;
$f(x)<0$ sur $]0\,;a[$.

Partie B

1. $C'_{\text{m}}(x) = \dfrac{1}{4} + \dfrac{9}{2} \times \dfrac{\dfrac{1}{x+1}\times x - \ln(x+1)\times 1}{x^2} = \dfrac{\dfrac{x^2}{4} + \dfrac{9}{2}\times\dfrac{x}{x+1} - \dfrac{9}{2}\ln(x+1)}{x^2}$.

On a bien $\boldsymbol{C'_{\mathrm{m}}(x) = \dfrac{f(x)}{2x^2}}$.

2. $C'_{\text{m}}(x)$ est du même signe que $f(x)$.
Sur $]0\,;a[$, on a $C'_{\text{m}}(x)<0$ et **C_{m} décroît strictement sur $]0\,;a]$.**
Sur $]a\,;5]$, on a $C'_{\text{m}}(x)>0$ et **C_{m} croît strictement sur $[a\,;5]$.**
3. C_{m} est minimal pour $x=a$.
Le coût moyen est minimal pour une production **de 3,699 milliers de tonnes.**
Le coût moyen minimal est $C_{\text{m}}(3{,}699)$, soit **2,81 milliers d'euros** par tonne à 10 euros près.

23 LE LOGARITHME DÉCIMAL

1. a. $\log(1) = \mathbf{0}$, $\log(10) = \mathbf{1}$, $\log(100) = \mathbf{2}$, $\log(0{,}1) = \mathbf{-1}$ et $\log(10^{-3}) = \mathbf{-3}$.

b. On peut conjecturer que $\mathbf{\log(10^n) = n}$ pour n entier naturel.

On a $\log(10^n) = \dfrac{\ln(10^n)}{\ln(10)} = \dfrac{n \times \ln(10)}{\ln(10)}$. On a bien $\mathbf{\log(10^n) = n}$.

2. Soit a et b deux réels strictement positifs.

a. $\log(ab) = \dfrac{\ln(ab)}{\ln(10)} = \dfrac{\ln(a)+\ln(b)}{\ln(10)} = \dfrac{\ln(a)}{\ln(10)} + \dfrac{\ln(b)}{\ln(10)} = \log(a) + \log(b)$.

b. $\log\left(\dfrac{a}{b}\right) = \dfrac{\ln\left(\dfrac{a}{b}\right)}{\ln(10)} = \dfrac{\ln(a)-\ln(b)}{\ln(10)} = \dfrac{\ln(a)}{\ln(10)} - \dfrac{\ln(b)}{\ln(10)} = \log(a) - \log(b)$.

3. Pour tout x de $]0\,;+\infty[$, on a $\log(x) = \dfrac{1}{\ln(10)}\ln(x)$.

Pour tout x de $]0\,;+\infty[$, on a $[\log(x)]' = \dfrac{1}{\ln(10)} \times \dfrac{1}{x}$. Comme $\ln(10)$ et x sont strictement positifs, la dérivée de la fonction log est strictement positive sur $]0\,;+\infty[$. **La fonction log est strictement croissante sur $]0\,;+\infty[$.**

24 QUI EST LE PLUS GRAND ?

On ne peut pas, à la calculatrice, comparer $2\,012^{2\,013}$ et $2\,013^{2\,012}$ car leurs valeurs dépassent la capacité d'une calculatrice.

On a $\ln\left(2\,012^{2013}\right) = 2\,013 \ln 2\,012 \approx 15\,312$.

On a $\ln\left(2\,013^{2012}\right) = 2\,012 \ln 2\,013 \approx 15\,306$.

On constate que $\ln\left(2\,012^{2013}\right) > \ln\left(2\,013^{2012}\right)$.

On a donc : $\mathbf{2\,012^{2013} > 2\,013^{2012}}$.

Deux nombres strictement positifs sont rangés dans le même ordre que leur logarithme népérien.

25 LOGARITHME OU NON

1. Soit a et b deux réels strictement positifs.

On a :

$$f(ab) = \ln(ab) \times \ln(10) = (\ln a + \ln b) \times \ln(10) = \ln a \times \ln(10) + \ln b \times \ln(10)$$
$$= f(a) + f(b).$$

f transforme un produit en somme, comme la fonction logarithme népérien.

***f* est une fonction logarithme.**

2. On a : $g(ab) = \ln(ab) - \ln(10) = \ln a + \ln b - \ln(10)$.

$g(a) + g(b) = \ln a - \ln(10) + \ln b - \ln(10)$.

On a $g(ab) \neq g(a) + g(b)$.

g ne transforme pas un produit en somme, comme la fonction logarithme népérien.

***g* n'est pas une fonction logarithme.**

26 ÉQUATIONS ET INÉQUATIONS

1. a. $\ln 2x = 1 \Leftrightarrow 2x = e^1$: $\mathbf{S = \{0,5e\}}$.

b. $\ln 3x = \ln 9 \Leftrightarrow 3x = 9$: $\mathbf{S = \{3\}}$.

c. $\ln(2x-3) = \ln(5x-6) \Leftrightarrow 2x-3 = 5x-6$ et $2x-3>0$ et $5x-6>0$

$\Leftrightarrow 3 = 3x$ et $x > 1,5$ et $x > 1,2$

$\Leftrightarrow 1 = x$ et $x > 1,2$: ce qui est impossible.

$\mathbf{S = \varnothing}$.

2. a. $\ln(3x) \leqslant 1 \Leftrightarrow 0 < 3x < e^1 \Leftrightarrow 0 < x < \frac{e}{3}$. $\mathbf{S = \left]0\,;\frac{e}{3}\right[}$.

b. $\ln(4x) \geqslant 0 \Leftrightarrow 4x \geqslant e^0 \Leftrightarrow x \geqslant \frac{1}{4}$. $\mathbf{S = [0,25\,;+\infty[}$.

27 ÉTUDE D'UNE FONCTION

1. Pour $f(x) = x^2(a + b\ln x)$, on a $f'(x) = 2x(a+b\ln x) + x^2 \times b \times \frac{1}{x}$, soit $\boldsymbol{f'(x) = x(2a + b + 2b\ln x)}$.

2. La courbe représentative passe par le point A(1 ; 3). On a donc $f(1) = 3$.
Or, on a aussi : $f(1) = 1^2(a + b\ln 1) = a$. On en déduit que $\boldsymbol{a = 3}$.
La courbe représentative admet en A une tangente $\mathscr{D}$ de coefficient directeur 4. On a donc $f'(1) = 4$. Or, on a aussi : $f'(1) = 1(2\times 3 + b + 2b\ln 1) = 6 + b$.
On a donc $6 + b = 4$ soit $\boldsymbol{b = -2}$.
On a bien $\boldsymbol{f(x) = x^2(3 - 2\ln x)}$.

3. Une équation de la droite $\mathscr{D}$ est $y = f'(1)(x-1) + f(1)$, soit $y = 4(x-1)+3$.
On a donc comme équation de $\mathscr{D}$, $\boldsymbol{y = 4x - 1}$.

4. La tangente à $\mathscr{C}$ est parallèle à l'axe des abscisses si et seulement si son coefficient directeur (le nombre dérivé en β) est nul.
$f'(x) = 0 \Leftrightarrow x(4 - 4\ln x) = 0 \Leftrightarrow x = 0$ ou $4 - 4\ln x = 0 \Leftrightarrow x = 0$ ou $1 = \ln x$.
$\Leftrightarrow x = 0$ ou $x = e$.
Comme l'abscisse de B est non nulle, on a $\boldsymbol{\beta = e}$.

5. a. On a $f'(x) = 4x(1 - \ln x)$. Sur l'intervalle $[4\,;10]$, on a $4x$ strictement positif, donc $f'(x)$ est du même signe que $1 - \ln x$. $1 - \ln x \geqslant 0 \Leftrightarrow 1 \geqslant \ln x \Leftrightarrow e \geqslant x$.
Sur $[e\,;10]$, on a $f'(x) \leqslant 0$ et *f* décroît. Donc, sur $[4\,;10]$, *f* décroît.
Sur $[1\,;e]$, on a $f'(x) \geqslant 0$ et *f* croît.

b. *f* est une fonction continue strictement décroissante sur $[4\,;5]$ avec $f(4) \approx 3,6$ et $f(5) \approx -5,4$. On a donc $f(4) > 3 > f(5)$. D'après le théorème des valeurs intermédiaires, l'équation $f(x) = 3$ admet une solution α sur l'intervalle $[4\,;5]$.
On procède par essais.

x	4	4,05	4,08	4,09	...	4,1	4,2	4,5	5
$f(x)$	3,6...	3,32...	3,12...	3,05...	...	2,99...	2,29...	– 0,16...	– 5,4...

On a donc $4,20 < \alpha < 4,50$ et $\boldsymbol{\alpha = 4,50}$ **à 0,01 près par excès.**

28 PROBLÈME ÉCONOMIQUE

Partie A

1. Sur $[0\,;30]$, on a :

$$f'(x)=0,2-\frac{0,6}{x+1}=\frac{0,2(x+1)-0,6}{x+1}=\frac{0,2x-0,4}{x+1}.$$

Sur $[0\,;30]$, $x+1$ est strictement positif, donc $f'(x)$ est du signe de $0,2x-0,4$.

$$0,2x-0,4\geqslant 0 \Leftrightarrow 0,2x\geqslant 0,4 \Leftrightarrow x\geqslant \frac{0,4}{0,2} \Leftrightarrow x\geqslant 2.$$

Sur $[2\,;30]$, on a $f'(x)\geqslant 0$ et f croissante.

Sur $[0\,;2]$, on a $f'(x)\leqslant 0$ et f décroissante.

x	0	2	30
$f(x)$	0,8 ↘	1,2 – 0,6 ln3	↗ 6,8 – 0,6 ln31

2. Le coefficient directeur d'une tangente à $\mathscr{C}$ au point d'abscisse a est $f'(a)$.
On veut Δ parallèle à $\mathscr{D}$ de coefficient directeur 0,16, d'où $f'(a)=0,16$.

$$f'(a)=0,16 \Leftrightarrow \frac{0,2x-0,4}{x+1}=0,16 \Leftrightarrow 0,2x-0,4=0,16x+0,16$$

$$\Leftrightarrow 0,04x=0,56 \Leftrightarrow x=\frac{0,56}{0,04} \Leftrightarrow x=14.$$

Il existe un point A d'abscisse 14 de $\mathscr{C}$ où la tangente Δ est parallèle à $\mathscr{D}$.
On a $\mathbf{A(14\,;3,6-0,6\ln 15)}$.

3.

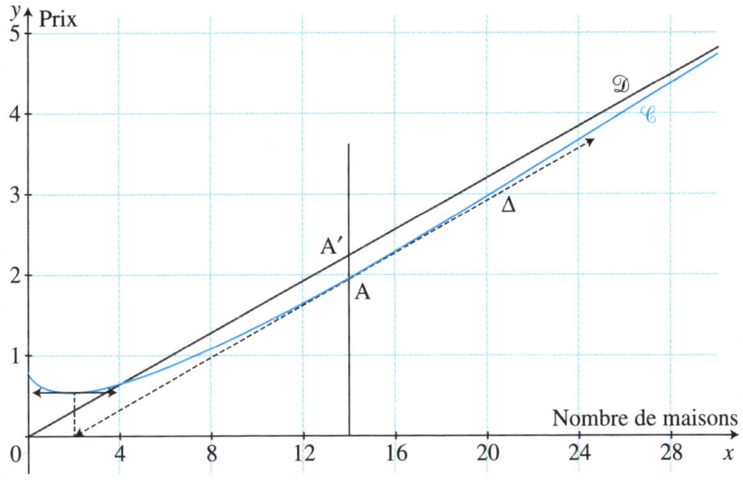

Partie B

1. Graphiquement, le minimum de $\mathscr{C}$ est obtenu pour $x = 2$. Il faut construire **2 maisons** pour que le coût de production soit minimal.

2. Le promoteur a un bénéfice si le prix de vente 0,16x est supérieur au coût $f(x)$, donc si $\mathscr{D}$ est au-dessus de $\mathscr{C}$.

Pour x appartenant à $[4\,;30]$, le promoteur réalise un bénéfice.

3. Le bénéfice est la distance entre un point de $\mathscr{C}$ et le point de $\mathscr{D}$ de même abscisse. Sur le graphique, cette distance est la plus grande pour $x = 14$.

Le bénéfice est maximal pour 14 maisons.

Partie C

1. Le bénéfice est le prix de vente, 0,16n, diminué des coûts, $C(n)$:

$$B(n) = 0{,}16n - 0{,}2n - 0{,}8 + 0{,}6\ln(n+1)$$
$$= \mathbf{-\,0{,}04}\boldsymbol{n}\mathbf{\,-\,0{,}8 + 0{,}6\ln(}\boldsymbol{n}\mathbf{+1).}$$

2. a. $g(x) = -\,0{,}04x - 0{,}8 + 0{,}6\ln(x+1)$.

$$g'(x) = -\,0{,}04 + \frac{0{,}6}{x+1} = \frac{-\,0{,}04x + 0{,}56}{x+1}.$$

$g'(x)$ est du signe de $-\,0{,}04x + 0{,}56$ qui s'annule pour $x = \dfrac{0{,}56}{0{,}04}$, soit pour $x = 14$.

Sur $[0\,;14]$, $g'(x) \geqslant 0$ et g croît.

Sur $[14\,;30]$, $g'(x) \leqslant 0$ et g décroît.

b. $g(x)$ est maximal pour **$x = 14$.**

3. Comme $B(x) = g(x)$, il faut construire **14 maisons** pour que le bénéfice soit maximal.

5 Convexité

I FONCTIONS CONVEXES ET CONCAVES

Soit f une fonction dérivable sur un intervalle I.

On dit que f est convexe sur I lorsque sa courbe est entièrement située au-dessus de chacune de ses tangentes.

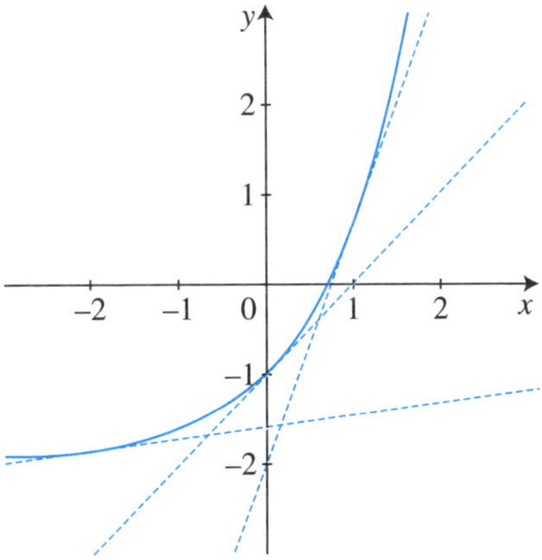

Fonction convexe

On dit que f est concave sur I lorsque sa courbe est entièrement située au-dessous de chacune de ses tangentes.

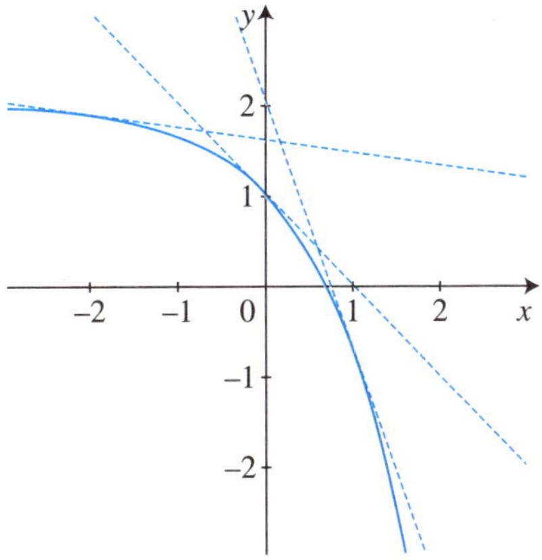

Fonction concave

Une fonction f est concave sur un intervalle I lorsque $-f$ est convexe sur I.

COURS

EXEMPLES

• La fonction $x \mapsto x^2$ est convexe sur $\mathbb{R}$.

• La fonction $x \mapsto x^3$ est concave sur $]-\infty\,;0]$ et convexe sur $[0\,;+\infty[$.

• Les seules fonctions qui sont à la fois convexes et concaves sur $\mathbb{R}$ sont les fonctions affines.

II CARACTÉRISATION DE LA CONVEXITÉ

■ **Théorème 1**

f est convexe sur un intervalle I, si et seulement si f' est croissante sur I.

■ **Théorème 2**

Si f est deux fois dérivable sur un intervalle I, alors f est convexe sur I si, et seulement si pour tout $x \in \mathrm{I}$, $f''(x) \geqslant 0$.

On dit d'une fonction *f* qu'elle est deux fois dérivable sur un intervalle lorsque sa fonction dérivée f' est elle-même dérivable sur cet intervalle. Lorsque *f* est deux fois dérivable sur un intervalle I, on note f'' la dérivée seconde de *f*.

III POINT D'INFLEXION

■ On dit que f admet un point d'inflexion en a si f change de concavité en a, c'est-à-dire si f' change de sens de variation en a.

■ En un point d'inflexion, la courbe traverse sa tangente.

Dire que f' change de sens de variation revient à dire que f'' change de signe. Ainsi, en un point d'inflexion, f'' s'annule en changeant de signe.

EXEMPLE : Comme on l'a vu plus haut, la fonction $x \mapsto x^3$ est concave sur $]-\infty\,;0]$ et convexe sur $[0\,;+\infty[$. f admet donc un point d'inflexion en 0.

SAVOIR-FAIRE

1. Reconnaître graphiquement une fonction convexe ou une fonction concave

1. Tracer ou imaginer quelques tangentes à la courbe.
2. Si la courbe est toujours au-dessus de ses tangentes, la fonction est convexe. Si la courbe est toujours au-dessous de ses tangentes, la fonction est concave.

On peut aussi, de façon imagée, imaginer la situation suivante. La courbe est une route que l'on parcourt à vélo (dans le sens des abscisses croissantes). Si le guidon est tourné vers la gauche, la fonction est convexe. Si le guidon est tourné vers la droite, la fonction est concave. En imaginant la courbe ci-dessous parcourue de l'abscisse 0 vers l'abscisse 1, on imagine que le guidon serait toujours tourné vers la gauche, ce qui indique que la fonction est convexe.

EXEMPLE : Une fonction f est représentée sur $[0 ; 1]$ par sa courbe ci-dessous. Est-elle convexe ?

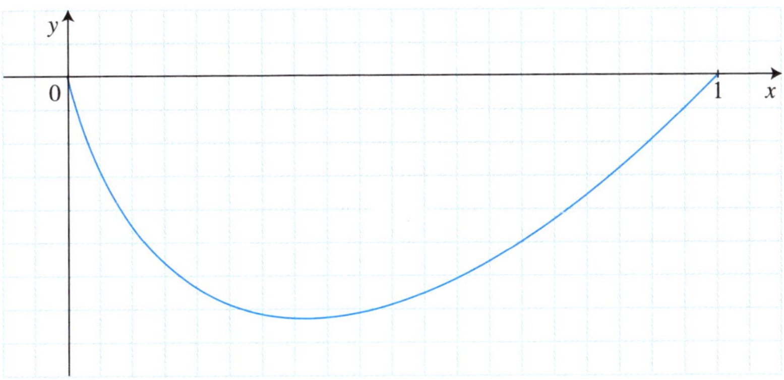

1. On trace quelques tangentes (ou on les imagine si ce n'est pas possible) :

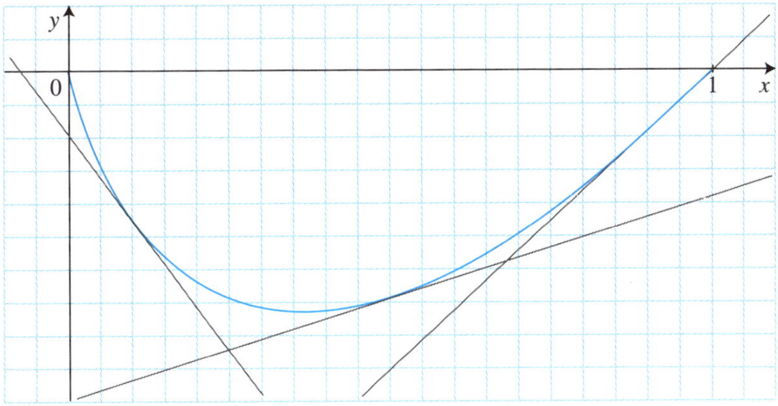

2. On constate que la courbe est au-dessus de ces trois tangentes et on imagine facilement qu'il en est de même pour d'autres tangentes. On peut donc répondre que la fonction est convexe.

Ce qui précède n'est qu'une conjecture obtenue par une lecture graphique. Une preuve sera donnée par un calcul algébrique comme l'explique le savoir-faire **2**.

2. Montrer qu'une fonction est convexe sur un intervalle I

1. Calculer $f'(x)$.
2. Calculer $f''(x)$ (f'' est la fonction dérivée de f').
3. Prouver que $f''(x) \geqslant 0$ sur I.
4. En déduire que f' est croissante sur I, ce qui assure que f est convexe sur I.

Pour montrer qu'une fonction est concave, on procède de la même façon en adaptant les points 3 et 4 :

3. Prouver que $f''(x) \leqslant 0$ sur I.
4. En déduire que f' est décroissante sur I, ce qui assure que f est concave sur I.

EXEMPLE : Soit f la fonction définie sur $]1\,;+\infty[$ par $f(x)=\dfrac{2x-5}{x-1}$.

1. $f'(x)=\dfrac{2(x-1)-1(2x-5)}{(x-1)^2}=\dfrac{3}{(x-1)^2}$.

2. On utilise la formule : $\left(\dfrac{1}{u}\right)'=-\dfrac{u'}{u^2}$, avec $u(x)=(x-1)^2$. Puisque $u'(x)=2(x-1)$, on obtient : $f''(x)=3\times\left(-\dfrac{2(x-1)}{(x-1)^4}\right)=-\dfrac{6}{(x-1)^3}$.

3. $(x-1)^3>0$ sur $]1\,;+\infty[$, donc on a $f''(x)<0$.

4. f' est donc strictement décroissante sur $]1\,;+\infty[$, et f est concave sur $]1\,;+\infty[$.

3. Caractériser graphiquement un point d'inflexion

1. Procéder comme dans le savoir-faire 1 pour repérer les intervalles sur lesquels la fonction est convexe et ceux sur lesquels elle est concave.
2. S'il y a un changement de concavité (la fonction est convexe puis concave ou concave puis convexe), alors la fonction admet un point d'inflexion.

EXEMPLE :

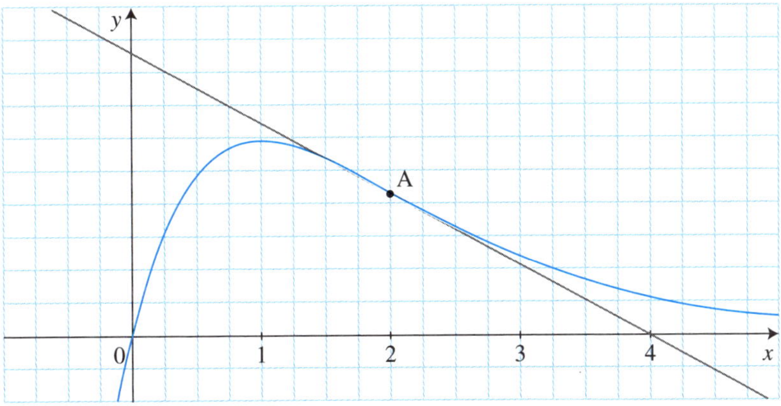

1. On remarque que la fonction est concave sur $[0\,;2]$, puis convexe sur $[2\,;5]$.
2. La fonction f admet donc un point d'inflexion en 2.

On remarque qu'au point A, la courbe traverse sa tangente.

EXERCICES D'APPLICATION

1 CONCAVE OU CONVEXE ? | ★ | 2 min | ▸ P. 159

On a représenté ci-dessous quatre fonctions dans un même repère.
Préciser lesquelles sont convexes.

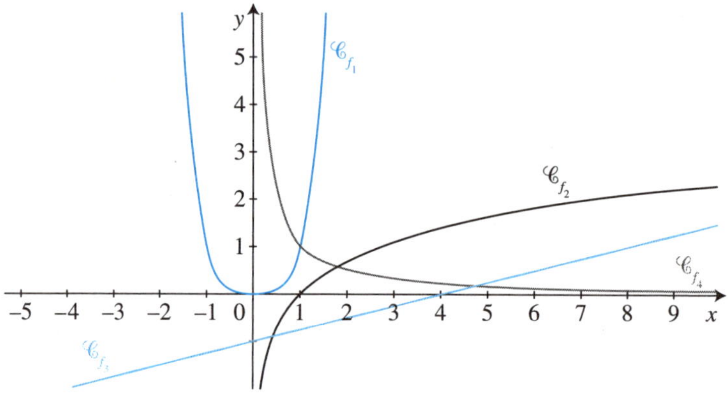

Revoir la définition et le savoir-faire **1**.

2 AVEC DES TABLEAUX | ★ | 5 min | ▸ P. 159

1. Un tableau de variation d'une fonction f permet-il de savoir si f admet un point d'inflexion ?
Si oui, pourquoi ?
Si non, quel tableau faudrait-il dresser pour le savoir ?
2. Voici le tableau de variation d'une fonction h définie sur $[0\,;6]$.

x	0	2	6
$h'(x)$	−		+
h	↘		↗

En supposant que la fonction g est dérivable sur $[0\,;6]$ et qu'elle est telle que $g' = h$, montrer que 2 est un point d'inflexion de g.

Bien relire les définitions et les théorèmes du cours.

3 CONVEXE PUIS CONCAVE

★ | 10 min | ▸ P. 159

Montrer que la fonction $f : x \mapsto 1 - 3x - x^3$ est convexe sur $]-\infty ; 0]$, concave sur $[0 ; +\infty[$.

La fonction *f* admet-elle un point d'inflexion en 0 ?

Revoir le savoir-faire **2**.

4 CONCAVE PUIS CONVEXE

★★ | 15 min | ▸ P. 159

Montrer que la fonction $f : x \mapsto xe^{-2x}$ est concave sur $]-\infty ; 1]$, convexe sur $[1 ; +\infty[$.

La fonction *f* admet-elle un point d'inflexion en 1 ?

C'est le même exercice que le précédent, mais avec des calculs plus difficiles.

5 RECONNAISSANCE GRAPHIQUE DE POINT D'INFLEXION

★ | 5 min | ▸ P. 159

Une seule réponse est exacte. Une fonction *f* est représentée ci-dessous.

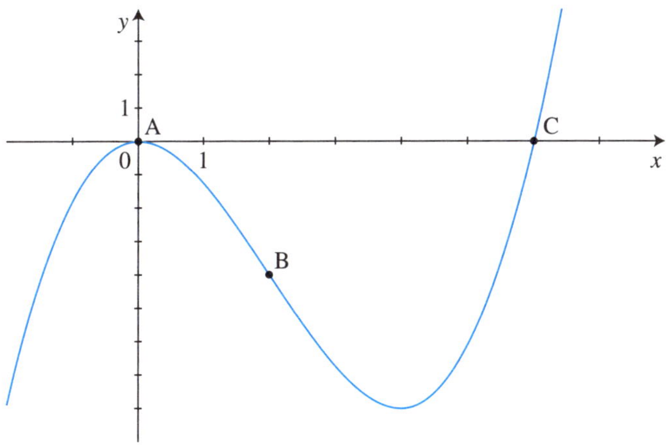

1. *f* admet-elle un point d'inflexion ?

a. Oui, c'est A. **b.** Oui, c'est B. **c.** Oui, c'est C. **d.** Non.

2. La fonction *f* est :

a. concave sur $[2 ; 6]$ **b.** concave sur $[0 ; 6]$

c. convexe sur $[0 ; 2]$ **d.** convexe sur $[2 ; 6]$

Revoir le savoir-faire **3**.

6 LECTURE GRAPHIQUE DE POINT D'INFLEXION | ★ | 5 min | ▸ P. 160

Une fonction f est représentée sur $[0\,;14]$ par sa courbe ci-dessous.
Trouver les deux points d'inflexion.
Donner des valeurs approchées à 0,1 près.

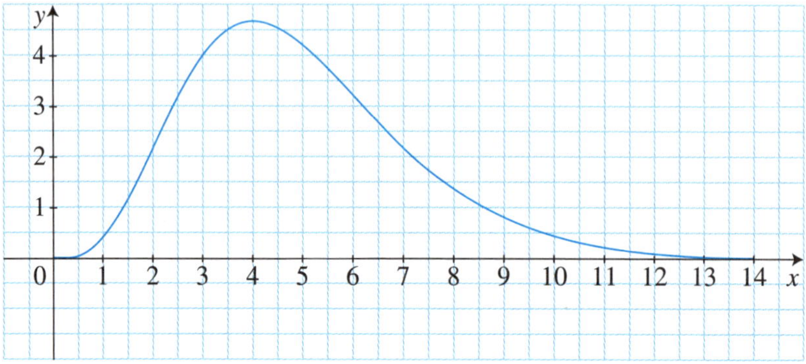

Revoir le savoir-faire **3**.

7 AVEC UNE CALCULATRICE | ★ | 5 min | ▸ P. 160

Tracer la courbe représentative de la fonction f définie, sur l'écran de la calculatrice, par :

$$f(x)=\frac{x^2-3x+1}{x^2+x-1}.$$

Estimer la valeur de x pour laquelle f admet un point d'inflexion.

La courbe apparaît en trois « morceaux ». Repérer que le point d'inflexion appartient au deuxième intervalle. Ensuite ajuster les paramètres de la fenêtre d'affichage pour obtenir une lecture de ce point d'inflexion.

8 UNE INÉGALITÉ CLASSIQUE | ★ | 15 min | ▸ P. 160

1. Montrer que la fonction exponentielle est convexe sur $\mathbb{R}$.
2. Écrire une équation de la tangente à la courbe représentative de la fonction exponentielle au point d'abscisse 0.
3. En déduire que pour tout x réel, $e^x \geqslant 1+x$.

Utiliser le savoir-faire **2** pour la question 1. Il suffit d'appliquer une définition du cours pour faire la question 3.

9 VRAI OU FAUX ? ★★ | 15 min | ▸ P. 161

Les propositions suivantes sont-elles vraies ou fausses ? Justifier.

Pour toutes les questions, qui sont indépendantes, f est une fonction définie et dérivable sur $I = [0\,;10]$.

1. Si f admet un point d'inflexion en 2, alors f' est croissante sur $[2\,;10]$
2. Si f' est croissante sur I, alors f est convexe sur I.
3. Si f est concave sur $[0\,;3]$, puis convexe sur $[3\,;10]$, alors f admet un maximum en 3.
4. Si f admet un minimum en 4, alors f n'est pas convexe sur I.
5. Si f' change de signe sur I, alors f admet un point d'inflexion sur I.

EXERCICES D'ENTRAÎNEMENT

10 exp ET ln ★★★ | 45 min | ▸ P. 161

On considère la fonction f définie sur $]0\,;+\infty[$ par $f(x) = \mathrm{e}^x \ln x$.

1. a. Calculer $f'(x)$.

b. Calculer $f''(x)$.

2. a. On pose $g(x) = \ln x + \dfrac{2}{x} - \dfrac{1}{x^2}$. Calculer $g'(x)$.

b. Étudier le signe de $g'(x)$.

c. Montrer que g s'annule une seule fois sur $]0\,;+\infty[$. On note α cette racine. Préciser une valeur approchée au centième près de α.

3. a. Déduire de la deuxième question le signe de $f''(x)$.

b. La fonction f admet-elle un point d'inflexion ?

Dans la question 2b, on pourra factoriser $g'(x)$ par $\dfrac{1}{x^3}$ et ainsi se ramener à l'étude d'un trinôme du second degré.

11 CONVEXITÉ ET COÛT MARGINAL ★★ | 30 min | ▸ P. 162

Une entreprise estime que le coût total de la fabrication de x tonnes d'un produit est, en milliers d'euros, $C(x) = x^3 - 12x^2 + 60x + 50$.

1. Étudier les variations de C sur $[0\,;+\infty[$.

2. a. On note $C_m(x) = C'(x)$ le coût marginal de fabrication d'une tonne supplémentaire quand on en a déjà fabriqué x. Étudier les variations de C_m sur $[0\,;+\infty[$.

b. En déduire que la fonction coût total admet un point d'inflexion. Préciser l'intervalle sur lequel cette fonction est convexe.

3. On note $C_{\mathrm{M}}(x)=\dfrac{C(x)}{x}$ le coût moyen de fabrication d'une tonne quand on en a produit x ($x \neq 0$). Tracer la courbe de la fonction C sur la calculatrice et estimer pour quelle production le coût moyen est minimal.

12 POINT D'INFLEXION

★★★ 60 min ▸ P. 162

Soit n un entier naturel supérieur ou égal à 2.
On considère la fonction f définie sur $[0\,;+\infty[$ par $f(x)=x^n\mathrm{e}^{-x}$.

1. a. Montrer que $f'(x)=x^{n-1}(n-x)\mathrm{e}^{-x}$.

b. Montrer que $f''(x)=x^{n-2}\left(x^2-2nx+n(n-1)\right)\mathrm{e}^{-x}$.

2. **Cas $n=2$**

a. Écrire $f''(x)$.

b. Étudier le signe de $f''(x)$ et en déduire que f admet deux points d'inflexion sur $[0\,;+\infty[$.

3. **Cas général**

Montrer que pour tout entier n supérieur ou égal à 2, f admet deux points d'inflexion (donner des valeurs exactes).

La courbe représentée dans l'exercice **6** correspond à $n=4$. On pourra vérifier si les lectures graphiques correspondent aux calculs effectués dans ce problème.

EXERCICES D'APPROFONDISSEMENT

13 INÉGALITÉ DE BERNOULLI

★★★ 20 min ▸ P. 163

Soit n un entier naturel supérieur ou égal à 2. On considère la fonction f définie sur $[-1\,;+\infty[$ par $f(x)=(1+x)^n$.

1. Un logiciel de calcul formel a permis d'obtenir $f'(x)=n(1+x)^{n-1}$ et $f''(x)=n(n-1)(1+x)^{n-2}$.

Montrer que la fonction f est convexe sur $[-1\,;+\infty[$.

2. Écrire une équation de la tangente à la courbe représentative de la fonction f au point d'abscisse 0.

3. En déduire que pour tout $x\in[-1\,;+\infty[$, $(1+x)^n \geqslant 1+nx$.

14 CONVEXITÉ ET CORDES

★★★ | 30 min | ▸ P. 164

On admet qu'une fonction f est convexe sur un intervalle I lorsque, pour tous réels x et y de I, $f\left(\frac{x+y}{2}\right) \leqslant \frac{f(x)+f(y)}{2}$.

1. Donner une interprétation graphique de cette inégalité.
2. Montrer que la fonction $x \mapsto x^2$ est convexe sur $\mathbb{R}$.
3. Montrer que la fonction $x \mapsto \frac{1}{x}$ est convexe sur $]0\,;+\infty[$.
4. La fonction $x \mapsto \sqrt{x}$ est-elle convexe sur $[0\,;+\infty[$?

CONTRÔLE

15 LECTURE GRAPHIQUE

★★ | 10 min | ▸ P. 165

Soit f une fonction définie sur $\mathbb{R}$, représentée ci-dessous.

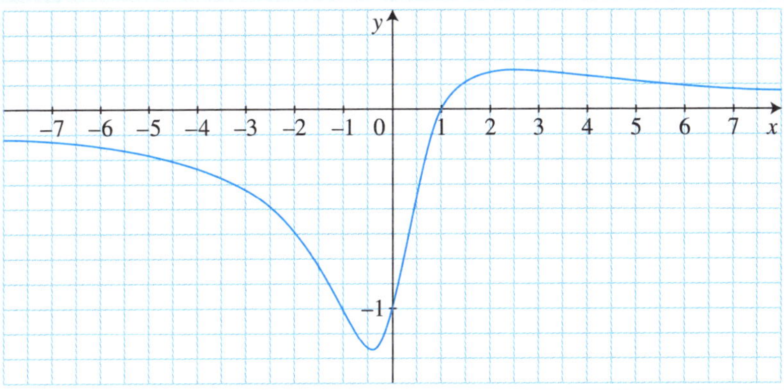

Par lecture graphique, préciser les points d'inflexion éventuels, et les intervalles sur lesquels la fonction f est convexe.

16 CONCAVITÉ DE LA FONCTION ln

★★ | 30 min | ▸ P. 166

1. Montrer que la fonction logarithme népérien est concave sur $]0\,;+\infty[$.
2. Écrire une équation de la tangente à la courbe représentative de la fonction logarithme népérien au point d'abscisse 1.
3. a. En déduire que, pour tout $x \in]0\,;+\infty[$, $\ln x \leqslant x-1$.
b. Montrer que, pour tout $t \in]-1\,;+\infty[$, $\ln(1+t) \leqslant t$.

17 TROISIÈME DEGRÉ

★★ | 10 min | ▸ P. 166

Montrer qu'une fonction polynôme du troisième degré admet toujours un unique point d'inflexion sur $\mathbb{R}$.

18 COÛTS

★★ | 10 min | ▸ P. 166

On note C la fonction coût total pour une production d'une quantité x (x est positif). On admet que la fonction donnant le coût marginal est C', dérivée de la fonction donnant le coût total.

Les deux questions sont indépendantes.

1. a. Sachant que la fonction C est convexe, que peut-on dire du coût marginal ?

b. On donne le coût marginal $C_{\text{m}}(x) = x^2 + x + 4$. Vérifier que C est convexe.

2. a. Sachant que la fonction C admet un point d'inflexion, que peut-on dire du coût marginal ?

b. On donne le coût marginal $C_{\text{m}}(x) = x^2 - 8x + 20$. Vérifier que C admet un point d'inflexion.

CORRIGÉS

1 CONCAVE OU CONVEXE ?

f_1 est convexe.

f_2 est concave.

f_3 est à la fois convexe et concave comme toute fonction affine.

f_4 est convexe.

2 AVEC DES TABLEAUX

1. Un tableau de variation d'une fonction f ne permet pas de savoir si f admet un point d'inflexion. C'est le tableau de variation de la fonction dérivée f' qui permet de reconnaître un point d'inflexion.

2. D'après le tableau de variation de la fonction h, la fonction g' est décroissante sur $[0 ; 2]$ et croissante sur $[2 ; 6]$. Puisque g' change de sens de variation en 2, ***g* admet un point d'inflexion en 2**.

3 CONVEXE PUIS CONCAVE

En tant que fonction polynôme, f est deux fois dérivable.

On a $f'(x) = -3 - 3x^2$ et $f''(x) = -6x$.

f'' est positive sur $]-\infty ; 0]$ et négative sur $[0 ; +\infty[$, donc f' est croissante sur $]-\infty ; 0]$ et décroissante sur $[0 ; +\infty[$.

On en déduit que f est convexe sur $]-\infty ; 0]$ et concave sur $[0 ; +\infty[$.

De plus, puisque f' change de sens de variation en 0, on peut dire que ***f* admet un point d'inflexion en 0**.

4 CONCAVE PUIS CONVEXE

En tant que produit d'une fonction affine et d'une fonction de la forme e^u, où u est dérivable (elle est affine), f est deux fois dérivable. On a :

$f'(x) = e^{-2x} + x(-2e^{-2x}) = (1-2x)e^{-2x}$

et $f''(x) = -2e^{-2x} + (1-2x)(-2e^{-2x}) = (-4+4x)e^{-2x}$.

$e^{-2x} > 0$, donc le signe de f'' est celui de $-4+4x$. f'' est négative sur $]-\infty ; 1]$ et positive sur $[1 ; +\infty[$, donc f' est décroissante sur $]-\infty ; 1]$ et croissante sur $[1 ; +\infty[$.

On en déduit que f est concave sur $]-\infty ; 1]$ et convexe sur $[1 ; +\infty[$. De plus, puisque f' change de sens de variation en 1, on peut dire que ***f* admet un point d'inflexion en 1**.

5 RECONNAISSANCE GRAPHIQUE DE POINT D'INFLEXION

1. Réponse **b**.

La fonction est concave avant B, convexe après B.

2. Réponse **d**.

6 LECTURE GRAPHIQUE DE POINT D'INFLEXION

Sur l'intervalle [0 ; 4], la fonction f semble convexe puis concave, le changement de concavité semble se faire en 2.

Sur l'intervalle [4 ; 14], la fonction f semble concave puis convexe, le changement de concavité semble se faire en 6.

Ainsi, ***f* admet deux points d'inflexion en 2 et en 6 (environ)**.

7 AVEC UNE CALCULATRICE

La valeur de x pour laquelle f admet un point d'inflexion semble être 0.

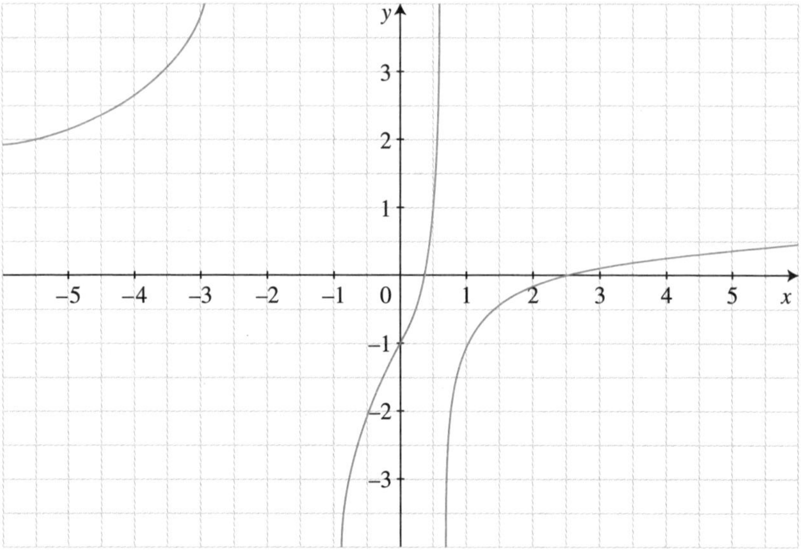

Sur la deuxième branche de cette courbe, la courbe est concave avant 0, convexe après 0. Les coordonnées du point d'inflexion sont (0 ; – 1), mais on dit que f admet un point d'inflexion en 0.

8 UNE INÉGALITÉ CLASSIQUE

1. On pose $f(x) = \mathrm{e}^x$.

Puisque $f'(x) = \mathrm{e}^x$ et $f''(x) = \mathrm{e}^x$, on a $f''(x) > 0$ sur $\mathbb{R}$. Ainsi, f' est croissante sur $\mathbb{R}$, donc la fonction exponentielle est convexe sur $\mathbb{R}$.

2. Une équation de la tangente à la courbe représentative de la fonction exponentielle au point d'abscisse 0 est : $y = f'(0)(x-0) + f(0)$. Comme $f(0) = 1$ et $f'(0) = 1$, cette équation s'écrit $y = x + 1$.

3. D'après la définition du cours, la courbe de la fonction exponentielle est au-dessus de toutes ses tangentes, en particulier de celle dont on vient d'obtenir une équation. Ainsi, pour tout x réel, $\mathbf{e}^{\boldsymbol{x}} \geqslant \mathbf{1} + \boldsymbol{x}$.

9 **VRAI OU FAUX ?**

1. Faux. Si f admet un point d'inflexion en 2, alors il y a un changement du sens de variation de f'.
2. Vrai. C'est un théorème du cours.
3. Faux. Si f est concave sur $[0\,;3]$, puis convexe sur $[3\,;10]$, alors f' change de sens de variation en 3, ce qui ne correspond pas à la présence d'un maximum.
4. Faux. La présence d'un minimum en 4 n'interdit pas la convexité sur l'intervalle I. Par exemple, si f est définie par $f(x)=(x-4)^2$, il y a un minimum en 4 et f est convexe (sur $\mathbb{R}$, donc sur I).
5. Faux. Par exemple, si f est définie par $f(x)=x^2-10x$, on a $f'(x)=2x-10$ et f' change de signe en 5. Mais $f''(x)=2$ montre que f est convexe sur I et qu'il n'y a pas de point d'inflexion sur I.

2. Il y a même équivalence : si f est convexe sur I, alors f' est croissante sur I.
3. Un maximum est obtenu lorsque f' change de signe (positif puis négatif).

10 **exp ET ln**

1. a. Pour tout $x \in \left]0\,;+\infty\right[$:

$$f'(x)=\mathrm{e}^x\ln x+\mathrm{e}^x\times\frac{1}{x}=\mathrm{e}^x\left(\ln x+\frac{1}{x}\right).$$

b. Pour tout $x \in \left]0\,;+\infty\right[$:

$$f''(x)=\mathrm{e}^x\left(\ln x+\frac{1}{x}\right)+\mathrm{e}^x\left(\frac{1}{x}-\frac{1}{x^2}\right)=\mathrm{e}^x\left(\ln x+\frac{2}{x}-\frac{1}{x^2}\right).$$

2. a. Pour tout $x \in \left]0\,;+\infty\right[$:

$$g'(x)=\frac{1}{x}-\frac{2}{x^2}+\frac{2}{x^3}.$$

b. $g'(x)=\dfrac{1}{x^3}\left(x^2-2x+2\right)$. Sur $\left]0\,;+\infty\right[$, $x^3>0$, donc le signe de $g'(x)$ est celui de x^2-2x+2. Le discriminant de ce trinôme du second degré est négatif, donc x^2-2x+2 est positif sur $\left]0\,;+\infty\right[$. On en déduit que $g'(x)$ est positif sur $\left]0\,;+\infty\right[$.
c. D'après ce qui précède, g est croissante sur $\left]0\,;+\infty\right[$.
Puisque $g(0{,}5)=\ln(0{,}5)<0$ et $g(1)=1>0$, g admet une unique racine α sur $\left]0\,;+\infty\right[$. À l'aide d'une calculatrice, on trouve $g(0{,}591)<0$ et $g(0{,}592)>0$. Donc une valeur approchée au centième près de α est **0,59**.
3. a. Puisque $\mathrm{e}^x>0$, le signe de $f''(x)$ est celui de $g(x)$. D'après la question précédente, g est négatif sur $\left]0\,;\alpha\right]$ et positif sur $\left[\alpha\,;+\infty\right[$. Ainsi, $f''(x)\leqslant 0$ sur $\left]0\,;\alpha\right]$ et $f''(x)\geqslant 0$ sur $\left[\alpha\,;+\infty\right[$.

b. Comme f' est décroissante sur $\left]0\,;\alpha\right]$ et croissante sur $\left[\alpha\,;+\infty\right[$, on en déduit que **$f$ admet un point d'inflexion en α.**

11 CONVEXITÉ ET COÛT MARGINAL

1. Pour tout $x \in [0\,;+\infty[$, $C'(x) = 3x^2 - 24x + 60 = 3(x^2 - 8x + 20)$.
Le discriminant de ce trinôme du second degré est négatif, donc $C'(x)$ est positif sur $[0\,;+\infty[$. On conclut que C est croissante sur $[0\,;+\infty[$.

2. a. On a $C_m(x) = 3(x^2 - 8x + 20)$, d'où, pour tout $x \in [0\,;+\infty[$:

$$C'_m(x) = 3(2x - 8).$$

Si $x \in [0\,;4]$, alors $C'_m(x) \leqslant 0$, et si $x \in [4\,;+\infty[$, alors $C'_m(x) \geqslant 0$.
Par conséquent, C_m est décroissante sur $[0\,;4]$ et croissante sur $[4\,;+\infty[$.

b. La fonction dérivée de la fonction coût total change de sens de variation en 4, donc cette fonction coût total admet un point d'inflexion en 4. Elle est convexe sur l'intervalle $[4\,;+\infty[$.

3. $C_M(x) = \dfrac{x^3 - 12x^2 + 60x + 50}{x} = x^2 - 12x + 60 + \dfrac{50}{x}$, avec $x \in\,]0\,;+\infty[$.

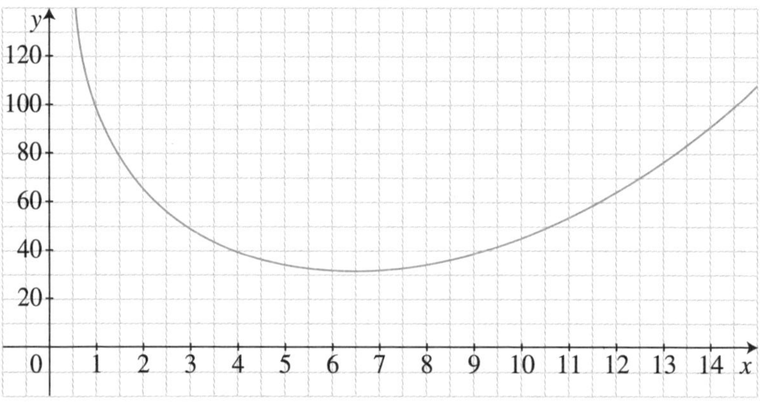

La fonction C_M semble minimale pour $x = 6{,}5$ environ. Une production de **6,5 tonnes correspond donc à un coût moyen minimal.**

12 POINT D'INFLEXION

1. a. Pour tout $x \in [0\,;+\infty[$:

$$f'(x) = nx^{n-1}\mathrm{e}^{-x} + x^n\left(-\mathrm{e}^{-x}\right) = \left(nx^{n-1} - x^n\right)\mathrm{e}^{-x} = x^{n-1}(n - x)\mathrm{e}^{-x}.$$

b. Pour tout $x \in [0\,;+\infty[$:

$$\begin{aligned} f''(x) &= \left(n(n-1)x^{n-2} - nx^{n-1}\right)\mathrm{e}^{-x} + \left(nx^{n-1} - x^n\right)\left(-\mathrm{e}^{-x}\right) \\ &= \left(n(n-1)x^{n-2} - nx^{n-1} - nx^{n-1} + x^n\right)\mathrm{e}^{-x} \\ &= x^{n-2}\left(x^2 - 2nx + n(n-1)\right)\mathrm{e}^{-x} \end{aligned}$$

2. a. Si $n = 2$, alors $f''(x) = \left(x^2 - 4x + 2\right)\mathrm{e}^{-x}$.

b. Comme $\mathrm{e}^{-x} > 0$, le signe de $f''(x)$ est celui de $x^2 - 4x + 2$.
Le discriminant de ce trinôme du second degré est 8, ses deux racines sont $\dfrac{4 - \sqrt{8}}{2} = 2 - \sqrt{2}$ et $\dfrac{4 + \sqrt{8}}{2} = 2 + \sqrt{2}$.

On peut maintenant dresser le tableau de variation de f' :

x	0	$2-\sqrt{2}$	$2+\sqrt{2}$	$+\infty$
$f''(x)$	+	–	+	
f'	↗	↘	↗	

Un changement de sens de variation pour la fonction f' s'observe deux fois : il y a donc deux points d'inflexion pour la fonction f, en $2-\sqrt{2}$ et en $2+\sqrt{2}$.

3. Dans le cas général, comme $e^{-x} > 0$ et $x^{n-2} \geqslant 0$, le signe de $f''(x)$ est celui de $x^2 - 2nx + n(n-1)$.
Le discriminant de ce trinôme du second degré est :
$\Delta = (-2n)^2 - 4 \times 1 \times n(n-1) = 4n^2 - 4n^2 + 4n = 4n$.

Ses deux racines sont $\dfrac{2n-\sqrt{4n}}{2} = n-\sqrt{n}$ et $\dfrac{2n+\sqrt{4n}}{2} = n+\sqrt{n}$.
À l'aide d'un tableau de variation de f', similaire à celui de la question précédente, on conclut que, pour tout entier n supérieur ou égal à 2, **f admet deux points d'inflexion, en $n-\sqrt{n}$ et en $n+\sqrt{n}$.**

1. b. Il est préférable d'utiliser $f'(x) = (nx^{n-1} - x^n)e^{-x}$ pour dériver une seconde fois. En effet, $f'(x)$ est ici sous forme d'un produit et il est donc aisé d'employer la formule $(uv)' = u'v + uv'$.
3. Si $n = 4$, les abscisses des deux points d'inflexion sont $4-\sqrt{4} = 2$ et $4+\sqrt{4} = 6$, ce qui est bien le résultat trouvé par les lectures graphiques de l'exercice **6**.

13 INÉGALITÉ DE BERNOULLI

1. Si $x \in [-1\,;+\infty[$, $1+x \geqslant 0$ et pour tout entier naturel n supérieur ou égal à 2, $(1+x)^{n-2} \geqslant 0$. De plus, $n(n-1) \geqslant 0$. On a donc $f''(x) \geqslant 0$. Ainsi, f' est croissante sur $[-1\,;+\infty[$, ce qui signifie que f est convexe sur $[-1\,;+\infty[$.
2. Une équation de la tangente à la courbe représentative de la fonction exponentielle au point d'abscisse 0 est : $y = f'(0)(x-0) + f(0)$. Comme $f(0) = 1$ et $f'(0) = n$, cette équation s'écrit $y = nx + 1$.
3. D'après la définition du cours, la courbe de la fonction f est au-dessus de toutes ses tangentes, en particulier de celle dont on vient d'obtenir une équation. Ainsi, pour tout $x \in [-1\,;+\infty[$, $\boldsymbol{(1+x)^n \geqslant 1+nx}$.

1. Le calcul de dérivée a été donné par un logiciel de calcul formel. Pour retrouver ce résultat, on utilise la formule (hors programme) $(u^n)' = nu'u^{n-1}$ lorsque u est une fonction dérivable.
Si $u(x) = 1+x$, on obtient $f'(x) = n(1+x)^{n-1}$, puis $f''(x) = n(n-1)(1+x)^{n-2}$.

14 CONVEXITÉ ET CORDES

1. Si A et B sont deux points de la courbe, d'abscisses respectives x et y, alors le nombre $\frac{x+y}{2}$ est la moyenne de x et y. C'est l'abscisse du point C sur le schéma. Ainsi, $f\left(\frac{x+y}{2}\right)$ est l'ordonnée du point C. Le nombre $\frac{f(x)+f(y)}{2}$ est la moyenne de $f(x)$ et $f(y)$, c'est donc l'ordonnée du point D, milieu de la corde [AB].
L'inégalité se traduit par le fait que C est toujours au-dessous de D.
Cette inégalité étant vraie pour tous les réels de l'intervalle I, on peut donc dire que sa courbe est au-dessous de ses cordes.

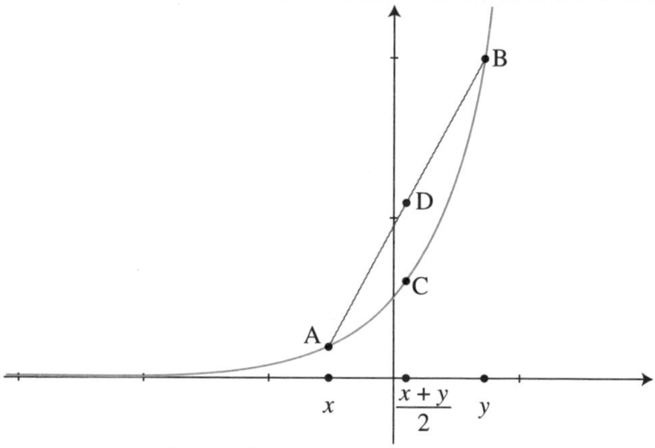

2. Si $f(x) = x^2$, on a pour tous réels x et y :

$$f\left(\frac{x+y}{2}\right) = \left(\frac{x+y}{2}\right)^2 = \frac{x^2+y^2+2xy}{4} \quad \text{et} \quad \frac{f(x)+f(y)}{2} = \frac{x^2+y^2}{2}.$$

On calcule la différence :

$$\frac{x^2+y^2}{2} - \frac{x^2+y^2+2xy}{4} = \frac{2x^2+2y^2}{4} - \frac{x^2+y^2+2xy}{4} = \frac{x^2+y^2-2xy}{4} = \left(\frac{x-y}{2}\right)^2.$$

Puisque cette différence est positive, on en déduit que $f\left(\frac{x+y}{2}\right) \leqslant \frac{f(x)+f(y)}{2}$, et donc que f est convexe sur $\mathbb{R}$.

3. Si $f(x) = \frac{1}{x}$, on a pour tous réels strictement positifs x et y :

$$f\left(\frac{x+y}{2}\right) = \frac{2}{x+y} \quad \text{et} \quad \frac{f(x)+f(y)}{2} = \frac{\frac{1}{x}+\frac{1}{y}}{2} = \frac{x+y}{2xy}.$$

On calcule la différence : $\frac{x+y}{2xy} - \frac{2}{x+y} = \frac{(x+y)^2-4xy}{2xy(x+y)} = \frac{x^2+y^2+2xy-4xy}{2xy(x+y)}$

$$= \frac{x^2+y^2-2xy}{2xy(x+y)} = \frac{(x-y)^2}{2xy(x+y)}.$$

Puisque cette différence est positive, on en déduit que $f\left(\frac{x+y}{2}\right) \leqslant \frac{f(x)+f(y)}{2}$, et donc que f est convexe sur $]0\,;+\infty[$.

4. Si $f(x)=\sqrt{x}$, on a pour tous réels positifs x et y :

$$f\left(\frac{x+y}{2}\right)=\sqrt{\frac{x+y}{2}} \quad \text{et} \quad \frac{f(x)+f(y)}{2}=\frac{\sqrt{x}+\sqrt{y}}{2}.$$

Il revient au même de comparer ces deux quantités positives et leurs carrés. On calcule donc la différence des carrés :

$$\left(\frac{\sqrt{x}+\sqrt{y}}{2}\right)^2-\left(\sqrt{\frac{x+y}{2}}\right)^2=\frac{x+y+2\sqrt{x}\sqrt{y}}{4}-\frac{x+y}{2}$$

$$=\frac{-x-y+2\sqrt{x}\sqrt{y}}{4}=-\left(\frac{\sqrt{x}-\sqrt{y}}{2}\right)^2$$

Puisque cette différence n'est pas positive, on en déduit que $f\left(\frac{x+y}{2}\right)\geqslant\frac{f(x)+f(y)}{2}$, et donc que ***f* n'est pas convexe sur $[0\,;+\infty[$**.

1. La courbe d'une fonction convexe est au-dessus de ses tangentes, on vient de voir qu'elle est aussi au-dessous de ses cordes.

4. Cette fonction est concave sur $[0\,;+\infty[$.

15 LECTURE GRAPHIQUE

La fonction f semble admettre trois points d'inflexion : en -1, en 0,25 et en 4 (environ). En notant a, b et c ces trois nombres pris dans l'ordre croissant, on peut aussi dire que la fonction est convexe sur $[a\,;b]$ et sur $[c\,;+\infty[$.

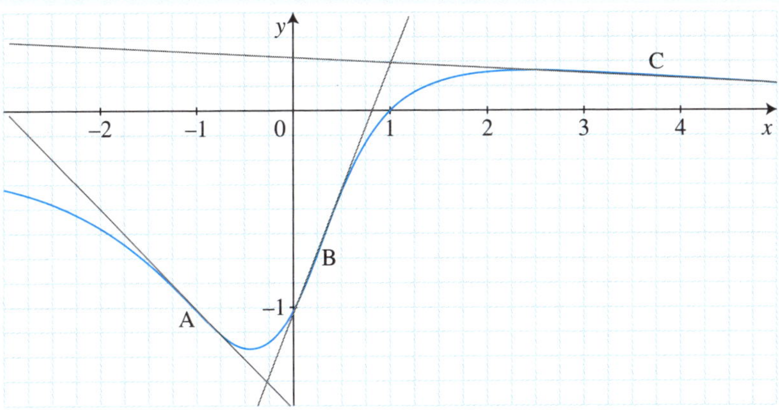

Sur le schéma, les tangentes en A, B et C ont été tracées en gris. On constate qu'en ces points, la courbe traverse les tangentes, comme ce doit être le cas pour des points d'inflexion.

16 CONCAVITÉ DE LA FONCTION ln

1. On pose $f(x) = \ln x$.

Puisque $f'(x) = \dfrac{1}{x}$ et $f''(x) = -\dfrac{1}{x^2}$, on a $f''(x) < 0$ sur $]0\,;+\infty[$. Ainsi, f' est décroissante sur $]0\,;+\infty[$, donc la fonction ln est concave sur $]0\,;+\infty[$.

2. Une équation de la tangente à la courbe représentative de la fonction ln au point d'abscisse 1 est : $y = f'(1)(x-1) + f(1)$. Comme $f(1) = 0$ et $f'(1) = 1$, cette équation s'écrit $y = x - 1$.

3. a. D'après la définition du cours, la courbe de la fonction ln est au-dessous de toutes ses tangentes, en particulier de celle dont on vient d'obtenir une équation. Ainsi, pour tout $x \in]0\,;+\infty[$, $\ln x \leqslant x - 1$.

b. On pose $t = x - 1$. Si $x \in]0\,;+\infty[$, alors $t \in]-1\,;+\infty[$. De plus, $\ln x = \ln(t+1)$.
L'inégalité obtenue à la question précédente s'écrit :
pour tout $t \in]-1\,;+\infty[$, $\mathbf{\ln(1+t) \leqslant t}$.

17 TROISIÈME DEGRÉ

On pose $f(x) = ax^3 + bx^2 + cx + d$, où a, b, c et d sont quatre réels quelconques, a étant non nul (sinon, ce n'est plus une fonction polynôme du troisième degré).
On a $f'(x) = 3ax^2 + 2bx + c$ et $f''(x) = 6ax + 2b$.

$f''(x)$ s'annule une seule fois en $x = -\dfrac{b}{3a}$ et change de signe en cette valeur. Ainsi, f' change de sens de variation et ce nombre est l'unique point d'inflexion de f sur $\mathbb{R}$.

18 COÛTS

1. a. C étant une fonction convexe, sa dérivée C', qui est aussi la fonction donnant le coût marginal, est croissante.

b. $C'_{\mathrm{m}}(x) = 2x + 1$ est positif lorsque x est positif. Ainsi, C_{m} est une fonction croissante sur $[0\,;+\infty[$, ce qui revient à dire que C est convexe, comme on l'a vu dans la question précédente.

2. a. C étant une fonction qui admet un point d'inflexion, sa dérivée C', qui est aussi la fonction donnant le coût marginal, change de sens de variation : elle est croissante puis décroissante ou alors décroissante puis croissante.

b. $C'_{\mathrm{m}}(x) = 2x - 8$ est négatif sur $[0\,;4]$ et positif sur $[4\,;+\infty[$. Ainsi, C_{m} est une fonction décroissante sur $[0\,;4]$ et croissante sur $[4\,;+\infty[$. Puisque C' change de sens de variation, **C admet un point d'inflexion en 4.**

1. a. Conformément au théorème donné dans le rappel de cours (II. 1.), la réciproque est vraie : lorsque le coût marginal est une fonction croissante, la fonction C est convexe.

2. a. Là encore, la réciproque est vraie : lorsque le coût marginal change de sens de variation, la fonction C admet un point d'inflexion.

6 Intégration

I INTÉGRALE D'UNE FONCTION POSITIVE ET AIRE

1. Aire sous la courbe

Soit f une fonction continue et positive sur un intervalle $[a\,;b]$.
L'aire $\mathscr{A}$ du domaine compris entre l'axe des abscisses, la courbe $\mathscr{C}_f$ représentative de f et les droites d'équations $x = a$ et $x = b$ est l'intégrale de f entre a et b et on note :

$$\mathscr{A} = \int_a^b f(x)\,\mathrm{d}x.$$

EXEMPLE : Sur $[-2\,;1]$, f est positive.

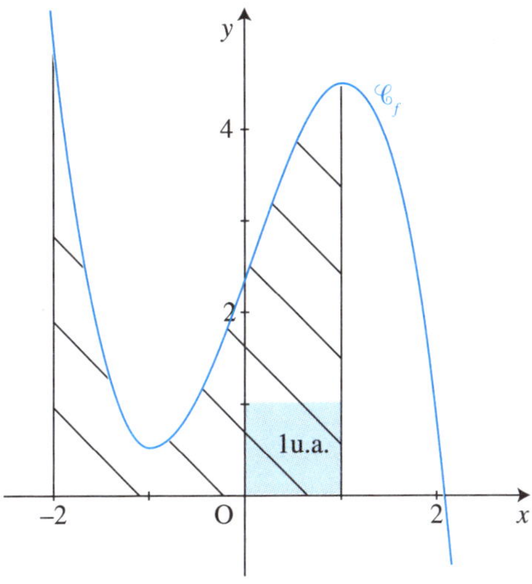

L'aire du domaine hachuré est $\mathscr{A} = \int_{-2}^{1} f(x)\,\mathrm{d}x$.

Attention : ce résultat est en unités d'aire (u.a.).
Une unité d'aire correspond à l'aire d'un rectangle de longueur 1 et de hauteur 1.

2. Propriété

Soit f une fonction continue et positive sur un intervalle $[a\,;b]$.

La fonction définie pour tout réel x de $[a\,;b]$ par $F(x) = \int_a^x f(t)\,\mathrm{d}t$ est dérivable sur $[a\,;b]$ et on a $F' = f$.

COURS

II PRIMITIVES

1. Définition

Soit f une fonction continue sur un intervalle I.
On appelle primitive de f sur I, une fonction F dérivable sur I telle que : $F' = f$.
Remarques
- Si F est une primitive d'une fonction f sur un intervalle I, alors l'ensemble des primitives de f sur I est l'ensemble des fonctions $F + k$ avec k une constante.
- Si f est une fonction dérivable, alors une primitive de f' est f.

2. Formulaire

u et v désignent deux fonctions dérivables, k une constante et n un entier.

Fonction	Primitive	Conditions
k	kx	
x	$\frac{x^2}{2}$	
x^n	$\frac{x^{n+1}}{n+1}$	$n \neq -1$
$\frac{1}{x}$	$\ln x$	$x > 0$
$u' + v'$	$u + v$	
ku'	ku	
$u'u^n$	$\frac{u^{n+1}}{n+1}$	$n \neq -1$
$\frac{u'}{u}$	$\ln u$	$u > 0$
$\frac{u'}{u^2}$	$\frac{-1}{u}$	$u \neq 0$
$u'e^u$	e^u	
$\frac{u'}{\sqrt{u}}$	$2\sqrt{u}$	$u > 0$

II PRIMITIVES

1. Définition

Soit f une fonction continue sur un intervalle $[a\,;b]$.
Soit F une primitive de f sur $[a\,;b]$.
On appelle intégrale de f entre a et b le nombre noté $\int_a^b f(x)\,\mathrm{d}x$ et tel que :

$$\int_a^b f(x)\,\mathrm{d}x = F(b) - F(a).$$

2. Propriétés

Soit f et g deux fonctions continues sur $[a\,;b]$, k une constante et c un élément de $[a\,;b]$.

■ **Relation de Chasles :**

$$\int_a^c f(x)\,\mathrm{d}x + \int_c^b f(x)\,\mathrm{d}x = \int_a^b f(x)\,\mathrm{d}x.$$

■ **Linéarité :**

$$\int_a^b [f(x)+g(x)]\,\mathrm{d}x = \int_a^b f(x)\,\mathrm{d}x + \int_a^b g(x)\,\mathrm{d}x$$

$$\int_a^b kf(x)\,\mathrm{d}x = k\int_a^b f(x)\,\mathrm{d}x.$$

■ **Positivité :** si f est positive sur l'intervalle $[a\,;b]$, alors $\int_a^b f(x)\,\mathrm{d}x \geqslant 0$.

Remarque

On en déduit que si $f \leqslant g$ sur $[a\,;b]$ alors : $\int_a^b f(x)\,\mathrm{d}x \leqslant \int_a^b g(x)\,\mathrm{d}x$.

3. Valeur moyenne

- La valeur moyenne m d'une fonction f continue sur un intervalle $[a\,;b]$ est :

$$m = \frac{1}{b-a}\int_a^b f(x)\,\mathrm{d}x.$$

- Si F est un primitive de f, alors la valeur moyenne de f sur $[a\,;b]$ est :

$$m = \frac{F(b)-F(a)}{b-a}.$$

SAVOIR-FAIRE

1. Déterminer une primitive d'une fonction

1. Reconnaître la formule de calcul correspondant au calcul demandé.
2. Identifier les composants de la formule dans le calcul demandé et éventuellement déterminer u'. Si nécessaire ajouter une constante multiplicative.
3. Donner l'expression d'une primitive.

EXEMPLE 1 : Soit f la fonction définie sur $\mathbb{R}$ par $f(x) = x^2 - 5x + 3$.
Déterminer une primitive de f sur $\mathbb{R}$.
1. On a la somme de trois termes. On cherche donc une primitive de chacun des termes.
2. Pour x^2, une primitive est $\frac{x^3}{3}$.
Pour x, une primitive est $\frac{x^2}{2}$ et on conserve devant la constante multiplicative -5.
Pour 3, une primitive est $3x$.
3. Une primitive est F avec $F(x) = \frac{x^3}{3} - 5\frac{x^2}{2} + 3x$.

EXEMPLE 2 : Soit $f(x) = 5e^{2x}$ sur $\mathbb{R}$. Déterminer une primitive de f sur $\mathbb{R}$.
1. On veut utiliser la forme $u'e^u$ qui a pour primitive e^u.
2. On a $u(x) = 2x$. L'idéal serait d'avoir $u'(x) = 2$. Comme on a 5, on écrit :
$f(x) = 2{,}5 \times 2e^{2x}$ où 2,5 est une constante multiplicative à conserver.
3. Une primitive est F avec $F(x) = 2{,}5e^{2x}$.

2. Montrer qu'une fonction *F* est une primitive de *f*

1. Calculer F'.
2. Si $F' = f$ alors F est une primitive de f.

EXEMPLE : Soit f la fonction définie pour tout réel x strictement positif par :
$f(x) = \ln(x)$.
Soit F la fonction définie pour tout réel x strictement positif par :
$f(x) = x\ln(x) - x$.
Montrer que F est une primitive de f.
1. Pour tout x strictement positif, on a :
$F'(x) = 1 \times \ln(x) + x \times \frac{1}{x} - 1 = \ln(x)$.
2. Pour tout x strictement positif, on a $F'(x) = f(x)$, donc F est une primitive de f.

3. Calculer une aire

Soit f une fonction continue et positive sur un intervalle $[a\,;b]$. Pour calculer l'aire $\mathscr{A}$ comprise entre $\mathscr{C}_f$, l'axe des abscisses et les droites d'équations $x = a$ et $x = b$:

1. déterminer F une primitive de f ;
2. calculer $\mathscr{A} = \int_a^b f(x)\,\mathrm{d}x = F(b) - F(a)$.

EXEMPLE : Soit f la fonction définie sur $\mathbb{R}$ par $f(x) = -x^2 + 4x - 3$. Calculer l'aire comprise entre $\mathscr{C}_f$, l'axe des abscisses et les droites d'équations $x = 1$ et $x = 3$.

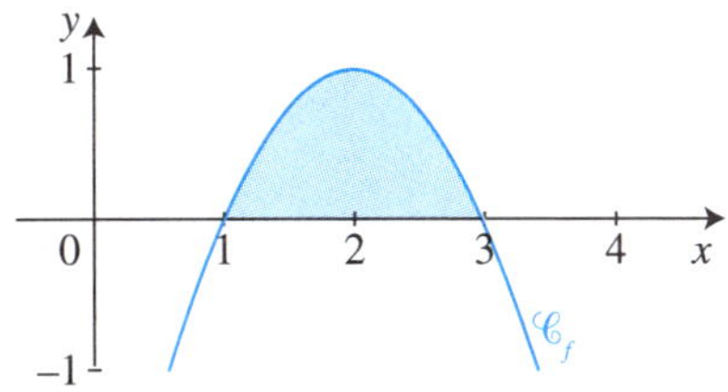

1. On a, comme primitive de f, F avec :

$$F(x) = \frac{-x^3}{3} + 2x^2 - 3x.$$

2. Soit $\mathscr{A}$ l'aire recherchée. On a :

$$\mathscr{A} = \int_1^3 f(x)\,\mathrm{d}x = F(3) - F(1)$$

$$= \frac{-3^3}{3} + 2\times 3^2 - 3\times 3 - \left(\frac{-1^3}{3} + 2\times 1^2 - 3\times 1\right) = \frac{4}{3}.$$

4. Calculer la valeur moyenne d'une fonction sur $[a\,;b]$

1. Déterminer F une primitive de f.
2. Calculer la valeur moyenne m avec $m = \dfrac{F(b) - F(a)}{b - a}$.

EXEMPLE : Soit f la fonction définie sur $\mathbb{R}$ par $f(x) = x^2$.
Calculer la valeur moyenne de f sur l'intervalle $[0\,;6]$.

1. Une primitive de f est $F(x) = \dfrac{x^3}{3}$.
2. La valeur moyenne sur l'intervalle $[0\,;6]$ est :

$$m = \frac{F(6) - F(0)}{6 - 0} = \frac{\frac{216}{3} - 0}{6} = 12.$$

EXERCICES D'APPLICATION

1 CALCULS DE PRIMITIVES ★ 12 min ▸ P. 181

Pour chaque fonction *f*, déterminer une primitive sur l'intervalle I.

1. $f(x) = x^3 + x + 5$; $\mathrm{I} = \mathbb{R}$.
2. $f(x) = \dfrac{3x^2 + 2x}{5}$; $\mathrm{I} = \mathbb{R}$.
3. $f(x) = \dfrac{4}{x^2}$; $\mathrm{I} =]0\,;+\infty[$.
4. $f(x) = \dfrac{17}{2x}$; $\mathrm{I} =]0\,;+\infty[$.
5. $f(x) = \dfrac{x+1}{x^2 + 2x + 3}$; $\mathrm{I} = \mathbb{R}$.
6. $f(x) = \mathrm{e}^{5x}$; $\mathrm{I} = \mathbb{R}$.

Revoir les formules sur les primitives et le savoir-faire **1**.

2 RECHERCHE DE PRIMITIVES PARTICULIÈRES ★ 15 min ▸ P. 181

Pour chaque fonction *f*, déterminer l'ensemble de ses primitives sur l'intervalle I et préciser la primitive *F* qui vérifie la condition donnée.

1. $f(x) = 4x + 5$; $\mathrm{I} = \mathbb{R}$ et $F(0) = 5$.
2. $f(x) = \dfrac{-2}{x^2}$; $\mathrm{I} =]-\infty\,;0[$ et $F = (-1) = 3$.
3. $f(x) = x\mathrm{e}^{x^2}$; $\mathrm{I} = \mathbb{R}$ et $F(1) = \mathrm{e}$.
4. $f(x) = \dfrac{1}{3-x}$; $\mathrm{I} =]-\infty\,;3[$ et $F(0) = 0$.

Déterminer l'ensemble des primitives avec une constante, puis déterminer la valeur de cette constante en résolvant une équation.

3 TROUVER UNE PRIMITIVE EN DÉRIVANT ★ 8 min ▸ P. 182

Soit *f* la fonction définie sur $]-2\,;+\infty[$ par $f(x) = \ln(x+2)$.

1. Soit *g* définie sur $]-2\,;+\infty[$ par $g(x) = (x+2)\ln(x+2)$. Déterminer $g'(x)$ sur $]-2\,;+\infty[$.
2. En déduire la primitive *F* de *f* sur $]-2\,;+\infty[$ qui s'annule pour $x = -1$.

1. Revoir le savoir-faire **2**.
2. Écrire l'ensemble des primitives *F* de *f* à l'aide de *g* puis résoudre $f(-1) = 0$.

4 PRIMITIVE D'UNE PRIMITIVE | ★★ | 10 min | ▸ P. 182

Soit f la fonction définie sur $\mathbb{R}$ par $f(x) = (x-3)\mathrm{e}^x$.

1. Vérifier que g définie sur $\mathbb{R}$ par $g(x) = (x-4)\mathrm{e}^x$ est une primitive de f sur $\mathbb{R}$.
2. En déduire une primitive de g sur $\mathbb{R}$.

2. Examiner comment on passe simplement de $f(x)$ à $g(x)$, conjecturer une primitive h de g et vérifier le résultat en calculant h'.

5 CALCULS D'INTÉGRALES | ★ | 18 min | ▸ P. 183

Calculer les intégrales suivantes.

1. $\int_0^3 (x+3)\,\mathrm{d}x$.
2. $\int_1^{\mathrm{e}-1} \frac{2}{x+1}\,\mathrm{d}x$.
3. $\int_{-5}^{-3} \frac{4}{(x-2)^2}\,\mathrm{d}x$.
4. $\int_0^2 \mathrm{e}^{4x}\,\mathrm{d}x$.
5. $\int_2^3 6(x-3)^2\,\mathrm{d}x$.
6. $\int_{-2}^{2} \frac{3x}{\sqrt{x^2+5}}\,\mathrm{d}x$.

Pour chaque fonction, déterminer une primitive F, puis calculer $F(b) - F(a)$.

6 CALCULS D'INTÉGRALES | ★ | 15 min | ▸ P. 183

Calculer les intégrales suivantes.

1. $\int_1^2 \frac{x^2+2x+1}{x^4}\,\mathrm{d}x$.
2. $\int_1^2 \left(x+\frac{1}{x}\right)\mathrm{d}x$.
3. $\int_0^2 (x+2)\left(x^2+4\right)\mathrm{d}x$.
4. $\int_{\ln 2}^{\ln 4} \frac{\mathrm{e}^x}{\left(\mathrm{e}^x+1\right)^2}\,\mathrm{d}x$.

1. Écrire la fraction comme somme de trois fractions simplifiées.

7 CALCULS D'INTÉGRALES ENCHAÎNÉS | ★ | 10 min | ▸ P. 184

Soit I et J les intégrales suivantes :

$$I=\int_0^{\ln 2}\frac{e^x}{e^x+1}\,dx\ ;\qquad J=\int_0^{\ln 2}\frac{1}{e^x+1}\,dx.$$

1. Calculer I.

2. Sans chercher J, calculer $I+J$.

3. En déduire J.

2. Utiliser une propriété de linéarité pour transformer $I+J$ en une seule intégrale.

8 CALCULS DE VALEURS MOYENNES | ★ | 10 min | ▸ P. 185

Pour chaque fonction, calculer sa valeur moyenne sur l'intervalle I.

1. $f(x)=x^2$; $\mathrm{I}=[0\,;1]$.

2. $f(x)=\dfrac{5}{x}$; $\mathrm{I}=[1\,;4]$.

3. $f(x)=e^{2x}$; $\mathrm{I}=[-2\,;2]$.

4. $f(x)=(2x+3)^3$; $\mathrm{I}=[0\,;0,5]$.

Revoir le savoir-faire **4**.

9 CALCUL D'UNE AIRE | ★★ | 10 min | ▸ P. 186

Soit f la fonction définie sur $\mathbb{R}$ par :

$$f(x)=\frac{2x}{x^2+4}.$$

1. Justifier que f est positive sur $[0\,;1]$.

2. Déterminer une primitive de f sur $\mathbb{R}$.

3. $\mathscr{C}$ est la représentation graphique de f dans un repère orthonormé d'unité graphique 2 cm. Déterminer, en cm^2, l'aire du domaine compris entre $\mathscr{C}$, l'axe des abscisses et les droites d'équations $x=0$ et $x=1$.

3. Le calcul théorique donne l'aire en unités d'aire. Ici, une unité d'aire est un carré de 2 cm de côté.

EXERCICES D'ENTRAÎNEMENT

10 COMPARAISON D'AIRES

★★ | 35 min | ▸ P. 186

Le plan est rapporté à un repère orthonormé d'unité 1 cm. On considère la parabole $\mathscr{P}$ d'équation $y = x^2$ et la droite Δ d'équation $y = 3$.

1. Représenter et Δ, quand x appartient à l'intervalle $[-2\,;2]$.

2. Calculer l'intégrale $I = \int_{-\sqrt{3}}^{\sqrt{3}} x^2 \,\mathrm{d}x$.

3. a. La droite Δ coupe $\mathscr{P}$ en deux points A, d'abscisse positive, et B, d'abscisse négative. Déterminer les abscisses de A et de B

b. On note C et D les points de l'axe des abscisses tels que ABCD soit un rectangle.
Dessiner ce rectangle et calculer son aire, en cm^2.

c. On note $\mathscr{D}$ la partie du plan comprise entre le segment [AB] et la parabole $\mathscr{P}$.
Calculer, en cm^2, l'aire de $\mathscr{D}$.

d. Vérifier que l'aire de $\mathscr{D}$ est égale aux deux tiers de l'aire de ABCD.

3. c. L'aire de $\mathscr{D}$ est la différence entre deux aires.

11 CALCUL D'UNE AIRE

★★ | 50 min | ▸ P. 187

Le plan $\mathscr{P}$ est muni d'un repère orthonormal (O ; I ; J) d'unité graphique 1 cm.
On rappelle que ln désigne la fonction logarithme népérien et e le nombre réel tel que ln e = 1.
On considère la fonction numérique f, définie sur l'intervalle $]0\,;\mathrm{e}]$ par :

$$f(x) = x - \frac{\ln x}{x}.$$

1. Déterminer la fonction dérivée f' de la fonction f sur l'intervalle $]0\,;\mathrm{e}]$ et étudier son signe selon les valeurs de x.

2. La courbe $\mathscr{C}$ ci-contre représente dans le plan $\mathscr{P}$ la fonction f.
On appelle Δ la droite d'équation $y = x$.

a. Étudier selon les valeurs du réel x, le signe de $x - f(x)$ sur l'intervalle $]0\,;\mathrm{e}]$.

b. En déduire la position relative de la courbe $\mathscr{C}$ et de la droite Δ.

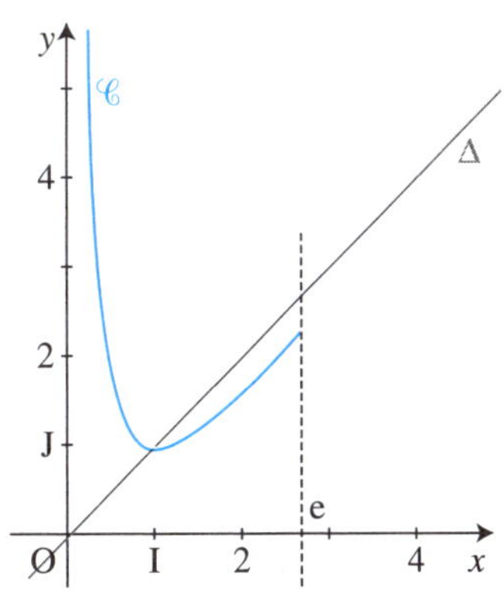

3. Déterminer la fonction dérivée g' de la fonction numérique g définie sur l'intervalle $]0\,;\mathrm{e}]$ par $g(x) = (\ln x)^2$.

En déduire, sur cet intervalle, une primitive de la fonction qui à x associe $\dfrac{\ln x}{x}$.

4. Calculer, en cm^2, l'aire de la partie du plan $\mathcal{P}$ limitée par la courbe $\mathcal{C}$, la droite Δ et les droites d'équation $x = 1$ et $x = \mathrm{e}$.

1. Étudier le signe de $f'(x)$ sur $]0;1[$ en 1 et sur $]1;\mathrm{e}[$.
2. b. On a : Δ au-dessous de $\mathcal{C} \Leftrightarrow x < f(x) \Leftrightarrow x - f(x) < 0$.

12 MODÉLISATION D'UNE VENTE

★★ | 35 min | ▸ P. 188

Une société d'achat en ligne veut analyser le déroulement d'une vente promotionnelle « flash » qu'elle a organisée sur Internet. Cette vente, d'une durée de trois minutes, a provoqué sur son site un flux financier que l'on suppose continu et dont la vitesse instantanée a été variable en fonction du temps. On a pu modéliser cette vitesse pendant les trois minutes de l'ouverture du site par la fonction f définie sur $[0\,;3]$ par :

$f(t) = 20t\mathrm{e}^{\frac{-t^2}{2}}$ où t est le temps en minutes et $f(t)$ est exprimée en milliers d'euros à la minute.

1. Justifier que f est positive sur $[0\,;3]$.
2. Vérifier que la fonction F définie sur $[0\,;3]$ par $F(t) = -20t\mathrm{e}^{\frac{-t^2}{2}}$ est une primitive de f.
3. En déduire l'aire du domaine limité par l'axe des abscisses, la courbe représentative de f et les droites d'équations $t = 0$ et $t = 3$, exprimée en unités d'aire.
4. Quelle est la valeur moyenne de f sur $[0\,;3]$?
5. Quelle a été la somme totale transférée à la fin des trois minutes (à un euro près) ?

2. Il suffit de dériver F.
5. Utiliser le temps de la vente et la valeur moyenne de f.

13 PRIMITIVE PAR DÉRIVATION ET ÉQUATIONS

★★ | 20 min | ▸ P. 188

On considère les fonctions polynômes f et g de la variable réelle x définies par :

$$f(x) = (1 + x)^4 \quad \text{et} \quad g(x) = 4 + 12x + 12x^2 + 4x^3.$$

1. Calculer $f'(x)$, pour tout x réel, sous forme factorisée.
2. Montrer que f est une primitive de g sur $\mathbb{R}$.

3. Résoudre dans $\mathbb{R}$ les équations suivantes :

a. $f(x) = g(x)$;

b. $\ln[f(x)] = \ln[g(x)]$.

> **2.** Pour développer $(1+x)^3$, commencer par développer $(1+x)^2$, puis multiplier le résultat par $(1+x)$.

14 ENCADREMENT D'UNE INTÉGRALE | ★★ | 25 min | ▸ P. 189

On considère les fonctions numériques de la variable réelle x définies par :

$$f(x) = \frac{1}{1+x^2}, \quad g(x) = \frac{-x}{2} + 1 \quad \text{et} \quad h(x) = \frac{-x^2}{2} + 1.$$

1. Établir que pour tout réel x appartenant à l'intervalle $[0 ; 1]$:

$$g(x) \leqslant f(x) \leqslant h(x).$$

2. En déduire un encadrement de l'intégrale :

$$I = \int_0^1 f(x)\,\mathrm{d}x.$$

> **2.** On peut intégrer les différents membres d'un encadrement sur le même intervalle pour obtenir un nouvel encadrement.

15 AIRE D'UN DEMI-DISQUE | ★★ | 25 min | ▸ P. 190

1. Calculer l'aire d'un disque de rayon $\frac{1}{2}$.

2. On considère la fonction f définie pour tout x de $[0 ; 1]$ par : $f(x) = \sqrt{x(1-x)}$.
Exprimer $f'(x)$ pour tout x de $]0 ; 1[$.
En déduire les variations de f sur $[0 ; 1]$.

3. Soit $\mathscr{C}$ la courbe représentative de f dans un repère orthonormé, d'unité le centimètre.

a. Soit M un point de $\mathscr{C}$ d'abscisse x avec x qui appartient à $[0 ; 1]$ et I le point de coordonnées $\left(\frac{1}{2} ; 0\right)$. Calculer IM^2.

b. Prouver que $\mathscr{C}$ est un demi-cercle dont on précisera le centre et le rayon.

4. a. Donner une interprétation graphique de l'intégrale : $J = \int_0^1 f(x)\,\mathrm{d}x$.

b. Justifier que $J = \frac{\pi}{8}$.

Cette égalité est due à Wallis, mathématicien anglais (1616-1703).

> **4. a.** Utiliser le résultat de la question 1.

16 PROBLÈME ÉCONOMIQUE ★★ | 25 min | ▸ P. 191

Une société est spécialisée dans l'exploitation de gravières.
Sa production journalière de gravier extrait (en milliers de tonnes) a été modélisée par la fonction f définie sur $[0\,;+\infty[$ avec $f(t)=(2t^2+3t)e^{-t}$, où t représente la durée d'exploitation en années à compter du 1er janvier 2011.

1. Montrer que la fonction F définie sur $[0\,;+\infty[$ par $F(t)=(-2t^2-7t-7)e^{-t}$ est une primitive de f sur $[0\,;+\infty[$.

2. Sachant que la gravière sera exploitée 200 jours par an, on admet que la production totale prévue pendant la durée t est donnée par la formule :

$$P(t)=200\times\int_0^t f(x)\,dx.$$

a. Transformer l'écriture de $P(t)$ en utilisant le résultat de la question **1**.
b. Étudier les variations de la fonction P sur $[0\,;+\infty[$.
c. Calculer à 1 000 tonnes près la quantité de gravier qui aura été extraite entre le 1er janvier 2011 et le 1er janvier 2016, ainsi que la production annuelle moyenne sur cette période.

17 VALEURS MOYENNES ET PRODUIT ★★ | 25 min | ▸ P. 191

On rappelle que la valeur moyenne M d'une fonction f sur un intervalle $[a\,;b]$ est définie par :

$$M=\frac{1}{b-a}\int_a^b f(x)\,dx.$$

1. Calculer sur l'intervalle $I=[\ln 2\,;\ln 3]$ la valeur moyenne M_1 de la fonction h définie par : $x\mapsto x$.
2. Calculer sur I la valeur moyenne M_2 de la fonction j définie par : $x\mapsto e^{-x}$.
3. Soit la fonction $g : x\mapsto xe^{-x}$.
Soit la fonction $f : x\mapsto(-x-1)e^{-x}$.
a. Montrer que f est une primitive de g sur $\mathbb{R}$.
b. En déduire la valeur moyenne M_3 de g sur I.
4. Juger, en justifiant, l'affirmation suivante : « Sur un intervalle, la valeur moyenne du produit de deux fonctions est égale au produit des valeurs moyennes de ces fonctions. »

> **1.** et **2.** Commencer par chercher une primitive avant de calculer la valeur moyenne.
> **3. a.** Il suffit de dériver f.

EXERCICES D'APPROFONDISSEMENT

18 INTÉGRATION PAR PARTIES ★★★ 25 min ▸ P. 192

Soit u et v deux fonctions dérivables sur un intervalle $[a\,;b]$.

1. a. Prouver que, sur $[a\,;b]$, $u'v=(uv)'-uv'$.

b. En déduire que :

$$\int_a^b u'(x)v(x)\,\mathrm{d}x = u(b)v(b)-u(a)v(a)-\int_a^b u(x)v'(x)\,\mathrm{d}x.$$

2. a. En utilisant $u(x)=\dfrac{x^2}{2}$ et $v(x)=\ln x$ sur $[1\,;\mathrm{e}]$, calculer $\int_1^{\mathrm{e}} x\ln x\,\mathrm{d}x$.

b. Calculer, de même, $\int_0^1 x\mathrm{e}^x\,\mathrm{d}x$.

c. En écrivant $\ln x$ comme un produit, calculer $\int_1^2 \ln x\,\mathrm{d}x$.

19 INTÉGRATION ET FONCTIONS TRIGONOMÉTRIQUES ★★★ 20 min ▸ P. 193

On considère les intégrales : $I=\int_0^{\frac{\pi}{4}}\dfrac{\mathrm{d}x}{\cos^2 x}$ et $J=\int_0^{\frac{\pi}{4}}\dfrac{\mathrm{d}x}{\cos^4 x}$.

1. Calculer la dérivée de la fonction $x\mapsto \tan x$ et en déduire la valeur exacte de I.

2. Soit f la fonction définie sur $\mathrm{D}=\left[0\,;\dfrac{\pi}{4}\right]$ par $f(x)=\dfrac{\sin x}{\cos^3 x}$.

Montrer que pour tout x de D, on a : $f'(x)=\dfrac{3}{\cos^4 x}-\dfrac{2}{\cos^2 x}$.

3. Déduire des calculs précédents la valeur exacte de J.

On rappelle que $\tan x=\dfrac{\sin x}{\cos x}$, $(\cos x)'=-\sin x$ et $(\sin x)'=\cos x$.

On a aussi $\tan\left(\dfrac{\pi}{4}\right)=1$, $\cos\left(\dfrac{\pi}{4}\right)=\dfrac{\sqrt{2}}{2}$ et $\sin\left(\dfrac{\pi}{4}\right)=\dfrac{\sqrt{2}}{2}$.

CONTRÔLE

20 CALCUL DE PRIMITIVES | ★★ | 15 min | ▸ P. 193

1. Déterminer une primitive de la fonction f définie par :
a. $f(x) = -x + 5$; b. $f(x) = 3x^2 + 2x + 8$;
c. $f(x) = \frac{1}{4}x^3 - 3x^2$; d. $f(t) = -5t^3 + 3t^2 + 8$.
2. Pour chacune des fonctions f suivantes, définies sur $\mathbb{R}$, déterminer la primitive F vérifiant la condition donnée :
a. $f(x) = 5x + 3$ et $F(0) = 2$; b. $f(x) = 5x^2 - 2x + 6$ et $F(-1) = 3$.

21 AIRE ENTRE DEUX COURBES | ★★ | 25 min | ▸ P. 194

Les fonctions f et g définies sur $\mathbb{R}$ par :

$$f(x) = x^2 + \frac{1}{x^2+4} \quad \text{et} \quad g(x) = -x^2 + 2 + \frac{1}{x^2+4}$$

sont représentées ci-dessous par $\mathscr{C}_f$ et $\mathscr{C}_g$.

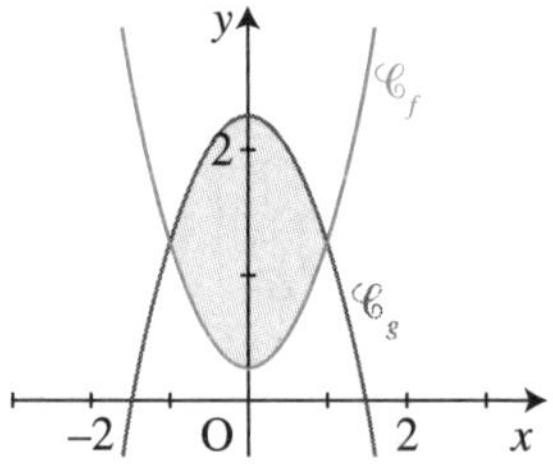

1. Déterminer les abscisses des points d'intersection de $\mathscr{C}_f$ et de $\mathscr{C}_g$
2. Justifier que $f(x) \leqslant g(x)$ sur $[-1 ; 1]$.
3. Exprimer, en fonction de f, l'aire comprise entre $\mathscr{C}_f$, l'axe des abscisses et les droites d'équations $x = -1$ et $x = 1$. (On ne cherchera pas à calculer cette aire.)
4. Exprimer, en fonction de g, l'aire comprise entre $\mathscr{C}_g$, l'axe des abscisses et les droites d'équations $x = -1$ et $x = 1$.
5. En déduire une expression de l'aire du domaine bleu compris entre les deux courbes et calculer sa valeur.

CORRIGÉS

1 CALCULS DE PRIMITIVES

1. Pour $f(x)=x^3+x+5$, on a $\boldsymbol{F(x)=\frac{x^4}{4}+\frac{x^2}{2}+5x}$.

2. Pour $f(x)=\frac{3x^2+2x}{5}=0{,}6x^2+0{,}4x$, on a $F(x)=0{,}6\frac{x^3}{3}+0{,}4\frac{x^2}{2}$, soit $\boldsymbol{F(x)=0{,}2x^3+0{,}2x^2}$.

3. Pour $f(x)=\frac{4}{x^2}=-4\times\frac{-1}{x^2}$, on a $F(x)=-4\times\frac{1}{x}$, soit $\boldsymbol{F(x)=\frac{-4}{x}}$.

4. Pour $f(x)=\frac{17}{2x}=\frac{17}{2}\times\frac{1}{x}$, on a $\boldsymbol{F(x)=\frac{17}{2}\ln x}$.

5. Pour $f(x)=\frac{x+1}{x^2+2x+3}$, on souhaite utiliser $\frac{u'}{u}$ de primitive $\ln(u)$.

Avec $u(x)=x^2+2x+3$, on a $u'(x)=2x+2$.

On a donc $f(x)=\frac{1}{2}\times\frac{2x+2}{x^2+2x+3}$ et $\boldsymbol{F(x)=\frac{1}{2}\ln(x^2+2x+3)}$.

6. Pour $f(x)=\mathrm{e}^{5x}$, on souhaite utiliser $u'\mathrm{e}^u$ de primitive e^u. Avec $u(x)=5x$, on a $u'(x)=5$.

On a donc $f(x)=\frac{1}{5}\times 5\mathrm{e}^{5x}$ et $\boldsymbol{F(x)=\frac{1}{5}\mathrm{e}^{5x}}$.

1. Une primitive de x^n est $\frac{x^{n+1}}{n+1}$.

2. 3. 4. On commence par transformer pour retrouver des modèles du cours.

5. 6. Après avoir reconnu la forme à employer, il faut identifier $u(x)$, calculer $u'(x)$ et la constante multiplicative.

2 RECHERCHE DE PRIMITIVES PARTICULIÈRES

On note F une primitive de f et k constante.

1. Pour $f(x)=4x+5$, on a $F(x)=2x^2+5x+k$.

$F(0)=5 \Leftrightarrow 2\times 0^2+5\times 0+k=5 \Leftrightarrow k=5$.

La solution est : $\boldsymbol{F(x)=2x^2+5x+5}$.

2. Pour $f(x)=\frac{-2}{x^2}$, on a $F(x)=\frac{2}{x}+k$.

$F(-1)=3 \Leftrightarrow \frac{2}{-1}+k=3 \Leftrightarrow k=3+2 \Leftrightarrow k=5$.

La solution est : $\boldsymbol{F(x)=\frac{2}{x}+5}$.

3. Pour $f(x)=xe^{x^2}$, on utilise $u'e^u$ de primitive e^u. Avec $u(x)=x^2$, on a $u'(x)=2x$.

On a $f(x)=0{,}5\times 2xe^{x^2}$ et $F(x)=0{,}5e^{x^2}+k$.
$F(1)=e \Leftrightarrow 0{,}5e^{1^2}+k=e \Leftrightarrow 0{,}5e+k=e \Leftrightarrow k=0{,}5e$.
La solution est : $\boldsymbol{F(x)=0{,}5e^{x^2}+0{,}5e.}$

4. Pour $f(x)=\dfrac{1}{3-x}$, on a $3-x>0$ sur $]-\infty\,;3[$ et $f(x)=-1\times\dfrac{-1}{3-x}$.
On a donc $F(x)=-\ln(3-x)+k$.
$F(0)=0 \Leftrightarrow \ln(3-0)+k=0 \Leftrightarrow k=\ln 3$.
La solution est : $\boldsymbol{F(x)=-\ln(3-x)+\ln 3.}$

3. Commencer par faire apparaître la constante multiplicative après avoir identifié $u(x)$ et calculer $u'(x)$.

4. On utilise $\dfrac{u'}{u}$ de primitive $\ln(u)$ en commençant par identifier $u(x)$ et en faisant apparaître $u'(x)$.

3 TROUVER UNE PRIMITIVE EN DÉRIVANT

1. Pour $g(x)=(x+2)\ln(x+2)$, on a $g'(x)=1\times\ln(x+2)+(x+2)\times\dfrac{1}{x+2}$.
On a donc : $\boldsymbol{g'(x)=\ln(x+2)+1.}$
2. Sur $]-2\,;+\infty[$, on a $f(x)=\ln(x+2)$, soit $f(x)=g'(x)-1$.
On a donc $F(x)=g(x)-x+k$, avec k constante.
$F(-1)=0 \Leftrightarrow g(-1)-(-1)+k=0 \Leftrightarrow 1\times\ln(1)+1+k=0 \Leftrightarrow k=-1$.
La solution est : $\boldsymbol{F(x)=(x+2)\ln(x+2)-x-1.}$

2. Une primitive de g' est g.

4 PRIMITIVE D'UNE PRIMITIVE

1. Pour $g(x)=(x-4)e^x$, on calcule $g'(x)$ en utilisant $(uv)'=u'v+uv'$.
Ici, on a : $u(x)=x-4$, $u'(x)=1$, $v(x)=e^x$ et $v'(x)=e^x$.
On a $g'(x)=1e^x+(x-4)e^x=(x-3)e^x=f(x)$.
g est une primitive de f sur $\mathbb{R}$.
2. Sur $\mathbb{R}$, on a $g(x)=(x-4)e^x=(x-3)e^x-e^x=f(x)-e^x$.
On a donc $G(x)=F(x)-e^x=g(x)-e^x$.
Soit : $\boldsymbol{G(x)=(x-5)e^x.}$

1. Si $g'=f$ alors g est une primitive de f.

2. On peut montrer qu'une primitive de $(ax+b)e^x$ est $(ax+b-a)e^x$.

5 CALCULS D'INTÉGRALES

1. Sur $[0\,;3]$, une primitive de $x \mapsto x+3$ est $F : x \mapsto 0{,}5x^2+3x$.

$\int_0^3 (x+3)\,\mathrm{d}x = F(3)-F(0) = 0{,}5\times3^2+3\times3-(0{,}5\times0^2+3\times0) = \mathbf{13{,}5}$.

2. Sur $[1\,;\mathrm{e}-1]$, une primitive de $x \mapsto 2\times\dfrac{1}{x+1}$ est $F : x \mapsto 2\ln(x+1)$.

$\int_1^{\mathrm{e}-1} \dfrac{2}{x+1}\,\mathrm{d}x = F(\mathrm{e}-1)-F(1) = 2\ln\mathrm{e}-2\ln2 = \mathbf{2-2\ln 2}$.

3. Sur $[-5\,;-3]$, une primitive de $x \mapsto -4\times\dfrac{-1}{(x-2)^2}$ est $F : x \mapsto -4\times\dfrac{1}{x-2}$.

$\int_{-5}^{-3} \dfrac{4}{(x-2)^2}\,\mathrm{d}x = F(-3)-F(-5) = \dfrac{-4}{-3-2}-\dfrac{-4}{-5-2} = \dfrac{4}{5}-\dfrac{4}{7} = \mathbf{\dfrac{8}{35}}$.

4. Sur $[0\,;2]$, une primitive de $x \mapsto \mathrm{e}^{4x}$ est $F : x \mapsto \dfrac{1}{4}\mathrm{e}^{4x}$.

$\int_0^2 \mathrm{e}^{4x}\mathrm{d}x = F(2)-F(0) = \dfrac{1}{4}\mathrm{e}^{4\times2}-\dfrac{1}{4}\mathrm{e}^{4\times0} = \mathbf{\dfrac{1}{4}e^8-\dfrac{1}{4}}$.

5. Sur $[2\,;3]$, une primitive de $x \mapsto 6\times1\times(x-3)^2$ est :

$F : x \mapsto 6\times\dfrac{1}{3}(x-3)^3 = 2(x-3)^3$.

$\int_2^3 6(x-3)^2\,\mathrm{d}x = F(3)-F(2) = 2(3-3)^3-2(2-3)^3 = \mathbf{2}$.

6. Sur $[-2\,;2]$, une primitive de $x \mapsto 3\times\dfrac{2x}{2\sqrt{x^2+5}}$ est $F : x \mapsto 3\sqrt{x^2+5}$.

$\int_{-2}^2 \dfrac{3x}{\sqrt{x^2+5}}\,\mathrm{d}x = F(2)-F(-2) = 3\sqrt{2^2+5}-3\sqrt{(-2)^2+5} = \mathbf{0}$.

Pour calculer une intégrale, on recherche d'abord une primitive de la fonction à intégrer.

2. $\ln \mathrm{e} = 1$.

5. Une primitive de $u'u^n$ est $\dfrac{1}{n+1}u^{n+1}$.

6 CALCULS D'INTÉGRALES

1. Sur $[1\,;2]$, on a $\dfrac{x^2+2x+1}{x^4} = \dfrac{1}{x^2}+2\times\dfrac{1}{x^3}-\dfrac{-1}{x^4}$.

Une primitive est $F : x \mapsto \dfrac{-1}{x}-\dfrac{1}{x^2}-\dfrac{1}{3x^3}$.

$\int_1^2 \dfrac{x^2+2x+1}{x^4}\,\mathrm{d}x = F(2)-F(1) = \dfrac{-1}{2}-\dfrac{1}{4}-\dfrac{1}{24}-\left(-1-1-\dfrac{1}{3}\right) = \mathbf{\dfrac{37}{24}}$.

2. Sur $[1 ; 2]$, une primitive de $x+\dfrac{1}{x}$ est $F : x \mapsto 0{,}5x^2+\ln x$.

$\int_1^2\left(x+\dfrac{1}{x}\right)\mathrm{d}x = F(2)-F(1) = 2+\ln 2-(0{,}5+\ln 1) = \mathbf{1{,}5+\ln 2.}$

3. On utilise $u'u^n$ de primitive $\dfrac{1}{n+1}u^{n+1}$ avec $u(x)=x^2+4x$ et $u'(x)=2x+4=2(x+2)$.

Sur $[0 ; 2]$, une primitive de $x \mapsto 0{,}5\times 2(x+2)(x^2+4x)$ est :

$F : x \mapsto 0{,}5\times\dfrac{1}{2}(x^2+4x)^2$.

$\int_0^2 (x+2)(x^2+4x)\mathrm{d}x = F(2)-F(0) = 0{,}5\times\dfrac{1}{2}\times 12^2-0{,}5\times\dfrac{1}{2}\times 0^2 = \mathbf{36.}$

4. Sur $[\ln 2 ; \ln 4]$, une primitive de $x \mapsto \dfrac{\mathrm{e}^x}{(\mathrm{e}^x+1)^2}$ est $F : x \mapsto \dfrac{-1}{\mathrm{e}^x+1}$.

$\int_{\ln 2}^{\ln 4}\dfrac{\mathrm{e}^x}{(\mathrm{e}^x+1)^2}\mathrm{d}x = F(\ln 4)-F(\ln 2) = \dfrac{-1}{4+1}-\dfrac{-1}{2+1} = \mathbf{\dfrac{2}{15}}.$

1. Une primitive de $\dfrac{-1}{x^n}$ est $\dfrac{1}{(n-1)x^{n-1}}$.

3. Une primitive de $u'u^n$ est $\dfrac{1}{(n+1)}u^{n+1}$.

4. $\mathrm{e}^{\ln(a)} = a$.

7 CALCULS D'INTÉGRALES ENCHAÎNÉS

1. Sur $[0 ; \ln 2]$, une primitive de $x \mapsto \dfrac{\mathrm{e}^x}{\mathrm{e}^x+1}$ est $F : x \mapsto \ln(\mathrm{e}^x+1)$.

$I = \int_0^{\ln 2}\dfrac{\mathrm{e}^x}{\mathrm{e}^x+1}\mathrm{d}x = F(\ln 2)-F(0) = \ln(2+1)-\ln(2) = \mathbf{\ln 1{,}5.}$

2. Par linéarité, on a :

$I+J = \int_0^{\ln 2}\dfrac{\mathrm{e}^x}{\mathrm{e}^x+1}\mathrm{d}x+\int_0^{\ln 2}\dfrac{1}{\mathrm{e}^x+1}\mathrm{d}x = \int_0^{\ln 2}\left(\dfrac{\mathrm{e}^x}{\mathrm{e}^x+1}+\dfrac{1}{\mathrm{e}^x+1}\right)\mathrm{d}x = \int_0^{\ln 2}1\,\mathrm{d}x.$

Une primitive de $x \mapsto 1$ est $G : x \mapsto x$.

$I+J = G(\ln 2)-G(0) = \ln(2)-0 = \mathbf{\ln 2.}$

3. On a donc $J = (I+J)-I = \ln 2-\ln 1{,}5 = \ln\left(\dfrac{2}{1{,}5}\right) = \mathbf{\ln\left(\dfrac{4}{3}\right)}.$

1. $\mathrm{e}^{\ln(a)} = a$; $\mathrm{e}^0 = 1$ et $\ln(a)-\ln(b) = \ln\left(\dfrac{a}{b}\right)$.

8 CALCULS DE VALEURS MOYENNES

1. Sur $\mathrm{I} = [0\,;1]$, une primitive de $f(x) = x^2$ est $F(x) = \frac{x^3}{3}$.

La valeur moyenne de f sur $\mathrm{I} = [0\,;1]$ est :

$$m = \frac{F(1) - F(0)}{1 - 0}$$

$$= \frac{\frac{1^3}{3} - \frac{0^3}{3}}{1} = \mathbf{\frac{1}{3}}.$$

2. Sur $\mathrm{I} = [1\,;4]$, une primitive de $f(x) = \frac{5}{x}$ est $F(x) = 5\ln x$.

La valeur moyenne de f sur $\mathrm{I} = [1\,;4]$ est :

$$m = \frac{F(4) - F(1)}{4 - 1}$$

$$= \frac{5\ln(4) - 5\ln(1)}{3} = \mathbf{\frac{5\ln 4}{3}}.$$

3. Sur $\mathrm{I} = [-2\,;2]$, on a $f(x) = 0{,}5 \times 2\mathrm{e}^{2x}$; une primitive est donc $F(x) = 0{,}5\mathrm{e}^{2x}$.

La valeur moyenne de f sur $\mathrm{I} = [-2\,;2]$ est :

$$m = \frac{F(2) - F(-2)}{2 - (-2)}$$

$$= \mathbf{\frac{0{,}5e^4 - 0{,}5e^{-4}}{4}}.$$

4. Sur $\mathrm{I} = [0\,;0{,}5]$, on a $f(x) = 0{,}5 \times 2 \times (2x+3)^3$.
Une primitive de f est donc :

$$F(x) = 0{,}5\,\frac{(2x+3)^4}{4}$$

$$= \mathbf{\frac{(2x+3)^4}{8}}.$$

La valeur moyenne de f sur $\mathrm{I} = [0\,;0{,}5]$ est :

$$m = \frac{F(0{,}5) - F(0)}{0{,}5 - 0}$$

$$= \frac{\frac{(1+3)^4}{8} - \frac{3^4}{8}}{0{,}5} = \mathbf{\frac{4^4 - 3^4}{4}}.$$

Pour déterminer une valeur moyenne, on commence par déterminer une primitive de la fonction.

2. $\ln 1 = 0$.

4. Commencer par faire apparaître la forme $u'u^n$ de primitive $\frac{1}{n+1}u^{n+1}$.

9 CALCUL D'UNE AIRE

1. Sur $[0\,;1]$, on a le numérateur $2x$ positif et le dénominateur x^2+4 strictement positif. Donc, en faisant le quotient, ***f* est positive sur $[0\,;1]$.**

2. On a $f(x)$ de la forme $\frac{u'(x)}{u(x)}$ avec $u(x)>0$. Une primitive est : $\boldsymbol{F(x)=\ln\left(x^2+4\right)}$.

3. L'aire recherchée est : $\int_0^1 f(x)\,\mathrm{d}x = F(1)-F(0)=\ln(5)-\ln(4)=\ln(1,25)$.

Ici, une unité d'aire est l'aire d'un carré de côté 2 cm, soit une aire de 4 cm².

L'aire du domaine compris entre $\mathscr{C}$, l'axe des abscisses et les droites d'équations $x=0$ et $x=1$ vaut $4\ln(1,25)\,\mathrm{cm}^2$.

3. Pour une fonction positive sur un intervalle $[a\,;b]$, l'aire comprise entre $\mathscr{C}_f$, l'axe des abscisses et les droites d'équations $x=a$ et $x=b$ est donnée, en unités d'aire, par $\int_a^b f(x)\,\mathrm{d}x$.

10 COMPARAISON D'AIRES

1. Voir ci-contre (la figure n'est pas en vraie grandeur).

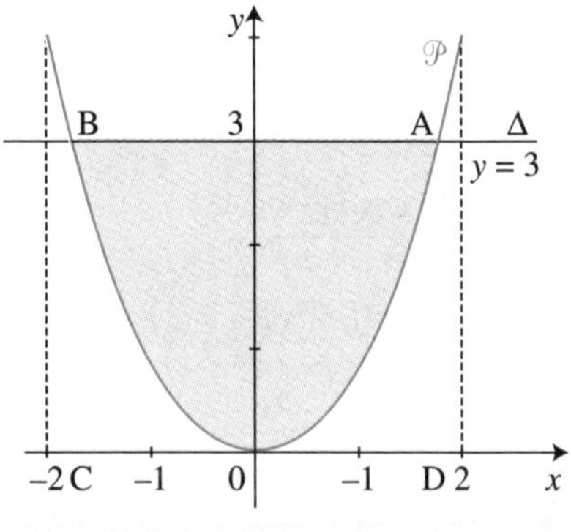

2. Une primitive de $x\mapsto x^2$ est $F: x\mapsto \frac{1}{3}x^3$.

$$I=\int_{-\sqrt{3}}^{\sqrt{3}} x^2\mathrm{d}x = F\left(\sqrt{3}\right)-F\left(-\sqrt{3}\right)$$

$$=\frac{1}{3}\times\sqrt{3^3}-\frac{1}{3}\times\left(-\sqrt{3}\right)^3=\boldsymbol{2\sqrt{3}}.$$

3. a. Les abcisses des point d'intersection de la droite Δ et de la parabole $\mathscr{P}$ sont solutions de l'équation $x^2=3$: ce sont $\sqrt{3}$ et $-\sqrt{3}$. On a $\boldsymbol{x_A=\sqrt{3}}$ **et** $\boldsymbol{x_B=-\sqrt{3}}$.

b. L'aire de ABCD est $AB\times AD = 2\sqrt{3}\ \mathrm{cm}\times 3\ \mathrm{cm}$, soit $\boldsymbol{6\sqrt{3}\ \mathrm{cm}^2}$.

c. L'aire de $\mathscr{D}$ est la différence entre l'aire du rectangle ABCD et celle du domaine compris entre $\mathscr{P}$, l'axe des abscisses et les droites d'équation $x=-\sqrt{3}$ et $x=\sqrt{3}$.

Or cette dernière aire est $\int_{-\sqrt{3}}^{\sqrt{3}} x^2\mathrm{d}x$, soit $2\sqrt{3}$.

On a : aire de $\mathscr{D}=6\sqrt{3}-2\sqrt{3}=\boldsymbol{4\sqrt{3}}$ **en cm².**

d. On a $6\sqrt{3}\times\frac{2}{3}=4\sqrt{3}$, donc **l'aire de $\mathscr{D}$ est égale aux deux tiers de l'aire de ABCD.**

Remarque : si on remplace $y=3$ par $y=k$ avec k strictement positif, l'aire de $\mathscr{D}$ reste égale aux deux tiers de l'aire de ABCD.

11 CALCUL D'UNE AIRE

1. Sur $]0\,;\mathrm{e}]$, on a $f(x) = x - \dfrac{\ln x}{x}$.

On utilise : $\left(\dfrac{u}{v}\right)' = \dfrac{u'v - uv'}{v^2}$ avec $u(x) = \ln x$, $u'(x) = \dfrac{1}{x}$, $v(x) = x$ et $v'(x) = 1$.

On a donc $f'(x) = 1 - \dfrac{\frac{1}{x} \times x - \ln x \times 1}{x^2} = \mathbf{\dfrac{x^2 - 1 + \ln x}{x^2}}$.

Le dénominateur étant strictement positif, $f'(x)$ est du même signe que $x^2 - 1 + \ln x$.

Sur $]0\,;1[$, on a $x^2 - 1 < 0$ et $\ln x < 0$, donc $f'(x) < 0$.

On a $1^2 - 1 = 0$ et $\ln 1 = 0$, donc $f'(1) = 0$.

Sur $]1\,;\mathrm{e}[$, on a $x^2 - 1 > 0$ et $\ln x > 0$, donc $f'(x) > 0$.

2. a. Pour tout x de $]0\,;\mathrm{e}[$, on a $x - f(x) = x - x + \dfrac{\ln x}{x} = \dfrac{\ln x}{x}$.
Comme $x > 0$, $x - f(x)$ a le même signe que $\ln x$.
Si x appartient à $]0\,;1[$, on a $\ln x < 0$ et $x - f(x) < 0$.
Pour $x = 1$, on a $\ln 1 = 0$ et $x - f(x) = 0$.
Si x appartient à $]1\,;\mathrm{e}]$, on a $\ln x > 0$ et $x - f(x) > 0$.
b. Sur $]0\,;1[$, on a $x < f(x)$, donc Δ est **au-dessous de $\mathscr{C}$.**
Pour $x = 1$, on a $x = f(x)$ et Δ **rencontre $\mathscr{C}$.**
Sur $]1\,;\mathrm{e}]$, on a $x > f(x)$, donc Δ **est au-dessus de $\mathscr{C}$.**

3. On utilise $\left(u^n\right)' = nu'u^{n+1}$ avec $n = 2$, $u(x) = \ln x$ et $u'(x) = \dfrac{1}{x}$.

Sur $]0\,;\mathrm{e}]$, on a $g'(x) = 2 \times \dfrac{1}{x} \times \ln x = 2\dfrac{\ln x}{x}$.

On a donc : $\dfrac{1}{2}g'(x) = \dfrac{\ln x}{x}$.

Sur $]0\,;\mathrm{e}]$, une primitive de $x \mapsto \dfrac{\ln x}{x}$ est $x \mapsto h(x) = \mathbf{\dfrac{1}{2}\ln^2 x}$.

4. Comme sur $]1\,;\mathrm{e}]$, on a Δ au-dessus de $\mathscr{C}$, l'aire recherchée s'écrit :

$\int_1^{\mathrm{e}} (x - f(x))\,\mathrm{d}x = \int_1^{\mathrm{e}} \dfrac{\ln x}{x}\,\mathrm{d}x = h(\mathrm{e}) - h(1) = \dfrac{1}{2}(\ln \mathrm{e})^2 - \dfrac{1}{2}(\ln 1)^2 = 0{,}5$ (en u.a.).

Or $\ln \mathrm{e} = 1$ et $\ln 1 = 0$ et l'unité d'aire vaut 1 cm^2.
L'aire de la partie du plan $\mathscr{P}$ limitée par la courbe $\mathscr{C}$, la droite Δ et les droites d'équations $x = 1$ et $x = \mathrm{e}$ vaut **0,5 cm^2.**

1. Ne sachant pas résoudre les inéquations $x^2 - 1 + \ln x$ par les méthodes usuelles, on étudie le signe de $f'(x)$ en appliquant la règle suivante : « la somme de deux nombres de même signe a le même signe que ces deux nombres ».

4. Pour calculer l'aire comprise entre deux courbes $\mathscr{C}_g$ et $\mathscr{C}_f$ avec $\mathscr{C}_g$ au-dessus de $\mathscr{C}_f$, et entre les droites d'équations $x = a$ et $x = b (a < b)$, on calcule $\int_a^b f(x)\,\mathrm{d}x$.

12 MODÉLISATION D'UNE VENTE

1. Sur $[0\,;3]$, on a $t \geqslant 0$ et une exponentielle est toujours positive ; produit de deux fonctions positives, f est positive sur $\mathbf{[0\,;3]}$.

2. Sur $[0\,;3]$, on a : $F(t) = -20\mathrm{e}^{\frac{-t^2}{2}}$. On utilise $\left(\mathrm{e}^{u}\right)' = u'\mathrm{e}^{u}$ avec $u(t) = \dfrac{-t^2}{2}$ et

$u'(t) = \dfrac{-2t}{2} = -t$. On a : $F'(t) = -20 \times (-t)\mathrm{e}^{\frac{-t^2}{2}} = 20t\mathrm{e}^{\frac{-t^2}{2}} = f(t)$.

F est bien une primitive de f sur $[0\,;3]$.

3. f étant positive sur $[0\,;3]$, l'aire du domaine limité par l'axe des abscisses, la courbe représentative de f et les droites d'équations $t = 0$ et $t = 3$ est donnée par :

$I = \int_0^3 f(t)\,\mathrm{d}t = F(3) - F(0) = -20\,\mathrm{e}^{-4{,}5} - \left(-20\,\mathrm{e}^{0}\right)$, soit $\boldsymbol{I = 20\left(1 - \mathrm{e}^{-4{,}5}\right)}$.

4. La valeur moyenne de f sur $[0\,;3]$ est :

$m = \dfrac{1}{3-0}\displaystyle\int_0^3 f(t)\,\mathrm{d}t = \dfrac{1}{3}I$, soit $\boldsymbol{m = \dfrac{20}{3}\left(1 - \mathrm{e}^{-4{,}5}\right)}$.

5. La somme totale transférée à la fin des trois minutes est la valeur moyenne m multipliée par le temps total, soit $3\,m$ ou encore I.

La somme totale transférée est $\mathbf{20\left(1 - e^{-4{,}5}\right)}$ **milliers d'euros,** soit **19 778 euros** à un euro près.

2. Pour montrer qu'une fonction F est une primitive d'une fonction f, il suffit de vérifier que $F' = f$.

13 PRIMITIVE PAR DÉRIVATION ET ÉQUATIONS

1. On utilise $\left(u^n\right)' = nu'u^{n-1}$ avec $n = 4$, $u(x) = 1 + x$ et $u'(x) = 1$.

Pour tout x réel, on a :

$f'(x) = 4 \times 1 \times (1+x)^3 = \mathbf{4(1+x)^3}$.

2. Pour tout x réel , on a :

$$\begin{aligned} f'(x) &= 4(1+x)(1+x)^2 \\ &= (4x+4)\left(1+2x+x^2\right) \\ &= 4 + 8x + 4x^2 + 4x + 8x^2 + 4x^3 \\ &= 4 + 12x + 12x^2 + 4x^3 \\ &= g(x). \end{aligned}$$

f est bien une primitive de g sur $\mathbb{R}$.

3. a. $f(x) = g(x) \Leftrightarrow (1+x)^4 = 4(1+x)^3 \Leftrightarrow (1+x)^4 - 4(1+x)^3 = 0$

$\Leftrightarrow (1+x)^3(1+x-4) = 0 \Leftrightarrow 1 + x = 0$ ou $x - 3 = 0$

Les solutions de $f(x) = g(x)$ sont -1 et 3.

b. $\ln[f(x)] = \ln[g(x)] \Leftrightarrow f(x) = g(x)$ avec $f(x) > 0$ et $g(x) > 0$.
De la question **3a**, on déduit que les solutions potentielles sont -1 et 3.
Or, on a $f(-1) = g(-1) = 0$ donc -1 n'est pas solution.
En revanche, on a $f(3) = g(3) = 256$. **La seule solution est 3.**

2. $x \times x^2 = x^3$. Pour montrer qu'une fonction f est une primitive d'une fonction g, il suffit de vérifier que $f' = g$.

3. a. $\ln(a) = \ln(b) \Leftrightarrow a = b$ avec a et b strictement positifs.

14 ENCADREMENT D'UNE INTÉGRALE

1. Pour tout réel x, on a :

$$f(x) - g(x) = \frac{1}{1+x^2} + \frac{x}{2} - 1 = \frac{2 + x + x^3 - 2 - 2x^2}{2(1+x^2)} = \frac{x + x^3 - 2x^2}{2(1+x^2)}$$

$$= \frac{x(x^2 - 2x + 1)}{2(1+x^2)}.$$

On a donc $f(x) - g(x) = \dfrac{x(x-1)^2}{2(1+x^2)}$.

Pour tout x appartenant à l'intervalle $[0\,;1]$, on a $f(x) - g(x) \geqslant 0$, soit $\boldsymbol{g(x) \leqslant f(x)}$.
Pour tout réel x, on a :

$$f(x) - h(x) = \frac{1}{1+x^2} + \frac{x^2}{2} - 1 = \frac{2 + x^2 + x^4 - 2 - 2x^2}{2(1+x^2)} = \frac{x^4 - x^2}{2(1+x^2)}$$

$$= \frac{x^2(x^2 - 1)}{2(1+x^2)}.$$

Pour tout x appartenant à l'intervalle $[0\,;1]$, on a $f(x) - h(x) \leqslant 0$, soit $\boldsymbol{f(x) \leqslant h(x)}$.
Pour tout x de $[0\,;1]$, on a bien : $\boldsymbol{g(x) \leqslant f(x) \leqslant h(x)}$ **(1).**

2. D'après la propriété de positivité des intégrales et la relation (1), on a :
$\int_0^1 g(x)\,\mathrm{d}x \leqslant \int_0^1 f(x)\,\mathrm{d}x \leqslant \int_0^1 h(x)\,\mathrm{d}x$ (2).

Sur $[0\,;1]$, une primitive de g est $G : x \mapsto \dfrac{-x^2}{4} + x$.

On a donc $\int_0^1 g(x)\,\mathrm{d}x = G(1) - G(0) = \dfrac{-1}{4} + 1 - 0 = \dfrac{3}{4}$.

Sur $[0\,;1]$, une primitive de h est $H : x \mapsto \dfrac{-x^3}{6} + x$.

On a donc $\int_0^1 h(x)\,\mathrm{d}x = H(1) - H(0) = \dfrac{-1}{6} + 1 - 0 = \dfrac{5}{6}$.

De la relation (2), on déduit que : $\boldsymbol{\dfrac{3}{4} \leqslant I \leqslant \dfrac{5}{6}}$.

1. Pour comparer deux expressions, il est souvent pratique d'étudier le signe de leur différence.

15 AIRE D'UN DEMI-DISQUE

1. L'aire d'un disque de rayon $\frac{1}{2}$ est $\pi\times\left(\frac{1}{2}\right)^2$, soit $\boldsymbol{\frac{\pi}{4}}$.

2. On utilise $\left(\sqrt{u}\right)' = \frac{u'}{2\sqrt{u}}$ avec $u(x) = x(1-x) = x - x^2$ et $u'(x) = 1-2x$.

Pour tout x de $]0\,;1[$, on a :

$f'(x) = \frac{1-2x}{2\sqrt{x(1-x)}}$.

$f'(x)$ est du même signe que $1-2x$.

$1-2x > 0 \Leftrightarrow 1 > 2x \Leftrightarrow 0{,}5 > x$.

Sur $]0\,;0{,}5[$, on a $f'(x) > 0$ et **f est strictement croissante sur $[0\,;0{,}5]$.**

Sur $]0{,}5\,;1[$, on a $f'(x) < 0$ et **f est strictement décroissante sur $[0{,}5\,;1]$.**

3. a. M un point de $\mathscr{C}$ d'abscisse x a pour ordonnée $f(x) = \sqrt{x(1-x)}$.

On a : $\mathrm{IM}^2 = (x_\mathrm{M} - x_\mathrm{I}) + (y_\mathrm{M} - y_\mathrm{I})^2$

$= (x-0{,}5)^2 + \left(\sqrt{x(1-x)}\right)^2$

$= x^2 - x + 0{,}25 + x(1-x)$

$= x^2 - x + 0{,}25 + x - x^2$.

On a donc : $\mathbf{IM^2 = 0{,}25}$.

b. Si M appartient à $\mathscr{C}$, alors on a $\mathrm{IM}^2 = 0{,}25$, soit $\mathrm{IM} = 0{,}5$. M appartient alors au cercle de centre I et de rayon 0,5. $\mathscr{C}$ est une partie de ce cercle.

L'ordonnée de M étant $f(x)$, qui est positif, M est au-dessus de l'axe des abscisses ou sur cet axe.

$\mathscr{C}$ est donc le demi-cercle de centre I et de rayon 0,5, situé au-dessus de l'axe des abscisses.

4. a. Comme f est positive sur $[0\,;1]$, $J = \int_0^1 f(x)\,\mathrm{d}x$ représente l'aire du domaine compris entre $\mathscr{C}$, l'axe des abscisses et les droites d'équations $x = 0$ et $x = 1$.

b. J est donc l'aire du demi-disque de bord $\mathscr{C}$, c'est-à-dire l'aire d'un demi-disque de rayon 0,5.

On a $J = 0{,}5\times 0{,}25\pi$, soit $\boldsymbol{J = \frac{\pi}{8}}$.

1. L'aire d'un disque de rayon r est πr^2.

3. b. Un cercle de centre I et de rayon r est l'ensemble des points M tels que $\mathrm{IM} = r$.

16 PROBLÈME ÉCONOMIQUE

1. On calcule la dérivée de F sur $[0\,;+\infty[$.

On utilise $(uv)' = u'v + uv'$ avec $u(t) = -2t^2 - 7t - 7$, $u'(t) = -4t - 7$, $v(t) = \mathrm{e}^{-t}$ et $v'(t) = -\mathrm{e}^{-t}$.

Pour $t \geqslant 0$, on a :

$$\begin{aligned} F'(t) &= (-4t-7)\mathrm{e}^{-t} + \left(-2t^2 - 7t - 7\right)\times\left(-\mathrm{e}^{-t}\right) \\ &= \mathrm{e}^{-t}\left(-4t - 7 + 2t^2 + 7t + 7\right) \\ &= \mathrm{e}^{-t}\left(2t^2 + 3t\right) = f(t). \end{aligned}$$

F est bien une primitive de f sur $[0\,;+\infty[$.

2. a. $P(t) = 200 \times \int_0^t f(x)\,\mathrm{d}x = 200 \times (F(t) - F(0)) = \mathbf{200F(t) + 1\,400}$.

b. Sur $[0\,;+\infty[$, on a :

$P'(t) = 200\,F'(t) = 200 f(t) = 200\,\mathrm{e}^{-t}\left(2t^2 + 3t\right)$.

Or pour $t \geqslant 0$, on a $\mathrm{e}^{-t} > 0$ et $2t^2 + 3t \geqslant 0$. Donc on a $P'(t) \geqslant 0$.

P est donc croissante sur $[0\,;+\infty[$.

c. Le 1er janvier 2016 correspond à $t = 5$.

$P(5) = 200\left(-2\times 5^2 - 7\times 5 - 7\right)\mathrm{e}^{-5} + 1\,400$, donc $P(5) = 1\,276$ à 1 près.

Entre le 1er janvier 2011 et le 1er janvier 2016, la production totale de gravier est de **1 276 milliers de tonnes** à 1 millier de tonnes près.

La production annuelle moyenne sur cette période est $\dfrac{P(5)}{5}$, soit **255 milliers de tonnes** à 1 millier près.

1. Pour montrer qu'une fonction F est une primitive d'une fonction f, il suffit de vérifier que $F' = f$.

17 VALEURS MOYENNES ET PRODUIT

1. Sur l'intervalle $\mathrm{I} = [\ln 2\,;\ln 3]$, une primitive de h est $H : x \mapsto \dfrac{x^2}{2}$.

La valeur moyenne de h sur I est :

$$M_1 = \frac{H(\ln 3) - H(\ln 2)}{\ln 3 - \ln 2} = \frac{1}{2}\times\frac{(\ln 3)^2 - (\ln 2)^2}{\ln 3 - \ln 2} = \frac{1}{2}(\ln 3 + \ln 2).\ \mathbf{M_1 = 0{,}5\ln 6.}$$

2. Sur l'intervalle $\mathrm{I} = [\ln 2\,;\ln 3]$, une primitive de j est $J : x \mapsto -\mathrm{e}^{-x}$.

La valeur moyenne de j sur I est :

$$M_2 = \frac{J(\ln 3) - J(\ln 2)}{\ln 3 - \ln 2} = \frac{\mathrm{e}^{-\ln 3} - \mathrm{e}^{-\ln 2}}{\ln 3 - \ln 2} = \frac{\frac{1}{3} - \frac{1}{2}}{\ln 1{,}5}.\ \mathbf{M_2 = \frac{-1}{6\ln 1{,}5}}.$$

3. a. Pour $f : x \mapsto (-x-1)\mathrm{e}^{-x}$, on a :

$f'(x) = -1\times\mathrm{e}^{-x} + (-x-1)\times\left(-\mathrm{e}^{-x}\right) = x\mathrm{e}^{-x} = g(x)$.

f est une primitive de g sur $\mathbb{R}$.

b. La valeur moyenne M_3 de g sur I est :

$$M_3 = \frac{f(\ln 3) - f(\ln 2)}{\ln 3 - \ln 2} = \frac{\frac{-\ln(3)-1}{3} - \frac{-\ln(2)-1}{2}}{\ln 1{,}5} = \mathbf{\frac{1 - 2\ln(3) + 3\ln(2)}{6\ln 1{,}5}}.$$

4. Comme $M_1M_2 = 0{,}368$ à 10^{-3} près et que $M_3 = 0{,}363$ à 10^{-3} près, on a $M_1M_2 \neq M_3$ avec cependant $g = hj$.

L'affirmation : « Sur un intervalle, la valeur moyenne du produit de deux fonctions est égale au produit des valeurs moyennes de ces fonctions » **est donc fausse.**

1. $\ln(a) + \ln(b) = \ln(ab)$.

2. $e^{-\ln(a)} = \frac{1}{e^{\ln(a)}} = \frac{1}{a}$ et $\ln(a) - \ln(b) = \ln\left(\frac{a}{b}\right)$.

18 INTÉGRATION PAR PARTIES

1. a. Soit u et v deux fonctions dérivables sur un intervalle $[a\,;b]$.

On sait que $(uv)' = u'v + uv'$. On a donc bien : $u'v = (uv)' - uv'$ (1).

b. En intégrant entre a et b les deux membres de la relation (1), on a :

$$\int_a^b u'(x)v(x)\,dx = \int_a^b \Big[(u(x)v(x))' - u(x)v'(x)\Big]\,dx$$
$$= \int_a^b (u(x)v(x))'\,dx - \int_a^b u(x)v'(x)\,dx.$$

Or une primitive de $(uv)'$ est uv et $\int_a^b (u(x)v(x))'\,dx = u(b)v(b) - u(a)v(a)$.

On a bien : $\boldsymbol{\int_a^b u'(x)v(x)\,dx = u(b)v(b) - u(a)v(a) - \int_a^b u(x)v'(x)\,dx}$ (1).

2. a. On utilise $u(x) = \frac{x^2}{2}$, donc $u'(x) = x$ et $v(x) = \ln(x)$. Donc $v'(x) = \frac{1}{x}$.

(1) donne : $\int_1^e x\ln x\,dx = \frac{e^2}{2}\ln(e) - \frac{1^2}{2}\ln(1) - \int_1^e \frac{x^2}{2}\times\frac{1}{x}\,dx = \frac{e^2}{2} - \int_1^e \frac{1}{2}x\,dx$

$$= \frac{e^2}{2} - \left(\frac{1}{2}\times\frac{e^2}{2} - \frac{1}{2}\times\frac{1^2}{2}\right).$$

On obtient : $\int_1^e x\ln x\,dx = \mathbf{\frac{e^2+1}{4}}$.

b. On utilise $u(x) = e^x$ donc $u'(x) = e^x$ et $v(x) = x$ donc $v'(x) = 1$.

(1) donne : $\int_0^1 xe^x\,dx = 1e^1 - 0e^0 - \int_0^1 e^x\,dx = e - \left(e^1 - e^0\right) = e^0$.

On obtient : $\int_0^1 xe^x\,dx = \mathbf{1}$.

c. On a $\ln x = 1 \times \ln x$.

On utilise $u(x) = x$ donc $u'(x) = 1$ et $v(x) = \ln x$ donc $v'(x) = \frac{1}{x}$. (1) donne :

$$\int_1^2 \ln(x)\,dx = 2\ln(2) - 1\ln(1) - \int_1^2 x\times\frac{1}{x}\,dx = 2\ln(2) - \int_1^2 1\,dx = 2\ln(2) - (2-1).$$

On obtient : $\int_1^2 \ln(x)\,dx = \mathbf{2\ln(2) - 1}$.

19 INTÉGRATION ET FONCTIONS TRIGONOMÉTRIQUES

1. On a : $(\tan x)' = \left(\frac{\sin x}{\cos x}\right)' = \frac{\cos x \times \cos x - \sin x \times (-\sin x)}{\cos^2 x}$

$= \frac{\cos^2 x + \sin^2 x}{\cos^2 x} = \frac{1}{\cos^2 x}.$

La fonction $x \mapsto \tan x$ est donc une primitive de $x \mapsto \frac{1}{\cos^2 x}$.

$I = \int_0^{\frac{\pi}{4}} \frac{\mathrm{d}x}{\cos^2 x} = [\tan x]_0^{\frac{\pi}{4}} = \tan\left(\frac{\pi}{4}\right) - \tan(0)$. $\boldsymbol{I = 1}$.

2. Pour $f(x) = \frac{\sin x}{\cos^3 x}$, on a :

$$f'(x) = \frac{\cos x \times \cos^3 x - \sin x \times \left(-3\sin x \cos^2 x\right)}{\cos^6 x} = \frac{\cos^4 x + 3\sin^2 x \cos^2 x}{\cos^6 x}$$

$$= \frac{\cos^2 x + 3\left(1 - \cos^2 x\right)}{\cos^4 x} = \frac{-2\cos^2 x + 3}{\cos^4 x}.$$

On a bien : $\boldsymbol{f'(x) = \frac{3}{\cos^4 x} - \frac{2}{\cos^2 x}}$.

3. On a donc $\int_0^{\frac{\pi}{4}} f'(x)\,\mathrm{d}x = \int_0^{\frac{\pi}{4}} \frac{3}{\cos^4 x} - \frac{2}{\cos^2 x}\,\mathrm{d}x$, soit $[f(x)]_0^{\frac{\pi}{4}} = 3J - 2I$.

Or, on a $[f(x)]_0^{\frac{\pi}{4}} = f\left(\frac{\pi}{4}\right) - f(0) = \frac{\frac{\sqrt{2}}{2}}{\left(\frac{\sqrt{2}}{2}\right)^3} - 0 = 2$ et $I = 1$.

On a $2 = 3J - 2$ **donc** $\boldsymbol{J = \frac{4}{3}}$.

20 CALCUL DE PRIMITIVES

1. a. Pour $f(x) = -x + 5$, on a $F(x) = \boldsymbol{\frac{-x^2}{2} + 5x}$.

b. Pour $f(x) = 3x^2 + 2x + 8$, on a $F(x) = 3\frac{x^3}{3} + 2\frac{x^2}{2} + 8x = \boldsymbol{x^3 + x^2 + 8x}$.

c. Pour $f(x) = \frac{1}{4}x^3 - 3x^2$, on a $F(x) = \frac{1}{4} \times \frac{x^4}{4} - 3 \times \frac{x^3}{3} = \boldsymbol{\frac{1}{16}x^4 - x^3}$.

d. Pour $f(t) = -5t^3 + 3t^2 + 8$, on a :

$F(t) = -5 \times \frac{t^4}{4} + 3 \times \frac{t^3}{3} + 8t = \boldsymbol{-1{,}25t^4 + t^3 + 8t}$.

2. Soit k un nombre constant.

a. Pour $f(x)=5x+3$, on a $F(x)=\frac{5x^2}{2}+3x+k$.
$F(0)=2 \Leftrightarrow 0+k=2 \Leftrightarrow k=2$.

La primitive F recherchée est définie par $\mathbf{F(x)=\frac{5x^2}{2}+3x+2}$.

b. Pour $f(x)=5x^2-2x+6$, on a $F(x)=\frac{5x^3}{3}-x^2+6x+k$.

$$F(-1)=3 \Leftrightarrow \frac{5\times(-1)^3}{3}-(-1)^2+6\times(-1)+k=3 \Leftrightarrow \frac{-26}{3}+k=3 \Leftrightarrow k=\frac{35}{3}.$$

La primitive F recherchée est définie par $\mathbf{F(x)=\frac{5x^3}{3}-x^2+6x+\frac{35}{6}}$.

21 AIRE ENTRE DEUX COURBES

1. Les abscisses des points d'intersection de $\mathscr{C}_f$ et de $\mathscr{C}_g$ sont solutions de $f(x)=g(x)$.

$$f(x)=g(x) \Leftrightarrow x^2+\frac{1}{x^2+4}=-x^2+2+\frac{1}{x^2+4}$$
$$\Leftrightarrow 2x^2=2 \Leftrightarrow x^2=1 \Leftrightarrow x=1 \text{ ou } x=-1.$$

Les abscisses des points d'intersection de $\mathscr{C}_f$ et de $\mathscr{C}_g$ sont -1 et 1.

2. Pour tout x de $[-1\,;1]$, on a :

$$f(x)-g(x)=x^2+\frac{1}{x^2+4}-\left(-x^2+2+\frac{1}{x^2+4}\right)=2x^2-2=2\left(x^2-1\right).$$

Comme x appartient à $[-1\,;1]$, on a $x^2\leqslant 1$ donc $x^2-1\leqslant 0$ et $f(x)-g(x)\leqslant 0$.
On a bien $\mathbf{f(x)\leqslant g(x)}$ **sur** $\mathbf{[-1\,;1]}$.

3. f étant positive sur $[-1\,;1]$, l'aire comprise entre $\mathscr{C}_f$, l'axe des abscisses et les droites d'équations $x=-1$ et $x=1$ est $\int_{-1}^{1} f(x)\,dx$.

4. f étant positive sur $[-1\,;1]$, l'aire comprise entre $\mathscr{C}_g$, l'axe des abscisses et les droites d'équations $x=-1$ et $x=1$ est $\int_{-1}^{1} g(x)\,dx$.

5. Comme on a $f(x)\leqslant g(x)$ sur $[-1\,;1]$, l'aire $\mathscr{A}$ du domaine bleu compris entre les deux courbes est :

$$\mathscr{A}=\int_{-1}^{1} g(x)\,dx-\int_{-1}^{1} f(x)\,dx=\int_{-1}^{1}(g(x)-f(x))\,dx=\int_{-1}^{1}\left(2-x^2\right)dx.$$

Une primitive de $x\mapsto 2-x^2$ est $H: x\mapsto 2x-\frac{1}{3}x^3$.

$$\mathscr{A}=H(1)-H(-1)=2-\frac{1}{3}-\left(-2+\frac{1}{3}\right)=4-\frac{2}{3}.$$

On obtient $\mathbf{\mathscr{A}=\frac{10}{3}}$.

7 Probabilités conditionnelles Loi binomiale

I PROBABILITÉS CONDITIONNELLES

Soit A et B deux événements d'un même univers tel que $p(\mathrm{A}) \neq 0$.
La probabilité que l'événement B se réalise sachant que l'événement A est réalisé se note $p_{\mathrm{A}}(\mathrm{B})$.
On a :

$$p_{\mathrm{A}}(\mathrm{B}) = \frac{p(\mathrm{A} \cap \mathrm{B})}{p(\mathrm{A})} \text{ soit } p_{\mathrm{A}}(\mathrm{B}) \times p(\mathrm{A}) = p(\mathrm{A} \cap \mathrm{B}).$$

L'ordre des événements dans une intersection n'a pas d'importance : $p(\mathrm{A} \cap \mathrm{B}) = p(\mathrm{B} \cap \mathrm{A})$. De même, dans une réunion d'événements : $p(\mathrm{A} \cup \mathrm{B}) = p(\mathrm{B} \cup \mathrm{A})$.

II PROBABILITÉS TOTALES

1. Partition

Des parties $\mathrm{A}_1, \mathrm{A}_2, \ldots, \mathrm{A}_n$ non vides forment une **partition** d'un univers Ω si, et seulement si, toute éventualité de Ω appartient à l'une de ces parties et à une seule.
En particulier, un événement A de Ω (A non vide et différent de Ω) et son contraire forment une partition de Ω.

2. Formule des probabilités totales

Soit $\mathrm{A}_1, \mathrm{A}_2, \ldots, \mathrm{A}_n$ une **partition** d'un univers Ω et B un événement de Ω.
On a $p(\mathrm{B}) = p(\mathrm{B} \cap \mathrm{A}_1) + p(\mathrm{B} \cap \mathrm{A}_2) + \cdots + p(\mathrm{B} \cap \mathrm{A}_n)$.

Un cas particulier souvent utilisé est celui d'un événement A et de son contraire $\overline{\mathrm{A}}$. Puisque A et $\overline{\mathrm{A}}$ forment une partition de l'univers, on a $p(\mathrm{B}) = p(\mathrm{B} \cap \mathrm{A}) + p(\mathrm{B} \cap \overline{\mathrm{A}})$.

III LOI NUMÉRIQUE

1. Définition

Une **loi numérique** est une expérience aléatoire où les résultats sont des nombres $x_1, x_2, \ldots, x_n$ de probabilités respectives $p_1, p_2, \ldots, p_n$.

2. Espérance mathématique E

$$E = x_1 p_1 + x_2 p_2 + \cdots + x_n p_n = \sum_{i=1}^{n} x_i p_i .$$

IV LOI BINOMIALE

La loi binomiale et les coefficients binomiaux sont au programme de Première. Leur importance dans les sujets de bac justifie leur présence dans ces rappels de cours.

1. Schéma de Bernoulli

- Une épreuve de Bernoulli est une expérience aléatoire comportant deux issues : le succès (de probabilité p), et l'échec (de probabilité $1 - p$).
- Un schéma de Bernoulli est la répétition d'épreuves de Bernoulli identiques et indépendantes les unes des autres.

EXEMPLE : Le lancer d'une pièce de monnaie est une épreuve de Bernoulli. Les deux issues sont « pile » (probabilité 0,5) et « face » (probabilité 0,5). Lancer une pièce de monnaie dix fois de suite constitue un schéma de Bernoulli.

2. Loi binomiale

- Si X est la variable aléatoire qui compte le nombre de succès dans un schéma de Bernoulli constitué de n épreuves, on dit que X suit une loi binomiale de paramètres n et p, parfois notée $\mathcal{B}(n\,;\,p)$.
- Lorsque X suit une loi binomiale $\mathcal{B}(n\,;\,p)$, la probabilité que X soit égal à k (réalisation de k succès parmi n épreuves) est égale à :

$$p(X = k) = \binom{n}{k} p^k (1 - p)^{n-k}$$

où $\binom{n}{k}$ désigne le nombre de façons d'obtenir k succès parmi n répétitions.

EXEMPLE : Si X est une variable aléatoire qui compte le nombre de fois où la pièce est tombée sur « pile » lors de dix lancers d'un pièce de monnaie, X suit une loi binomiale de paramètres 10 et 0,5, notée $\mathscr{B}(10\,;0{,}5)$. La probabilité d'obtenir exactement 1 fois « pile » est égale à :

$\binom{10}{1}0{,}5^1(1-0{,}5)^9.$

$\binom{10}{1}$ est le nombre de façons d'obtenir 1 succès parmi 10 répétitions : c'est donc 10.

■ L'espérance de la loi binomiale $\mathscr{B}(n\,;p)$ est np.

Voir le savoir-faire **2** pour rédiger correctement l'utilisation de cette loi de probabilité.

3. Coefficients binomiaux

Soit n un entier strictement positif, et k un entier tel que $0 \leqslant k \leqslant n$.

Les nombres $\binom{n}{k}$ sont appelés coefficients binomiaux.

Voir le savoir-faire **3** pour obtenir ces nombres avec une calculatrice ou avec un tableur.

Quelques cas simples :

$\binom{n}{0}=1\,;\quad \binom{n}{1}=n.$

EXEMPLE : $\binom{4}{2}$ est le nombre de façons d'obtenir deux succès parmi quatre répétitions.

On détermine ce nombre à l'aide d'un arbre : S désigne le succès, E l'échec.

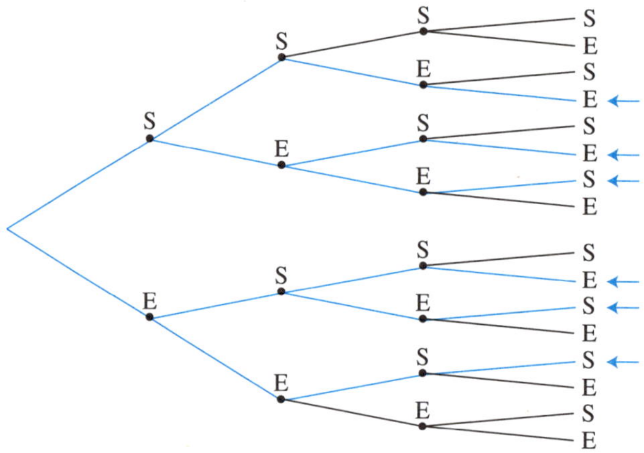

Parmi les 16 chemins possibles, 6 permettent d'obtenir deux succès exactement.

On a donc $\binom{4}{2} = 6$.

$\binom{n}{k}$ est aussi le nombre de façons de choisir k objets parmi n. Par exemple, $\binom{49}{5}$ est le nombre total de tirages possibles au loto, jeu dans lequel on tire au hasard 5 boules parmi 49.

SAVOIR-FAIRE

1. Utiliser un arbre avec des probabilités conditionnelles

On peut porter des probabilités conditionnelles sur les branches d'un arbre de la manière suivante :

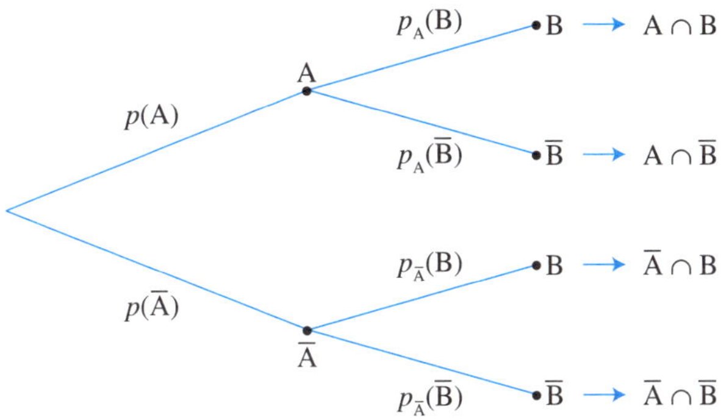

- La somme des probabilités des branches issues d'un nœud doit être égale à 1.
- La probabilité d'un résultat à l'extremité d'une branche est égale au produit des probabilités marquées entre le départ et le résultat.

2. Utiliser la loi binomiale

1. Justifier la présence d'un schéma de Bernoulli en mettant en évidence l'expérience avec ses deux issues (le succès et l'échec), la répétition d'épreuves identiques et indépendantes les unes des autres.
2. Présenter la variable aléatoire qui compte le nombre de succès et dire quelle loi binomiale elle suit.
3. Appliquer la formule.

EXEMPLE : On lance un dé classique dix fois de suite. Calculer la probabilité d'obtenir au moins une fois le 6 en dix lancers.

1. À chaque lancer, il n'y a que deux issues : l'apparition du 6 (le succès, de probabilité $\frac{1}{6}$) ou sa non-apparition (l'échec, de probabilité $\frac{5}{6}$). Les lancers successifs sont identiques, et indépendants les uns des autres.
2. Soit X la variable aléatoire qui compte le nombre de 6 obtenus lors des dix lancers du dé. X suit une loi binomiale de paramètres 10 et $\frac{1}{6}$.
3. On considère l'événement contraire qui consiste à ne jamais obtenir le 6 en dix lancers, c'est-à-dire d'obtenir 0 succès en dix répétitions : $\binom{10}{0}\left(\frac{1}{6}\right)^0\left(\frac{5}{6}\right)^{10}=\left(\frac{5}{6}\right)^{10}$. Ainsi, la probabilité d'obtenir au moins une fois le 6 en dix lancers est $1-\left(\frac{5}{6}\right)^{10}$.

3. Utiliser la calculatrice ou un tableur

■ Calculer un coefficient binomial

Par exemple, calcul de $\binom{8}{3}$.

TI82 stats.fr

Entre 8 et 3, presser la touche (MATH) puis PRB COMBINAISON, ce qui affiche 8 COMBINAISON 3.

CASIO Graph 35

Entre 8 et 3, presser la touche (OPTN) puis PRB nCr, ce qui affiche 8 nCr 3.

Tableur

Saisir la formule =COMBIN(8;3).

Vérifier que toutes ces manipulations donnent bien 56.

■ Calculer une probabilité $p(X=k)$ avec la loi binomiale

Dans le cas où X est une variable aléatoire qui suit une loi binomiale $\mathscr{B}(20\,;0{,}8)$, calcul de la probabilité $p(X=5)$.

TI82 stats.fr

distrib (touches (2nde) et (var)), puis binomFdp. Saisir binomFdp(20,0.8,5).

CASIO Graph 35

Dans le menu STAT, presser les touches (F5) (DIST), (F5) (BINM), (F1) (Bpd).

Ligne Data : sélectionner Var (Variable).

Ligne x : saisir 5

Ligne Numtrial : saisir 20

Ligne p : saisir 0.8

Puis Exécuter.

Tableur

Saisir la formule =LOI.BINOMIALE(5;20;0.8;0).

Vérifier que ces manipulations donnent bien $P(X=5)=1{,}66\times10^{-7}$.

Calculer une probabilité $p(X \leqslant k)$ avec la loi binomiale

Exemple avec la probabilité $p(X \leqslant 5)$, où X est une variable aléatoire qui suit une loi binomiale $\mathscr{B}(20\,;0{,}8)$.

TI82 stats.fr

distrib (touches 2nde et var) puis binomFRép. Saisir binomFRép(20,0.8).

L'affichage montre dans les accolades la liste de toutes les probabilités $p(X \leqslant k)$, pour toutes les valeurs de k comprises entre 0 et 20. Ainsi, $p(X \leqslant 5)$ est la sixième valeur de cette liste qui commence par $p(X \leqslant 0)$.

CASIO Graph 35

Dans le menu STAT, presser les touches F5 (DIST), F5 (BINM), F2 (Bcd).

Ligne Data : sélectionner Var (Variable).

Ligne x : saisir 5

Ligne Numtrial : saisir 20

Ligne p : saisir 0.8

Puis Exécuter.

Tableur

Saisir la formule =LOI.BINOMIALE(5;20;0.8;1).

Vérifier que ces manipulations donnent bien $p(X \leqslant 5) = 1{,}80 \times 10^{-7}$.

EXERCICES D'APPLICATION

1 TRADUCTION

★ | 5 min | ▸ P. 213

On interroge un élève au hasard dans un lycée.
En utilisant les notations F : « l'élève est fumeur » et G : « l'élève est un garçon », écrire les probabilités des événements suivants :

1. « L'élève est une fille. »
2. « L'élève est un garçon et il est fumeur. »
3. « Sachant que l'élève est une fille, l'élève est fumeur. »
4. « L'élève est fumeur mais n'est pas un garçon. »
5. « L'élève n'est pas fumeur. C'est une fille. »

Noter $\overline{G}$ l'événement : « l'élève est une fille ».

2 DÉMARRAGE EN DOUCEUR

★ | 5 min | ▸ P. 213

A et B sont deux événements d'un univers muni d'une probabilité p, tels que :

$$p(A) = 0,4 \; ; \quad p(B) = 0,3 \quad \text{et} \quad p(A \cup B) = 0,6.$$

1. Calculer $p(A \cap B)$.
2. Calculer $p_A(B)$.

D'après une formule du cours de Seconde :

$$p(A \cap B) = p(A) + p(B) - p(A \cup B).$$

3 ON COMPLIQUE UN PEU

★★ | 10 min | ▸ P. 213

A et B sont deux événements d'un univers muni d'une probabilité p, tels que $p(A) = \frac{1}{2}$, $p(B) = \frac{3}{4}$ et $p(A \cap B) = \frac{2}{5}$.

1. Calculer $p_A(B)$ et $p_B(A)$.
2. Calculer $p(\overline{A} \cap \overline{B})$, en déduire $p_{\overline{A}}(\overline{B})$.

Pour le premier calcul de la question 2, on pourra utiliser :

$$p(\overline{A} \cap \overline{B}) = p(\overline{A \cup B}) = 1 - p(A \cup B).$$

4 ARBRE

★ | 10 min | ▸ P. 214

A et B sont deux événements d'un univers avec $p(A \cap B) = 0{,}18$. On donne l'arbre suivant :

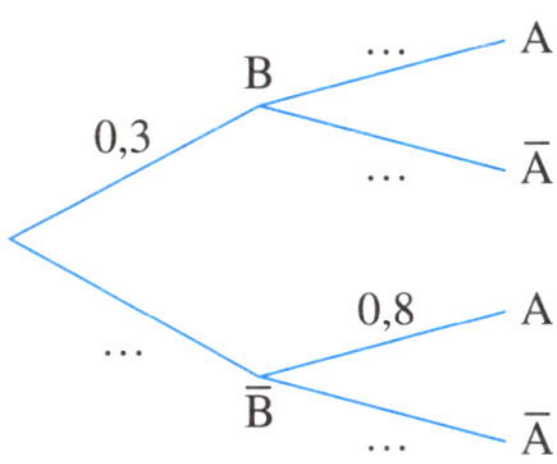

1. Calculer $p_B(A)$.
2. Compléter les probabilités des branches de l'arbre donné.
3. a. Calculer $p(A \cap \overline{B})$.

b. En déduire $p(A)$.

5 ÉPIDÉMIE

★★ | 10 min | ▸ P. 214

Au cours d'une épidémie, on vaccine le quart d'une population. Parmi les personnes malades, une sur huit est vaccinée. La probabilité qu'une personne choisie au hasard dans la population soit malade est de 0,2. Calculer la probabilité pour un individu vacciné de cette population de tomber malade.

Traduire les données de l'énoncé avec des probabilités d'événements. Se demander aussi comment écrire la probabilité demandée.

6 PROBABILITÉS TOTALES

★ | 10 min | ▸ P. 214

On considère une population composée de 46 % d'hommes et de 54 % de femmes. La probabilité qu'un homme soit daltonien est de 0,02 et qu'une femme soit daltonienne de 0,002. Calculer la proportion de daltoniens dans cette population.

7 PROBABILITÉS CONDITIONNELLES

★ | 10 min | ▸ P. 215

Lors d'une enquête réalisée par l'infirmière d'un lycée auprès d'élèves de terminale, on apprend que 60 % des élèves sont des filles. De plus, 40 % des filles et 30 % des garçons fument.

On choisit un élève au hasard. On note A l'événement « l'élève choisi fume », F l'événement « l'élève choisi est une fille » et G l'événement « l'élève choisi est un garçon ».

1. Déduire de l'énoncé $p(\mathrm{F})$, $p_{\mathrm{F}}(\mathrm{A})$ et $p_{\mathrm{G}}(\mathrm{A})$.
2. Quelle est la probabilité que :
a. l'élève choisi soit un garçon ?
b. l'élève choisi soit une fille qui fume ?
c. l'élève choisi soit un garçon qui fume ?
3. Déduire des questions précédentes $p(\mathrm{A})$.

8 VRAI OU FAUX ? | ★ | 15 min | ▸ P. 215

En France, lors d'une année donnée, on a compté 16 nouveaux cas de grippe pour 10 000 habitants. En cas de grippe, la probabilité de faire une infection bactérienne est de 1,2 %.
1. La probabilité d'attraper la grippe est de 0,16 %.
2. La probabilité d'attraper la grippe et une infection bactérienne est égale à $0{,}0016 \times 0{,}988$.
3. La probabilité de faire une infection bactérienne est de 1,2 %.

9 LOI NUMÉRIQUE ET ESPÉRANCE | ★ | 5 min | ▸ P. 215

On donne le tableau des probabilités d'une loi numérique :

x_i	– 3	– 1	0	4
$p(x_i)$	0,1	0,3	0,2	

1. Donner $p(4)$.
2. Calculer l'espérance mathématique E de cette loi.

10 COEFFICIENTS BINOMIAUX | ★ | 10 min | ▸ P. 215

1. Donner les valeurs de : $\binom{6}{0}$; $\binom{25}{25}$; $\binom{80}{1}$.
2. Déterminer, en expliquant le raisonnement, les valeurs de $\binom{7}{6}$ et $\binom{5}{2}$.
3. Avec la calculatrice, donner : $\binom{10}{4}$.
4. Avec un tableur, donner : $\binom{13}{5}$.

2. Pour le premier calcul, se demander quel est le lien entre $\binom{7}{6}$ et $\binom{7}{1}$. Pour le second, dénombrer tous les cas possibles de choisir deux objets parmi cinq.

11 LOI BINOMIALE

★ | 10 min | ▸ P. 216

On dispose d'un jeu de 32 cartes et on tire une carte au hasard.

1. Quelle est la probabilité d'obtenir un roi ?

2. On répète 5 fois l'expérience précédente en remettant à chaque fois la carte tirée dans le jeu. Les tirages sont indépendants les uns des autres.

Quelles sont les probabilités des événements suivants ?

a. Ne pas obtenir de roi.

b. Obtenir exactement une fois un roi

c. Obtenir au moins un roi.

d. Obtenir au plus un roi.

Les résultats de ces quatre questions seront arrondis au millième le plus proche.

12 PILE OU FACE ?

★ | 10 min | ▸ P. 216

On lance une pièce de monnaie bien équilibrée 16 fois de suite. Quelle est la probabilité d'obtenir exactement 8 fois « pile » ?

Dans cet exercice et le suivant, rédiger complètement en suivant le modèle donné dans le savoir-faire **2**.

13 TEST DE QUALITÉ

★ | 10 min | ▸ P. 217

Dans une fabrication en série, 2 % des pièces sont à mettre au rebut. On prend au hasard 100 pièces. On considère que le tirage de toutes les pièces obéit à un schéma de Bernoulli.

1. a. Quelle est la probabilité pour que cet échantillon contienne exactement une pièce défectueuse ?

b. Quelle formule doit-on saisir dans un tableur pour effectuer le calcul précédent ?

2. Calculer l'espérance de la variable aléatoire égale au nombre de pièces défectueuses tirées.

EXERCICES D'ENTRAÎNEMENT

14 SKI

★★ | 45 min | ▸ P. 217

Un grand club de ski français propose à la vente :
– des licences ;
– des cartes neige à prix normal ;
– des cartes neige à prix réduit pour les habitants de la commune.

Pour chacun de ce titres vendus, il faut distinguer deux catégories : la catégorie jeune et la catégorie adulte.

Le nombre de titres vendus pour la saison 2012 se répartit de la manière suivante :
– 8,5 % de licences ;
– 77,5 % de cartes neige à prix réduit ;
– 1,5 % de licences catégorie jeune ;
– 2,5 % de cartes neige à prix normal catégorie jeune.

De plus, parmi les personnes ayant acheté une carte neige à prix réduit, 86,5 % sont des adultes.

On note :
– L, l'événement : « la personne a acheté une licence » ;
– CN, l'événement : « la personne a acheté une carte neige à prix normal » ;
– CR, l'événement : « la personne a acheté une carte neige à prix réduit » ;
– J, l'événement : « la personne est dans la catégorie jeune » ;
– A, l'événement : « la personne est dans la catégorie adulte ».

On choisit au hasard une personne de la saison 2012.

1. Déterminer la probabilité que :

a. cette personne ait acheté une carte neige à prix normal.

b. cette personne ait acheté une carte neige à prix réduit catégorie adulte.

2. Montrer que la probabilité que cette personne ait acheté une carte neige à prix réduit catégorie jeune est égale à 0,105.

3. Sachant que cette personne a acheté une licence, quelle est la probabilité qu'elle appartienne à la catégorie adulte ?

4. Quelle est la probabilité que cette personne appartienne à la catégorie jeune ?

5. Sachant que cette personne est jeune, quelle est la probabilité qu'elle ait acheté une licence ?

Tous les résultats sont donnés avec un arrondi à 0,001 près.

15 ESOPE RESTE ICI ET SE REPOSE

★★★ | 45 min | ▸ P. 218

Dans un pays francophone, 5 % de la population est étrangère et le reste constitue la population autochtone.
Parmi les étrangers, 10 % connaissent le sens du mot « palindrome ».
10 % des autochtones ignorent le sens de palindrome.
On appelle E l'événement « être étranger » et C l'événement « connaître le sens de palindrome ».
1. Quelles sont les probabilités $p(\mathrm{E})$, $p_{\mathrm{E}}(\mathrm{C})$ et $p_{\overline{\mathrm{E}}}(\overline{\mathrm{C}})$?
2. a. Déterminer la probabilité d'être étranger et de connaître le sens de palindrome.
b. Déterminer la probabilité d'être autochtone et de connaître le sens de palindrome.
c. On interroge une personne choisie au hasard.
Quelle est la probabilité qu'elle connaisse le sens de palindrome ?
3. On interroge une personne dans la rue et elle ne connaît pas le sens de palindrome. Quelle est la probabilité qu'elle soit étrangère ? (On arrondira le résultat à 0,001 près.)

16 GROUPES SANGUINS

★★ | 20 min | ▸ P. 218

Le sang d'un être humain appartient à l'un des quatre groupes sanguins : A, B, AB, et O. De plus, il possède ou non l'antigène Rhésus : ainsi, le sang d'une personne de groupe sanguin A, possédant l'antigène Rhésus, sera noté A^+. On suppose que la répartition des groupes sanguins dans une population est approximativement :

A	B	AB	O
44 %	8 %	3 %	45 %

Pour chaque groupe, on connaît aussi la proportion d'individus possédant l' antigène Rhésus :

Groupe sanguin	A	B	AB	O
Possèdent l'antigène Rhésus	86 %	81 %	87 %	84 %

Les personnes dont le sang est O^- sont des donneurs universels.
1. Quelle est la probabilité qu'une personne prise au hasard soit un donneur universel ?
2. Quelle est la probabilité qu'une personne prise au hasard ne possède pas l'antigène Rhésus ?
3. Quelle est la probabilité qu'une personne prise au hasard parmi celles ne possédant pas l'antigène Rhésus soit du groupe O ?

17 TOMBOLA

★★ | 45 min | ▸ P. 219

À la kermesse de l'école, une tombola est organisée : 250 billets, numérotés de 1 à 250, sont vendus 2 € chacun à 250 personnes différentes.

Après le tirage, on apprend que tous les billets dont le numéro finit par 3 rapportent 10 €, et que ceux dont les numéros finissent par 20 ou 65 rapportent 30 €.

(Dans chacun des calculs demandés, donner les valeurs exactes et cela sous forme décimale si c'est possible.)

1. On interroge au hasard une personne ayant acheté un billet.

Quelle est la probabilité des événements A, B et C suivants ?

A : « interroger une personne ayant un billet gagnant 30 € » .

B : « interroger une personne ayant un billet gagnant ».

C : « interroger une personne ayant reçu 30 € sachant que cette personne avait un billet gagnant ».

2. À chaque personne ayant acheté un billet, on associe son gain X, la différence entre ce qu'elle reçoit et les 2 € versés pour avoir un billet (le gain peut être négatif).

a. Donner les différentes valeurs possibles de X et établir la loi de probabilité du gain X.

b. Calculer l'espérance mathématique de cette loi. Si l'on avait pu connaître à l'avance la répartition et le montant des gains, l'achat d'un billet aurait-il été conseillé ?

18 ALCOOTESTS

★★ | 30 min | ▸ P. 220

La gendarmerie nationale essaie un nouvel alcootest. Ses caractéristiques sont les suivantes :

- 92 % des individus ivres sont déclarés positifs par ce test ;
- 99,5 % des individus sobres sont déclarés négatifs par ce test ;
- parmi les personnes contrôlées, il y a environ 2,5 % de personnes ivres.

On note T l'événement : « le test de la personne contrôlée est positif ».

On note I l'événement : « la personne testée est ivre ».

1. En utilisant les événements T et I, écrire en langage de probabilités les pourcentages ci-dessus.

2. Un gendarme contrôle un automobiliste au hasard. Calculer la probabilité pour que cet automobiliste soit :

a. contrôlé positif ;

b. contrôlé négatif ;

c. sobre et contrôlé positif ;

d. ivre et contrôlé négatif ;

3. Calculer la probabilité que cette personne soit sobre alors qu'elle est contrôlée positif, puis la probabilité que cette personne soit ivre alors qu'elle est contrôlée négatif.
4. Le coût d'un contrôle est de 6 €. Si le test est positif, cela donne lieu à un procès-verbal, puis au paiement d'une amende moyenne de 150 €. Calculer l'espérance de gain par contrôle pour la gendarmerie, dans les conditions de ce test.

19 CASINO ★★ | 20 min | ▸ P. 220

La boule est un jeu de casino. C'est une roulette à 9 numéros (de 1 à 9) qui propose trois possibilités de paris.
- Le numéro plein : on parie sur un numéro ; la mise est multipliée par 8 en cas de gain.
- Le cheval : on parie simultanément sur deux numéros ; la mise est multipliée par 4 en cas de gain.
- Les chances simples, où le numéro 5 est toujours perdant : on parie sur « pair (2-4-6-8) ou impair (1-3-7-9) », « passe (1-2-3-4) ou manque (6-7-8-9) », ou « rouge (2-4-7-9) ou noir (1-3-6-8) » ; la mise est multipliée par 2 en cas de gain.

1. Calculer la probabilité de gagner une partie pour chacun des trois paris décrits ci-dessus, puis calculer l'espérance de gain correspondante pour une mise de 1 €.
2. a. On joue n parties consécutives, à chaque fois avec la même mise et avec le même pari. Expliquer pourquoi on est en présence d'un schéma de Bernoulli.
b. On suppose maintenant qu'on joue dix parties en pariant sur un numéro plein. Quelle est la probabilité de gagner au moins deux fois ?

20 ÉCHECS ★★★ | 30 min | ▸ P. 221

Un tournoi d'échecs oppose deux champions A et B, qui jouent trois parties successives. Chaque partie est respectivement notée A, B ou N suivant que le joueur A gagne, le joueur B gagne, ou la partie est nulle. Des statistiques basées sur toutes leurs précédentes rencontres précisent qu'à chaque partie, le joueur A a une probabilité de gagner égale à 0,5, et une probabilité de perdre égale à 0,4.
1. a. Combien compte-t-on de tournois sans vainqueur ?
b. Montrer que la probabilité pour que le tournoi soit sans vainqueur est de 0,121.
2. a. Calculer la probabilité pour que le joueur A gagne exactement une partie et remporte le tournoi.
b. Montrer que la probabilité pour que le joueur A soit vainqueur du tournoi est de 0,515.
3. Sachant que le joueur B est vainqueur du tournoi, calculer la probabilité pour que ce joueur ait gagné exactement deux parties.

EXERCICES D'APPROFONDISSEMENT

21 BOULES

★★★ 30 min ▸ P. 222

1. Dans une urne se trouvent sept boules marquées du n° 1, cinq boules marquées du n° 2, trois boules marquées du n° 3. On tire simultanément trois boules de cette urne. Les tirages sont supposés équiprobables.
Déterminer les probabilités des événements suivants :
A : « On tire au moins une boule n° 2. »
B : « On tire trois boules portant trois numéros différents. »
C : « On tire trois boules portant le même numéro. »
D : « Parmi les trois boules tirées, deux exactement portent le même numéro. »
2. Il faut payer 5 € pour faire un tirage de trois boules. Un tirage est gagnant si les trois boules sont identiques. Le gain est alors, en dizaines d'euros, égal à la somme des points marqués.
a. Déterminer la probabilité de chaque tirage gagnant.
b. Calculer l'espérance de gain. Le jeu est-il avantageux pour le joueur ou pour l'organisateur ?

22 LOI DE POISSON

★★★ 20 min ▸ P. 223

Une maladie génétique rare G touche une naissance sur 1 000 000 en France. On considère qu'il y a 800 000 naissances par an en France. On note X la variable aléatoire égale au nombre d'enfants atteints de G par an.
1. Quelle est la loi de X ?
2. On dit qu'une variable aléatoire X suit une loi de Poisson de paramètre λ, notée $\mathcal{P}(\lambda)$, lorsque pour tout entier positif k, $p(X=k)=\mathrm{e}^{-\lambda}\dfrac{\lambda^k}{k!}$.
Lorsque la probabilité p est faible et que le nombre d'épreuves n est important, on peut approcher (c'est-à-dire que les résultats sont quasiment identiques, l'erreur commise étant très faible) une loi binomiale $\mathcal{B}(n\,;\,p)$ par une loi de Poisson $\mathcal{P}(np)$. Plus précisément, on fera cette approximation dès lors que :
$\begin{cases} n \geqslant 30 \\ np \leqslant 5 \end{cases}$ ou $\begin{cases} n \geqslant 50 \\ p \leqslant 0{,}1 \end{cases}$. Les conditions sont-elles remplies pour approcher cette loi par une loi de Poisson ?
3. Quelle est la probabilité d'observer la naissance de moins de trois enfants atteints de G par an ?

Si $k \geqslant 1$, le nombre $k!$, appelé « factorielle de k », est égal au produit des entiers de 1 à k. Ainsi, $6!=1\times2\times3\times4\times5\times6=720$. Par convention, $0!=1$.

CONTRÔLE

23 ÉLECTIONS MUNICIPALES | ★★ | 30 min | ▸ P. 223

Lors du deuxième tour des élections municipales, les habitants d'une grande ville ont été amenés à choisir entre la liste conduite par madame A (liste A) et celle conduite par monsieur B (liste B). 42 % des électeurs ont voté pour la liste A, 30 % pour la liste B, 3 % ont voté « nul » et 25 % se sont abstenus d'aller voter.

1. a. Montrer que la probabilité qu'un votant ait choisi la liste A est égale à 0,56 et que la probabilité qu'il ait choisi la liste B est égale à 0,4.

b. En déduire la probabilité qu'un votant ait voté « nul ».

2. Le jour des élections, cinq journalistes se sont rendus sur le terrain, en vue d'un reportage.

Chacun d'eux a interrogé une personne qui venait de participer au vote.

Calculer la probabilité de chacun des événements suivants :

E_1 : « Aucun des cinq journalistes n'a interrogé quelqu'un ayant voté pour la liste A. »

E_2 : « Exactement deux des cinq journalistes ont interrogé quelqu'un ayant voté pour la liste A. »

E_3 : « Au moins quatre des cinq journalistes ont interrogé quelqu'un ayant voté pour la liste A. »

Donner les valeurs exactes, puis les valeurs décimales approchées à 10^{-4} près.

24 STANDARD TÉLÉPHONIQUE | ★★ | 45 min | ▸ P. 224

Le nombre d'appels téléphoniques reçus en 5 min par un employé du standard d'une compagnie aérienne est une variable aléatoire X dont on donne la loi de probabilité. En notant $p_i = p(X = i)$ la probabilité de recevoir i appels en 5 min, on a : $p_0 = 0{,}1$; $p_1 = 0{,}5$; $p_2 = 0{,}4$.

1. Calculer $E(X)$, l'espérance mathématique de X.

2. L'objet de l'appel peut être une demande de renseignements (avec une probabilité de 0,6) ou un achat avec réservation d'un billet (avec une probabilité de 0,4). On admet que les appels sont indépendants les uns des autres. On considère les événements suivants :

A_1 : « En 5 min, il n'y a qu'un seul appel. »

A_2 : « En 5 min, il y a deux appels. »

R : « En 5 min, un seul appel a pour objet une demande de renseignements. »

a. Calculer $p(A_1 \cap R)$.
b. Montrer que $p_{A_2}(R) = 0,48$.
c. Calculer $p(A_2 \cap R)$.
d. En déduire la probabilité qu'en 5 min, un seul appel ait pour objet une demande de renseignements.
3. Soit Y la variable aléatoire égale au nombre d'appels, en 5 min, ayant pour objet une demande de renseignements. Déterminer la loi de probabilité de Y, puis calculer $E(Y)$.

CORRIGÉS

1 TRADUCTION

1. $p(\overline{G})$.

2. $p(G \cap F)$.

3. $p_{\overline{G}}(F)$.

4. $p(\overline{G} \cap F)$.

L'élève est fumeur **et** c'est une fille.

5. $p_{\overline{F}}(\overline{G})$.

Sachant que l'élève n'est pas fumeur, c'est une fille.

2 DÉMARRAGE EN DOUCEUR

1. $p(A \cap B) = p(A) + p(B) - p(A \cup B) = 0,4 + 0,3 - 0,6 = 0,1$.

2. $p_A(B) = \dfrac{p(A \cap B)}{p(A)} = \dfrac{0,1}{0,4} = 0,25$.

3 ON COMPLIQUE UN PEU

1. $p_A(B) = \dfrac{p(A \cap B)}{p(A)} = \dfrac{4}{5}$.

$$p_B(A) = \frac{p(A \cap B)}{p(B)} = \frac{\frac{2}{5}}{\frac{3}{4}} = \frac{8}{15}.$$

2. $$p(\overline{A} \cap \overline{B}) = p(\overline{A \cup B})$$
$$= 1 - p(A \cup B)$$
$$= 1 - (p(A) + p(B) - p(A \cap B))$$
$$= 1 - \left(\frac{1}{2} + \frac{3}{4} - \frac{2}{5}\right) = \frac{3}{20}.$$

$$p_{\overline{A}}(\overline{B}) = \frac{p(\overline{A} \cap \overline{B})}{p(\overline{A})}$$
$$= \frac{p(\overline{A} \cap \overline{B})}{1 - p(A)}$$
$$= \frac{\frac{3}{20}}{1 - \frac{1}{2}} = \frac{3}{10}.$$

4 ARBRE

1. $p_B(A) = \dfrac{p(A \cap B)}{p(B)} = \dfrac{0{,}18}{0{,}3} = \mathbf{0{,}6.}$

2.

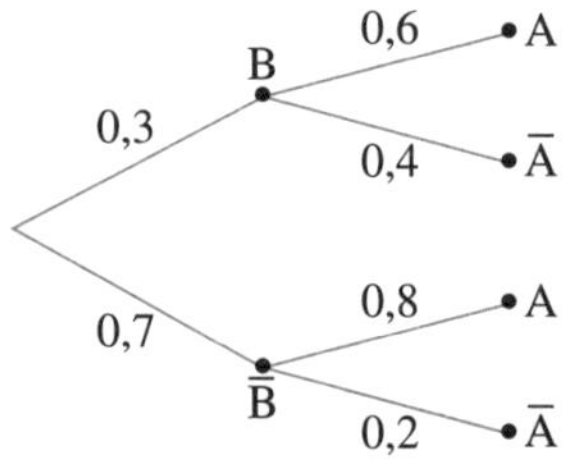

3. a. $p(A \cap \overline{B}) = p_{\overline{B}}(A) \times p(\overline{B}) = 0{,}8 \times 0{,}7 = \mathbf{0{,}56.}$

b. D'après la formule des probabilités totales, on a :

$p(A) = p(A \cap B) + p(A \cap \overline{B}) = 0{,}18 + 0{,}56 = \mathbf{0{,}74.}$

Pour chaque nœud, la somme des probabilités des deux branches doit faire **1**.

5 ÉPIDÉMIE

On considère les événements :

V : « L'individu est vacciné. »

M : « L'individu est malade. »

Les données se traduisent par :

$p(V) = \dfrac{1}{4}$, $p_M(V) = \dfrac{1}{8}$ et $p(M) = 0{,}2$.

La probabilité demandée est $p_V(M)$.

$$p_V(M) = \frac{p(M \cap V)}{p(V)} = \frac{p_M(V)\,p(M)}{p(V)}$$

$$= \frac{\frac{1}{8} \times 0{,}2}{\frac{1}{4}} = \frac{1}{10} = 0{,}1.$$

6 PROBABILITÉS TOTALES

On considère les événements :

D : « La personne est daltonienne. »

H : « La personne est un homme. »

F : « La personne est une femme. »

Les données se traduisent par :

$p(H) = 0{,}46$, $p(F) = 0{,}54$, $p_H(D) = 0{,}02$ et $p_F(D) = 0{,}002$.

La probabilité demandée est $p(D)$.

$$p(D) = p(D \cap F) + p(D \cap H) = p_F(D)\,p(F) + p_H(D)\,p(H)$$

$$= 0{,}002 \times 0{,}54 + 0{,}02 \times 0{,}46 = 0{,}010\,28.$$

La proportion de daltoniens est environ 1% dans cette population.

7 PROBABILITÉS CONDITIONNELLES

1. D'après l'énoncé, on a :

$p(\text{F}) = 0,6$, $p_{\text{F}}(\text{A}) = 0,4$ et $p_{\text{G}}(\text{A}) = 0,3$.

2. a. G est l'événement contraire de F donc $p(\text{G}) = 1 - p(\text{F}) = 1 - 0,6 = 0,4$.

La probabilité qu'un élève soit un garçon est **0,4.**

b. $p(\text{F} \cap \text{A}) = p_{\text{F}}(\text{A}) \times p(\text{F}) = 0,4 \times 0,6 = 0,24$.

La probabilité que ce soit une fille qui fume est **0,24.**

c. $p(\text{G} \cap \text{A}) = p_{\text{G}}(\text{A}) \times p(\text{G}) = 0,3 \times 0,4 = 0,12$.

La probabilité que ce soit un garçon qui fume **0,12.**

3. F et G forment une partition de l'univers.

D'après la formule des probabilités totales, on a :

$p(\text{A}) = p(\text{F} \cap \text{A}) + p(\text{G} \cap \text{A}) = 0,24 + 0,12 = \mathbf{0,36.}$

8 VRAI OU FAUX ?

1. Vrai. La probabilité d'attraper la grippe est 16 sur 10 000, soit 0,16 %.

2. Faux. On note les événements :

G : « la personne attrape la grippe »

I : « la personne fait une infection bactérienne ».

On a $p(\text{G} \cap \text{I}) = p(\text{G}) \times p_{\text{G}}(\text{I}) = 0,001\,6 \times 0,012$.

3. Faux. Il est possible de contracter une infection bactérienne sans avoir la grippe.

9 LOI NUMÉRIQUE ET ESPÉRANCE

1. La somme des p_i étant égale à 1, on a :

$p(4) = 1 - p(-3) - p(-1) - p(0) = 1 - 0,1 - 0,3 - 0,2 = \mathbf{0,4.}$

2. $E = x_1 p_1 + x_2 p_2 + x_3 p_3 + x_4 p_4$

$= -3 \times 0,1 + (-1) \times 0,3 + 0 \times 0,2 + 4 \times 0,4 = 1.$

L'espérance mathématique est **1.**

10 COEFFICIENTS BINOMIAUX

1. $\binom{6}{0} = 1$; $\binom{25}{25} = 1$; $\binom{80}{1} = 80$.

2. $\binom{7}{6}$ est le nombre de façons de choisir six objets parmi sept. C'est aussi le nombre de façons de choisir un objet parmi sept (celui qui n'est pas choisi quand on en prend six). Ainsi, $\binom{7}{6} = \binom{7}{1} = 7$.

$\binom{5}{2}$ est le nombre de façons de choisir deux objets parmi cinq.

En notant les cinq objets par un numéro de 1 à 5, les différentes manières de choisir deux objets parmi cinq sont :1-2, 1-3, 1-4, 1-5, 2-3, 2-4, 2-5, 3-4, 3-5, 4-5. Il y en a dix, donc $\binom{5}{2} = 10$.

3. Avec la calculatrice (voir le savoir-faire **3**), on trouve :

$\binom{10}{4} = 210.$

4. Avec la formule = COMBIN (13;5), on trouve :

$\binom{13}{5} = 1\,287.$

11 LOI BINOMIALE

1. La carte étant tirée au hasard, il y a équiprobabilité des résultats. Il y a 4 rois parmi les 32 cartes.

La probabilité d'avoir un roi est $\frac{4}{32}$ soit $\mathbf{\frac{1}{8}}$.

2. On a une répétition de 5 épreuves indépendantes avec, à chaque fois, une probabilité de succès (avoir un roi) de $\frac{1}{8}$: c'est un schéma de Bernoulli qui suit la loi binomiale.

a. $p_0 = \binom{5}{0} \times \left(\frac{1}{8}\right)^0 \times \left(1 - \frac{1}{8}\right)^5 \approx 0,513.$

La probabilité de ne pas avoir de roi est **0,513** à 0,001 près.

b. $p_1 = \binom{5}{1} \times \left(\frac{1}{8}\right)^1 \times \left(1 - \frac{1}{8}\right)^4 \approx 0,366.$

La prabability d'avoir exactement une fois un roi est **0,366** à 0,001 près.

c. Obtenir au moins un roi est l'événement contraire de ne pas avoir de roi. La probabilité d'avoir au moins un roi est donc :

$1 - 0,513$, soit **0,487** à 0,001 près.

d. Obtenir au plus un roi, c'est obtenir 0 ou 1 roi, cas incompatibles entre eux. La probabilité d'avoir au plus un roi est donc :

$0,513 + 0,366$, soit **0,879**.

12 PILE OU FACE ?

Un lancer de pièce est une épreuve de Bernoulli : le succès est l'obtention d'un « pile », de probabilité 0,5, l'échec est l'obtention d'un « face », de probabilité 0,5.
Les lancers consécutifs constituent un schéma de Bernoulli, puisque les différents lancers sont identiques et indépendants.
La variable aléatoire qui compte le nombre de « pile » obtenu en 16 lancers suit une loi binomiale de paramètres 16 et 0,5.
Donc la probabilité d'obtenir exactement 8 fois pile est :

$\binom{16}{8} \times 0,5^8 \times 0,5^8 \approx 0,196.$

13 TEST DE QUALITÉ

1. a. L'examen d'une pièce est une épreuve de Bernoulli : le succès est obtenu lorsque la pièce est défectueuse (probabilité 0,02), l'échec lorsqu'elle ne l'est pas (probabilité 0,98). Les examens des différentes pièces étant identiques et indépendants les uns des autres, le tirage des 100 pièces constitue un schéma de Bernoulli.

La variable aléatoire qui compte le nombre de pièces défectueuses suit une loi binomiale de paramètres 100 et 0,02. Donc la probabilité pour que cet échantillon contienne exactement une pièce défectueuse est égale à :

$$\binom{100}{1} \times (0{,}02)^1 \times (0{,}98)^{99} \approx 0{,}271.$$

b. La formule à saisir sur un tableur est = LOI.BINOMIALE (1; 100; 0.02; 0)

2. L'espérance de cette variable aléatoire est $100 \times 0{,}02 = 2$.

14 SKI

1. a. Les événements L, CN et CR forment une partition de l'univers donc :

$p(\text{L}) + p(\text{CN}) + p(\text{CR}) = 1.$

On a $p(\text{CN}) = 1 - p(\text{L}) - p(\text{CR})$

$= 1 - 0{,}085 - 0{,}775 = 0{,}14.$

La probabilité que cette personne ait acheté une carte neige à prix normal est donc **0,140**.

b. D'après l'énoncé, on a $p(\text{CR}) = 0{,}775$ et $p_{\text{CR}}(\text{A}) = 0{,}865$ donc :

$p(\text{CR} \cap \text{A}) = p(\text{CR}) \times p_{\text{CR}}(\text{A})$

$= 0{,}775 \times 0{,}865 \approx 0{,}670$ à 0,001 près.

La probabilité que cette personne ait acheté une carte neige à prix réduit catégorie adulte est **0,670**.

2. Les événements A et J formant une partition de l'univers, on a :

$p(\text{CR}) = p(\text{CR} \cap \text{A}) + p(\text{CR} \cap \text{J})$ soit

$p(\text{CR} \cap \text{J}) = p(\text{CR}) - p(\text{CR} \cap \text{A})$

$= 0{,}775 - 0{,}670 = 0{,}105.$

La probabilité que la personne ait acheté une carte neige à prix réduit catégorie jeune est bien égale à **0,105**.

3. D'après la formule des probabilités totales, on a :

$p(\text{L} \cap \text{A}) = p(\text{L}) - p(\text{L} \cap \text{J}) = 0{,}085 - 0{,}015 = 0{,}070.$

$$p_{\text{L}}(\text{A}) = \frac{p(\text{A} \cap \text{L})}{p(\text{L})} = \frac{0{,}070}{0{,}085} \approx 0{,}084 \text{ à } 0{,}001 \text{ près}.$$

Sachant qu'elle a acheté une licence, la probabilité qu'une personne appartienne à la catégorie adulte est **0,824**.

4. L, CN et CR forment une partition de l'univers. D'après la formule des probabilités totales, on a :

$$p(\mathrm{J}) = p(\mathrm{L} \cap \mathrm{J}) + p(\mathrm{CN} \cap \mathrm{J}) + p(\mathrm{CR} \cap \mathrm{J})$$
$$= 0,015 + 0,025 + 0,105 = 0,145.$$

La probabilité que cette personne appartienne à la catégorie jeune est **0,145**.

5. $p_{\mathrm{J}}(\mathrm{L}) = \dfrac{p(\mathrm{J} \cap \mathrm{L})}{p(\mathrm{J})} = \dfrac{0,015}{0,145} \approx 0,103$ à 0,001 près. Sachant que la personne est jeune, la probabilité qu'elle ait acheté une licence est **0,103**.

15 ESOPE RESTE ICI ET SE REPOSE

1. D'après l'énoncé, on a directement $p(\mathrm{E}) = 5\,\% = \mathbf{0,05}$, $p_{\mathrm{E}}(\mathrm{C}) = 10\,\% = \mathbf{0,1}$ et $p_{\overline{\mathrm{E}}}(\overline{\mathrm{C}}) = 10\,\% = \mathbf{0,1}$.

2. a. On cherche $p(\mathrm{E} \cap \mathrm{C}) = p_{\mathrm{E}}(\mathrm{C}) \times p(\mathrm{E}) = 0,1 \times 0,05 = 0,005$.

La probabilité d'être étranger et de connaître le sens de palindrome est **0,005**.

b. On a $p(\overline{\mathrm{E}}) = 1 - p(\mathrm{E}) = 1 - 0,05 = 0,95$

et $p_{\overline{\mathrm{E}}}(\mathrm{C}) = 1 - p_{\overline{\mathrm{E}}}(\overline{\mathrm{C}}) = 1 - 0,1 = 0,9$.

On a donc $p(\mathrm{C} \cap \overline{\mathrm{E}}) = p_{\overline{\mathrm{E}}}(\mathrm{C}) \times p(\overline{\mathrm{E}}) = 0,9 \times 0,95 = 0,855$.

La probabilité d'être autochtone et de connaître le sens de palindrome est **0,855**.

c. D'après la formule des probabilités totales :

$p(\mathrm{C}) = p(\mathrm{C} \cap \overline{\mathrm{E}}) + p(\mathrm{C} \cap \mathrm{E}) = 0,855 + 0,005 = 0,860$.

La probabilité de connaître le sens de palindrome est **0,860**.

3. On veut :

$$p_{\overline{\mathrm{C}}}(\mathrm{E}) = \frac{p(\mathrm{E} \cap \overline{\mathrm{C}})}{p(\overline{\mathrm{C}})} = \frac{p_{\mathrm{E}}(\overline{\mathrm{C}}) \times p(\mathrm{E})}{1 - p(\mathrm{C})}$$
$$= \frac{(1 - 0,1) \times 0,05}{0,140} = 0,321\,4...$$

La probabilité qu'une personne interrogée au hasard et ignorant le sens de palindrome soit étrangère est **0,321** à 0,001 près.

16 GROUPES SANGUINS

1. On note $p(\mathrm{O})$ la probabilité qu'une personne soit du groupe O, et $p(\mathrm{Rh}^-)$ la probabilité qu'une personne ne possède pas l'antigène Rhésus.

Comme 45 % des personnes sont du groupe O, on a $p(\mathrm{O}) = 0,45$.

Comme 84 % des personnes du groupe O possèdent l'antigène Rhésus, 16 % ne le possèdent pas. En d'autres termes, $p_{\mathrm{O}}(\mathrm{Rh}^-) = 0,16$.

La probabilité qu'une personne soit un donneur universel est $p(\mathrm{O} \cap \mathrm{Rh}^-)$. On a, d'après la formule des probabilités conditionnelles :

$p(\mathrm{O} \cap \mathrm{Rh}^-) = p_{\mathrm{O}}(\mathrm{Rh}^-) \times p(\mathrm{O}) = 0,16 \times 0,45 = 0,072$.

2. Les événements A, B, AB et O forment bien une partition de l'univers Ω car il n'y a pas d'autre groupe sanguin et le sang d'un individu ne peut appartenir à deux groupes sanguins différents.

D'après la formule des probabilités totales :

$$\begin{aligned} p(\text{Rh}^-) &= p(\text{A} \cap \text{Rh}^-) + p(\text{B} \cap \text{Rh}^-) + p(\text{AB} \cap \text{Rh}^-) + p(\text{O} \cap \text{Rh}^-) \\ &= p_{\text{A}}(\text{Rh}^-) \times p(\text{A}) + p_{\text{B}}(\text{Rh}^-) \times p(\text{B}) + p_{\text{AB}}(\text{Rh}^-) \\ &\qquad \times p(\text{AB}) + p_{\text{O}}(\text{Rh}^-) \times p(\text{O}) \\ &= 0{,}44 \times 0{,}14 + 0{,}08 \times 0{,}19 + 0{,}03 \times 0{,}13 + 0{,}45 \times 0{,}16 \\ &= 0{,}152\,7. \end{aligned}$$

3. On note $p_{\text{Rh}^-}(\text{O})$ la probabilité qu'une personne prise au hasard parmi ceux ne possédant pas l'antigène Rhésus soit du groupe O.

Comme $p(\text{Rh}^-) \neq 0$, $p_{\text{Rh}^-}(\text{O}) = \dfrac{p(\text{O} \cap \text{Rh}^-)}{p(\text{Rh}^-)} = \dfrac{0{,}072}{0{,}152\,7} \approx 0{,}47.$

17 TOMBOLA

1. Il y a équiprobabilité entre les 250 personnes ayant acheté un billet. Seules les 5 personnes ayant les numéros 20, 65, 120, 165 et 220 gagnent 30 €.

$p(\text{A}) = \dfrac{5}{250} = \mathbf{0{,}02}.$

Il y a en plus 25 personnes qui ont un billet finissant par le chiffre 3.

Il y a donc en tout $5 + 25$ billets gagnants. $p(\text{B}) = \dfrac{30}{250} = \mathbf{0{,}12}.$

C'est l'événement « A sachant B réalisé ». On a aussi $\text{A} \cap \text{B} = \text{A}$.

$p(\text{C}) = p_{\text{B}}(\text{A}) = \dfrac{p(\text{A} \cap \text{B})}{p(\text{B})} = \dfrac{0{,}02}{0{,}12} = \mathbf{\dfrac{1}{6}}.$

2. a. Avec un billet rapportant 30 €, on a $X = 30 - 2 = 28$;
donc $p(X = 28) = 0{,}02$.

Avec un billet rapportant 10 €, on a $X = 10 - 2 = 8$ et il y a 25 billets rapportant 10 € ;

donc $p(X = 28) = \dfrac{25}{250} = 0{,}10$.

Comme il y a 30 billets gagnants, il y a 220 billets perdants pour lesquels $X = 0 - 2 = -2$ et $p(X = -2) = \dfrac{220}{250} = 0{,}88$.

b. $E = -2 \times 0{,}88 + 8 \times 0{,}10 + 28 \times 0{,}02$
$E = -0{,}4$.

x_i	−2	8	28
$p(x_i)$	0,88	0,10	0,02

L'espérance mathématique de cette loi est $-0{,}4$. En moyenne, les personnes perdent 40 centimes d'euro par billet.

Mathématiquement, **l'achat d'un billet doit être déconseillé.**

18 ALCOOTESTS

1. 92 % des personnes ivres sont déclarées positives par ce test : $p_{\mathrm{I}}(\mathrm{T}) = 0,92$.

99,5 % des personnes sobres sont déclarées négatives par ce test : $p_{\bar{\mathrm{I}}}(\bar{\mathrm{T}}) = 0,995$.

2,5 % des personnes contrôlées sont ivres : $p(\mathrm{I}) = 0,025$.

2. a. $p(\mathrm{T}) = p(\mathrm{T} \cap \mathrm{I}) + p(\mathrm{T} \cap \bar{\mathrm{I}}) = p_{\mathrm{I}}(\mathrm{T}) \times p(\mathrm{I}) + p_{\bar{\mathrm{I}}}(\mathrm{T}) \times p(\bar{\mathrm{I}})$
$= 0,92 \times 0,025 + 0,005 \times 0,975 = 0,027\,875$.

b. $p(\bar{\mathrm{T}}) = 1 - p(\mathrm{T}) = 1 - 0,027\,875 = 0,972\,125$.

c. $p(\bar{\mathrm{I}} \cap \mathrm{T}) = p_{\bar{\mathrm{I}}}(\mathrm{T}) \times p(\bar{\mathrm{I}}) = (1 - 0,995) \times (1 - 0,025) = 0,004\,875$.

d. $p(\mathrm{I} \cap \bar{\mathrm{T}}) = p_{\mathrm{I}}(\bar{\mathrm{T}}) \times p(\mathrm{I}) = (1 - 0,92) \times 0,025 = 0,002$.

3. $p_{\mathrm{T}}(\bar{\mathrm{I}}) = \dfrac{p(\bar{\mathrm{I}} \cap \mathrm{T})}{p(\mathrm{T})} = \dfrac{0,004\,875}{0,027\,875} \approx 0,175$.

La probabilité de trouver une personne sobre parmi celles qui ont été contrôlées positif est donc environ de 0,175.

$p_{\bar{\mathrm{T}}}(\mathrm{I}) = \dfrac{p(\mathrm{I} \cap \bar{\mathrm{T}})}{p(\bar{\mathrm{T}})} = \dfrac{0,002}{0,972\,125} \approx 0,002$.

La probabilité de trouver une personne ivre parmi celles qui ont été contrôlées négatif est donc environ de 0,002.

4. On utilise la loi numérique qui donne le gain pour la gendarmerie. Sans tenir compte du coût d'un contrôle :
$p(\mathrm{T}) = 0,027\,875$, avec un gain de 150 €. $p(\bar{\mathrm{T}}) = 0,972\,125$, avec un gain de 0 €.
L'espérance de gain est $E = 150 \times 0,027\,875 + 0 \times 0,972\,125 = 4,181\,25$ €.
Comme le coût d'un contrôle est de 6 €, l'espérance de gain pour la gendarmerie est environ égale à $-1,8$ €.

19 CASINO

1. Tous les tirages de numéros sont équiprobables. Pour le numéro plein, un numéro est gagnant parmi neuf : la probabilité de gagner est $\dfrac{1}{9}$. Pour le cheval, deux numéros sont gagnants parmi neuf : la probabilité de gagner est $\dfrac{2}{9}$. Pour les chances simples, quatre numéros sont gagnants (le 5 ne gagne jamais) parmi neuf : la probabilité de gagner est $\dfrac{4}{9}$. Pour une mise de 1 €, on peut gagner 8 € avec le numéro plein, 4 € avec le cheval, et 2 € avec les chances simples.
L' espérance de gain est donc respectivement pour les trois jeux (en euros) :
$8 \times \dfrac{1}{9} = \dfrac{8}{9}$, $4 \times \dfrac{2}{9} = \dfrac{8}{9}$ et $2 \times \dfrac{4}{9} = \dfrac{8}{9}$.

Pour les trois jeux, l'espérance de gain est donc $\dfrac{8}{9}$ €. Comme elle est inférieure à la mise du joueur, le jeu est avantageux pour le casino.

2. a. Les résultats de plusieurs parties consécutives sont indépendants les uns des autres. Il n'y a que deux issues possibles : gain ou perte. Donc on a bien un schéma de Bernoulli.

b. Soit X la variable aléatoire égale au nombre de parties gagnées sur dix jouées. X suit une loi binomiale de paramètres n et $\frac{1}{9}$. Ainsi, la probabilité de gagner k parties sur n est : $p(X=k)=\binom{n}{k}p^k(1-p)^{n-k}$.

La probabilité de gagner au moins 2 fois est $p(X \geqslant 2)=1-p(X=0)-p(X=1)$.

$$p(X \geqslant 2)=1-\binom{10}{0}\left(\frac{1}{9}\right)^0\left(\frac{8}{9}\right)^{10}-\binom{10}{1}\left(\frac{1}{9}\right)^1\left(\frac{8}{9}\right)^9 \approx 0{,}307.$$

c. Pour obtenir ce résultat avec un tableur, il suffit de saisir la formule :
$=1-$LOI.BINOMIALE$(1;10;1/9;1)$.

20 ÉCHECS

1. a. Le déroulement d'un tournoi peut se noter à l'aide d'un triplet composé des lettres A, B ou N, selon le résultat de chaque partie. Dans un tournoi sans vainqueur, il y a une ou trois parties nulles. S'il y a trois parties nulles, le tournoi est noté (N,N,N). S'il n'y a qu'une partie nulle, il y a six possibilités : (N,A,B), (N,B,A), (A,N,B), (B,N,A), (A,B,N), (B,A,N), soit sept tournois possibles sans vainqueur.

b. La probabilité qu'un tournoi se finisse par trois parties nulles (N,N,N) est de $0{,}1^3$. La probabilité d'avoir une partie gagnée par A, une partie gagnée par B, et une nulle, est $0{,}5\times 0{,}4\times 0{,}1$.

Comme il y a six possibilités d'obtenir ces résultats, la probabilité pour que le tournoi soit sans vainqueur est égale à $0{,}1^3+6\times 0{,}5\times 0{,}4\times 0{,}1=0{,}121$.

2. a. Il y a trois possibilités pour que le joueur A gagne exactement une partie et remporte le tournoi : (A,N,N), (N,A,N), et (N,N,A). La probabilité d'obtenir un tel résultat est donc $3\times 0{,}5\times 0{,}1\times 0{,}1=0{,}015$.

b. Le joueur A peut gagner le tournoi avec une partie gagnée (probabilité 0,015, calculée ci-dessus), avec deux parties gagnées, ou avec trois parties gagnées.

La probabilité qu'il gagne deux fois est égale à :

$$\underbrace{3}_{\text{façons de gagner deux fois en 3 parties}}\times\underbrace{0{,}5^2}_{\text{probabilité d'obtenir AA}}\times\underbrace{0{,}5}_{\text{probabilité d'obtenir N ou B}}=0{,}375.$$

La probabilité qu'il gagne trois fois est égale à : $0{,}5^3=0{,}125$.

Finalement, la probabilité que le joueur A gagne le tournoi est égale à :
$0{,}015+0{,}375+0{,}125=0{,}515$.

3. La probabilité que B gagne le tournoi est égale à : $1-0{,}515-0{,}121=0{,}364$.

La probabilité que B gagne exactement deux parties est égale à :
$3\times 0{,}4^2\times 0{,}6=0{,}288$.

D'après la formule des probabilités conditionnelles, la probabilité pour que le joueur B ait gagné exactement deux parties, sachant que ce joueur est vainqueur du tournoi, est égale à $\frac{0{,}288}{0{,}364}\approx 0{,}791$.

21 BOULES

Les tirages sont supposés équiprobables.

1. Le nombre total de boules est 15. Donc le nombre de tirages possibles de 3 boules parmi 15, sans remise et simultanément, est $\binom{15}{3} = 455$. L'événement contraire de A est $\overline{\text{A}}$: « On ne tire aucune boule n° 2. »

Il y a $\binom{10}{3}$ tirages qui réalisent $\overline{\text{A}}$ (tirage de 3 boules parmi les 10 qui ne sont pas marquées avec le n° 2), donc $p\left(\overline{\text{A}}\right) = \dfrac{\binom{10}{3}}{\binom{15}{3}} = \dfrac{120}{455} = \dfrac{24}{91}$.

On en déduit que $p(\text{A}) = 1 - p\left(\overline{\text{A}}\right) = 1 - \dfrac{24}{91} = \dfrac{67}{91}$.

Pour obtenir 3 boules de numéros différents, il faut 1 boule n°1 parmi 7, 1 boule n°2 parmi 5 et 1 boule n°3 parmi 3. On obtient $p(\text{B}) = \dfrac{\binom{7}{1}\binom{5}{1}\binom{3}{1}}{455} = \dfrac{105}{455} = \dfrac{3}{13}$.

Réalisation de l'événement C : il y a $\binom{7}{3}$ façons de tirer 3 boules n° 1, $\binom{5}{3}$ façons de tirer 3 boules n° 2, et $\binom{3}{3}$ façons de tirer 3 boules n° 3. Ces événements étant deux à deux incompatibles, le nombre total de tirages réalisant l'événement C est $\binom{7}{3} + \binom{5}{3} + \binom{3}{3} = 35 + 10 + 1 = 46$. Par conséquent, $p(\text{C}) = \dfrac{46}{455}$.

Tous les tirages sont représentés par les événements B, C ou D. Ils sont incompatibles deux à deux, donc on a : $p(\text{D}) = 1 - p(\text{B}) - p(\text{C}) = 1 - \dfrac{105}{455} - \dfrac{46}{455} = \dfrac{304}{455}$.

2. a. Les tirages gagnants sont : 3 boules n° 1, 3 boules n° 2, ou 3 boules n° 3.

Le tableau suivant regroupe les probabilités et les gains (en euros) associés à ces tirages gagnants.

Tirage	3 boules n° 1	3 boules n° 2	3 boules n° 3
Probabilité	$\dfrac{\binom{7}{3}}{\binom{15}{3}} = \dfrac{35}{455} = \dfrac{1}{13}$	$\dfrac{\binom{5}{3}}{\binom{15}{3}} = \dfrac{10}{455} = \dfrac{2}{91}$	$\dfrac{\binom{3}{3}}{\binom{15}{3}} = \dfrac{1}{455}$
Gain	30	60	90

b. Sans tenir compte de la mise de 5 €, l' espérance de gain est :

$\dfrac{1}{13} \times 30 + \dfrac{2}{91} \times 60 + \dfrac{1}{455} \times 90 = \dfrac{348}{91}$ (soit environ 3,82 €). Cette espérance est inférieure à la mise, le jeu est donc avantageux pour l'organisateur.

22 LOI DE POISSON

1. Lors d'une naissance, l'enfant est atteint de G (avec une probabilité 1/1 000 000) ou ne l'est pas. Les naissances étant indépendantes les unes des autres, X suit une loi binomiale de paramètres 800 000 et 1/1 000 000.

2. On a $n \geqslant 30$ et $np = 0{,}8$, donc $np \leqslant 5$. Les conditions sont donc remplies et on peut approcher cette loi binomiale par une loi de Poisson de paramètre 0,8.

3. La probabilité d'observer la naissance de moins de trois enfants atteints de G par an est égale à :

$$p(X=0)+p(X=1)+p(X=2)=\mathrm{e}^{-0{,}8}\,\frac{0{,}8^0}{0!}+\mathrm{e}^{-0{,}8}\,\frac{0{,}8^1}{1!}+\mathrm{e}^{-0{,}8}\,\frac{0{,}8^2}{2!}\approx 0{,}953.$$

23 ÉLECTIONS MUNICIPALES

1. a. On désigne par A, B, N, V respectivement les événements suivants :
– a voté pour A ;
– a voté pour B ;
– a voté « nul » ;
– a voté.

D'après l'énoncé, on a $p(\mathrm{A})=0{,}42$, $p(\mathrm{B})=0{,}30$ et $p(\mathrm{N})=0{,}03$.

A, B et N forment une partition de V donc :

$p(\mathrm{V})=p(\mathrm{A})+p(\mathrm{B})+p(\mathrm{N})=0{,}42+0{,}30+0{,}03=0{,}75.$

$$p_{\mathrm{V}}(\mathrm{A})=\frac{p(\mathrm{A}\cap\mathrm{V})}{p(\mathrm{V})}=\frac{p(\mathrm{A})}{p(\mathrm{V})}=\frac{0{,}42}{0{,}75}.$$

La probabilité qu'un votant ait voté A est **0,56**.

$$p_{\mathrm{V}}(\mathrm{B})=\frac{p(\mathrm{B}\cap\mathrm{V})}{p(\mathrm{V})}=\frac{p(\mathrm{B})}{p(\mathrm{V})}=\frac{0{,}30}{0{,}75}.$$

La probabilité qu'un votant ait voté B est **0,4**.

b. On a $p_{\mathrm{V}}(\mathrm{A})+p_{\mathrm{V}}(\mathrm{B})+p_{\mathrm{V}}(\mathrm{N})=1$ car A, B et N forment une partition de V.

On a donc $p_{\mathrm{V}}(\mathrm{N})=1-p_{\mathrm{V}}(\mathrm{A})-p_{\mathrm{V}}(\mathrm{B})=1-0{,}56-0{,}40=0{,}04$.

La probabilité qu'un votant ait voté « nul » est **0,04**.

2. On a une répétition de cinq épreuves indépendantes avec, à chaque fois, une probabilité de succès (interroger une personne ayant voté pour la liste A) de 0,56. Il s'agit donc d'un schéma de Bernoulli. La probabilité qu'exactement k journalistes parmi les cinq aient interrogé une personne ayant voté pour la liste A est :

$$p_k=\binom{5}{k}0{,}56^k\,(1-0{,}56)^{5-k}.$$

$p(\mathrm{E}_1)=p_0=1\times1\times0{,}44^5\approx \mathbf{0{,}016\,5}$ à 10^{-4} près.

$p(\mathrm{E}_2)=p_2=10\times0{,}56^2\times0{,}44^3\approx \mathbf{0{,}267\,1}$ à 10^{-4} près.

« Au moins quatre journalistes parmi les cinq » signifie exactement quatre ou exactement cinq, les deux cas étant incompatibles.

$p(\mathrm{E}_3)=p_4+p_5=5\times0{,}56^4\times0{,}44^1+1\times0{,}56^5\approx \mathbf{0{,}271\,4}$ à 10^{-4} près.

24 STANDARD TÉLÉPHONIQUE

1. L'espérance de X est : $E(X) = 0\times 0{,}1 + 1\times 0{,}5 + 2\times 0{,}4 = 1{,}3$.

2. a. D'après les données, on a : $p(\mathrm{A}_1) = 0{,}5$ et $p(\mathrm{A}_2) = 0{,}4$.
La formule des probabilités conditionnelles permet d'écrire :
$p(\mathrm{A}_1 \cap \mathrm{R}) = p_{\mathrm{A}_1}(\mathrm{R}) \times p(\mathrm{A}_1) = 0{,}6\times 0{,}5 = 0{,}3$.

b. Puisqu'un seul appel est une demande de renseignements, l'autre est un achat de billet.
La probabilité que le premier appel soit une demande de renseignements est : $0{,}6\times 0{,}4 = 0{,}24$.
La probabilité que le deuxième appel soit une demande de renseignements est : $0{,}4\times 0{,}6 = 0{,}24$.
Par conséquent, $p_{\mathrm{A}_2}(\mathrm{R}) = 0{,}24 + 0{,}24 = 0{,}48$.

c. Toujours avec la formule des probabilités conditionnelles :
$p(\mathrm{A}_2 \cap \mathrm{R}) = p_{\mathrm{A}_2}(\mathrm{R}) \times p(\mathrm{A}_2) = 0{,}48\times 0{,}4 = 0{,}192$.

d. En utilisant maintenant la formule des probabilités totales :
$p(\mathrm{R}) = p(\mathrm{A}_1 \cap \mathrm{R}) + p(\mathrm{A}_2 \cap \mathrm{R}) = 0{,}3 + 0{,}192 = 0{,}492$.

3. On vient de voir que $p(Y=1) = 0{,}492$.
$p(Y=2)$ se calcule en considérant le seul cas où il y a deux appels en 5 min dont l'objet est une demande de renseignements : $p(Y=2) = 0{,}4\times 0{,}6\times 0{,}6 = 0{,}144$.
Et comme $p(Y=0) + p(Y=1) + p(Y=2) = 1$, on déduit :
$p(Y=0) = 1 - 0{,}144 - 0{,}492 = 0{,}364$.
L'espérance de Y est : $E(Y) = 0\times 0{,}364 + 1\times 0{,}492 + 2\times 0{,}144 = 0{,}78$.

8 Lois à densité

I LOIS À DENSITÉ

1. Densité de probabilité

On appelle densité de probabilité sur un intervalle $[a\,;b]$ toute fonction f définie, continue, positive sur $[a\,;b]$, et telle que $\int_a^b f(x)\,\mathrm{d}x = 1$.

EXEMPLE : La fonction $f : x \mapsto \dfrac{1}{x^2}$ est une densité de probabilité sur $[0,5\,;1]$ puisqu'elle est définie, continue et positive sur cet intervalle et que :

$$\int_{0,5}^{1} \frac{1}{x^2}\,\mathrm{d}x = \left[-\frac{1}{x}\right]_{0,5}^{1} = -1 - \left(-\frac{1}{0,5}\right) = -1 + 2 = 1.$$

2. Loi à densité

Soit f une densité de probabilité sur $[a\,;b]$. On définit une loi de probabilité P de densité f sur $[a\,;b]$ en associant à tout intervalle $[\alpha\,;\beta]$ inclus dans $[a\,;b]$ le réel $P([\alpha\,;\beta]) = \int_\alpha^\beta f(x)\,\mathrm{d}x$.

Ainsi, une probabilité se calcule à l'aide d'une aire : l'aire du domaine délimité par la représentation graphique de f, l'axe des abscisses, et les droites d'équations $x = \alpha$ et $x = \beta$.

EXEMPLE : On suppose qu'une variable aléatoire X suit une loi de probabilité de densité $f : x \mapsto \dfrac{1}{x^2}$ sur $[0,5\,;1]$.

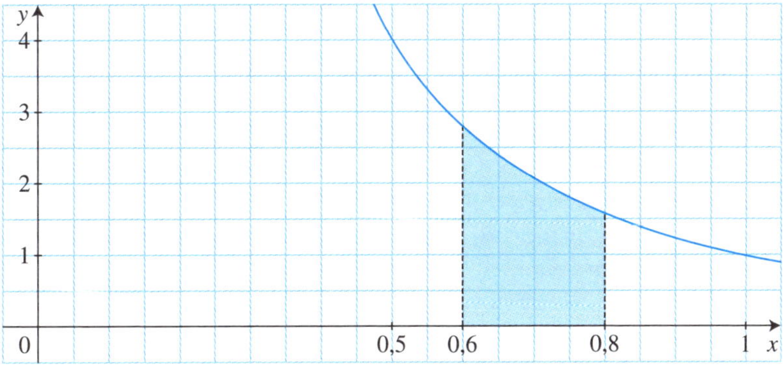

COURS

Alors la probabilité que X prenne des valeurs comprises entre 0,6 et 0,8 est égale à $P([0{,}6\,;0{,}8]) = \int_{0{,}6}^{0{,}8} f(x)\,\mathrm{d}x$. Cette probabilité est donc égale à l'aire du domaine en bleu sur la figure de la page précédente.

Lorsqu'une loi de probabilité est définie par une densité, on dit que c'est une loi à densité ou encore que c'est une loi continue. Les paragraphes II et III étudient deux lois continues.

3. Espérance

L'espérance d'une variable aléatoire qui suit une loi de probabilité de densité f sur $[a\,;b]$ est le réel $\int_a^b xf(x)\,\mathrm{d}x$.

Cette définition est à rapprocher de l'espérance d'une variable aléatoire qui suit une loi de probabilité discrète (comme la loi binomiale, vue en première).

II LOI UNIFORME

La loi uniforme sur $[a\,;b]$ a pour densité la fonction constante sur $[a\,;b]$:

$$x \mapsto \frac{1}{b-a}.$$

La probabilité d'un intervalle $[\alpha\,;\beta]$ inclus dans $[a\,;b]$ est le quotient de la longueur de l'intervalle $[\alpha\,;\beta]$ par celle de l'intervalle $[a\,;b]$:

$$P([\alpha\,;\beta]) = \int_\alpha^\beta f(x)\,\mathrm{d}x = \int_\alpha^\beta \frac{1}{b-a}\,\mathrm{d}x = \frac{\beta-\alpha}{b-a}.$$

L'espérance d'une variable aléatoire suivant une loi uniforme sur $[a\,;b]$ est $\frac{a+b}{2}$.

L'exercice 2 propose de démontrer ce résultat.

EXEMPLE : Si X est une variable aléatoire qui suit une loi uniforme sur $[2\,;8]$, la probabilité que X prenne des valeurs entre 3 et 5 est $P([3\,;5]) = \frac{5-3}{8-2} = \frac{1}{3}$ (c'est le rapport des longueurs des intervalles $[3\,;5]$ et $[2\,;8]$).

Le choix d'un réel au hasard dans un intervalle I, comme le font les touches « Random » des calculatrices ou la fonction = ALEA( ) dans un tableur, se modélise par la loi uniforme sur I.

III LOI NORMALE

1. Loi de Laplace-Gauss

On appelle loi normale de moyenne (on dit aussi espérance) μ et d'écart-type σ la loi de probabilité sur ℝ définie par la densité :

$$f : x \mapsto \frac{1}{\sigma\sqrt{2\pi}} e^{-\frac{1}{2}\left(\frac{x-\mu}{\sigma}\right)^2}.$$

Cette expression n'est pas à connaître par cœur.

On la note $\mathcal{N}(\mu\,;\sigma^2)$, et on l'appelle loi de Laplace-Gauss ou loi de Gauss.

Ne pas confondre écart-type et variance : dans la notation $\mathcal{N}(\mu\,;\sigma^2)$, le deuxième nombre est la variance. Pour les calculs, on a besoin de l'écart-type qui est la racine carrée de la variance.
Par exemple, si X est une variable aléatoire qui suit une loi normale $\mathcal{N}(2\,;0{,}64)$, alors l'écart-type est égal à $\sqrt{0{,}64} = 0{,}8$.

La représentation graphique de f est en forme de cloche, on l'appelle parfois gaussienne (ici, loi normale de moyenne 2 et d'écart-type 0,75).

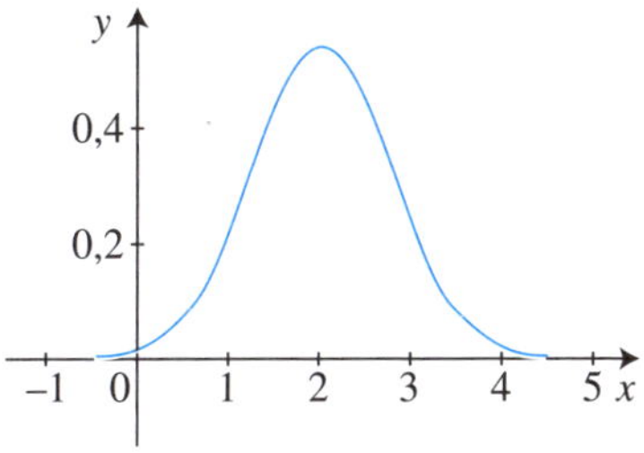

Si X est une variable aléatoire qui suit une loi normale $\mathcal{N}(\mu\,;\sigma^2)$, alors :

- environ 68,3 % des valeurs sont à moins d'une fois l'écart-type de la moyenne :
$$P(\mu-\sigma \leqslant X \leqslant \mu+\sigma) \approx 0{,}683\ ;$$
- environ 95,4 % des valeurs sont à moins de deux fois l'écart-type de la moyenne :
$$P(\mu-2\sigma \leqslant X \leqslant \mu+2\sigma) \approx 0{,}954\ ;$$
- environ 99,7 % des valeurs sont à moins de trois fois l'écart-type de la moyenne :
$$P(\mu-3\sigma \leqslant X \leqslant \mu+3\sigma) \approx 0{,}997.$$

Ces trois valeurs sont importantes et sont à connaître.

2. Loi normale centrée réduite

Si X est une variable aléatoire qui suit une loi $\mathcal{N}(\mu ; \sigma^2)$, alors $U = \frac{X-\mu}{\sigma}$ est une variable aléatoire qui suit une loi $\mathcal{N}(0 ; 1)$, appelée **loi normale centrée réduite** (également appelée loi normale standard). Sa moyenne est 0, son écart-type est 1.

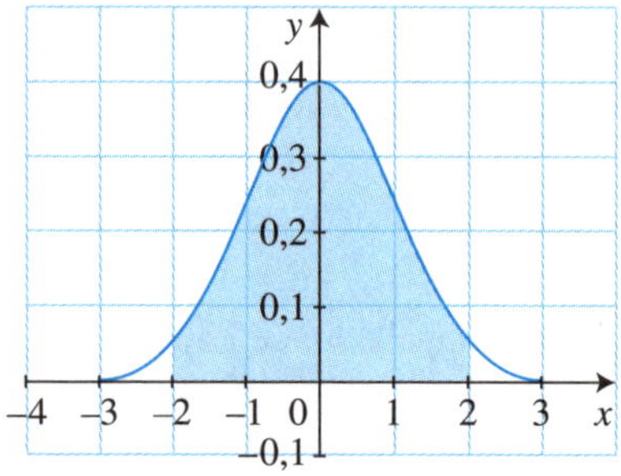

La densité de cette loi est la fonction $x \mapsto \frac{1}{\sqrt{2\pi}} e^{-\frac{x^2}{2}}$.

Si U suit la loi normale centrée réduite $\mathcal{N}(0 ; 1)$, alors $P(-1{,}96 \leqslant U \leqslant 1{,}96) \approx 0{,}95$ (aire du domaine en bleu ci-dessus égale à 0,95).

Ce dernier résultat est essentiel, l'association de cette valeur 1,96 avec une probabilité de 0,95 étant très fréquemment utilisée dans les exercices.

Les trois valeurs remarquables évoquées plus haut se retrouvent ainsi : si U suit la loi normale centrée réduite, alors $P(-1 \leqslant U \leqslant 1) \approx 0{,}683$;
$P(-2 \leqslant U \leqslant 2) \approx 0{,}954$; $P(-3 \leqslant U \leqslant 3) \approx 0{,}997$.

La loi normale étant une loi continue, les probabilités sont égales à des aires qui se calculent avec une intégrale. Le calcul direct de l'intégrale étant impossible (il n'est pas possible de calculer une primitive de la fonction densité), les calculs de probabilités se font à l'aide de ces trois valeurs remarquables, ou bien avec une calculatrice, ou encore avec un tableur.

SAVOIR-FAIRE

1. Vérifier qu'une fonction est une densité de probabilité

1. Vérifier que la fonction est définie et continue sur l'intervalle considéré.
2. Vérifier que la fonction est positive (au sens large, il n'est pas nécessaire qu'elle soit strictement positive) sur l'intervalle considéré.
3. Calculer l'intégrale de la fonction sur l'intervalle : si celle-ci vaut 1, alors la fonction est bien une densité de probabilité sur l'intervalle étudié.

EXEMPLE : Vérifier que la fonction définie sur $[0 ; \ln 2]$ par $f(x)=\mathrm{e}^{-x}$ est une densité de probabilité.
1. La fonction f est définie et continue sur $[0 ; \ln 2]$.
2. La fonction f est positive sur $[0 ; \ln 2]$.
3. $\int_0^{\ln 2} 2\mathrm{e}^{-x}\mathrm{d}x=\left[-2\mathrm{e}^{-x}\right]_0^{\ln 2}=-2\mathrm{e}^{-\ln 2}+2=1$. Donc la fonction définie sur $[0 ; \ln 2]$ par $f(x)=\mathrm{e}^{-x}$ est une densité de probabilité.

L'intervalle peut être ouvert, cela ne remet rien en cause. Il peut parfois être avec une ou deux bornes infinies : dans ce cas, aucune question sur le calcul de l'intégrale ne sera posée.

2. Se ramener à la loi normale centrée réduite

1. Lorsque les paramètres de la loi normale μ et σ sont connus, écrire le changement de variable $U=\dfrac{X-\mu}{\sigma}$.
2. Calculer les valeurs de la variable U qui correspondent aux valeurs prises par X.
3. Écrire la probabilité demandée avec cette variable U.

EXEMPLE : On suppose que dans une population donnée, le poids moyen d'un bébé né à terme suit une loi normale de moyenne 3,02 kg et d'écart-type 0,5 kg. Quelle est la probabilité qu'un bébé né à terme dans cette population ait un poids supérieur à 4 kg ?
1. $\mu=3{,}02$ kg et $\sigma=0{,}5$ kg.

On écrit le changement de variable $U=\dfrac{X-3{,}02}{0{,}5}$.

2. Si $X=4$ kg, alors $U=\dfrac{4-3{,}02}{0{,}5}=1{,}96$ (U est sans unité).
3. La probabilité cherchée est donc $P(X \geqslant 4)=P(U \geqslant 1{,}96)$.

Le calcul de cette probabilité donne 0,025, en utilisant le résultat du cours qui précise que $P(-1{,}96 \leqslant U \leqslant 1{,}96) \approx 0{,}95$.

3. Utiliser une calculatrice

Soit X une variable aléatoire qui suit la loi $\mathcal{N}(\mu\,;\sigma^2)$.

• **Pour calculer la probabilité $P(a \leqslant X \leqslant b)$**

TI 82 stats.fr : Menu distrib (touches 2nde et var) puis normalFRép (a,b,μ,σ) ou normalFRép(a,b) si la loi est centrée réduite.

Casio Graph35 : Menu STAT, puis DIST , NORM et Ncd ; saisir a,b,σ,μ.

• **Pour calculer la valeur x telle que $P(X \leqslant x) = \alpha$**

TI 82 stats.fr : Menu distrib (touches 2nde et var) puis FracNormale(α,μ,σ) ou FracNormale(α) si la loi est centrée réduite.

Casio Graph35 : Menu STAT, puis DIST, NORM et InvN ; saisir α,μ,σ.

EXEMPLES : Soit X une variable aléatoire qui suit la loi $\mathcal{N}(120\,;100)$.

• **Pour calculer la probabilité $P(110 \leqslant X \leqslant 125)$**

TI 82 stats.fr : Menu distrib (touches 2nde et var) puis normalFRép (110,125,120,10).

Casio Graph35 : Menu STAT, puis DIST, NORM et Ncd ; saisir 110,125,120,10.

• **Pour calculer la valeur x telle que $P(X \leqslant x) = 0{,}69$**

TI 82 stats.fr : Menu distrib (touches 2nde et var) puis FracNormale (0,69,120,10).

Casio Graph35 : Menu STAT, puis DIST, NORM et InvN ; saisir 0,69,120,10.

Remarque valable pour les deux marques de calculatrice.
Si on souhaite calculer une probabilité du type $P(X \leqslant b)$, on peut utiliser $a = -10^{99}$, ou toute autre valeur suffisamment éloignée de la moyenne μ (l'erreur devient infime dès lors que cette valeur est inférieure à $\mu - 5\sigma$).
Dans l'exemple ci-dessus, pour le calcul de $P(X \leqslant 125)$, on peut choisir $a = 0$.

4. Utiliser un tableur

Deux possibilités sont offertes, selon que la loi normale est quelconque ou centrée réduite.

1. Soit X une variable aléatoire qui suit une loi normale de moyenne μ et d'écart-type σ.

La formule = LOI.NORMALE $(x;\mu;\sigma;1)$ donne la probabilité α telle que $P(X \leqslant x) = \alpha$.

Inversement, la formule = LOI.NORMALE.INVERSE $(\alpha;\mu;\sigma)$ donne la valeur x telle que $P(X \leqslant x) = \alpha$.

2. Soit U une variable aléatoire qui suit la loi normale centrée réduite.
La formule = LOI.NORMALE.STANDARD (u) donne la probabilité α telle que $P(U \leqslant u) = \alpha$.
Inversement, la formule = LOI.NORMALE.STANDARD.INVERSE (α) donne la valeur u telle que $P(U \leqslant u) = \alpha$.

EXEMPLE 1 : Soit X une variable aléatoire qui suit la loi $\mathcal{N}(120 ; 100)$.
La probabilité que X soit inférieure à 125 est donnée par la formule : = LOI.NORMALE (125;120;10;1), soit 0,69 environ. Inversement, la formule = LOI.NORMALE.INVERSE (0;69;120;10) donne environ 125.

EXEMPLE 2 : Soit U une variable aléatoire qui suit la loi $\mathcal{N}(0 ; 1)$.
La probabilité que U soit inférieure à 1,08 est donnée par la formule : = LOI.NORMALE.STANDARD (1,08), soit 0,86 environ. Inversement, la formule = LOI.NORMALE.STANDARD.INVERSE (0,86) donne environ 1,08.

Selon les situations, on adapte les formules.
Dans le cas de l'exemple 1, la probabilité que X soit comprise entre 110 et 125 est donnée par la formule :
=LOI.NORMALE(125;120;10;1) – LOI.NORMALE(110;120;10;1).
Dans le cas de l'exemple 2, la probabilité que U soit supérieure à 1,4 est donnée par la formule :
=1–LOI.NORMALE.STANDARD(1,4).

5. Connaître et utiliser les valeurs remarquables 0,683 ; 0,954 et 0,997

1. Repérer si la probabilité demandée correspond à des valeurs situées à plus ou moins une, deux ou trois fois l'écart-type de la moyenne, et identifier la valeur remarquable correspondante.
2. Utiliser les propriétés de symétrie de la loi normale pour conclure, si nécessaire à l'aide d'un schéma.

EXEMPLE : On suppose que la taille d'un bébé né à terme suit une loi normale de moyenne 50 cm et d'écart-type 2 cm. Calculer la probabilité que la taille d'un bébé né à terme soit inférieure à 48 cm.
1. $48 = 50 - 2$.
Cela revient à dire que 48 est située à une fois l'écart-type sous la moyenne : la valeur remarquable 0,683 est donc utilisable.
2. On sait que la probabilité que la taille soit située à moins d'un écart-type de la moyenne, c'est-à-dire entre 48 cm et 52 cm, est environ égale à 0,683.

La probabilité que la taille soit inférieure à 48 cm et la probabilité qu'elle soit supérieure à 52 cm sont égales, par symétrie de la loi normale par rapport à sa moyenne. Ces probabilités valent donc toutes deux :

$$\frac{1-0,683}{2} \approx 0,159.$$

Le résultat ci-dessus peut aussi être trouvé à l'aide d'un schéma.
La probabilité cherchée correspond à l'aire du domaine gris. L'aire du domaine bleu est égale à 0,683. L'aire du domaine situé sous la courbe mais non colorié en bleu est donc $1-0,683$. Par symétrie des deux parties de ce domaine, on en déduit que l'aire du domaine gris est la moitié de cette valeur.

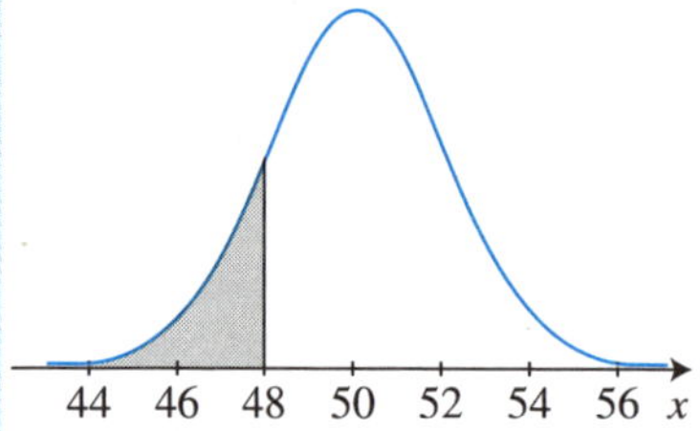

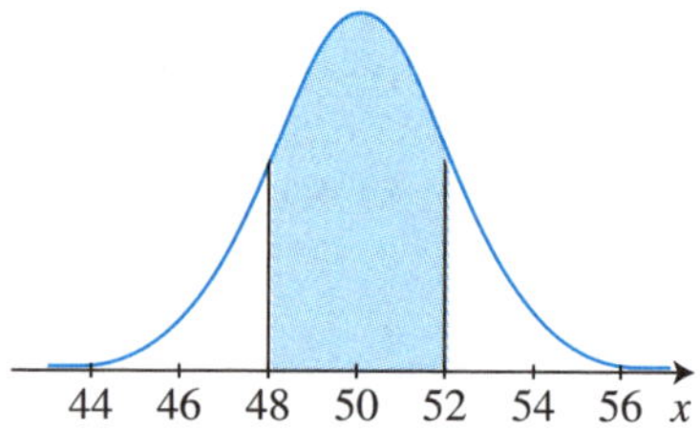

EXERCICES D'APPLICATION

1 DENSITÉ ★ 5 min ▸ P. 241

Vérifier que la fonction f définie par $f(x)=\frac{1}{x^2}$ est une densité sur $\left[\frac{2}{3};2\right]$.

2 ESPÉRANCE D'UNE VARIABLE ALÉATOIRE SUIVANT UNE LOI UNIFORME ★★ 15 min ▸ P. 241

1. Quelle est la densité de la loi uniforme sur l'intervalle $[a;b]$?
2. Calculer l'espérance d'une variable aléatoire qui suit une loi uniforme sur $[a;b]$.
3. Que vaut cette espérance si l'intervalle est $[2;8]$?

3 TEMPS D'ATTENTE ★★ 15 min ▸ P. 241

On suppose qu'à un arrêt donné, un bus passe toutes les 10 min. En arrivant à cet arrêt, on suppose que le temps d'attente en minutes est une variable aléatoire qui suit une loi uniforme sur $[0;10]$.

1. Quelle est la fonction densité de cette loi ?
2. Calculer la probabilité qu'une personne qui arrive à cet arrêt de bus ait un temps d'attente compris entre 1 et 4 min ?
3. Une autre personne attend depuis 5 min déjà. Quelle est la probabilité qu'elle attende moins d'une minute supplémentaire ?

3. On utilise les probabilités conditionnelles.

4 LOI NORMALE : CALCULS AVEC LES VALEURS REMARQUABLES ★ 10 min ▸ P. 241

Une variable aléatoire U suit la loi normale centrée réduite.
Déterminer la probabilité que U soit :

1. supérieure à 0.
2. supérieure à 2.
3. inférieure à -1.
4. comprise entre -2 et 1.

Cet exercice doit se faire uniquement avec les trois valeurs remarquables (savoir-faire **5**), sans calculatrice ou tableur.

5 LOI NORMALE : CALCULS AVEC UNE CALCULATRICE OU UN TABLEUR | ★ | 20 min | ▸ P. 242

Dans une entreprise, une machine fabrique des gâteaux destinés à être empilés dans des paquets. Chaque gâteau a une épaisseur qui suit une loi normale de moyenne 1 cm et d'écart-type 0,04 cm.

1. Calculer avec une calculatrice :

a. la probabilité qu'un gâteau pris au hasard dans la chaîne de production ait une épaisseur inférieure à 0,9 cm ;

b. la probabilité qu'un gâteau pris au hasard dans la chaîne de production ait une épaisseur comprise entre 0,99 cm et 1,02 cm ;

c. l'épaisseur d'un gâteau tel que les trois-quarts de la production sont des gâteaux moins épais.

2. Quelles sont les formules que l'on saisirait dans un tableur pour répondre à ces trois questions ?

Il est utile de bien connaître sa calculatrice, revoir le savoir-faire **3**. Mais la connaissance des formules d'un tableur n'est pas à négliger, car de telles questions sont envisageables au bac : revoir le savoir-faire **4**.

6 ...ILES | ★ | 5 min | ▸ P. 242

Soit U une variable aléatoire qui suit une loi normale centrée réduite. Déterminer les nombres x_1, x_2 et x_3 tels que $P(U \leqslant x_1) = P(x_1 \leqslant U \leqslant x_2) = P(U \geqslant x_3) = 0{,}25$. Comment appelle-t-on chacun de ces trois nombres ?

7 CONCOURS | ★★ | 10 min | ▸ P. 242

On suppose que les notes à l'épreuve d'un concours suivent une loi normale de moyenne 11. On sait que le neuvième décile est 17. Quel est l'écart-type ?

Le neuvième décile d_9 est la valeur telle que $P(X \leqslant d_9) = 0{,}9$.

8 FINANCES | ★★ | 10 min | ▸ P. 242

On suppose que la performance annuelle d'un fonds de placement suit une loi normale de moyenne $\mu = 8\ \%$ (rendement annuel moyen) et d'écart-type $\sigma = 6\ \%$ (volatilité annuelle moyenne). Dans quel intervalle peut-on dire que la performance du fonds va évoluer pendant un an, avec une probabilité de 0,95 ?

Voir le paragraphe III.2 du cours pour le lien entre une probabilité de 0,95 et le nombre 1,96. Arrondir 1,96 à 2.

9 ACCIDENTS

★★ | 30 min | ▶ P. 243

Une compagnie d'assurances estime que pour un conducteur automobile, le nombre de kilomètres avant le premier accident suit une loi normale de moyenne 30 000 km et d'écart-type 10 000 km.

À l'aide d'un changement de variable permettant de se ramener à la loi normale centrée réduite, puis en utilisant les valeurs remarquables du cours, calculer :

1. le pourcentage de personnes ayant eu leur premier accident avant les 20 000 km ;
2. le pourcentage de personnes ayant eu leur premier accident entre les 20 000 km et les 50 000 km ;
3. le pourcentage de personnes n'ayant pas eu d'accident avant les 60 000 km ;
4. le nombre de kilomètres tel que 97,5 % des conducteurs ont eu leur premier accident.

EXERCICES D'ENTRAÎNEMENT

10 ÉCART-TYPE INCONNU

★★ | 10 min | ▶ P. 243

La durée de vie d'un certain type d'ampoules électriques suit une loi normale de moyenne égale à 4 000 h. Le cahier des charges préconise que 80 % au moins de la production tombent entre 3 000 et 4 000 h.

Quel est le plus grand écart-type acceptable arrondi à l'entier près ?

Faire le changement de variable pour se ramener à la loi normale centrée réduite.

11 LOI NORMALE ET PHARMACOLOGIE

★★ | 15 min | ▶ P. 244

Soit X la variable aléatoire qui à tout flacon de médicaments, associe le poids de son contenu en pénicilline, exprimé en mg. On suppose que X suit une loi normale $\mathcal{N}(126\,;4)$.

1. $P(X < 125)$ est-il inférieur ou supérieur à 0,5 ?
2. Calculer $P(118 < X < 134)$.
3. Calculer $P(X > 129,2)$.
4. Expliquer sans calcul de probabilité pourquoi $P(X \leqslant 102) \approx 0$.

12 QUOTIENT INTELLECTUEL

★★ | 30 min | ▸ P. 244

Le Q.I. (quotient intellectuel) est un indicateur utilisé par les psychologues qui suit une loi normale de moyenne 100 et de variance 225.

1. Calculer l'écart-type de cette loi.
2. Quelle est la proportion de personnes surdouées (Q.I. > 130) dans la population ?
3. Calculer la probabilité qu'une personne prise au hasard dans la population ait un Q.I. compris entre 80 et 120.
4. Déterminer la valeur (arrondie à l'unité près) du Q.I. telle que 90 % des personnes ont un Q.I. supérieur.
5. Dans quel intervalle centré sur la moyenne trouve-t-on le Q.I. de la moitié des personnes ?

13 QUI A BU BOIRA

★★ | 15 min | ▸ P. 244

Une coopérative vinicole embouteille du vin dans des bouteilles en verre dont la contenance maximale (remplie au ras du bouchon) est de 81 cL. On suppose que la quantité X de vin versée dans une bouteille (en cL) est une variable aléatoire qui suit une loi normale de moyenne μ et d'écart-type 1.

1. La législation impose qu'il y ait moins de 0,1 % de bouteilles contenant moins de 75 cL.
   Quelle condition trouve-t-on sur la moyenne μ pour que la législation soit respectée ?
2. Le responsable de la coopérative souhaite qu'il y ait moins de 1 % de bouteilles qui débordent.
   Quelle condition trouve-t-on sur la moyenne μ (sans tenir compte de la question précédente et de la législation) ?
3. Peut-on satisfaire aux deux conditions ?

La condition de la question 1 est $P(X \leqslant 75) \leqslant 0{,}001$, celle de la question 2 est $P(X \geqslant 81) \leqslant 0{,}01$.

14 DURÉE DE VIE

★★★ | 15 min | ▸ P. 245

On suppose que la durée de vie d'un appareil électroménager est une variable aléatoire qui suit une loi normale de moyenne μ et d'écart-type σ. Le cahier des charges spécifie que 80 % de la production des appareils ont une durée de vie comprise entre 4 et 8 ans, et que 5 % de la production ont une durée de vie inférieure à 4 ans.

1. Quelles sont les valeurs de la moyenne et de l'écart-type ?

2. Calculer la probabilité d'avoir un appareil dont la durée de vie est supérieure à 10 ans.

Écrire les deux conditions et se ramener à la loi normale centrée réduite avec un changement de variable.

15 APPROXIMATION D'UNE LOI BINOMIALE PAR UNE LOI NORMALE

★★ | 15 min | ▸ P. 245

Une population ciblée en Inde est étudiée. On admet que dans cette population, il y a autant d'hommes que de femmes. On tire au hasard 200 personnes dans la population.

1. Quelle est la loi de probabilité suivie par le nombre d'hommes dans cet échantillon de 200 personnes ?

2. On admet qu'une loi binomiale de paramètres n et p peut être approchée (c'est-à-dire qu'elle donne sensiblement les mêmes résultats, l'erreur commise étant négligeable) par la loi normale de moyenne np et de variance $np(1-p)$ lorsque n est assez petit et p ni trop petit ni trop grand. En pratique, ces conditions peuvent être résumées par : $n \geqslant 30$, $np \geqslant 5$ et $n(1-p) \geqslant 5$.

a. Vérifier que les conditions sont réalisées.

b. Quelle est alors la loi normale que l'on peut utiliser ? Préciser sa moyenne et son écart-type.

3. Calculer la probabilité que le nombre d'hommes soit compris entre 90 et 110.

EXERCICES D'APPROFONDISSEMENT

16 LOI EXPONENTIELLE

★★★ | 45 min | ▸ P. 246

Soit λ un réel strictement positif. On admet que la fonction f définie par $f(x) = \lambda e^{-\lambda x}$ est une densité de probabilité sur $[0\,;+\infty[$. La loi de probabilité de densité f est appelée loi exponentielle de paramètre λ.

On suppose que la durée de vie D, exprimée en années, d'un appareil électroménager avant sa première panne est une variable aléatoire qui suit une loi exponentielle de paramètre λ. On note $P(D \leqslant t)$ la probabilité que l'appareil ménager tombe en panne avant l'instant t.

1. Trouver le paramètre de cette loi sachant que $P(D \leqslant 1) = 0{,}06$. Arrondir au millième près.

2. En déduire $P(D \geqslant 5)$. Donner une valeur approchée à 0,01 près.

3. Déterminer le réel t (appelé demi-vie de la loi exponentielle) pour lequel $P(D \leqslant t) = P(D \geqslant t)$.

4. Dix appareils neufs de ce type ont été mis en service en même temps. On désigne par X la variable aléatoire égale au nombre d'appareils qui n'ont pas eu de panne au cours des cinq premières années. Calculer la probabilité que X soit supérieure ou égale à 8. Préciser la formule que l'on saisirait dans un tableur pour répondre à cette question.

17 VARIANCE D'UNE VARIABLE ALÉATOIRE SUIVANT UNE LOI UNIFORME

★★★ | 30 min | ▸ P. 246

On admet que la variance d'une variable aléatoire X qui suit une loi de densité f sur $[a\,;b]$ est donnée par $\int_a^b x^2 f(x)\,\mathrm{d}x - (E(X))^2$, où $E(X)$ désigne l'espérance de X.

1. Calculer la variance de X dans le cas où X suit une loi uniforme sur l'intervalle $[a\,;b]$.

2. Appliquer le résultat de la question précédente à l'intervalle $[0\,;1]$.

> **1.** On pourra utiliser l'égalité : $b^3 - a^3 = (b-a)(b^2 + ab + a^2)$.

18 UN AUTRE EXEMPLE DE LOI À DENSITÉ

★★★ | 30 min | ▸ P. 247

On définit la fonction f sur $[0\,;100]$ par $f(x) = kx^2(100-x)^2$ où k est une constante strictement positive.

1. Déterminer la valeur de k pour que f soit une densité de probabilité sur $[0\,;100]$.

2. On admet que la durée de vie (en années) d'un individu dans une population est une variable aléatoire X qui suit une loi de probabilité de densité f sur $[0\,;100]$. Calculer la probabilité qu'un individu meure entre 60 et 70 ans.

3. Quelle est l'espérance de vie d'un individu dans cette population ?

CONTRÔLE

19 TABLEUR ET CALCULATRICE | ★ | 5 min | ▸ P. 247

1. La formule : = LOI.NORMALE(31;30;3;1) a été saisie dans un tableur. Que calcule cette formule ?

2. Avec une calculatrice, indiquer la valeur obtenue, arrondie au centième près.

20 QCM | ★★ | 20 min | ▸ P. 247

Les questions sont indépendantes. À chaque fois, une seule réponse est exacte. Justifier.

1. La densité d'une loi de probabilité continue est :

a. un nombre compris entre 0 et 1, car c'est une probabilité.

b. une fonction.

c. une intégrale.

2. La densité de la loi uniforme sur [0 ;1] est la fonction :

a. $x \mapsto 0{,}5$ **b.** $x \mapsto 1$ **c.** $x \mapsto x$

3. X est une variable aléatoire qui suit une loi normale $\mathcal{N}(1{,}8\,;0{,}01)$. Alors l'écart-type de X est :

a. 0,000 1 **b.** 0,01 **c.** 0,1

4. Si X est une variable aléatoire, exprimée en mètres, qui suit une loi normale, alors l'écart-type de X :

a. s'exprime en m. **b.** s'exprime en m². **c.** est sans unité.

5. X suit une loi normale centrée réduite. Sans aucun calcul, la valeur la plus proche de $P(-5 \leqslant X \leqslant 5)$ est :

a. 0 **b.** 0,5 **c.** 1

6. X suit une loi normale centrée réduite. Sans aucun calcul, la valeur de a telle que $P(0 \leqslant X \leqslant a) = 0{,}475$ est :

a. 1 **b.** 1,96 **c.** 2

7. Dans une population P, le taux d'une hormone H dans le sang suit une loi normale de moyenne 130 $\mu g \cdot L^{-1}$ et d'écart-type 16 $\mu g \cdot L^{-1}$. La probabilité d'avoir moins de 90 $\mu g \cdot L^{-1}$ dans le sang est de :

a. moins de 3 % ; **b.** entre 3 % et 10 % ; **c.** plus de 10 %.

8. On a observé sur des entreprises saines le ratio chiffres d'affaires/dettes totales. Il suit une loi normale d'espérance 0,7 et d'écart-type 0,18. Un intervalle centré en 0,7 contenant 95 % des valeurs est :

a. $[0{,}247\,;1{,}150\,3]$ **b.** $[0{,}347\,2\,;1{,}052\,8]$ **c.** $[0{,}52\,;0{,}88]$

9. X et Y suivent des lois normales de même moyenne et d'écarts-type respectifs 1 et 2.
Alors, pour tous réels α et β :
a. $P(\alpha \leqslant X \leqslant \beta) \leqslant P(\alpha \leqslant Y \leqslant \beta)$
b. $P(\alpha \leqslant Y \leqslant \beta) \leqslant P(\alpha \leqslant X \leqslant \beta)$
c. Cela dépend des valeurs de α et β.
10. Dans une ville, des données climatiques indiquent qu'en moyenne, 17 des 31 jours du mois d'octobre sont pluvieux. On considère que les épisodes de pluie journaliers sont indépendants les uns des autres et on note N le nombre de jours pluvieux au cours du mois d'octobre. La loi de N est :
a. binomiale de paramètres 31 et $\frac{17}{31}$;
b. normale de moyenne 31 et d'écart-type 17 ;
c. uniforme sur $[1 ; 31]$ de densité la fonction constante $x \mapsto \frac{1}{31}$.

21 TAUX DE CHOLESTÉROL | ★★ | 30 min | ▸ P. 248

On considère que le taux de cholestérol T (exprimé en $\text{mg} \cdot \text{dL}^{-1}$) suit une loi normale de moyenne μ et d'écart-type σ.

54 % des individus ont un taux inférieur à $165 \text{ mg} \cdot \text{dL}^{-1}$.

36 % des individus ont un taux compris entre $165 \text{ mg} \cdot \text{dL}^{-1}$ et $180 \text{ mg} \cdot \text{dL}^{-1}$.

10 % des individus ont un taux supérieur à $180 \text{ mg} \cdot \text{dL}^{-1}$.

1. Déterminer μ et σ.
2. On admet que $\mu = 163{,}7 \text{ mg} \cdot \text{dL}^{-1}$ et $\sigma = 12{,}7 \text{ mg} \cdot \text{dL}^{-1}$.
a. Quel est le taux de cholestérol médian ?
b. Quel est le 9e décile ?
c. Quel est le 1er décile ?
d. On considère qu'un taux de $194 \text{ mg} \cdot \text{dL}^{-1}$ nécessite un traitement. Quelle est la proportion de personnes qui doivent être soignées ?
e. Quel est le 3e quartile ?

CORRIGÉS

1 DENSITÉ

La fonction est définie, continue et positive sur l'intervalle. De plus, $\int_{\frac{2}{3}}^{2} \frac{1}{x^2}\,dx = \left[-\frac{1}{x}\right]_{\frac{2}{3}}^{2} = -\frac{1}{2} + \frac{3}{2} = 1$, ce qui montre que ***f*** **est une densité de probabilité sur cet intervalle.**

2 ESPÉRANCE D'UNE VARIABLE ALÉATOIRE SUIVANT UNE LOI UNIFORME

1. C'est la fonction constante f définie par : $f(x) = \frac{1}{b-a}$.

2. $\int_a^b \frac{1}{b-a} x\,dx = \frac{1}{b-a}\left[\frac{x^2}{2}\right]_a^b = \frac{1}{b-a}\left(\frac{b^2}{2} - \frac{a^2}{2}\right) = \frac{1}{b-a}\,\frac{(b-a)(b+a)}{2} = \frac{b+a}{2}$.

La valeur trouvée est le centre de l'intervalle.

3. L'espérance d'une variable aléatoire qui suit une loi uniforme sur $[2\,;8]$ est **5**.

3 TEMPS D'ATTENTE

1. La densité est la fonction constante f définie par $\boldsymbol{f(x) = \frac{1}{10}}$.

2. $P(1 \leqslant X \leqslant 4) = \frac{4-1}{10} = \mathbf{0{,}3}$.

3. C'est une question utilisant les probabilités conditionnelles :

$$P_{X \geqslant 5}(5 \leqslant X \leqslant 6) = \frac{P(X \geqslant 5) \cap P(5 \leqslant X \leqslant 6)}{P(X \geqslant 5)} = \frac{P(5 \leqslant X \leqslant 6)}{P(5 \leqslant X \leqslant 10)} = \frac{\frac{6-5}{10}}{\frac{10-5}{10}} = \frac{1}{5} = \mathbf{0{,}2}.$$

4 LOI NORMALE : CALCULS AVEC LES VALEURS REMARQUABLES

1. Par symétrie par rapport à 0 de la loi normale centrée réduite, $P(X \geqslant 0) = 0{,}5$.

2. On connaît la valeur remarquable : $P(-2 \leqslant U \leqslant 2) \approx 0{,}954$.

Donc $P(U \leqslant -2 \text{ ou } U \geqslant 2) \approx 1 - 0{,}954 \approx 0{,}046$

et par symétrie, $P(U \geqslant 2) \approx \frac{0{,}046}{2} = \mathbf{0{,}023}$.

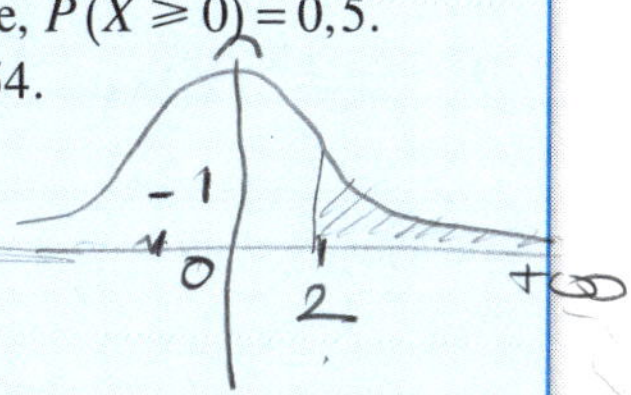

3. On connaît la valeur remarquable $P(-1 \leqslant U \leqslant 1) \approx 0{,}683$.

Donc $P(U \leqslant -1 \text{ ou } U \geqslant 1) \approx 1 - 0{,}683 \approx 0{,}317$.

Et par symétrie : $P(U \leqslant -1) \approx \frac{0{,}317}{2} = \mathbf{0{,}159}$.

4. On connaît les valeurs remarquables :

$P(-1 \leqslant U \leqslant 1) \approx 0{,}683$ et $P(-2 \leqslant U \leqslant 2) \approx 0{,}954$.

D'où l'on déduit :

$P(-2 \leqslant U \leqslant 0) \approx \frac{0{,}954}{2} \approx 0{,}477$ et $P(0 \leqslant U \leqslant 1) \approx \frac{0{,}683}{2} \approx 0{,}342$.

Ce qui mène finalement à :

$P(-2 \leqslant U \leqslant 1) = P(-2 \leqslant U \leqslant 0) + P(0 \leqslant U \leqslant 1) \approx 0{,}477 + 0{,}342 \approx \mathbf{0{,}819}$.

5 LOI NORMALE : CALCULS AVEC UNE CALCULATRICE OU UN TABLEUR

1. Calculatrice *TI 82 stats.fr*
Menu distrib (touches (2nde) et (var)) :
a. normalFRép(0,0.9,1,0.04)
b. normalFRép(0.99,1.02,1,0.04)
c. FracNormale(0.75,1,0.04)
Calculatrice *Casio graph35*
Dans le menu STAT, DIST puis NORM :
a. Ncd puis saisir les bornes 0 et 0,9, puis l'écart-type 0,04 et la moyenne 1.
b. Ncd puis saisir les bornes 0,99 et 1,02, puis l'écart-type 0,04 et la moyenne 1.
c. InvN puis saisir 0,75, 1 et 0,04.
2. a. = LOI.NORMALE (0,9; 1; 0,04; 1)
b. = LOI.NORMALE (1,02; 1; 0,04; 1) – LOI.NORMALE (0,99; 1; 0,04; 1)
c. = LOI.NORMALE.INVERSE (0,75; 1; 0,04)

6 ...ILES

x_1 est le premier quartile.
Dans un tableur, la formule = LOI.NORMALE.STANDARD.INVERSE (0,25) permet d'obtenir $x_1 = -0,67$.
x_2 est la médiane, donc c'est 0.
x_3 est le troisième quartile. Par symétrie avec la premier quartile, $x_3 = 0,67$.

7 CONCOURS

On effectue le changement de variable permettant d'utiliser la loi normale centrée réduite : $U = \dfrac{X - \mu}{\sigma}$.
La valeur de u telle que $P(U \leqslant u) = 0,9$ est 1,28.

$$\frac{17-11}{\sigma} = 1,28 \Leftrightarrow \sigma = \frac{6}{1,28} \approx 4,69.$$

L'écart-type de la loi normale qui régit la distribution de notes à ce concours est environ **4,69**.

8 FINANCES

Avec une probabilité de 0,95, la variable centrée réduite est dans $[-1,96\,;1,96]$, donc la performance du fonds est dans $[\mu - 1,96\sigma\,;\mu + 1,96\sigma]$.
En arrondissant 1,96 à 2, on obtient $[8 - 2\times 6\,;8 + 2\times 6]$. Finalement, il y a 95 % de chances de trouver la performance du fonds dans **[– 4 % ; 20 %]**.

9 ACCIDENTS

Soit X la variable aléatoire égale au nombre de kilomètres lors du premier accident.

En effectuant le changement de variable $U = \dfrac{X - 30\,000}{10\,000}$, U suit une loi normale centrée réduite.

1. $P(X \leqslant 20\,000) = P(U \leqslant -1)$.

Or, on connaît la valeur remarquable :

$P(-1 \leqslant U \leqslant 1) \approx 0{,}683$, d'où $P(U \leqslant -1) \approx \dfrac{1-0{,}683}{2} \approx 0{,}159$.

Le pourcentage de personnes ayant eu leur premier accident avant les 20 000 km est environ **15,9 %**.

2. $P(20\,000 \leqslant X \leqslant 50\,000) = P(-1 \leqslant U \leqslant 2)$.

Or, on connaît les valeurs remarquables :

$P(-1 \leqslant U \leqslant 1) \approx 0{,}683$ et $P(-2 \leqslant U \leqslant 2) \approx 0{,}954$.

D'où l'on déduit :

$P(-1 \leqslant U \leqslant 0) \approx \dfrac{0{,}683}{2} \approx 0{,}342$ et $P(0 \leqslant U \leqslant 2) \approx \dfrac{0{,}954}{2} \approx 0{,}477$.

Ce qui mène finalement à :

$P(-1 \leqslant U \leqslant 2) = P(-1 \leqslant U \leqslant 0) + P(0 \leqslant U \leqslant 2) \approx 0{,}342 + 0{,}477 \approx 0{,}819$.

Le pourcentage de personnes ayant eu leur premier accident entre les 20 000 km et les 50 000 km est environ **81,9 %**.

3. $P(X \geqslant 60\,000) = P(U \geqslant 3)$.

Or, on connaît la valeur remarquable :

$P(-3 \leqslant U \leqslant 3) \approx 0{,}997$, d'où $P(U \geqslant 3) \approx \dfrac{1-0{,}997}{2} \approx 0{,}001$.

Le pourcentage de personnes n'ayant pas eu d'accident avant les 60 000 km est environ **0,1 %**.

4. On cherche la valeur de u telle que $P(U \leqslant u) = 0{,}975$. On a donc $P(U \geqslant u) = 0{,}025$ et aussi $P(-u \leqslant U \leqslant u) = 0{,}95$. C'est encore une valeur remarquable du cours. Cette probabilité de 0,95 correspond à la valeur $u \approx 1{,}96 \approx 2$. Le nombre de kilomètres tel que 97,5 % des conducteurs ont eu leur premier accident est donc égal à la moyenne de la loi à laquelle on ajoute deux fois l'écart-type :

$30\,000 + 20\,000 =$ **50 000 km**.

10 ÉCART-TYPE INCONNU

On veut $P(3\,500 \leqslant X \leqslant 4\,500) = 0{,}8$. En se ramenant à une variable U centrée réduite avec $U = \dfrac{X - 4\,000}{\sigma}$, où σ est l'écart-type cherché, cela revient à :

$P\left(-\dfrac{500}{\sigma} \leqslant U \leqslant \dfrac{500}{\sigma}\right) = 0{,}8$, ou encore $P\left(U \leqslant \dfrac{500}{\sigma}\right) = 0{,}9$.

Dans un tableur, la formule =LOI.NORMALE.STANDARD.INVERSE(0,9) renvoie 1,28 qui est la valeur de $\dfrac{500}{\sigma}$. On obtient donc $\boldsymbol{\sigma = 390}$, arrondi à l'entier le plus proche.

11 LOI NORMALE ET PHARMACOLOGIE

1. La moyenne est 126, donc $P(X<125)<P(X<126)$. Comme $P(X<126)=0,5$, on en déduit que $P(X<125)$ est **inférieur** à 0,5.

2. En effectuant le changement de variable $U=\dfrac{X-126}{4}$, U suit une loi normale centrée réduite.
$P(118 \leqslant X \leqslant 134)=P(-2 \leqslant U \leqslant 2) \approx \mathbf{0,954}$ (valeur remarquable du cours).

3. $P(X \geqslant 129,2)=P(U \geqslant 0,8) \approx \mathbf{0,21}$.

4. On appelle que $P(\mu-3\sigma \leqslant X \leqslant \mu+3\sigma)=0,997$, ce qui donne :
$P(X \leqslant \mu-3\sigma) \approx 0,001$.
Ainsi, la probabilité que l'on s'écarte en dessous de la moyenne de trois fois l'écart-type est proche de 0,001. Or, 102 est égal à la moyenne moins six fois l'écart-type. On peut donc en déduire que $P(X \leqslant 102) \approx 0$.

12 QUOTIENT INTELLECTUEL

1. L'écart-type est égal à la racine carrée de la variance, soit **15**.

2. 130 est égal à la moyenne plus deux fois l'écart-type. Or, on sait que : $P(100-30 \leqslant X \leqslant 100+30) \approx 0,954$.

On en déduit que $P(X \geqslant 130) \approx \dfrac{1-0,954}{2} \approx 0,023$.

Il y a donc environ **2,3 %** de personnes ayant un Q.I. supérieur à 130 dans la population.

3. Avec la calculatrice, $P(80 \leqslant X \leqslant 120) \approx 0,82$.
82 % des personnes ont un Q.I. compris entre 80 et 120.
Avec un tableur :
= LOI.NORMALE (120;100;15;1) – LOI.NORMALE (80;100;15;1).

4. Avec la calculatrice, on cherche la valeur de a telle que $P(X \leqslant a) \approx 0,1$ (a est aussi la valeur du Q.I. telle que 10 % des gens ont un Q.I. inférieur). On obtient **80,77**.
En arrondissant, 90 % des personnes ont un Q.I. supérieur à 81.
Avec un tableur : = LOI.NORMALE.INVERSE (0,1;100;15)

5. On cherche une valeur $b>0$ telle que $P(100-b \leqslant X \leqslant 100+b)=0,5$. Par symétrie, cela revient à $P(X \leqslant 100-b)=0,25$.
Avec la calculatrice, on trouve $100-b \approx 89,9$.
On en déduit que $100+b \approx 110,1$ et l'intervalle centré sur la moyenne 100 tel que l'on y trouve le Q.I. de 50 % des personnes est $\left[\mathbf{90\,;110}\right]$ (en arrondissant à l'unité près).

13 QUI A BU BOIRA

1. La condition est $P(X \leqslant 75) \leqslant 0,001$.

On se ramène à la loi normale centrée réduite par le changement de variable $U=X-\mu$ $(\sigma=1)$.

La condition s'écrit alors : $P(U \leqslant 75-\mu) \leqslant 0,001$.
À l'aide de la calculatrice, ou d'un tableur, on obtient : $75-\mu \leqslant -3,09$, de sorte que $\boldsymbol{\mu \geqslant 78,09}$, condition pour que la législation soit respectée.

2. La condition est $P(X \geqslant 81) \leqslant 0,01$.
On se ramène à la loi normale centrée réduite par le changement de variable $U = X - \mu$ ($\sigma = 1$). La condition s'écrit alors : $P(U \geqslant 81 - \mu) \leqslant 0,01$ ou encore $P(U \leqslant 81 - \mu) \geqslant 0,99$. À l'aide de la calculatrice, ou d'un tableur, on obtient : $81 - \mu \geqslant 2,33$, de sorte que $\boldsymbol{\mu \leqslant 78,67}$, condition pour qu'il y ait moins de 1 % de bouteilles qui débordent.
3. Oui, les deux conditions peuvent être satisfaites avec une moyenne μ comprise entre 78,09 et 78,67. La coopérative devra régler sa machine sur une moyenne de 78,09 cL.

14 DURÉE DE VIE

1. Les conditions données dans l'énoncé se traduisent par $P(4 \leqslant X \leqslant 8) \approx 0,8$ et $P(X \leqslant 4) \approx 0,05$. On se ramène à la loi normale centrée réduite par le changement de variable $U = \dfrac{X-\mu}{\sigma}$. Les conditions s'écrivent alors :

$$P\left(\frac{4-\mu}{\sigma} \leqslant U \leqslant \frac{8-\mu}{\sigma}\right) \approx 0,8 \quad \text{et} \quad P\left(U \leqslant \frac{4-\mu}{\sigma}\right) \approx 0,05.$$

Avec la deuxième condition, on obtient : $\dfrac{4-\mu}{\sigma} \approx -1,65$ (par exemple, avec la formule du tableur : = LOI.NORMALE.STANDARD.INVERSE (0,05)).

Puisque $P\left(U \leqslant \dfrac{8-\mu}{\sigma}\right) = P\left(U \leqslant \dfrac{4-\mu}{\sigma}\right) + P\left(\dfrac{4-\mu}{\sigma} \leqslant U \leqslant \dfrac{8-\mu}{\sigma}\right) = 0,85$,

on obtient : $\dfrac{8-\mu}{\sigma} \approx 1,04$ (par exemple, avec la formule du tableur :
= LOI.NORMALE.STANDARD.INVERSE (0,85)).
On a donc $\mu = 4 + 1,65\sigma$ et $\mu = 8 - 1,04\sigma$.
On en déduit : $4 + 1,65\sigma = 8 - 1,04\sigma \Leftrightarrow \sigma = \mathbf{1,49}$.
Puis $\mu = 4 + 1,65 \times 1,49 = \mathbf{6,46}$.

2. $P(X \geqslant 10) = P\left(U \geqslant \dfrac{10-6,46}{1,49}\right) = P(U \geqslant 2,38) \approx \mathbf{0,009}$.

Ce dernier résultat est donné par la formule du tableur :
= 1 – LOI.NORMALE.STANDARD (2,38).

15 APPROXIMATION D'UNE LOI BINOMIALE PAR UNE LOI NORMALE

1. Le nombre d'hommes H suit une loi binomiale de paramètres $n = 200$ et $p = 0,5$.
2. a. On a bien : $n = 200$, donc $n \geqslant 30$; $np = 200 \times 0,5 = 100$, donc $np \geqslant 5$ et $n(1-p) = 200 \times (1 - 0,5) = 100$, donc $n(1-p) \geqslant 5$. Les conditions sont réalisées.

b. $\mu = np = 100$ et de variance $\sigma^2 = np(1-p) = 50$.
La loi normale que l'on peut utiliser pour approcher cette loi binomiale est la loi normale $\mathcal{N}(100 ; 50)$, de moyenne **100** et d'écart-type $\sigma = \sqrt{50} = \mathbf{5\sqrt{2}}$.
3. À l'aide d'un tableur, la formule :
= LOI.NORMALE (110;100;RACINE (50);1)
–LOI.NORMALE (90;100;RACINE (50);1) donne $P(90 \leqslant H \leqslant 110) \approx 0,84$.

16 LOI EXPONENTIELLE

1. $P(D \leqslant 1)=\int_0^1 \lambda e^{-\lambda x} dx=\left[-e^{-\lambda x}\right]_0^1=1-e^{-\lambda}$.

$1-e^{-\lambda}=0,06 \Leftrightarrow e^{-\lambda}=0,94 \Leftrightarrow \lambda=-\ln(0,94) \approx 0,062$.

Le paramètre de la loi exponentielle est environ **0,062**.

2. $P(D \geqslant 5)=1-P(D \leqslant 5)=1-\int_0^5 \lambda e^{-\lambda x} dx=1-\left[-e^{-\lambda x}\right]_0^5=1-\left(1-e^{-5\lambda}\right)$
$=e^{-5\lambda}$.

Avec la valeur de λ trouvée dans la question précédente, $P(D \geqslant 5) \approx e^{-0,31} \approx \mathbf{0,73}$.
C'est la probabilité que l'appareil n'ait pas de panne au cours des cinq premières années.

3. Le réel t est tel que : $P(D \geqslant t)=P(D \leqslant t) \Leftrightarrow P(D \leqslant t)=\frac{1}{2}$.

Or, $P(D \leqslant t)=\int_0^t \lambda e^{-\lambda x} dx=\left[-e^{-\lambda x}\right]_0^t=1-e^{-\lambda t}$.

D'où $1-e^{-\lambda t}=\frac{1}{2} \Leftrightarrow e^{-\lambda t}=\frac{1}{2} \Leftrightarrow -\lambda t=\ln\frac{1}{2} \Leftrightarrow t=\frac{\ln 2}{\lambda}$.

Avec $\lambda \approx 0,062$, on obtient $\boldsymbol{t \approx 11,18}$ **années**.

4. Le nombre d'appareils qui n'ont pas eu de panne au cours des cinq premières années suit une loi binomiale de paramètres 10 et 0,73.

$P(X \geqslant 8)=P(X=8)+P(X=9)+P(X=10)$

$\binom{10}{8}\times 0,73^8 \times 0,27^2+\binom{10}{9}\times 0,73^9 \times 0,27^1+\binom{10}{10}\times 0,73^{10}\times 0,27^0 \approx \mathbf{0,47}$.

Avec un tableur, on utilise la formule : = 1 – LOI.BINOMIALE (7;10;0,73;1).

Le chiffre 1 situé à la fin de la formule signifie que les probabilités sont cumulées : LOI.BINOMIALE(7;10;0,73;1) calcule $P(0 \leqslant X \leqslant 7)$. La formule complète s'explique par le fait que $P(X \geqslant 8)=1-P(X \leqslant 7)$.

17 VARIANCE D'UNE VARIABLE ALÉATOIRE SUIVANT UNE LOI UNIFORME

1. On rappelle que $E(X)=\frac{a+b}{2}$ et $f(x)=\frac{1}{b-a}$. La variance de X est égale à :

$$\int_a^b \frac{1}{b-a} x^2 dx-\left(\frac{a+b}{2}\right)^2=\frac{1}{b-a}\left[\frac{x^3}{3}\right]_a^b-\left(\frac{a+b}{2}\right)^2=\frac{1}{b-a}\left(\frac{b^3}{3}-\frac{a^3}{3}\right)-\left(\frac{a+b}{2}\right)^2$$

$$=\frac{1}{b-a}\frac{(b-a)\left(b^2+ab+a^2\right)}{3}-\left(\frac{a+b}{2}\right)^2$$

$$=\frac{b^2+ab+a^2}{3}-\frac{a^2+b^2+2ab}{4}$$

$$=\mathbf{\frac{(b-a)^2}{12}}.$$

2. Sur [0 ; 1], l'espérance est $\frac{1}{2}$, la variance est $\mathbf{\frac{1}{12}}$.

18 UN AUTRE EXEMPLE DE LOI À DENSITÉ

1. La fonction f étant une fonction polynôme, elle est définie et continue sur $[0\,;100]$. Puisque $f(x)$ est le produit d'une constante positive par deux carrés, f est positive sur $[0\,;100]$.

$$\begin{aligned}\int_0^{100} kx^2(100-x)^2\,\mathrm{d}x &= k\int_0^{100} x^2\left(10\,000-200x+x^2\right)\mathrm{d}x\\ &= k\int_0^{100}\left(x^4-200x^3+10\,000x^2\right)\mathrm{d}x\\ &= k\left[\frac{x^5}{5}-200\frac{x^4}{4}+10\,000\frac{x^3}{3}\right]_0^{100}\\ &= \frac{10^9}{3}k.\end{aligned}$$

Pour que f soit une densité de probabilité, cette intégrale doit être égale à 1 :

$\frac{10^9}{3}k=1 \Leftrightarrow \boldsymbol{k=3\cdot 10^{-9}}$.

2. La probabilité qu'un individu meure entre 60 et 70 ans est égale à :

$$P(60\leqslant X\leqslant 70)=\int_{60}^{70} f(x)\,\mathrm{d}x = 3\cdot 10^{-9}\left[\frac{x^5}{5}-200\frac{x^4}{4}+10\,000\frac{x^3}{3}\right]_{60}^{70}\approx \mathbf{0,15}.$$

3. D'après le cours, l'espérance de X est donnée par le calcul de l'intégrale :

$$\begin{aligned}\int_0^{100} xf(x)\,\mathrm{d}x &= 3\cdot 10^{-9}\int_0^{100}\left(x^5-200x^4+10\,000x^3\right)\mathrm{d}x\\ &= 3\cdot 10^{-9}\left[\frac{x^6}{6}-200\frac{x^5}{5}+10\,000\frac{x^4}{4}\right]_0^{100} = 50.\end{aligned}$$

L'espérance de vie d'un individu dans cette population est donc de **50 ans**.

19 TABLEUR ET CALCULATRICE

1. La formule : =LOI.NORMALE(31;30;3;1) calcule la probabilité qu'une variable aléatoire qui suit une loi normale de moyenne 30 et d'écart-type 3 soit inférieure à 31.

2. Avec la calculatrice, on obtient environ **0,63** (valeur arrondie au centième près).

20 QCM

1. Réponse **b.** Voir cours I.1.

2. Réponse **b.** Voir cours II.

3. Réponse **c.** Dans la notation $\mathcal{N}(1,8\,;0,01)$, le deuxième nombre est la variance. L'écart-type est la racine carrée de la variance : $\sqrt{0,01}=0,1$.

4. Réponse **a.** L'écart-type et la moyenne ont la même unité que la variable.

5. Réponse **c.** En effet, $P(-5\leqslant X\leqslant 5)>P(-3\leqslant X\leqslant 3)=0,997$ (valeur remarquable du cours).

6. Réponse **b.** Si $P(0\leqslant X\leqslant a)=0,475$, alors $P(-a\leqslant X\leqslant a)=2\times 0,475=0,95$. D'après le cours, $a=1,96$.

7. Réponse **a.** En notant U une variable qui suit la loi normale centrée réduite, on a :

$$P(H\leqslant 90)=P\left(U\leqslant\frac{90-130}{16}\right)=P(U\leqslant -2,5)<P(U\leqslant -1,96)=0,025.$$

8. Réponse **b.** D'après le cours, cet intervalle centré sur la moyenne μ est $[\mu-1,96\sigma\,;\mu+1,96\sigma]$, ce qui donne :

$[0,7-1,96\times0,18\,;0,7+1,96\times0,18]=[0,347\,2\,;1,052\,8]$.

9. Réponse **c.**

Par exemple, $P(0\leqslant X\leqslant 2)>P(0\leqslant Y\leqslant 2)$, mais $P(1\leqslant X\leqslant 2)<P(1\leqslant Y\leqslant 2)$.

10. Réponse **a.** Chaque jour, il pleut avec une probabilité $p=\frac{17}{31}$, ou il ne pleut pas, avec une probabilité $1-p$. L'indépendance des résultats observés chaque jour fait que le nombre de jours pluvieux au cours du mois d'octobre suit une loi binomiale de paramètres 31 et $\frac{17}{31}$.

4. La variance s'exprime dans cette unité au carré. Ici, la variance s'exprime en m^2.

21 TAUX DE CHOLESTÉROL

1. Les trois pourcentages donnés dans l'énoncé se traduisent par :
$P(T\leqslant 165)=0,54$, $P(165\leqslant T\leqslant 180)=0,36$, et $P(T\geqslant 180)=0,1$. Deux suffiront pour trouver les deux inconnues. On considère la première et la troisième, réécrite ainsi : $P(T\leqslant 180)=0,9$.

En posant $U=\frac{X-\mu}{\sigma}$, de telle sorte que U est une variable centrée réduite, on obtient :

$$\begin{cases}\frac{165-\mu}{\sigma}=0,1\\ \frac{180-\mu}{\sigma}=1,28\end{cases}\Leftrightarrow\begin{cases}\mu=165-0,1\sigma\\ \mu=180-1,28\sigma\end{cases}\Leftrightarrow\begin{cases}165-0,1\sigma=180-1,28\sigma\\ \mu=165-0,1\sigma\end{cases}$$

$$\Leftrightarrow\begin{cases}\boldsymbol{\sigma=12,7}\\ \boldsymbol{\mu=163,7}\end{cases}.$$

2. a. Avec une loi normale, la médiane et la moyenne (ou l'espérance) sont égales : le taux de cholestérol médian est **163,7 mg · dL^{-1}**.

b. Le 9e décile est le taux de cholestérol tel que 90 % des individus ont un taux de cholestérol inférieur. La réponse est dans l'énoncé, c'est **180 mg · dL^{-1}**.

c. Par symétrie de la loi normale, le 1er décile et le 9e décile sont symétriques par rapport à la moyenne. Le 1er décile est donc **147,4 mg · dL^{-1}**.

d. D'après la calculatrice, $P(T\geqslant 194)\approx 0,009$. Environ **0,9 %** des personnes doivent être soignées.

e. Le 3e quartile est le taux de cholestérol t tel que $P(T\leqslant t)=0,75$.

D'après la calculatrice, on trouve $\boldsymbol{t=172,3}$ **mg · dL^{-1}**.

9 Fluctuation d'échantillonnage et estimation

I FLUCTUATION D'ÉCHANTILLONNAGE

1. Rappel

L'intervalle de fluctuation de niveau 95 % de la fréquence, dans un échantillon de taille n, du succès d'une variable aléatoire qui suit une loi binomiale de paramètres n et p est l'intervalle $\left[\frac{a}{n}\,;\frac{b}{n}\right]$, où a est le plus petit entier a tel que $P(X \leqslant a) > 0{,}025$ et b le plus petit entier tel que $P(X \leqslant b) \geqslant 0{,}975$.

2. Intervalle de fluctuation

On étudie une variable qualitative dans une population, de fréquence théorique p connue, à l'aide d'un échantillon de taille N, représentatif de la population. Si $N \geqslant 30$, si $Np \geqslant 5$ et si $N(1-p) \geqslant 5$, alors on peut parier que la fréquence observée dans l'échantillon f sera dans l'intervalle de fluctuation (on dit aussi intervalle de pari) de niveau 95 % :

$$\left[p-1{,}96\sqrt{\frac{p(1-p)}{N}}\,;\,p+1{,}96\sqrt{\frac{p(1-p)}{N}}\right].$$

On dit aussi : intervalle de fluctuation au risque de 5 %.

EXEMPLE : On lance un dé à six faces 400 fois. Le 6 a été obtenu 96 fois. Que peut-on penser de ce dé ?

La fréquence théorique d'apparition du « 6 » est $\frac{1}{6}$, soit environ 0,167. Les conditions de validité étant respectées (voir savoir-faire 1), l'intervalle de fluctuation de niveau 95 % est :

$$\left[0{,}167-1{,}96\sqrt{\frac{0{,}167(1-0{,}167)}{400}}\,;\,0{,}167+1{,}96\sqrt{\frac{0{,}167(1-0{,}167)}{400}}\right]$$

$$\approx [0{,}130\,;\,0{,}204].$$

COURS

La fréquence expérimentale est $\frac{96}{400}=0,24$. Elle n'appartient pas à l'intervalle de fluctuation de niveau 95 %, donc on rejette l'hypothèse selon laquelle les faces ont la même probabilité d'apparition. On peut conclure, au risque de 5 %, que le dé est truqué.

3. Version simplifiée

En majorant $1,96\sqrt{p(1-p)}$ par 1 (l'exercice 17 propose de justifier cette majoration), on peut remplacer cet intervalle par un autre, moins précis mais plus simple :

$$\left[p-\frac{1}{\sqrt{N}}\,;\,p+\frac{1}{\sqrt{N}}\right].$$

EXEMPLE : Avec les données de l'exemple précédent, on obtient :

$\left[0,167-\frac{1}{\sqrt{400}}\,;\,0,167+\frac{1}{\sqrt{400}}\right]=[0,117\,;\,0,217]$. La conclusion est la même.

Les conditions d'utilisation de ces intervalles sont impérativement à vérifier. Voir le savoir-faire **1**.

II ESTIMATION

1. Intervalle de confiance

On étudie une variable qualitative dans une population, de fréquence théorique p inconnue. Soit f la fréquence observée dans un échantillon de taille N représentatif de la population. Si $N \geqslant 30$, et si *a posteriori* on vérifie que $Np \geqslant 5$ et $N(1-p) \geqslant 5$ pour toutes les valeurs p de l'intervalle, alors on estime que, dans la population, la fréquence théorique p est dans l'intervalle de confiance de niveau 95 % :

$$\left[f-\frac{1}{\sqrt{N}}\,;\,f+\frac{1}{\sqrt{N}}\right].$$

EXEMPLE : On réalise un sondage dans un échantillon de 625 personnes, représentatif d'une population donnée, afin de connaître l'opinion des gens sur la promulgation d'une nouvelle loi. 60 % des personnes se prononcent contre.
Sous réserve de vérifier les conditions (voir le savoir-faire 2), on estime que l'intervalle de confiance de niveau 95 % de la proportion de personnes contre cette loi dans la population est : $\left[0,6-\frac{1}{\sqrt{625}}\,;\,0,6+\frac{1}{\sqrt{625}}\right]=[0,56\,;\,0,64]$.

Ainsi, il y a une probabilité de 0,95 que le taux réel de personnes opposées à cette nouvelle loi dans la population se trouve dans cet intervalle.

2. Version complexe

Sous les mêmes conditions de validité, un intervalle de confiance de niveau 95 %, plus précis, mais moins simple à utiliser est :

$$\left[f-1{,}96\sqrt{\frac{f(1-f)}{N}}\,;\,f+1{,}96\sqrt{\frac{f(1-f)}{N}}\right].$$

Cet intervalle n'est à utiliser que sur demande claire de l'énoncé.

EXEMPLE : Avec les données de l'exemple précédent, on obtient :

$$\left[0{,}6-1{,}96\sqrt{\frac{0{,}6\times 0{,}4}{625}}\,;\,0{,}6+1{,}96\sqrt{\frac{0{,}6\times 0{,}4}{625}}\right]\approx[0{,}561\,;\,0{,}639].$$

Les conditions d'utilisation de ces intervalles sont impérativement à vérifier, mais elles se vérifient après l'écriture de l'intervalle. Voir le savoir-faire **2** pour plus de détails.

SAVOIR-FAIRE

1. Vérifier *a priori* les conditions d'un intervalle de fluctuation

Contrairement à l'intervalle de confiance (voir le savoir-faire 2), cette vérification se fait dès le début, avant tout autre calcul.

1. S'assurer que l'on est présence d'un problème d'intervalle de fluctuation : on connaît la proportion théorique p dans la population et on ne connaît pas la fréquence observée f dans l'échantillon.
2. Dans tous les cas, on vérifie que $N \geqslant 30$. L'une des deux autres conditions peut être évitée car elle est automatiquement vérifiée. Si $p \leqslant 0{,}5$, alors seule la condition $Np \geqslant 5$ doit être vérifiée. Si $p \geqslant 0{,}5$, alors seule la condition $N(1-p) \geqslant 5$ doit être vérifiée.
3. Écrire l'intervalle.

Parfois, s'il manque la donnée de N, cette vérification *a priori* n'est pas réalisable. Dans ce cas, on effectue la vérification après les calculs.

EXEMPLE : L'INSEE indiquait en 2006 que 25 % de la population française était composée de jeunes de moins de 25 ans. On constitue un échantillon représentatif de 300 Français. Dans quel intervalle trouve-t-on la fréquence des jeunes de moins de 25 ans dans cet échantillon ?

1. On connaît la proportion théorique $p = 0,25$ dans la population et on ne connaît pas la fréquence observée f dans l'échantillon. C'est bien un intervalle de fluctuation qui est demandé.

2. On a $N \geqslant 30$. Puisque $p \leqslant 0,5$, seule la condition $Np \geqslant 5$ doit être vérifiée : $Np = 300 \times 0,25 = 75 \geqslant 5$. Les conditions sont respectées, on peut écrire un intervalle de fluctuation.

3. La fréquence du nombre de jeunes de moins de 25 ans dans cet échantillon se trouve dans l'intervalle de fluctuation de niveau 95 % :

$$\left[0,25 - 1,96\sqrt{\frac{0,25 \times 0,75}{300}} ; 0,25 + 1,96\sqrt{\frac{0,25 \times 0,75}{300}}\right] \approx [0,20 ; 0,30].$$

Ainsi, on peut s'attendre à avoir dans cet échantillon entre 60 (20 % de 300) et 90 (30 % de 300) personnes de moins de 25 ans.

Parfois, on peut remplacer 1,96 par 2 : c'est pratique pour les applications numériques, et l'erreur commise est très faible.

2. Vérifier *a posteriori* les conditions d'un intervalle de confiance

Les conditions de validité portent sur p qui est inconnu au début du calcul. C'est donc après avoir obtenu l'intervalle qu'on vérifie si l'estimation est valide.

1. S'assurer que l'on est en présence d'un problème d'intervalle de confiance : on ne connaît pas la proportion théorique p dans la population et on connaît la fréquence observée f dans l'échantillon.

2. Écrire l'intervalle (le plus simple des deux, le plus compliqué s'utilise rarement, et ce sera clairement spécifié dans les exercices).

3. Dans tous les cas, on vérifie que $N \geqslant 30$. Comme pour l'intervalle de fluctuation (savoir-faire 1) : si $p \leqslant 0,5$, alors seule la condition $Np \geqslant 5$ doit être vérifiée. Si $p \geqslant 0,5$, alors seule la condition $N(1-p) \geqslant 5$ doit être vérifiée.

EXEMPLE : Un échantillon de $N = 400$ personnes est extrait au hasard d'une population. On compte 40 personnes diabétiques. Déterminer un intervalle de niveau 95 % du taux de personnes diabétiques dans la population.

1. On ne connaît pas la proportion théorique p dans la population et on connaît la fréquence observée $f=\dfrac{40}{400}=0,1$ dans l'échantillon : c'est bien un intervalle de confiance qui est demandé.
2. L'intervalle de confiance de niveau 95 % du taux de personnes diabétiques dans la population est :

$$\left[0,1-\frac{1}{\sqrt{400}}\,;\,0,1+\frac{1}{\sqrt{400}}\right]=[0,05\,;\,0,15].$$

3. On a $N \geqslant 30$. Puisque $p \leqslant 0,5$, seule la condition $Np \geqslant 5$ doit être vérifiée.
Les conditions doivent être vérifiées pour toutes les valeurs p de l'intervalle. La plus petite valeur de p est 0,05 : $Np \geqslant 400 \times 0,05 \geqslant 5$, l'estimation est donc valide.

3. Lien entre la taille de l'échantillon et la précision de l'intervalle

Il s'agit de déterminer la taille N de l'échantillon alors que l'intervalle est connu.
1. Calculer le centre de l'intervalle : dans le cas d'un intervalle de fluctuation, ce centre est la proportion théorique p dans la population ; dans le cas d'un intervalle de confiance, ce centre est la fréquence observée f dans l'échantillon.
2. En déduire le rayon de l'intervalle.
3. Calculer le rayon de l'intervalle.
4. Résoudre l'équation, d'inconnue N, avec les données de l'énoncé.

EXEMPLE : L'intervalle de confiance de niveau 95 % du taux de personnes qui fréquentent régulièrement une bibliothèque dans une population donnée est $[0,15\,;\,0,25]$. Quelle taille d'échantillon a permis d'obtenir ce résultat ?
1. La fréquence observée est le centre de l'intervalle : $f=0,20$.
2. Le rayon de l'intervalle est $0,25-0,20=0,05$.
3. C'est un intervalle de confiance : le rayon est $\dfrac{1}{\sqrt{N}}$.
4. On résout l'équation, d'inconnue N :

$$\frac{1}{\sqrt{N}}=0,05 \Leftrightarrow \sqrt{N}=20 \Leftrightarrow N=400.$$

• En utilisant la version plus compliquée de l'intervalle de confiance, on trouve 256 qui est un résultat nettement différent. La formule simple, bien que plus souvent employée, est parfois très imprécise.

• Dans les formules des intervalles de fluctuation ou de confiance, le rayon est inversement proportionnel à la racine carrée de N : si la précision est divisée par 2, alors N est multiplié par 4.

EXERCICES D'APPLICATION

1 GAUCHERS | ★ | 15 min | ▸ P. 263

On considère qu'en France, il y a 12 % de gauchers. En utilisant un intervalle de fluctuation de niveau 95 %, à combien de gauchers peut-on s'attendre :

1. dans un lycée de 1 200 élèves ?
2. dans le groupe des élèves de terminale, composé de 300 élèves ?
3. dans une classe de 32 élèves ?

2 VERRES ABÎMÉS | ★ | 10 min | ▸ P. 263

Une usine fabriquant des verres constate que la chaîne de production et d'emballage est responsable de 2 % d'anomalies. 800 verres sont livrés dans un magasin. Au risque de 5 %, à combien de verres abîmés peut-on s'attendre dans ce magasin ?

3 CHANGEMENT DE PRÉCISION | ★ | 5 min | ▸ P. 263

Avec un échantillon de 900 personnes, on a obtenu un intervalle de fluctuation de niveau 95 % : $[0,08\,;\,0,12]$.
Quelle taille d'échantillon faut-il pour obtenir $[0,095\,;\,0,105]$?

La fréquence théorique p est le centre de l'intervalle de fluctuation.

4 TAILLE DE L'ÉCHANTILLON | ★★ | 15 min | ▸ P. 264

On suppose que, dans la population des jeunes adultes, 20 % des individus ont de l'acné. Combien de sujets doit-on choisir au hasard dans cette population pour avoir 95 % de chances qu'il y ait entre 10 % et 30 % de personnes atteintes d'acné dans l'échantillon ainsi constitué ?

On cherche la valeur de N, connaissant l'intervalle de fluctuation de niveau 95 %. La vérification des conditions de validité se fera donc après le calcul.

5 DIABÈTE
★ | 15 min | ▸ P. 264

1. Un échantillon de 500 personnes est extrait au hasard d'une population donnée. On observe sur l'échantillon 50 personnes diabétiques. Déterminer un intervalle de confiance du taux de prévalence (c'est-à-dire la fréquence de la maladie) du diabète dans la population, au risque de 5 %.
2. Dans un autre échantillon, de taille 100, on observe la même fréquence de personnes diabétiques.
Les conditions sont-elles vérifiées, pour un risque de 5 % ?
3. On suppose que les conditions sont respectées. Que peut-on dire de la précision de l'intervalle de confiance lorsque la taille de l'échantillon est multipliée par 4 ?

6 QCM
★★ | 15 min | ▸ P. 265

À chaque question, une seule réponse est exacte.

1. Dans une population, on compte 28 cas d'une maladie M dans un échantillon de 400 personnes. L'intervalle de confiance de niveau 95 % de la proportion d'individus atteints de la maladie dans la population est :
a. aucune estimation n'est possible. b. $[0,05\,;0,09]$ c. $[0,02\,;0,12]$
2. Quelle taille d'échantillon permettrait d'obtenir l'intervalle $[0,06\,;0,08]$ avec la même fréquence observée ?
a. 80 b. 2 000 c. 10 000
3. Les autorités sanitaires de cette population ont émis l'hypothèse que le taux de personnes atteintes de cette maladie dans la population est de 2,5 %. Que peut-on conclure des observations dans l'échantillon de la question 1 ?
a. Cette hypothèse n'est pas rejetée.
b. Cette hypothèse est rejetée avec un risque d'erreur de 5 %.
c. La taille de l'échantillon est trop faible pour conclure.

7 ÉLECTIONS PRÉSIDENTIELLES
★★ | 10 min | ▸ P. 265

Avant le deuxième tour des élections présidentielles, on souhaite effectuer un sondage pour connaître les chances des deux candidats. La proportion de votants pour chaque candidat est supposée proche de 50 % et toutes les personnes interrogées sont supposées répondre en faveur de l'un ou l'autre des candidats. On veut atteindre une précision de plus ou moins 0,02 dans un intervalle de confiance de niveau 95 %.
Quel nombre de personnes interrogées permet d'atteindre cet objectif ?
On effectuera les calculs avec les deux intervalles de confiance donnés dans le cours.

8 RÈGLE DE DÉCISION ★★ | 10 min | ▸ P. 265

Un journaliste affirme que, dans la population des lycéens, 80 % des élèves déclarent envoyer au moins un texto par jour pendant les heures de cours. Un professeur qui n'en croit pas ses yeux décide de tester cette affirmation. Pour cela, il constitue un échantillon de taille 100 représentatif de cette population. Il compte exactement 58 élèves qui font cette déclaration. C'est déjà beaucoup trop, mais peut-il mettre en doute l'affirmation du journaliste ?

EXERCICES D'ENTRAÎNEMENT

9 FUMER TUE ★★★ | 45 min | ▸ P. 266

Dans une population, on considère que la proportion de non-fumeurs est $p = 0,7$.

Soit X la variable aléatoire qui compte le nombre de non-fumeurs dans un échantillon de $n = 100$ personnes.

1. Quelle est la loi de X ?

2. À l'aide d'un tableur, déterminer le plus petit entier a tel que $P(X \leqslant a) > 0,025$ et le plus petit entier b tel que $P(X \leqslant b) \geqslant 0,975$.

3. En déduire un intervalle de fluctuation de niveau 95 % de la fréquence observée dans l'échantillon.

4. Comparer avec les intervalles ($p = 0,7$) :

$$\left[p - \frac{1}{\sqrt{n}} \,;\, p + \frac{1}{\sqrt{n}}\right] \quad \text{et} \quad \left[p - 1,96\sqrt{\frac{p(1-p)}{n}} \,;\, p + 1,96\sqrt{\frac{p(1-p)}{n}}\right].$$

5. Dans ce groupe de 100 personnes, on trouve une fréquence $f = 0,65$. Que peut-on dire de l'hypothèse initiale affirmant que $p = 0,7$?

6. On admet que si $n \geqslant 30$, $np \geqslant 5$ et $n(1-p) \geqslant 5$, alors on peut approcher la loi binomiale $\mathcal{B}(n\,;\,p)$ par la loi normale $\mathcal{N}(np\,;\,np(1-p))$ (cela signifie que l'on peut remplacer une loi par une autre, les erreurs de calcul commises étant faibles ou négligeables).

Quelle est la loi normale que l'on peut utiliser ?

7. En utilisant cette loi normale, déterminer les valeurs x_1 et x_2 telles que $P(x_1 \leqslant X \leqslant x_2) = 0,95$. Conclure.

2. Utiliser la formule =LOI.BINOMIALE(...;100;0,7;1) avec les valeurs de 0 à 100 à la place des pointillés.

3. Voir le résultat rappelé dans le cours.

4. Vérifier aussi les conditions d'utilisation de ces intervalles.

7. Voir chapitre précédent sur la loi normale si besoin. La conclusion attendue est une comparaison du résultat obtenu avec les intervalles trouvés dans les questions précédentes.

10 PRISE DE DÉCISION | ★★ | 30 min | ▸ P. 266

On considère que dans la population d'une grande ville donnée, 15 % des enfants entrant à l'école élémentaire ont des difficultés scolaires. Un directeur d'école est surpris par le nombre important d'enfants en difficulté dans son établissement, puisqu'il en a compté 25 sur un total de 120 élèves.

1. a. Déterminer l'intervalle de fluctuation de niveau 95 % de la proportion d'enfants en difficulté scolaire dans un échantillon de taille 120.

b. Quelle est la fréquence d'enfants en difficulté observée par le directeur dans son école ?

c. Que peut-on en déduire ?

2. Quelle taille d'échantillon faut-il choisir pour que la fréquence observée dans la question 1b soit en dehors de l'intervalle de fluctuation ?

3. Représenter graphiquement le taille de l'échantillon en fonction de la borne supérieure de l'intervalle de fluctuation de niveau 95 %.

3. Exprimer n en fonction de s, borne supérieure de l'intervalle. Représenter la fonction obtenue sur $]0{,}15\,;0{,}30]$. L'axe des ordonnées sera gradué de 0 à 1 500 environ.

11 SURBOOKING | ★★★ | 45 min | ▸ P. 267

Un vol Paris-New York est assuré par un Airbus A380 d'une capacité de 538 places. La probabilité qu'une personne confirme sa réservation et retire son billet est notée p. On suppose que les comportements des voyageurs sont indépendants les uns des autres. On note X_n la variable aléatoire désignant le nombre de personnes se présentant à l'embarquement. La compagnie fait du surbooking (elle vend plus de billets qu'il n'y a de places, espérant ainsi remplir son appareil, et comptant sur le fait que des voyageurs ne se présentent pas) et vend n billets. Toutefois, si une personne se présente à l'embarquement et ne peut monter à bord car toutes les places sont prises, celle-ci sera dédommagée.

1. Déterminer la loi de X_n.
2. On suppose que $0,5 \leqslant p \leqslant 0,95$. Écrire l'intervalle de fluctuation I_n, de niveau 95 %, de $\frac{X_n}{n}$.
3. Montrer que si I_n est inclus dans $\left[0 ; \frac{538}{n}\right]$, alors la probabilité que le nombre de personnes dépasse 538 est inférieure ou égale à 0,05.
4. Dans cette question, on suppose que $p = 0,9$.
On souhaite maintenant déterminer la valeur maximale de n permettant que I_n soit inclus dans $\left[0 ; \frac{538}{n}\right]$.
a. Montrer que $0,9n + 0,6\sqrt{n} - 538 \leqslant 0$ (arrondir 1,96 à 2).
b. Résoudre cette inéquation en posant $x = \sqrt{n}$, pour les valeurs de n supérieures ou égales à 538.
c. Conclure.

2. Il s'agit seulement de citer l'intervalle donné dans le cours. $\frac{X_n}{n}$ représente la proportion de gens ayant acheté un billet qui se présentent à l'embarquement.
4. a. Écrire que la borne supérieure de l'intervalle de la question 2 doit être inférieure ou égale à $\frac{538}{n}$.
4. b. On obtient une inéquation du second degré, à résoudre pour $n \geqslant 538$.

12 TAUX DE PRÉVALENCE D'UNE MALADIE | ★★ | 20 min | ▸ P. 268

On veut connaître la prévalence d'une maladie chronique M dans une population donnée.
On extrait au hasard de cette population un échantillon d'effectif 64 et on observe que 16 personnes ont la maladie M.
1. Déterminer un intervalle de confiance de la prévalence de M dans la population, au risque de 5 %.
2. Même question avec un échantillon de taille 400 et toujours avec la même fréquence observée.
3. Quelle doit être la taille minimale de l'échantillon si l'on souhaite une étendue de l'intervalle de confiance inférieure ou égale à 0,04, toujours au risque de 5 % ?

13 MANGER DES POMMES

★★ | 20 min | ▸ P. 269

Un agriculteur propriétaire d'un très grand verger vend ses pommes à une entreprise agro-alimentaire. Celle-ci lui impose que le diamètre de ses pommes soit compris entre 66 et 74 mm, mais admet qu'une petite partie des pommes aient un diamètre en dehors de cet intervalle. En reconduisant le contrat l'année suivante, l'entreprise a spécifié que le taux de pommes ayant un diamètre en dehors de l'intervalle [66 mm ; 74 mm] devait être le même que l'année précédente.

L'agriculteur se souvient que l'année précédente, dans un échantillon de 400 pommes tirées au hasard de sa production, il avait compté 32 pommes ayant un diamètre non conforme.

Cette année, dans un échantillon de 250 pommes, il en compte 40.

1. Écrire un intervalle de confiance de niveau 95 % du taux de pommes ayant un diamètre non conforme dans la production de l'année précédente.
2. Écrire un intervalle de confiance de niveau 95 % du taux de pommes ayant un diamètre non conforme dans la production de cette année.
3. Conclure.

3. La conclusion devra porter sur l'intersection des deux intervalles de confiance.

14 LE 21 AVRIL 2002

★★ | 20 min | ▸ P. 269

Quelques jours avant le premier tour de l'élection présidentielle de 2002, un sondage effectué sur un échantillon de taille 1 000 représentatif de la population donne les résultats suivants :

- 135 ont déclaré leur intention de voter pour Jean-Marie Le Pen ;
- 170 ont déclaré leur intention de voter pour Lionel Jospin ;
- 195 ont déclaré leur intention de voter pour Jacques Chirac.

1. Écrire les intervalles de confiance de niveau 95 % pour les pourcentages de personnes ayant l'intention de voter pour ces candidats dans la population.
2. À combien de points peut-on estimer l'erreur commise dans un tel sondage ?
3. Le résultat de ces trois candidats a été respectivement : 16,9 %, 16,2 % et 19,9 %. Commenter.

EXERCICES D'APPROFONDISSEMENT

15 CALCUL DU RISQUE

★★★ 15 min ▸ P. 270

On utilise une version plus fine et plus générale de l'intervalle de confiance : avec les conditions usuelles de validité, on dit que :

$$\left[f-u_\alpha\sqrt{\frac{f(1-f)}{N}}\,;\,f+u_\alpha\sqrt{\frac{f(1-f)}{N}}\right]$$

est l'intervalle de confiance de niveau $1-\alpha$ de la proportion théorique p, où u_α désigne le nombre tel que $P(-u_\alpha \leqslant U \leqslant u_\alpha)=1-\alpha$, lorsque U est une variable aléatoire suivant une loi normale centrée réduite.

Par exemple, avec $\alpha=0,05$, l'intervalle de confiance de niveau 95 % de p est :

$$\left[f-1,96\sqrt{\frac{f(1-f)}{N}}\,;\,f+1,96\sqrt{\frac{f(1-f)}{N}}\right] \text{ car } P(-1,96\leqslant U\leqslant 1,96)=0,95.$$

Avec une fréquence observée $f=0,25$, on souhaite utiliser un échantillon de 900 personnes, et obtenir une étendue de l'intervalle de confiance égale à 0,04. Quel est le risque consenti d'erreur (arrondi à 1 % près) ?

Le risque consenti de l'erreur est α. Tout d'abord, appliquer la formule donnée ci-dessus et trouver la valeur de u_α. Ensuite, à l'aide du tableur ou d'une calculatrice, déterminer α.

16 THYROÏDE ANORMALE

★★★ 20 min ▸ P. 270

1. On considère que 20 % des personnes dans une population donnée ont une thyroïde anormale. On étudie la présence d'une thyroïde anormale dans un échantillon représentatif de taille N.
Dans cette question, $N=100$. Quelle fréquence de thyroïde anormale peut-on approximativement attendre dans cet échantillon, au risque 5 % ?
2. Quelle est la plus proche valeur de la taille minimale N nécessaire pour obtenir une amplitude de l'intervalle inférieure à 4 %, au risque 1 % ?

Au risque 1 % signifie que l'on utilise, à la place de 1,96, la valeur x telle que $P(-x\leqslant U\leqslant x)=0,99$, où U est une variable aléatoire suivant une loi normale centrée réduite. On utilisera un tableur ou une calculatrice.

17 VERSION SIMPLIFIÉE ★★★ 20 min ▸ P. 271

Cet exercice propose de justifier la majoration permettant d'utiliser une version simplifiée de l'intervalle de fluctuation.

1. Étudier la fonction f définie par $f(x) = x(1-x)$ sur $[0\,;1]$.

2. Montrer que sur $[0\,;1]$, $\sqrt{x(1-x)} \leqslant 0{,}5$.

3. En déduire que $1{,}96\sqrt{\dfrac{p(1-p)}{N}} \leqslant \dfrac{0{,}98}{\sqrt{N}}$ et conclure.

CONTRÔLE

18 QCM ★★ 20 min ▸ P. 271

Les questions sont indépendantes. À chaque question, une seule réponse est exacte.

1. Un intervalle de confiance est d'autant plus étendu que :
a. le risque est grand.
b. la taille de l'échantillon est petite.
c. la fréquence observée est grande.

2. Si la taille de l'échantillon est multipliée par 4, alors l'étendue de l'intervalle de confiance est :
a. doublée. b. divisée par 2. c. divisée par 16.

3. Si le risque est doublé, alors l'étendue de l'intervalle de confiance est :
a. doublée. b. divisée par 2. c. autre réponse.

4. Si les conditions pour écrire un intervalle de confiance sont réunies, alors elles le seront toujours lorsque :
a. le risque augmente.
b. la taille de l'échantillon augmente.
c. la fréquence augmente.

19 ENQUÊTE ★★ 15 min ▸ P. 272

Dans une population donnée, la proportion de familles qui possèdent deux voitures au moins est 0,7. Afin de réaliser une enquête, on souhaite extraire un échantillon de cette population. Quelle est la taille nécessaire de l'échantillon pour qu'il comporte entre 60 % et 80 % de familles possédant au moins deux voitures, au risque 5 % ?

20 ARBUSTES PLANTÉS

★★ | 15 min | ▸ P. 272

Une enquête est réalisée sur un échantillon de N arbustes plantés afin de déterminer la proportion d'arbustes qui survivent au premier hiver passé en terre. La conclusion est : « l'intervalle de confiance de la fréquence d'arbustes qui survivent à leur premier hiver est égal à $[0,78 ; 0,94]$, au risque de 5 % ».

1. Quelle proportion d'arbustes ayant survécu à leur premier hiver a-t-on observée dans l'échantillon ?
2. Quelle est la taille de l'échantillon considéré ?
3. Si l'échantillon avait présenté la même fréquence observée f en ayant un effectif quatre fois plus grand, comment l'intervalle de confiance serait-il modifié ?

CORRIGÉS

1 GAUCHERS

1. La proportion théorique dans la population est connue : $p=0,12$. On a $N=1\,200$, donc $N>30$, et $Np=1\,200\times 0,12=144$, donc $Np>5$ ($p<0,5$, donc l'autre condition est automatiquement vérifiée), ce qui rend légitime l'utilisation d'un intervalle de fluctuation pour la fréquence f dans cet échantillon :

$$\left[0,12-1,96\sqrt{\frac{0,12\times 0,88}{1\,200}}\,;0,12+1,96\sqrt{\frac{0,12\times 0,88}{1\,200}}\right].$$

En multipliant par 1 200, on peut donc s'attendre, avec un risque d'erreur de 5 %, à un nombre de gauchers compris entre 122 et 166.

2. Si $N=300$, donc $N>30$, les conditions sont toujours remplies car $Np=300\times 0,12=36$, donc $Np>5$. L'intervalle devient :

$$\left[0,12-1,96\sqrt{\frac{0,12\times 0,88}{300}}\,;0,12+1,96\sqrt{\frac{0,12\times 0,88}{300}}\right].$$

En multipliant par 300, on peut donc s'attendre, avec un risque d'erreur de 5 %, à un nombre de gauchers compris entre 25 et 47.

3. Si $N=32$, on a $Np=3,84$, donc $Np<5$: cette condition de validité n'étant pas remplie, il n'est pas possible d'écrire un intervalle de fluctuation.

1. Les valeurs approchées au dixième près étant 121,9 et 166,1, la réponse est donnée avec les nombres entiers compris dans cet intervalle.

2 VERRES ABÎMÉS

La proportion théorique dans la population est connue : $p=0,02$. On a $N=800$, donc $N>30$, et $Np=800\times 0,02=16$, donc $Np>5$ ($p<0,5$, donc l'autre condition est automatiquement vérifiée), ce qui rend légitime l'utilisation d'un intervalle de fluctuation pour la fréquence f dans cet échantillon :

$$\left[0,02-1,96\sqrt{\frac{0,02\times 0,98}{800}}\,;0,02+1,96\sqrt{\frac{0,02\times 0,98}{800}}\right].$$

En multipliant par 800, on peut donc s'attendre, avec un risque d'erreur de 5 %, à un nombre de verres abîmés compris entre 9 et 23.

Les valeurs approchées au dixième près étant 8,2 et 23,8, la réponse est donnée avec les nombres entiers compris dans cet intervalle.

3 CHANGEMENT DE PRÉCISION

Le centre de l'intervalle $[0,08\,;0,12]$ est 0,10 et son rayon est 0,02.

L'intervalle souhaité est $[0,095\,;0,105]$, toujours centré en 0,10 mais de rayon 0,005. Pour diviser le rayon par 4, on doit multiplier la taille de l'échantillon par 16. Ainsi, la taille nécessaire de l'échantillon est 14 400.

4 TAILLE DE L'ÉCHANTILLON

Il s'agit d'écrire un intervalle de fluctuation puisque l'on connaît la proportion théorique dans la population ($p=0,2$) et que l'on cherche la proportion observée dans l'échantillon.

La taille de l'échantillon est inconnue, donc on vérifie les conditions de validité après le calcul.

La fréquence f dans l'échantillon est, au risque 5 %, dans l'intervalle :

$$\left[0,2-1,96\sqrt{\frac{0,2\times 0,8}{N}}\,;0,2+1,96\sqrt{\frac{0,2\times 0,8}{N}}\right].$$

On souhaite que cet intervalle soit $[0,1\,;0,3]$, intervalle de rayon 0,1.

Ainsi : $1,96\sqrt{\frac{0,2\times 0,8}{N}}=0,1 \Leftrightarrow N=0,2\times 0,8\times\left(\frac{1,96}{0,1}\right)^2\approx 61,5.$

On prendra donc $N=62$.

On vérifie avec cette valeur de N les conditions de validité : on a $N\geqslant 30$ et $Np=62\times 0,2=12,4$, donc $Np>5$.

L'autre condition est automatiquement vérifiée.

Ainsi, c'est bien avec $N=62$ que l'on obtient l'intervalle de pari $[0,1\,;0,3]$.

5 DIABÈTE

1. Le taux de prévalence du diabète dans l'échantillon est $f=\frac{50}{500}=0,1$. Si les conditions sont vérifiées, on peut estimer p, fréquence de cette maladie dans la population. Au risque de 5 %, p se situe dans l'intervalle de confiance de niveau 95 % :

$$\left[0,1-\frac{1}{\sqrt{500}}\,;0,1+\frac{1}{\sqrt{500}}\right]\approx[0,055\,;0,145].$$

En prenant la borne inférieure de l'intervalle, on vérifie les conditions :
$Np\geqslant 500\times 0,055>5$.
($p<0,5$, donc l'autre condition est automatiquement vérifiée.)

L'estimation réalisée est valide, on peut dire que le taux de prévalence du diabète dans la population est compris entre 5,5 % et 14,5 %.

2. Avec $N=100$, la borne inférieure de l'intervalle de confiance de niveau 95 % est égale à 0. Les conditions ne sont pas vérifiées : l'estimation est impossible à réaliser avec cette taille d'échantillon.

3. La précision de l'intervalle est aussi son rayon. Ce rayon est égal à $\frac{1}{\sqrt{N}}$. Si N est multiplié par 4, la précision est divisée par 2.

1. On effectue la vérification avec la borne inférieure de l'intervalle car c'est avec cette valeur que le produit Np est le plus petit.

6 QCM

1. Réponse **c.** La fréquence observée dans la population est $f = \dfrac{28}{400} = 0,07$.

L'intervalle de confiance est $[0,07 - 0,05\,;\, 0,07 + 0,05] = [0,02\,;\, 0,12]$.
Vérification : $Np \geqslant 400 \times 0,02 = 8 > 5$. L'estimation est valide.
2. Réponse **c.** Le rayon de l'intervalle de confiance est 0,01, d'où :

$$\frac{1}{\sqrt{N}} = 0,01 \Leftrightarrow N = 10\,000.$$

Inutile d'effectuer une vérification : l'estimation étant valide avec $N = 400$ (question 1), elle l'est aussi avec une plus grande valeur comme 10 000.
3. Réponse **a.**
Puisque 2,5 % appartiennent à l'intervalle de confiance $[0,02\,;\, 0,12]$ trouvé dans la question 1, cette hypothèse ne peut être rejetée.

7 ÉLECTIONS PRÉSIDENTIELLES

La fréquence observée est $f = 0,5$. Le rayon de l'intervalle est 0,02.

Avec la formule simple, le rayon est $\dfrac{1}{\sqrt{N}}$.

On résout l'équation : $\dfrac{1}{\sqrt{N}} = 0,02 \Leftrightarrow N = \dfrac{1}{0,02^2} = 2\,500$.

Avec la formule complète, le rayon est $1,96\sqrt{\dfrac{f(1-f)}{N}}$. On résout l'équation :

$$1,96\sqrt{\frac{0,5(1-0,5)}{N}} = 0,02 \Leftrightarrow N = \left(\frac{1,96}{0,02}\right)^2 \times 0,25 = 2\,401.$$

On vérifie les conditions de validité avec la plus faible valeur trouvée (car si l'estimation est valide avec cette valeur, elle le sera aussi pour une valeur plus grande).
La borne inférieure de l'intervalle est 0,48 : $2\,401 \times 0,48 > 5$.
Les deux résultats sont valides : on trouve qu'il faut interroger 2 500 personnes pour atteindre cet objectif avec la première formule, 2 401 avec la seconde.

8 RÈGLE DE DÉCISION

Les conditions étant vérifiées (on a bien $N \geqslant 30$, $Np \geqslant 5$ et $N(1-p) \geqslant 5$), on écrit un intervalle de fluctuation de niveau 95 % :

$$\left[0,8 - \frac{1}{\sqrt{100}}\,;\, 0,8 + \frac{1}{\sqrt{100}}\right] = [60\ \%\,;\, 80\ \%].$$

Puisque 58 % est en dehors de cet intervalle, on rejette l'hypothèse d'une proportion de 80 % des lycéens qui envoient des textos pendant les heures de cours.
Ainsi, on peut mettre en doute l'affirmation du journaliste, au risque 5 % de se tromper.

9 FUMER TUE

1. Une personne de cet échantillon étant un fumeur ou pas, et le cas d'une personne n'ayant aucune influence sur les autres, le nombre de personnes non-fumeurs suit une loi binomiale de paramètres 100 et 0,7.
2. On trouve $a=61$ et $b=79$.
3. L'intervalle de fluctuation de niveau 95 % de la fréquence observée dans l'échantillon est $\left[\frac{a}{n}\,;\frac{b}{n}\right]$, soit $[0{,}61\,;0{,}79]$.
4. $\left[p-\frac{1}{\sqrt{n}}\,;p+\frac{1}{\sqrt{n}}\right]=\left[0{,}7-\frac{1}{\sqrt{100}}\,;0{,}7+\frac{1}{\sqrt{100}}\right]=[0{,}6\,;0{,}8]$ est un intervalle légèrement moins précis.
$\left[p-1{,}96\sqrt{\frac{p(1-p)}{n}}\,;p+1{,}96\sqrt{\frac{p(1-p)}{n}}\right]\approx[0{,}610\,2\,;0{,}789\,8]$ est très proche, on peut le considérer comme identique à l'intervalle trouvé à la question 3. On peut utiliser ces deux intervalles car $n=100$, donc $n>30$ et $n(1-p)=30$, donc $n(1-p)>5$.
5. Puisque 0,65 est dans l'intervalle de fluctuation de niveau 95 %, on ne rejette pas l'hypothèse.
6. Les conditions ont déjà été vérifiées, donc on peut utiliser la loi normale de moyenne 70 et d'écart-type $\sqrt{21}$.
7. D'après le cours, x_1 est égal à la moyenne à laquelle on ôte 1,96 fois l'écart-type et x_2 est égal à la moyenne à laquelle on ajoute 1,96 fois l'écart-type.
Ainsi, $x_1=70-1{,}96\times\sqrt{21}\approx 61{,}02$ et $x_2=70+1{,}96\times\sqrt{21}\approx 78{,}98$. En divisant par 100, on retrouve bien les mêmes fréquences que dans les questions précédentes. L'approximation de la loi binomiale par la loi normale est donc très bonne.

10 PRISE DE DÉCISION

1. a. La taille de l'échantillon dépasse 30 et $120\times 0{,}15\geqslant 5$: les conditions sont vérifiées, on peut écrire l'intervalle de fluctuation de niveau 95 % pour la fréquence observée dans un échantillon de taille 120.

$$\left[0{,}15-1{,}96\sqrt{\frac{0{,}15\times 0{,}85}{120}}\,;0{,}15+1{,}96\sqrt{\frac{0{,}15\times 0{,}85}{120}}\right]\approx[0{,}086\,;0{,}214].$$

b. La fréquence observée est égale à $\frac{25}{120}=0{,}208$.

c. On constate que cette fréquence observée est dans l'intervalle déterminé plus haut. Ainsi, selon les règles de décision usuelles, on conclut qu'il n'y a pas lieu de rejeter l'hypothèse d'une proportion de 15 % d'enfants en difficulté scolaire dans cette ville, ni de considérer que cette école n'est pas représentative de la population de cette ville.

2. La proportion de 20,8 % observée est en dehors de l'intervalle si, et seulement si :

$$0{,}15+1{,}96\sqrt{\frac{0{,}15\times 0{,}85}{n}}<0{,}208\Leftrightarrow\sqrt{\frac{0{,}15\times 0{,}85}{n}}<\frac{0{,}058}{1{,}96}$$

$$\Leftrightarrow\sqrt{n}>\sqrt{0{,}15\times 0{,}85}\,\frac{1{,}96}{0{,}058}\Leftrightarrow n>145{,}6$$

La taille de l'échantillon doit donc être supérieure ou égale à 146.

3. En notant s la borne supérieure de l'intervalle, on a : $0,15+1,96\sqrt{\frac{0,15\times 0,85}{n}}=s$.

D'où $n=0,15\times 0,85\left(\frac{1,96}{s-0,15}\right)^2=\frac{0,489\,804}{(s-0,15)^2}$.

La représentation graphique de la fonction sur l'intervalle $]0,15\,;0,30]$ est :

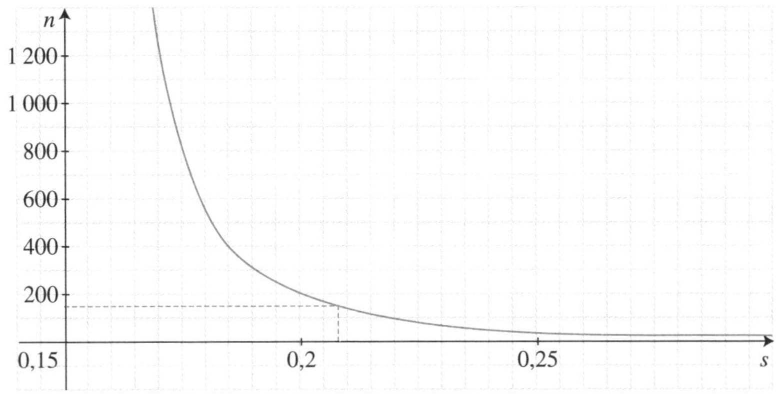

En pointillés, on retrouve les valeurs calculées dans les questions précédentes : à une borne supérieure égale à 0,208, il correspond une taille d'échantillon de 146.

11 SURBOOKING

1. X_n suit une loi binomiale de paramètres n et p.
2. Comme $n \geqslant 30$, $np \geqslant 5$ et $n(1-p) \geqslant 5$, on peut écrire l'intervalle de fluctuation de niveau 95 % :

$$\mathrm{I}_n=\left[p-1,96\sqrt{\frac{p(1-p)}{n}}\,;\,p+1,96\sqrt{\frac{p(1-p)}{n}}\right].$$

3. Si I_n est inclus dans $\left[0\,;\frac{538}{n}\right]$, alors la probabilité que X_n dépasse 538 est inférieure ou égale à la probabilité que $\frac{X_n}{n}$ n'appartienne pas à I_n. Cette probabilité étant proche de 0,05, on peut dire que la probabilité que X_n dépasse 538 est inférieure ou égale à 0,05.

4. a. Si I_n est inclus dans $\left[0\,;\frac{538}{n}\right]$, alors la borne supérieure de I_n est inférieure ou égale à $\frac{538}{n}$.

On obtient : $p+1,96\sqrt{\frac{p(1-p)}{n}}\leqslant\frac{538}{n}$. Avec $p=0,9$ et en remplaçant 1,96 par 2, cela donne :

$$0,9+2\frac{\sqrt{0,9\times 0,1}}{\sqrt{n}}\leqslant\frac{538}{n}\Leftrightarrow 0,9n+0,6\sqrt{n}-538\leqslant 0.$$

b. L'inéquation à résoudre est $0,9x^2+0,6x-538 \leqslant 0$, en posant $x=\sqrt{n}$.
Le discriminant du trinôme du second degré est $\Delta = 0,6^2-4\times0,9\times(-538)=1\,937,16$, et les deux racines sont approximativement : $-24,8$ et 24,1. On en déduit le signe du trinôme :

x		$-24,8$		$24,1$	
$0,9x^2+0,6x-538$	+		−		+

Puisque $24,1^2 \approx 580,8$, on en déduit le signe de $0,9n+0,6\sqrt{n}-538$, pour $n \geqslant 538$.

n	538		580,8	
$0,9n+0,6\sqrt{n}-538$		−		+

Les solutions de l'inéquation $0,9n+0,6\sqrt{n}-538 \leqslant 0$ sont les entiers compris entre 538 et 580.
c. La compagnie pourra donc vendre 580 billets pour son avion de 538 places. Dans ce cas, la probabilité que le nombre de passagers se présentant à l'embarquement dépasse la capacité de l'avion est inférieure à 5 %.

12 TAUX DE PRÉVALENCE D'UNE MALADIE

1. On connaît la fréquence dans l'échantillon, $f=0,25$, et on cherche à estimer la proportion théorique dans la population. La première condition est vérifiée : la taille de l'échantillon est supérieure à 30. Si les autres conditions sont vérifiées, l'intervalle de confiance de niveau 95 % du taux de prévalence de M dans la population est :
$$\left[f-\frac{1}{\sqrt{N}}\,;\,f+\frac{1}{\sqrt{N}}\right]=\left[0,25-\frac{1}{\sqrt{64}}\,;\,0,25+\frac{1}{\sqrt{64}}\right]=[0,125\,;\,0,375].$$
Maintenant, on vérifie les deux autres conditions : avec la borne inférieure de l'intervalle, on obtient $64\times0,125 \geqslant 5$.
L'autre condition est automatiquement vérifiée car ces fréquences sont inférieures à 0,5.
2. Seul $N=400$ est à modifier :
$$\left[f-\frac{1}{\sqrt{N}}\,;\,f+\frac{1}{\sqrt{N}}\right]=\left[0,25-\frac{1}{\sqrt{400}}\,;\,0,25+\frac{1}{\sqrt{400}}\right]=[0,2\,;\,0,3].$$
Les vérifications sont inutiles : l'estimation étant valide pour $N=64$, elle l'est aussi pour un échantillon plus grand.
3. Le rayon de l'intervalle de confiance est $\frac{1}{\sqrt{N}}$, et son étendue est $\frac{2}{\sqrt{N}}$.
$$\frac{2}{\sqrt{N}} \leqslant 0,04 \Leftrightarrow \sqrt{N} \geqslant \frac{2}{0,04} \Leftrightarrow N \geqslant 2\,500.$$
Là encore, inutile de vérifier les conditions de validité.
C'est avec un échantillon de taille 2 500 au moins que l'on obtiendra une étendue inférieure ou égale à 0,04.

13 MANGER DES POMMES

1. La fréquence observée l'année précédente est $f_1 = \frac{32}{400} = 0{,}08$.

La taille de l'échantillon dépasse 30. Si, *a posteriori*, les conditions sont vérifiées, l'intervalle est :

$$\left[0{,}08 - \frac{1}{\sqrt{400}} ; 0{,}08 + \frac{1}{\sqrt{400}}\right] = [0{,}03 ; 0{,}13].$$

Avec la borne inférieure de l'intervalle, on vérifie les conditions : $Np \geqslant 400 \times 0{,}03 \geqslant 5$.
Ainsi, l'estimation est valide : le taux de pommes en dehors des normes spécifiées dans toute sa production de l'année précédente était compris entre 3 % et 13 %, au risque de 5 % de se tromper.

2. La fréquence observée cette année est $f_2 = \frac{40}{250} = 0{,}16$.

La taille de l'échantillon dépasse 30. Si, *a posteriori*, les conditions sont vérifiées, l'intervalle est :

$$\left[0{,}16 - \frac{1}{\sqrt{250}} ; 0{,}16 + \frac{1}{\sqrt{250}}\right] = [0{,}10 ; 0{,}22].$$

Avec la borne inférieure de l'intervalle, on vérifie les conditions : $Np \geqslant 250 \times 0{,}10 \geqslant 5$.
Ainsi, l'estimation est valide : le taux de pommes en dehors des normes spécifiées dans toute la production de cette année est compris entre 10 % et 22 %, au risque de 5 % de se tromper.

3. Les deux intervalles ne sont pas disjoints (leur intersection est [10 % ; 13 %]), on ne peut donc pas conclure à une différence significative, au risque de 5 %, entre les taux de pommes en dehors de l'intervalle spécifié dans les productions de l'année précédente et de cette année.

Cette méthode permet de comparer deux fréquences théoriques dans une ou plusieurs populations, sans connaître leurs valeurs. Il suffit juste d'utiliser deux échantillons représentatifs.

14 LE 21 AVRIL 2002

1. La taille de l'échantillon est 1 000, elle est supérieure ou égale à 30.

Les trois intervalles de confiance de niveau 95 %, sous réserves de vérifications, sont :

$$\left[0{,}135 - \frac{1}{\sqrt{1\,000}} ; 0{,}135 + \frac{1}{\sqrt{1\,000}}\right] = [10{,}3\,\% ; 16{,}7\,\%].$$

$$\left[0{,}170 - \frac{1}{\sqrt{1\,000}} ; 0{,}170 + \frac{1}{\sqrt{1\,000}}\right] = [13{,}8\,\% ; 20{,}2\,\%].$$

$$\left[0{,}195 - \frac{1}{\sqrt{1\,000}} ; 0{,}195 + \frac{1}{\sqrt{1\,000}}\right] = [16{,}3\,\% ; 22{,}7\,\%].$$

Pour les vérifications, on prend la borne inférieure la plus petite : $1\,000 \times 0{,}103 \geqslant 5$. Les trois estimations sont donc valides.

2. L'erreur commise est la même dans les trois intervalles. Puisque $\dfrac{1}{\sqrt{1\,000}} \approx 0{,}032$, soit environ 3,2 %, la valeur en pourcentage est assortie d'une erreur de trois points. Cela revient à dire qu'il y a une probabilité de 0,95 que les valeurs réelles des intentions de vote dans la population soient à moins de trois points des valeurs observées par le sondage.

3. Le résultat est cohérent avec les intervalles de confiance pour deux candidats (L. Jospin et J. Chirac), mais pas pour le troisième (J.-M. Le Pen). Le résultat de ce dernier est légèrement au-dessus de la borne supérieure de l'intervalle de confiance lui correspondant. Un intervalle de confiance et sa marge d'erreur de trois points dans ce type de sondages sont écrits avec un niveau de confiance, c'est-à-dire avec un risque d'erreur.

15 CALCUL DU RISQUE

L'étendue de l'intervalle est $2u_\alpha\sqrt{\dfrac{f(1-f)}{N}}$.

En utilisant les données, on résout l'équation :

$$2u_\alpha\sqrt{\frac{0{,}25(1-0{,}25)}{900}} = 0{,}04 \Leftrightarrow u_\alpha \approx 1{,}386.$$

Cette valeur correspond à un risque consenti d'erreur α tel que :

$P(-1{,}386 \leqslant U \leqslant 1{,}386) = 1-\alpha$.

Dans un tableur, la formule = LOI.NORMALE.STANDARD(1,386) donne la probabilité $P(U \leqslant 1{,}386)$. On obtient donc $\alpha \approx 0{,}166$ avec la formule :
= 2 * (1 – LOI.NORMALE.STANDARD(1,386)). Ainsi, le risque consenti d'erreur pour obtenir cet intervalle de confiance est environ 16,6 %.

16 THYROÏDE ANORMALE

1. La proportion théorique dans la population est connue : on a $p = 0{,}20$. Avec un échantillon de taille $N = 100 > 30$, on a $Np = 100 \times 0{,}20 = 20 \geqslant 5$ ($p < 0{,}5$, donc l'autre condition est automatiquement vérifiée), ce qui rend légitime l'utilisation d'un intervalle de fluctuation pour la fréquence f dans cet échantillon :

$$\left[0{,}2 - 1{,}96\sqrt{\frac{0{,}2\times 0{,}8}{100}}\,;\,0{,}2 + 1{,}96\sqrt{\frac{0{,}2\times 0{,}8}{100}}\right] = [0{,}121\,6\,;\,0{,}278\,4].$$

On peut donc s'attendre, avec un risque d'erreur de 5 %, à une fréquence de thyroïde anormale comprise entre 12 % et 28 %.

2. Au risque 1 % signifie que l'on n'utilise plus 1,96 dans la formule de l'intervalle de fluctuation. On cherche alors la valeur de x telle que $P(-x \leqslant U \leqslant x) = 0{,}99$, où U est une variable aléatoire suivant une loi normale centrée réduite. Un tableur ou une calculatrice donne $x = 2{,}58$ environ. L'amplitude (c'est-à-dire deux fois le rayon) de l'intervalle de fluctuation est donnée par la quantité $2 \times 2{,}58\sqrt{\dfrac{0{,}2\times 0{,}8}{N}}$.

On souhaite que cette amplitude soit inférieure ou égale à 0,04, d'où l'inéquation :

$$2\times 2{,}58\sqrt{\frac{0{,}2\times 0{,}8}{N}} \leqslant 0{,}04 \Leftrightarrow \sqrt{\frac{0{,}16}{N}} \leqslant \frac{0{,}04}{5{,}16} \Leftrightarrow \frac{0{,}16}{N} \leqslant \left(\frac{0{,}04}{5{,}16}\right)^2$$

$$\Leftrightarrow N \geqslant 0{,}16\left(\frac{5{,}16}{0{,}04}\right)^2.$$

À l'aide de la calculatrice, on conclut que la taille de l'échantillon doit être supérieure à 2 663 pour que l'amplitude de l'intervalle soit inférieure à 4 %, au risque de 1 %.

17 VERSION SIMPLIFIÉE

1. Pour tout x dans $[0\,;1]$, $f(x) = x - x^2$, donc $f'(x) = 1 - 2x$. On a $f'(x)$ positif sur $[0\,;0{,}5]$ et négatif sur $[0{,}5\,;1]$. Par conséquent, f est croissante sur $[0\,;0{,}5]$ et décroissante sur $[0{,}5\,;1]$.

2. f admet un maximum en 0,5 et $f(0{,}5) = 0{,}25$. Donc, en accord avec les variations trouvées dans la question 1, lorsque x est dans $[0\,;1]$, on a $f(0{,}5) \leqslant 0{,}25$.
D'où $\sqrt{x(1-x)} \leqslant 0{,}5$.

3. On remarque tout d'abord que $1{,}96\sqrt{\frac{p(1-p)}{N}} = 1{,}96\frac{\sqrt{p(1-p)}}{\sqrt{N}}$.

On a donc $1{,}96\frac{\sqrt{p(1-p)}}{\sqrt{N}} \leqslant 1{,}96\frac{1{,}96\times 0{,}5}{\sqrt{N}}$, ce qui donne la majoration

$1{,}96\frac{\sqrt{p(1-p)}}{\sqrt{N}} \leqslant \frac{0{,}98}{\sqrt{N}} < \frac{1}{\sqrt{N}}$.

C'est pourquoi on peut simplifier ces écritures avec $\frac{1}{\sqrt{N}}$, ce qui donne un intervalle plus large que les valeurs se trouvant dans l'encadrement précédent, et donc moins précis. Le mérite de cette approximation est de disposer d'une expression beaucoup plus simple à manipuler et à retenir.

18 QCM

1. Réponse **b.** La réponse **a** est fausse : un intervalle de confiance est d'autant plus étendu que le risque est petit (en raisonnant avec du bon sens et sans formules mathématiques, on diminue le risque pris au détriment d'une bonne précision sur l'intervalle).
La réponse **b** est exacte : N est au dénominateur dans la formule, donc s'il diminue, l'étendue de l'intervalle augmente.
La réponse **c** est fausse : les variations de l'étendue selon les valeurs de f ne sont pas faciles à prévoir.

2. Réponse **a.** Si N est multiplié par 4, alors sa racine carrée est multipliée par 2. Comme cette racine carrée est au dénominateur, l'étendue de l'intervalle de confiance est multipliée par 2.

3. Réponse **c.** Le lien entre le risque et l'étendue est complexe, il se comprend en étudiant la loi normale (voir chapitre précédent).

4. Réponse **b.** La réponse **a** est fausse : si le risque augmente, l'échantillon se réduit. Les conditions pourraient ne plus être vérifiées lorsque la fréquence observée *f* est supérieure à 0,5, c'est-à-dire quand on effectue la vérification avec la borne supérieure de l'intervalle.
La réponse **b** est exacte : la vérification se fait avec le calcul de Np ou $N(1-p)$; si les conditions sont vérifiées et si N augmente, elles seront toujours vérifiées.
La réponse **c** est fausse : si p augmente, $1-p$ diminue. Ainsi, la valeur de Np augmente mais celle de $N(1-p)$ diminue et pourrait devenir inférieure à 5.

19 ENQUÊTE

Il s'agit d'écrire un intervalle de fluctuation puisque l'on connaît la proportion théorique dans la population $(p=0,7)$ et que l'on cherche la fréquence observée dans l'échantillon.
Dans cet exercice, la taille de l'échantillon est inconnue, donc on ne vérifie les conditions de validité qu'après le calcul. La fréquence *f* dans l'échantillon est, au risque 5 % de se tromper, dans l'intervalle :

$$\left[0,7-1,96\sqrt{\frac{0,7\times0,3}{N}}\,;0,7+1,96\sqrt{\frac{0,7\times0,3}{N}}\right].$$

On souhaite que cet intervalle soit $[0,6\,;0,8]$, intervalle de rayon 0,1.

Ainsi : $1,96\sqrt{\frac{0,7\times0,3}{N}}=0,1 \Leftrightarrow N=0,7\times0,3\times\left(\frac{1,96}{0,1}\right)^2\approx 80,7.$

On prendra donc $N=81$.
On vérifie avec cette valeur de N les conditions de validité : on a bien N supérieur à 30 et $N(1-p)=81\times0,3>5$.
L'autre condition est automatiquement vérifiée.
Ainsi, c'est bien avec $N=81$ que l'on obtient l'intervalle de pari $[0,6\,;0,8]$.

20 ARBUSTES PLANTÉS

1. L'intervalle est centré sur la fréquence observée : $f=0,86$.
2. Le rayon de l'intervalle est $0,94-0,86=0,08$.

Dans la formule de l'intervalle de confiance de niveau 95 %, ce rayon est $\frac{1}{\sqrt{N}}$. On résout l'équation :

$$\frac{1}{\sqrt{N}}=0,08 \Leftrightarrow N=\frac{1}{0,08^2}=156,25.$$

Vérification des conditions de validité du résultat : on a bien N supérieur à 30 et $156\times(1-0,94)\geqslant 5$.
La taille de l'échantillon considéré pour conclure à cet intervalle de confiance est donc 156.

3. Avec un effectif quatre fois plus grand, le rayon de l'intervalle est divisé par 2. Il était de 0,08, il devient donc 0,04. Ainsi, l'intervalle de confiance devient $[0,82\,;0,90]$.

Matrices et graphes

Enseignement de spécialité de la série ES

10 Matrices

I DÉFINITIONS

1. Notion de matrice

Un tableau rectangulaire de nombres s'appelle une **matrice**.

EXEMPLE : $M = \begin{pmatrix} 5 & -4 & 3 \\ 0 & 2{,}5 & 4 \end{pmatrix}$ est une matrice.

Elle comporte deux lignes et trois colonnes.
Sa **dimension** est 2×3.
Une matrice comportant autant de lignes que de colonnes est dite **carrée**.

EXEMPLE : La matrice $\begin{pmatrix} 3 & 5 \\ -1 & 0 \end{pmatrix}$ de dimension 2×2 est une matrice carrée.

2. Vecteur

- Une matrice comportant une seule ligne s'appelle un **vecteur ligne**.

EXEMPLE : $A = (2 \;\; 3 \;\; 5)$ est un vecteur ligne.

- Une matrice comportant une seule colonne s'appelle un **vecteur colonne**.

EXEMPLE : $B = \begin{pmatrix} 5 \\ 2 \end{pmatrix}$ est un vecteur colonne.

II RÈGLES DE CALCUL

1. Somme de deux matrices

On peut additionner deux matrices de même dimension.
On ajoute les nombres qui ont la même position.

EXEMPLE : Avec $A = \begin{pmatrix} 5 & -4 & 3 \\ 0 & 2{,}5 & 4 \end{pmatrix}$ et $B = \begin{pmatrix} 1 & 3 & 6 \\ 2 & 0{,}75 & -4 \end{pmatrix}$,

on a $A + B = \begin{pmatrix} 5+1 & -4+3 & 3+6 \\ 0+2 & 2{,}5+0{,}75 & 4+(-4) \end{pmatrix} = \begin{pmatrix} 6 & -1 & 9 \\ 2 & 3{,}25 & 0 \end{pmatrix}$.

2. Produit d'un réel par une matrice

On peut multiplier un réel par une matrice en multipliant chaque nombre de la matrice par ce réel.

EXEMPLE : Avec $A = \begin{pmatrix} 5 & -4 & 3 \\ 0 & 2,5 & 4 \end{pmatrix}$,

on a $2A = \begin{pmatrix} 2\times 5 & 2\times(-4) & 2\times 3 \\ 2\times 0 & 2\times 2,5 & 2\times 4 \end{pmatrix} = \begin{pmatrix} 10 & -8 & 6 \\ 0 & 5 & 8 \end{pmatrix}$.

3. Produit de deux matrices

On peut effectuer le produit d'une matrice A par une matrice B si le nombre de colonnes de A est égal au nombre de lignes de B.

EXEMPLE : On peut effectuer le produit de $A = \begin{pmatrix} 1 & 3 \\ 2 & 4 \end{pmatrix}$ par $B = \begin{pmatrix} 5 & -4 & 3 \\ 0 & 2,5 & 4 \end{pmatrix}$ car A possède deux colonnes et B deux lignes.

On utilise la disposition pratique suivante :

$$\begin{array}{cc} & (B) \\ (A) & (AB) \end{array}, \quad \text{soit} \quad \begin{array}{cc} & \begin{pmatrix} 5 & \boxed{\begin{matrix}-4 \\ 2,5\end{matrix}} & 3 \\ 0 & & 4 \end{pmatrix} \\ \begin{pmatrix} \boxed{1 \quad 3} \\ 2 \quad 4 \end{pmatrix} & \begin{pmatrix} \dots & m & \dots \\ \dots & \dots & \dots \end{pmatrix} \end{array}$$

avec $m = 1 \times (-4) + 3 \times 2,5 = -4 + 7,5 = 3,5$.

On obtient $AB = \begin{pmatrix} 5 & 3,5 & 15 \\ 10 & 2 & 22 \end{pmatrix}$.

En général, $A \times B \neq B \times A$. Sur l'exemple précédent, on peut calculer $A \times B$, mais $B \times A$ n'existe même pas car B possède trois colonnes et A seulement deux lignes.

III RÉSOLUTION DE SYSTÈMES

1. Matrice identité

Les matrices carrées $\begin{pmatrix} 1 & 0 \\ 0 & 1 \end{pmatrix}$ et $\begin{pmatrix} 1 & 0 & 0 \\ 0 & 1 & 0 \\ 0 & 0 & 1 \end{pmatrix}$ s'appellent des **matrices identités**.

Une matrice identité se note I.

Si A et I sont deux matrices carrées de même dimension, alors $AI = IA = A$.

2. Inverse d'une matrice

Soit A une matrice carrée.

S'il existe une matrice carrée B telle que AB = BA = I, alors la matrice A est dite inversible et B est la **matrice inverse** de A.

Cette matrice inverse de A se note A^{-1}.

EXEMPLE : Avec $A = \begin{pmatrix} 2 & 4 \\ -1 & 3 \end{pmatrix}$, on a $A^{-1} = \begin{pmatrix} 0{,}3 & -0{,}4 \\ 0{,}1 & 0{,}2 \end{pmatrix}$, car on a :

$$\begin{pmatrix} 2 & 4 \\ -1 & 3 \end{pmatrix}\begin{pmatrix} 0{,}3 & -0{,}4 \\ 0{,}1 & 0{,}2 \end{pmatrix} = \begin{pmatrix} 0{,}3 & -0{,}4 \\ 0{,}1 & 0{,}2 \end{pmatrix}\begin{pmatrix} 2 & 4 \\ -1 & 3 \end{pmatrix} = \begin{pmatrix} 1 & 0 \\ 0 & 1 \end{pmatrix}.$$

3. Résolution d'un système

Soit A une matrice carrée inversible, X et B deux vecteurs colonnes tels que AX = B.

On a alors $X = A^{-1}B$.

Cela permet de résoudre des systèmes d'équations.

EXEMPLE : Le système $\begin{cases} 2x + 4y = 2 \\ -x + 3y = -11 \end{cases}$ correspond à AX = B

avec $A = \begin{pmatrix} 2 & 4 \\ -1 & 3 \end{pmatrix}$, $X = \begin{pmatrix} x \\ y \end{pmatrix}$, $B = \begin{pmatrix} 2 \\ -11 \end{pmatrix}$.

La solution est $X = A^{-1}B$, soit $X = \begin{pmatrix} 5 \\ -2 \end{pmatrix}$, c'est-à-dire $x = 5$ et $y = -2$.

SAVOIR-FAIRE

1. Calculer le produit d'une matrice par un vecteur colonne

1. Pour chaque ligne de la matrice, on calcule la somme des produits des termes de la ligne pris de la gauche vers la droite par les termes respectifs du vecteur colonne pris du haut vers le bas.
2. Le résultat est un vecteur colonne.

EXEMPLE : Soit la matrice $A = \begin{pmatrix} 2 & 3 \\ 5 & -4 \\ 7 & 2 \end{pmatrix}$ et le vecteur colonne $X = \begin{pmatrix} 4 \\ -1 \end{pmatrix}$.

Calculer AX.

1. Pour la première ligne, on a : $2 \times 4 + 3 \times (-1) = 5$.
Pour la deuxième ligne, on a : $5 \times 4 + (-4) \times (-1) = 24$.
Pour la troisième ligne, on a : $7 \times 4 + 2 \times (-1) = 26$.

2. Le résultat est le vecteur colonne $\begin{pmatrix} 5 \\ 24 \\ 26 \end{pmatrix}$.

2. Déterminer l'inverse d'une matrice carrée à l'aide d'une calculatrice

1. Utiliser le menu matrice de la calculatrice pour :
– sélectionner le mode édition ;
– définir les dimensions $n \times n$ de la matrice ;
– introduire les termes de la matrice.
2. Utiliser le menu de la calculatrice pour faire afficher l'expression [nom], puis la touche x^{-1}, et valider pour obtenir l'inverse de la matrice.

EXEMPLE : En mettant $\begin{pmatrix} 1 & 2 & 4 \\ 1 & 3 & 9 \\ 2 & 2 & 2 \end{pmatrix}$ dans la matrice A d'une calculatrice, en effectuant le calcul A^{-1}, on obtient $\begin{pmatrix} -3 & 1 & 1{,}5 \\ 4 & -1{,}5 & -1{,}25 \\ -1 & 5 & 0{,}25 \end{pmatrix}$ comme matrice inverse.

3. Résoudre un système d'équation à l'aide de matrice

Pour résoudre un système linéaire de n équations à n inconnues :

1. on écrit une matrice carrée A de dimension $n \times n$ qui contient les coefficients des n inconnues dans les n équations ;
2. on écrit un vecteur colonne B de dimension $n \times 1$ avec les valeurs constantes des membres de droite ;
3. on calcule le vecteur colonne A^{-1}. $A^{-1}B$ représente la solution du système.

EXEMPLE : Résoudre le système $\begin{cases} 4x + 7y = 13 \\ 3x + 5y = -8 \end{cases}$, d'inconnues x et y.

1. et 2. On pose $A = \begin{pmatrix} 4 & 7 \\ 3 & 5 \end{pmatrix}$ et $B = \begin{pmatrix} 13 \\ -8 \end{pmatrix}$.

3. À l'aide d'une calculatrice, on a $A^{-1} = \begin{pmatrix} -5 & 7 \\ 3 & -4 \end{pmatrix}$ et $A^{-1}B = \begin{pmatrix} -121 \\ 71 \end{pmatrix}$.

La solution $(x ; y)$ est $(-121 ; 71)$.

4. Déterminer une fonction polynôme à l'aide d'un système

Pour déterminer les n coefficients d'un fonction polynôme en connaissant n conditions :

1. on écrit chacune des n conditions sous forme d'une équation et on forme un système avec ces n équations ;
2. on résout ce système (voir le savoir-faire 3) ;
3. on conclut.

EXEMPLE : Déterminer l'expression algébrique de la fonction trinôme $f : x \mapsto ax^2 + bx + c$ vérifiant les conditions suivantes : $f(1) = 3$, $f(2) = 14$ et $f(-1) = -7$.

1. La condition $f(1) = 3$ s'écrit :
$a \times 1^2 + b \times 1 + c = 3$, soit $a + b + c = 3$.
$f(2) = 14$ donne $4a + 2b + c = 14$ et $f(-1) = -7$ donne $a - b + c = -7$.

On a donc à résoudre le système $\begin{cases} a + b + c = 3 \\ 4a + 2b + c = 14 \\ a - b + c = -7 \end{cases}$.

2. On pose $A = \begin{pmatrix} 1 & 1 & 1 \\ 4 & 2 & 1 \\ 1 & -1 & 1 \end{pmatrix}$, $X = \begin{pmatrix} 3 \\ 14 \\ -7 \end{pmatrix}$. Par calcul, on a $A^{-1}X = \begin{pmatrix} 2 \\ 5 \\ -4 \end{pmatrix}$.

Soit $a = 2$, $b = 5$ et $c = -4$.

3. L'expression algébrique de f est $f(x) = 2x^2 + 5x - 4$.

EXERCICES D'APPLICATION

1 VOCABULAIRE | ★ | 5 min | ▸ P. 288

Soit la matrice $A = \begin{pmatrix} 2 & 5 \\ -1 & 7 \\ 11 & 8 \end{pmatrix}$.

1. Quel est le nombre de la troisième ligne et de la première colonne ?
2. Où se situe le nombre 5 ?
3. Quelle est la dimension de cette matrice ?

Dans la dimension d'une matrice, on commence par le nombre de lignes.

2 ÉCRITURE D'UNE MATRICE | ★ | 5 min | ▸ P. 288

Écrire la matrice B de dimension 3×3 dont la première ligne comporte les nombres 1, 2 et 3 dans cet ordre. Chaque nombre des deux autres lignes est égal au carré du nombre situé au-dessus de lui.

3 CALCULS SUR DES MATRICES | ★ | 12 min | ▸ P. 288

Soit les deux matrices $A = \begin{pmatrix} 1 & 3 \\ 5 & 7 \end{pmatrix}$ et $B = \begin{pmatrix} 2 & -3 \\ 4 & 7 \end{pmatrix}$.

1. Calculer $A + B$.
2. a. Calculer $3A$ et $-2B$.
b. En déduire $3A - 2B$.

1. Pour additionner deux matrices, on additionne les nombres qui ont la même position.

2. b. Utiliser les résultats de la question précédente.

4 PRODUIT D'UNE MATRICE PAR UN VECTEUR COLONNE | ★ | 10 min | ▸ P. 289

Soit la matrice $A = \begin{pmatrix} 2 & -4 \\ 5 & 2 \end{pmatrix}$ et le vecteur colonne $B = \begin{pmatrix} 2 \\ -3 \end{pmatrix}$.

1. Calculer manuellement AB.
2. Peut-on calculer BA ?

1. Revoir le savoir-faire **1**.

5 PRODUIT DE DEUX MATRICES | ★ | 10 min | ▸ P. 289

Soit les deux matrices $A = \begin{pmatrix} 1 & 3 \\ 5 & 7 \end{pmatrix}$ et $B = \begin{pmatrix} 2 & -3 \\ 4 & 7 \end{pmatrix}$.

1. Calculer manuellement AB.
2. A-t-on BA = AB ? Justifier la réponse en utilisant la calculatrice.

1. Revoir la disposition pratique dans le cours.

6 MATRICES TELLES QUE BA = AB | ★ | 15 min | ▸ P. 289

Soit les deux matrices carrées $A = \begin{pmatrix} 2 & 3 \\ 5 & 7 \end{pmatrix}$ et $B = \begin{pmatrix} -7 & 3 \\ 5 & -2 \end{pmatrix}$.

1. a. Calculer AB. Comment nomme-t-on le produit ?
b. Vérifier que BA est égal à AB.
2. Comment sont les matrices A et B ?

1. a. Une matrice identité comporte une diagonale de 1 et des 0 ailleurs.

7 MATRICES INVERSES | ★ | 10 min | ▸ P. 290

À l'aide d'une calculatrice, déterminer les matrices inverses des matrices suivantes :

1. $A = \begin{pmatrix} 7 & 6 \\ 5 & 4 \end{pmatrix}$; 2. $B = \begin{pmatrix} 2 & 3 & 1 \\ 5 & 6 & 2 \\ 7 & 4 & 2 \end{pmatrix}$.

Revoir le savoir-faire **2**.

8 RÉSOLUTION D'UN SYSTÈME | ★ | 10 min | ▸ P. 290

On a le système suivant : $\begin{cases} 3x + 7y = 2 \\ x + 3y = 4 \end{cases}$.

1. Exprimer la matrice carrée A et le vecteur colonne B qui correspondent au système.
2. a. Comment obtient-on la solution du système ?
b. À l'aide d'une calculatrice, donner la solution du système.

Revoir le savoir-faire **3**.

9 RECHERCHE D'UNE FONCTION AFFINE | ★ | 10 min | ▶ P. 290

▶ P. 290

Soit f la fonction affine $x \mapsto ax + b$ telle que $f(1) = 43$ et $f(35) = -25$.

1. Traduire les deux conditions par un système.

2. a. Résoudre ce système avec la méthode des matrices.

b. En déduire l'expression algébrique de f.

Revoir le savoir-faire **4**.

EXERCICES D'ENTRAÎNEMENT

10 RÉSOLUTION D'UN SYSTÈME | ★★ | 10 min | ▶ P. 291

1. À l'aide d'une calculatrice, déterminer l'inverse de la matrice $A = \begin{pmatrix} -2 & 3 \\ 8 & -2 \end{pmatrix}$.

2. En déduire la solution du système : $\begin{cases} -2x + 3y = 10 \\ 8x - 2y = 3 \end{cases}$.

1. Revoir le savoir-faire **2**.
2. Revoir le savoir-faire **3**.

11 OCCUPATION DE LA PLAGE | ★★ | 15 min | ▶ P. 291

Une île possède trois plages A, B et C.
Le premier jour, il y a 500 vacanciers sur la plage A, 300 sur la plage B et 200 sur la plage C. Cela est codé par la vecteur ligne $A = (500 \quad 300 \quad 200)$.
Une étude faite les années précédentes montre que la population sur les plages évolue toujours de la même manière. En multipliant la matrice d'occupation d'un jour par la matrice $M = \begin{pmatrix} 0{,}6 & 0{,}3 & 0{,}1 \\ 0{,}3 & 0{,}1 & 0{,}6 \\ 0{,}5 & 0{,}3 & 0{,}2 \end{pmatrix}$, on obtient l'occupation du lendemain.
Ainsi la matrice B, égale à AM, représente l'occupation des plages le deuxième jour.
De même C, égale à BM, donne l'occupation des plages le troisième jour.

1. a. Calculer B.

b. Interpréter B.

2. a. Calculer C.

b. Interpréter C.

3. Prévoir l'occupation des plages le cinquième jour.

1. Le produit du vecteur ligne A par la matrice M donne un vecteur ligne dont chaque valeur est la somme des produits des nombres du vecteur A par les nombres respectifs d'une colonne de la matrice M.

3. Commencer par calculer l'occupation le quatrième jour.

12 LE COÛT DU PARFUM | ★★ | 20 min | ▸ P. 292

Un parfumeur utilise des essences de rose et de lavande pour fabriquer trois parfums différents. Chaque colonne de la matrice $A=\begin{pmatrix}26 & 50 & 60\\74 & 50 & 40\end{pmatrix}$ indique pour un parfum les pourcentages de composition selon les essences. Ainsi le premier parfum comporte 26 % d'essence de rose et 74 % d'essence de lavande.

1. Donner la composition des deuxième et troisième parfums.

2. 1% d'essence de rose coûte 5 € et 1 % d'essence de lavande coûte 3 €.
Le parfumeur code cela à l'aide de la matrice $P=(5\ \ 3)$.

a. Calculer $B=PA$.

b. Que représente B ?

3. En raison d'un été caniculaire, le prix de 1 % d'essence de rose augmente de 1 € et celui de 1 % d'essence de lavande diminue de 1 €.

a. Donner la nouvelle valeur de P.

b. Calculer la nouvelle valeur de B.

c. Quelle est l'influence de cette canicule sur les coûts des différents parfums ?

2. a. Le produit du vecteur ligne P par la matrice A donne un vecteur ligne dont chaque valeur est la somme des produits des nombres du vecteur P par les nombres respectifs d'une colonne de la matrice A.

b. La matrice B comporte trois nombres, un par parfum.

13 RECHERCHE DE NOMBRES INCONNUS | ★★ | 10 min | ▸ P. 292

On donne les matrices $A=\begin{pmatrix}2 & 1\\3 & -1\end{pmatrix}$, $B=\begin{pmatrix}5\\7\end{pmatrix}$ et $C=(3\ \ -1)$.

1. Calculer AB et CA.

2. Déterminer deux entiers tels que le double du premier augmenté du second donne 17 tandis que le triple du premier diminué du second donne 8.

3. Déterminer deux entiers tels que le double du premier augmenté du triple du second donne 3 et que la différence entre les deux nombres soit 4.

2. et **3.** Il n'est pas nécessaire de poser un système : il suffit d'utiliser la question **1.**

14 UN SIGNE MOINS QUI CHANGE TOUT | ★★ | 20 min | ▸ P. 293

1. Déterminer les coefficients a, b et c d'une fonction $f : x \mapsto ax^2 + x + c$ telle que :

$$f(-1) = 3 \ ; \quad f(1) = 0 \quad \text{et} \quad f(3) = 3.$$

2. Reprendre la question **1** avec $f(-1) = 3$; $f(1) = 0$ et $f(3) = -3$.

3. Les représentations graphiques des deux fonctions sont-elles de même nature ?

> **1.** et **2.** Revoir le savoir-faire **4**.
> **3.** Examiner le degré de chacune des fonctions et en déduire pour chacune le type de leur représentation graphique.

15 UN PROBLÈME DE PRODUCTION | ★★ | 25 min | ▸ P. 294

1. On pose $A = \begin{pmatrix} 6 & 5 \\ 5 & 4 \end{pmatrix}$ et $B = \begin{pmatrix} -4 & 5 \\ 5 & -6 \end{pmatrix}$.

a. Calculer AB.

b. Que peut-on dire des deux matrices ?

2. Un artisan fabrique deux modèles de jouets en peluche. Pour fabriquer six jouets du premier modèle et cinq du second modèle, il lui faut 4 h de travail. Pour fabriquer cinq jouets du premier modèle et quatre jouets du second modèle, il lui suffit de 3,3 h de travail.

On appelle x le temps de fabrication d'un jouet du premier modèle et y le temps de fabrication d'un jouet du second modèle.

Traduire l'énoncé à l'aide d'un système.

3. a. Déterminer le temps de fabrication en minutes de chaque modèle de jouet.

b. Quel est le temps de la production globale de 100 jouets du premier modèle et de 90 jouets du second modèle ?

> **1. b.** Utiliser le résultat particulier obtenu à la question précédente.
> **3. a.** Résoudre le système de la question **2.**

16 UN JOUR D'EXAMEN | ★★ | 10 min | ▸ P. 294

Dans un examen comportant trois épreuves, le coefficient des mathématiques est 4, celui de l'anglais est 2 et celui d'une matière technique est 8. Les notes de trois candidats Alain, Lise et Marie sont reportées dans le tableau ci-dessous :

	Alain	Lise	Marie
Mathématiques	17	5	10
Anglais	17	7	8
Technique	2	14	11

1. Exprimer les coefficients à l'aide d'un vecteur ligne C.
2. Exprimer les notes d'Alain, de Lise et de Marie par des vecteurs colonnes A, L et M.
3. a. En utilisant ces matrices C, A, L et M, déterminer la somme des points de chacun des trois candidats.
b. Alain a les deux meilleures notes. Est-il le meilleur des candidats ?
c. Pour être reçu, il faut un minimum de 140 points. Qui est reçu à l'examen ?

17 À LA BOULANGERIE ★★ 15 min ▸ P. 295

Soit A la matrice $\begin{pmatrix} 2 & 3 \\ 3 & 5 \end{pmatrix}$.

1. Déterminer le nombre z tel que $B = \begin{pmatrix} 5 & z \\ z & 2 \end{pmatrix}$ soit l'inverse de A.

2. Dans une boulangerie, Pierre achète deux croissants et trois pains au chocolat pour un total de 4,60 €. Dans la même boulangerie, Marie achète trois croissants et cinq pains au chocolat pour un total de 7,40 €.
a. Traduire ce problème par un système de deux équations.
b. En utilisant les matrices A et B, déterminer le prix d'un croissant et celui d'un pain au chocolat.

18 DU CALCUL SANS CALCULATRICE ★★ 25 min ▸ P. 295

On considère les matrices $M = \begin{pmatrix} 0 & -1 \\ 1 & 0 \end{pmatrix}$ et $N = \begin{pmatrix} -0{,}5 & \frac{\sqrt{3}}{2} \\ \frac{-\sqrt{3}}{2} & -0{,}5 \end{pmatrix}$.

1. a. Calculer M^2, puis M^4.
b. Que peut-on en déduire pour M^3 ?
2. a. Calculer N^2 avec les valeurs exactes.
b. Montrer que l'inverse de N est N^2.
c. Calculer $N + N^2 + N^3$.
3. Vérifier que $MN = NM$.

EXERCICES D'APPROFONDISSEMENT

19 FORFAIT TÉLÉPHONIQUE

★★★ 30 min ▸ P. 296

Julie possède depuis plusieurs mois un téléphone mobile pour lequel elle a souscrit un forfait mensuel de deux heures. Soucieuse de bien gérer ses dépenses, elle étudie l'évolution de ses consommations.

Elle a constaté que :

– si, pendant le mois noté n, elle a dépassé son forfait, la probabilité qu'elle le dépasse le mois suivant, noté $(n+1)$, est 0,2 ;

– si, pendant le mois noté n, elle n'a pas dépassé son forfait, la probabilité qu'elle le dépasse le mois suivant, noté $(n+1)$, est 0,4.

De plus, la probabilité que Julie dépasse son forfait le premier mois est $\frac{1}{2}$.

1. On note $E_n(p_n\,;\,q_n)$ l'état probabiliste du n-ième mois avec p_n la probabilité que Julie dépasse son forfait le n-ième mois et q_n la probabilité de l'événement contraire.

a. Donner p_1, q_1.

b. En déduire E_1.

2. Soit M la matrice $\begin{pmatrix} 0,2 & 0,8 \\ 0,4 & 0,6 \end{pmatrix}$.

M s'appelle matrice de transition de l'état E_n à l'état E_{n+1}. On a $E_{n+1} = E_n M$, pour tout entier naturel n.

a. Calculer E_2 et E_3.

b. Quelle est la probabilité que Julie dépasse son forfait le deuxième mois ? Et le troisième mois ?

3. On rappelle que, pour n entier $(n \geqslant 2)$, $M^n = M \times M \times \ldots \times M$ avec n facteurs M.

On admet que, pour tout entier naturel n non nul, on a :

$$M^n = \begin{pmatrix} \frac{1}{3} + \frac{2}{3} \times \left(\frac{-1}{5}\right)^n & \frac{2}{3} - \frac{2}{3} \times \left(\frac{-1}{5}\right)^n \\ \frac{1}{3} - \frac{1}{3} \times \left(\frac{-1}{5}\right)^n & \frac{2}{3} + \frac{1}{3} \times \left(\frac{-1}{5}\right)^n \end{pmatrix}.$$

a. En déduire l'expression de E_{n+1} en fonction de n pour $n \geqslant 1$.

b. Quand n tend vers $+\infty$, $\left(\frac{-1}{5}\right)^n$ tend vers 0.

Vers quel état tend E_n quand n tend vers $+\infty$?

c. Interpréter ce résultat.

CONTRÔLE

20 PRODUIT DE MATRICES

★★ | 15 min | ▸ P. 297

Soit les matrices $A = \begin{pmatrix} 2 & 3 \\ 5 & 8 \end{pmatrix}$, $B = \begin{pmatrix} 8 & -3 \\ -5 & 2 \end{pmatrix}$ et $C = \begin{pmatrix} 7 \\ -1 \end{pmatrix}$.

1. a. Calculer AB.

b. Que peut-on en déduire ?

2. Calculer AC et BC.

3. Peut-on calculer CA ? Justifier.

21 PROBLÈME ÉCONOMIQUE

★★ | 25 min | ▸ P. 298

Soit les matrices carrées $A = \begin{pmatrix} 5 & 6 & 8 \\ 4 & 1 & 6 \\ 2 & 0 & 3 \end{pmatrix}$ et $B = \begin{pmatrix} -3 & 18 & -28 \\ 0 & 1 & -2 \\ 2 & -12 & 19 \end{pmatrix}$.

1. a. Calculer à la main le produit AB et vérifier le résultat à l'aide d'une calculatrice.

b. Que peut-on en déduire pour la matrice B par rapport à la matrice A ?

2. Un marchand d'électroménager vend des aspirateurs, des réfrigérateurs et des téléviseurs.

Le tableau ci-dessous indique ses ventes pendant trois semaines et son bénéfice en euros.

	Nombre d'aspirateurs	Nombre de réfrigérateurs	Nombre de téléviseurs	Bénéfice
Semaine 1	5	6	8	1 850
Semaine 2	4	1	6	1 050
Semaine 3	2	0	3	475

On désigne par x, y et z les bénéfices respectifs résultant de la vente d'un aspirateur, d'un réfrigérateur et d'un téléviseur.

a. Écrire un système d'équations correspondant à ce tableau.

b. Exprimer à l'aide de B la solution du problème et donner les bénéfices rapportés par la vente de chaque type de matériel.

CORRIGÉS

1 VOCABULAIRE

1. Dans la matrice $A = \begin{pmatrix} 2 & 5 \\ -1 & 7 \\ 11 & 8 \end{pmatrix}$, le nombre de la troisième ligne et de la première colonne est **11.**

2. Le nombre 5 se situe **sur la première ligne et dans la seconde colonne.**

3. Cette matrice a trois lignes et deux colonnes : **sa dimension est 3 × 2.**

2 ÉCRITURE D'UNE MATRICE

On a $B = \begin{pmatrix} \mathbf{1} & \mathbf{2} & \mathbf{3} \\ \mathbf{1} & \mathbf{4} & \mathbf{9} \\ \mathbf{1} & \mathbf{16} & \mathbf{81} \end{pmatrix}$.

3 CALCULS SUR DES MATRICES

1. $A + B = \begin{pmatrix} 1+2 & 3+(-3) \\ 5+4 & 7+7 \end{pmatrix} = \begin{pmatrix} \mathbf{3} & \mathbf{0} \\ \mathbf{9} & \mathbf{14} \end{pmatrix}$.

2. a. $3A = \begin{pmatrix} 3\times1 & 3\times3 \\ 3\times5 & 3\times7 \end{pmatrix} = \begin{pmatrix} \mathbf{3} & \mathbf{9} \\ \mathbf{15} & \mathbf{21} \end{pmatrix}$

et $-2B = \begin{pmatrix} -2\times2 & -2\times(-3) \\ -2\times4 & -2\times7 \end{pmatrix} = \begin{pmatrix} \mathbf{-4} & \mathbf{6} \\ \mathbf{-8} & \mathbf{-14} \end{pmatrix}$.

b. $3A - 2B = \begin{pmatrix} 3+(-4) & 9+6 \\ 15+(-8) & 21+(-14) \end{pmatrix} = \begin{pmatrix} \mathbf{-1} & \mathbf{15} \\ \mathbf{7} & \mathbf{7} \end{pmatrix}$.

2. a Pour multiplier un réel par une matrice, on multiplie chaque nombre de la matrice par ce réel.

2. b. Pour soustraire deux matrices de même dimension, on soustrait les nombres qui ont la même position.

4 PRODUIT D'UNE MATRICE PAR UN VECTEUR COLONNE

1. On a $AB = \begin{pmatrix} 2\times 2+(-4)\times(-3) \\ 5\times 2+2\times(-3) \end{pmatrix} = \begin{pmatrix} \mathbf{16} \\ \mathbf{4} \end{pmatrix}$.

2. On ne peut pas calculer BA car le nombre de colonnes de B (ici 1) n'est pas égal au nombre de lignes de A (ici 2).

2. On ne peut calculer le produit de deux matrices que si le nombre de colonnes de la première matrice est égal au nombre de lignes de la seconde matrice.

5 PRODUIT DE DEUX MATRICES

1. On utilise la disposition :

$$\begin{matrix} & B \\ A & AB. \end{matrix}$$

Soit :

$$\begin{matrix} & \begin{pmatrix} 2 & -3 \\ 4 & 7 \end{pmatrix} & \\ \begin{pmatrix} 1 & 3 \\ 5 & 7 \end{pmatrix} & \begin{pmatrix} 1\times 2+3\times 4 & 1\times(-3)+3\times 7 \\ 5\times 2+7\times 4 & 5\times(-3)+7\times 7 \end{pmatrix} & = \begin{pmatrix} \mathbf{14} & \mathbf{18} \\ \mathbf{38} & \mathbf{34} \end{pmatrix} \end{matrix}$$

2. À l'aide d'une calculatrice, on trouve $BA = \begin{pmatrix} -13 & -15 \\ 39 & 61 \end{pmatrix}$.

On a donc BA ≠ AB.

1. Utiliser la calculatrice pour vérifier.

2. Se souvenir qu'en général, on a BA ≠ AB, donc il faut faire attention à l'ordre des matrices en posant une multiplication à la main ou avec une calculatrice.

6 MATRICES TELLES QUE BA = AB

1. a. On a :

$$\begin{matrix} & \begin{pmatrix} -7 & 3 \\ 5 & -2 \end{pmatrix} & \\ \begin{pmatrix} 2 & 3 \\ 5 & 7 \end{pmatrix} & \begin{pmatrix} 2\times(-7)+3\times 5 & 2\times 3+3\times(-2) \\ 5\times(-7)+7\times 5 & 5\times 3+7\times(-2) \end{pmatrix} & = \begin{pmatrix} \mathbf{1} & \mathbf{0} \\ \mathbf{0} & \mathbf{1} \end{pmatrix} \end{matrix}$$

Le produit est la matrice identité.

b. On a aussi :

$$\begin{matrix} & \begin{pmatrix} 2 & 3 \\ 5 & 7 \end{pmatrix} & \\ \begin{pmatrix} -7 & 3 \\ 5 & -2 \end{pmatrix} & \begin{pmatrix} -7\times 2+3\times 5 & -7\times 3+3\times 7 \\ 5\times 2+(-2)\times 5 & 5\times 3+(-2)\times 7 \end{pmatrix} & = \begin{pmatrix} \mathbf{1} & \mathbf{0} \\ \mathbf{0} & \mathbf{1} \end{pmatrix} \end{matrix}$$

BA est égal à AB.

2. **Les matrices A et B sont inverses** l'une de l'autre.

Deux matrices A et B telles que AB soit la matrice identité sont inverses l'une de l'autre. Dans ce cas, on a toujours $AB = BA$.

7 MATRICES INVERSES

À l'aide d'une calculatrice, on obtient :

1. $A^{-1} = \begin{pmatrix} -2 & 3 \\ 2,5 & -3,5 \end{pmatrix}$; 2. $B^{-1} = \begin{pmatrix} -2 & 1 & 0 \\ -2 & 1,5 & -0,5 \\ 11 & -6,5 & 1,5 \end{pmatrix}$.

8 RÉSOLUTION D'UN SYSTÈME

1. $A = \begin{pmatrix} 3 & 7 \\ 1 & 3 \end{pmatrix}$ et $B = \begin{pmatrix} 2 \\ 4 \end{pmatrix}$.

2. a. On obtient la solution du système en calculant $A^{-1}B$.

b. À l'aide d'une calculatrice, on obtient $A^{-1}B = \begin{pmatrix} -11 \\ 5 \end{pmatrix}$.

La solution $(x\,;\,y)$ du système est **(– 11 ; 5).**

On note parfois le système $AX = B$ avec $X = \begin{pmatrix} x \\ y \end{pmatrix}$ où x et y sont les inconnues.

On a alors $X = A^{-1}B$ comme solution du système.

9 RECHERCHE D'UNE FONCTION AFFINE

1. $f(1) = 43 \Leftrightarrow a + b = 43$ et $f(35) = -25 \Leftrightarrow 35a + b = -25$.

On a donc : $\begin{cases} \boldsymbol{a + b = 43} \\ \boldsymbol{35a + b = -25} \end{cases}$.

2. a. On pose $A = \begin{pmatrix} 1 & 1 \\ 35 & 1 \end{pmatrix}$ et $B = \begin{pmatrix} 43 \\ -25 \end{pmatrix}$.

À la calculatrice, on obtient $A^{-1}B = \begin{pmatrix} -2 \\ 45 \end{pmatrix}$.

La solution $(a\,;\,b)$ du système est **(– 2 ; 45).**

b. On a donc $\boldsymbol{f(x) = -2x + 45}$.

2. a. Le coefficient a de la fonction affine peut s'obtenir en calculant $\frac{f(35) - f(1)}{35 - 1}$.

10 RÉSOLUTION D'UN SYSTÈME

1. À l'aide d'une calculatrice, on obtient :

$A^{-1}=\begin{pmatrix}0{,}1 & 0{,}15\\ 0{,}4 & 0{,}1\end{pmatrix}$.

2. On pose $B=\begin{pmatrix}10\\ 3\end{pmatrix}$ et on a :

$A^{-1}B=\begin{pmatrix}0{,}1 & 0{,}15\\ 0{,}4 & 0{,}1\end{pmatrix}\begin{pmatrix}10\\ 3\end{pmatrix}=\begin{pmatrix}1{,}45\\ 4{,}3\end{pmatrix}$.

La solution (x ; y) est (1,45 ; 4,3).

2. Si la matrice A contient les coefficients des inconnues et B les termes constants, la solution du système est donnée par $A^{-1}B$.

11 OCCUPATION DE LA PLAGE

1. a. $B = AM$

$= (500\times 0{,}6+300\times 0{,}3+200\times 0{,}5 \quad 500\times 0{,}3+300\times 0{,}1+200\times 0{,}3 \quad 500\times 0{,}1+300\times 0{,}6+200\times 0{,}2)$

$= \mathbf{(490 \quad 240 \quad 270)}$.

b. Le deuxième jour, il aura **490** vacanciers sur la plage A, **240** sur la plage B et **270** sur la plage C.

2.a. $C = BM$

$= (490\times 0{,}6+240\times 0{,}3+270\times 0{,}5 \quad 490\times 0{,}3+240\times 0{,}1+270\times 0{,}3 \quad 490\times 0{,}1+240\times 0{,}6+270\times 0{,}2)$

$= \mathbf{(501 \quad 252 \quad 247)}$.

b. Le troisième jour, il aura **501** vacanciers sur la plage A, **252** sur la plage B et **247** sur la plage C.

3. Pour le quatrième jour, l'occupation des plages est donnée par :

$D = CM = (500 \quad 250 \quad 250)$.

L 'occupation des plages le cinquième jour est donnée par :

$E = DM = (500 \quad 250 \quad 250)$.

Le cinquième jour, il aura **500** vacanciers sur la plage A, **250** sur la plage B et **250** sur la plage C.

1. Le nombre total de vacanciers étant 1 000, on vérifie que la somme des nombres de B ou de C vaut bien 1 000.

3. Un nombre de vacanciers est toujours entier. On a le même taux d'occupation le quatrième jour et le cinquième, donc les effectifs ne vont plus évolués ensuite.

CORRIGÉS

12 LE COÛT DU PARFUM

1. Le deuxième parfum comporte **50 % d'essence de rose et 50 % d'essence de lavande.**
Le troisième parfum comporte **60 % d'essence de rose et 40 % d'essence de lavande.**

2. a. $B = PA = \begin{pmatrix} 5 & 3 \end{pmatrix} \begin{pmatrix} 26 & 50 & 60 \\ 74 & 50 & 40 \end{pmatrix}$

$= (5\times 26+3\times 74 \quad 5\times 50+3\times 50 \quad 5\times 60+3\times 40)$

$\mathbf{B = \begin{pmatrix} 352 & 400 & 420 \end{pmatrix}.}$

b. B représente les coûts des trois parfums, **352 €** pour le premier parfum, **400 €** pour le deuxième et **420 €** pour le troisième.

3. a. On a : $P = (5+1 \quad 3-1) = \mathbf{(6 \quad 4)}$.

b. On a : $B = PA = \begin{pmatrix} 6 & 4 \end{pmatrix} \begin{pmatrix} 26 & 50 & 60 \\ 74 & 50 & 40 \end{pmatrix} = \mathbf{\begin{pmatrix} 304 & 400 & 420 \end{pmatrix}}$.

c. Le premier parfum contenant peu d'essence de rose a vu son coût diminuer. Le deuxième parfum équilibré en parfums a un coût inchangé. Le troisième parfum riche en essence de rose a vu son coût augmenter.

13 RECHERCHE DE NOMBRES INCONNUS

1. $AB = \begin{pmatrix} 2 & 1 \\ 3 & -1 \end{pmatrix} \begin{pmatrix} 5 \\ 7 \end{pmatrix} = \begin{pmatrix} 2\times 5+1\times 7 \\ 3\times 5-1\times 7 \end{pmatrix} = \begin{pmatrix} \mathbf{17} \\ \mathbf{8} \end{pmatrix}$.

$CA = \begin{pmatrix} 3 & -1 \end{pmatrix} \begin{pmatrix} 2 & 1 \\ 3 & -1 \end{pmatrix} = (3\times 2-1\times 3 \quad 3\times 1-1\times(-1)) = (\mathbf{3} \quad \mathbf{4})$.

2. Dans le calcul de AB, on a calculé, d'une part, le double du premier nombre de B augmenté du second et on a obtenu 17 et, d'autre part, le triple du premier de B diminué du second et on a obtenu 8. **Les deux entiers cherchés sont 5 et 7.**

3. Dans le calcul de CA, on a calculé, d'une part, le double du premier nombre de C augmenté du triple du second et on a obtenu 3 et, d'autre part, la différence entre les deux nombres de C et on a obtenu 4. **Les deux entiers cherchés sont 3 et – 1.**

2. et **3.** Multiplier une matrice carrée par un vecteur colonne et multiplier un vecteur ligne par la même matrice carrée revient à effectuer des calculs avec les nombres du vecteur colonne différents des calculs effectués avec les nombres de la matrice ligne.

14 UN SIGNE MOINS QUI CHANGE TOUT

1. On veut $f(-1)=3$, soit $a-b+c=3$.
On veut $f(1)=0$, soit $a+b+c=0$.
On veut $f(3)=3$, soit $9a+3b+c=3$.

Il faut donc résoudre le système : $\begin{cases} a-b+c=3 \\ a+b+c=0 \\ 9a+3b+c=-3 \end{cases}$.

On pose $A=\begin{pmatrix} 1 & -1 & 1 \\ 1 & 1 & 1 \\ 9 & 3 & 1 \end{pmatrix}$ et $B=\begin{pmatrix} 3 \\ 0 \\ 3 \end{pmatrix}$.

À l'aide d'un calculatrice, on trouve que $A^{-1}=\begin{pmatrix} 0,125 & -0,25 & 0,125 \\ -0,5 & 0,5 & 0 \\ 0,375 & 0,75 & -0,125 \end{pmatrix}$.

On a alors $A^{-1}B=\begin{pmatrix} 0,75 \\ -1,5 \\ 0,75 \end{pmatrix}$. On a donc $a=0,75$, $b=-1,5$ et $c=0,75$.

On obtient : $\boldsymbol{f(x)=0,75x^2-1,5x+0,75}$.

2. On veut $f(-1)=3$, soit $a-b+c=3$.
On veut $f(1)=0$, soit $a+b+c=0$.
On veut $f(3)=-3$, soit $9a+3b+c=-3$.

Il faut donc résoudre le système : $\begin{cases} a-b+c=3 \\ a+b+c=0 \\ 9a+3b+c=-3 \end{cases}$.

On pose $A=\begin{pmatrix} 1 & -1 & 1 \\ 1 & 1 & 1 \\ 9 & 3 & 1 \end{pmatrix}$ et $B=\begin{pmatrix} 3 \\ 0 \\ -3 \end{pmatrix}$.

On a alors $A^{-1}B=\begin{pmatrix} 0 \\ -1,5 \\ 1,5 \end{pmatrix}$. On a donc $a=0$, $b=-1,5$ et $c=1,5$.

On obtient : $\boldsymbol{f(x)=-1,5x+1,5}$.

3. Dans la question 1, on a une fonction trinôme donc sa représentation graphique est une parabole. Dans la question 2, on n'a pas une fonction trinôme car le coefficient de x^2 est nul, mais une fonction affine : sa représentation graphique est une droite.
Les deux représentations graphiques ne sont pas de la même nature.

3. La représentation graphique d'une fonction du second degré est une parabole, alors que la représentation graphique d'une fonction affine est une droite.

15 UN PROBLÈME DE PRODUCTION

1. a. On a :

$$AB=\begin{pmatrix}6 & 5\\ 5 & 4\end{pmatrix}\begin{pmatrix}-4 & 5\\ 5 & -6\end{pmatrix}$$

$$=\begin{pmatrix}6\times(-4)+5\times 5 & 6\times 5+5\times(-6)\\ 5\times(-4)+4\times 5 & 5\times 5+4\times(-6)\end{pmatrix}=\begin{pmatrix}\mathbf{1} & \mathbf{0}\\ \mathbf{0} & \mathbf{1}\end{pmatrix}$$

b. Les deux matrices sont **inverses** l'une de l'autre.

2. On veut donc avoir : $\begin{cases}6x+5y=4\\ 5x+4y=3{,}3\end{cases}$.

3. a. La matrice A représente les coefficients des inconnues dans le système et si on pose $C=\begin{pmatrix}4\\ 3{,}3\end{pmatrix}$, la solution du système est donnée par $A^{-1}C$, soit BC.

Or, on a : $BC=\begin{pmatrix}-4 & 5\\ 5 & -6\end{pmatrix}\begin{pmatrix}4\\ 3{,}3\end{pmatrix}=\begin{pmatrix}-4\times 4+5\times 3{,}3\\ 5\times 4-6\times 3{,}3\end{pmatrix}=\begin{pmatrix}0{,}5\\ 0{,}2\end{pmatrix}$.

On a $x=0{,}5$ et $y=0{,}2$.

Or, 0,5 h = 0,5 × 60 min = 30 min et 0,2 h = 0,2 × 60 min = 12 min.

Le temps de fabrication du premier modèle de jouet est **30 min** et celui du second modèle est **12 min.**

b. On a 100 × 0,5 + 90 × 0,2 = 68. **Il faut 68 h** pour produire 100 jouets du premier modèle et de 90 jouets du second modèle.

1.b. Deux matrices sont inverses l'une de l'autre si leur produit est la matrice identité.

3.a. Pour convertir un temps exprimé en heures décimales en minutes, on multiplie par 60.

b. Il est plus simple de repartir des expressions en heures décimales, pour obtenir le temps de production recherché.

16 UN JOUR D'EXAMEN

1. Les coefficients donnent le vecteur ligne C = (**4 2 8**).

2. On a $A=\begin{pmatrix}\mathbf{17}\\ \mathbf{17}\\ \mathbf{2}\end{pmatrix}$, $L=\begin{pmatrix}\mathbf{5}\\ \mathbf{7}\\ \mathbf{14}\end{pmatrix}$ et $M=\begin{pmatrix}\mathbf{10}\\ \mathbf{8}\\ \mathbf{11}\end{pmatrix}$.

3. a. CA = 4 × 17 + 2 × 17 + 8 × 2 = 118 : **Alain a 118 points.**

CL = 4 × 5 + 2 × 7 + 8 × 14 = 146 : **Lise a 146 points.**

CM = 4 × 10 + 2 × 8 + 8 × 11 = 144 : **Marie a 144 points.**

b. Alain a les deux meilleures notes, mais c'est lui qui a le plus petit total. Donc il n'est pas le meilleur à l'examen.

c. Lise et Marie sont reçues à l'examen.

17 À LA BOULANGERIE

1. On veut que la matrice B soit l'inverse de A, c'est-à-dire que AB soit la matrice identité.

On a $AB = \begin{pmatrix} 2\times 5+3\times z & 2\times z+3\times 2 \\ 3\times 5+5\times z & 3\times z+5\times 2 \end{pmatrix} = \begin{pmatrix} 3z+10 & 2z+6 \\ 5z+15 & 3z+10 \end{pmatrix}$,

Pour avoir la matrice identité, il faut avoir : $\begin{cases} 3z+10=1 \\ 2z+6=0 \\ 5z+15=0 \\ 3z+10=1 \end{cases}$.

Chacune des quatre équations a pour solution – 3, donc $z = -$ **3**.

2. a. Soit x le prix d'un croissant et soit y le prix d'un pain au chocolat.

L'énoncé se traduit par : $\begin{cases} 2x+3y=4{,}60 \\ 3x+5y=7{,}40 \end{cases}$.

b.. La matrice A représente les coefficients des inconnues dans le système. Si on pose $C = \begin{pmatrix} 4{,}6 \\ 7{,}4 \end{pmatrix}$, la solution du système est donnée par $A^{-1}C$, soit BC.

On a $BC = \begin{pmatrix} 5\times 4{,}6+(-3)\times 7{,}4 \\ (-3)\times 4{,}6+2\times 7{,}4 \end{pmatrix} = \begin{pmatrix} 0{,}8 \\ 1 \end{pmatrix}$.

Un croissant coûte **0,80 €** et un pain au chocolat coûte **1 €**.

18 DU CALCUL SANS CALCULATRICE

1. a. $M^2 = \begin{pmatrix} 0 & -1 \\ 1 & 0 \end{pmatrix}\begin{pmatrix} 0 & -1 \\ 1 & 0 \end{pmatrix}$

$= \begin{pmatrix} 0\times 0+(-1)\times 1 & 0\times(-1)+(-1)\times 0 \\ 1\times 0+0\times 1 & 1\times(-1)+0\times 0 \end{pmatrix}$

$= \begin{pmatrix} \mathbf{-1} & \mathbf{0} \\ \mathbf{0} & \mathbf{-1} \end{pmatrix}$

M^2 est donc l'opposé de la matrice identité I. On en déduit que **M^4 est la matrice identité**.

b. On a, soit $M^4 = I$, soit $M \times M^3 = I$. **M^3 est l'inverse de la matrice M**.

2. a. $N^2 = \begin{pmatrix} -0{,}5 & \frac{\sqrt{3}}{2} \\ \frac{-\sqrt{3}}{2} & -0{,}5 \end{pmatrix}\begin{pmatrix} -0{,}5 & \frac{\sqrt{3}}{2} \\ \frac{-\sqrt{3}}{2} & -0{,}5 \end{pmatrix}$

$= \begin{pmatrix} 0{,}25-0{,}75 & \frac{\sqrt{3}}{2}\times(-0{,}5)\times 2 \\ \frac{-\sqrt{3}}{2}\times(-0{,}5)\times 2 & -0{,}75+0{,}25 \end{pmatrix} = \begin{pmatrix} \mathbf{-0{,}5} & \mathbf{\frac{-\sqrt{3}}{2}} \\ \mathbf{\frac{\sqrt{3}}{2}} & \mathbf{-0{,}5} \end{pmatrix}$.

b. On a $N \times N^2 = \begin{pmatrix} -0,5 & \frac{\sqrt{3}}{2} \\ \frac{-\sqrt{3}}{2} & -0,5 \end{pmatrix} \begin{pmatrix} -0,5 & \frac{-\sqrt{3}}{2} \\ \frac{\sqrt{3}}{2} & -0,5 \end{pmatrix}$

$$= \begin{pmatrix} 0,25+0,75 & 0 \\ 0 & 0,75+0,25 \end{pmatrix} = \begin{pmatrix} 1 & 0 \\ 0 & 1 \end{pmatrix}$$

N^2 est donc l'inverse de N.

c. D'après la question précédente, on a $N^3 = \begin{pmatrix} 1 & 0 \\ 0 & 1 \end{pmatrix}$. D'où :

$$N + N^2 + N^3 = \begin{pmatrix} -0,5-0,5+1 & \frac{\sqrt{3}}{2} + \frac{-\sqrt{3}}{2} + 0 \\ \frac{-\sqrt{3}}{2} + \frac{\sqrt{3}}{2} + 0 & -0,5-0,5+1 \end{pmatrix} = \begin{pmatrix} \mathbf{0} & \mathbf{0} \\ \mathbf{0} & \mathbf{0} \end{pmatrix}.$$

3. On a :

$$MN = \begin{pmatrix} 0 \times (-0,5) - 1 \times \frac{-\sqrt{3}}{2} & 0 \times \frac{\sqrt{3}}{2} - 1 \times (-0,5) \\ 1 \times (-0,5) + 0 \times \frac{-\sqrt{3}}{2} & 1 \times \frac{\sqrt{3}}{2} + 0 \times (-0,5) \end{pmatrix} = \begin{pmatrix} \frac{\sqrt{3}}{2} & 0,5 \\ -0,5 & \frac{\sqrt{3}}{2} \end{pmatrix}$$

$$\text{et } MN = \begin{pmatrix} (-0,5) \times 0 + \frac{\sqrt{3}}{2} \times 1 & (-0,5) \times (-1) + \frac{\sqrt{3}}{2} \times 0 \\ \frac{-\sqrt{3}}{2} \times 0 - 0,5 \times 1 & \frac{-\sqrt{3}}{2} \times (-1) - 0,5 \times 0 \end{pmatrix} = \begin{pmatrix} \frac{\sqrt{3}}{2} & 0,5 \\ -0,5 & \frac{\sqrt{3}}{2} \end{pmatrix}.$$

Donc on a bien **MN = NM**.

19 FORFAIT TÉLÉPHONIQUE

1. a. $p_1 = \mathbf{\frac{1}{2}}$ et $q_1 = 1 - p_1 = 1 - \frac{1}{2} = \mathbf{\frac{1}{2}}$.

b. On a $E_1(p_1 \;\; q_1)$, soit $\mathbf{E_1}\left(\mathbf{\frac{1}{2}} \;\; \mathbf{\frac{1}{2}}\right)$.

2. a. $E_2 = E_1M = \begin{pmatrix} \frac{1}{2} & \frac{1}{2} \end{pmatrix} \begin{pmatrix} 0,2 & 0,8 \\ 0,4 & 0,6 \end{pmatrix}$

$$= (0,5 \times 0,2 + 0,5 \times 0,4 \quad 0,5 \times 0,8 + 0,5 \times 0,6)$$
$$= (\mathbf{0,3} \quad \mathbf{0,7}).$$

$E_3 = E_2M = (0,3 \;\; 0,7) \begin{pmatrix} 0,2 & 0,8 \\ 0,4 & 0,6 \end{pmatrix}$

$$= (0,3 \times 0,2 + 0,7 \times 0,4 \quad 0,3 \times 0,8 + 0,7 \times 0,6)$$
$$= (\mathbf{0,34} \quad \mathbf{0,66}).$$

b. On a $E_2 = (0{,}3 \quad 0{,}7)$, donc $p_2 = 0{,}3$. La probabilité que Julie dépasse son forfait le deuxième mois est **0,3**.
On a $E_3 = (0{,}34 \quad 0{,}66)$, donc $p_3 = 0{,}34$. La probabilité que Julie dépasse son forfait le troisième mois est **0,34**.

3. a. $E_{n+1} = E_1 \times M^n$

$$= \begin{pmatrix} \frac{1}{2} & \frac{1}{2} \end{pmatrix} \begin{pmatrix} \frac{1}{3} + \frac{2}{3} \times \left(\frac{-1}{5}\right)^n & \frac{2}{3} - \frac{2}{3} \times \left(\frac{-1}{5}\right)^n \\ \frac{1}{3} - \frac{1}{3} \times \left(\frac{-1}{5}\right)^n & \frac{2}{3} + \frac{1}{3} \times \left(\frac{-1}{5}\right)^n \end{pmatrix}$$

$$= \left(\frac{1}{2} \times \left(\frac{1}{3} + \frac{2}{3} \times \left(\frac{-1}{5}\right)^n \right) + \frac{1}{2} \times \left(\frac{1}{3} - \frac{1}{3} \times \left(\frac{-1}{5}\right)^n \right) \quad \frac{1}{2} \times \left(\frac{2}{3} - \frac{2}{3} \times \left(\frac{-1}{5}\right)^n \right) + \frac{1}{2} \times \left(\frac{2}{3} + \frac{1}{3} \times \left(\frac{-1}{5}\right)^n \right) \right)$$

$$= \left(\mathbf{\frac{1}{3} + \frac{1}{6}\left(\frac{-1}{5}\right)^n} \quad \mathbf{\frac{2}{3} - \frac{1}{6}\left(\frac{-1}{5}\right)^n} \right).$$

b. Quand n tend vers $+\infty$, E_{n+1} tend vers $\begin{pmatrix} \mathbf{\frac{1}{3}} & \mathbf{\frac{2}{3}} \end{pmatrix}$ et E_n aussi.

c. Au fur et à mesure que le temps passe, la probabilité que Julie dépasse son forfait au cours d'un mois est de plus en plus proche de $\mathbf{\frac{1}{3}}$.

1.a. Si deux événements sont contraires, alors la probabilité de l'un vaut 1 diminué de la probabilité de l'autre.

3.b. Pour tout réel a compris entre -1 et 1, la limite quand n tend vers $+\infty$ de a^n est 0.

20 PRODUIT DE MATRICE

1. a. $AB = \begin{pmatrix} 2 & 3 \\ 5 & 8 \end{pmatrix} \begin{pmatrix} 8 & -3 \\ -5 & 2 \end{pmatrix} = \begin{pmatrix} 2\times 8 + 3 \times (-5) & 2 \times (-3) + 3 \times 2 \\ 5 \times 8 + 8 \times (-5) & 5 \times (-3) + 8 \times 2 \end{pmatrix} = \begin{pmatrix} \mathbf{1} & \mathbf{0} \\ \mathbf{0} & \mathbf{1} \end{pmatrix}.$

b. On en déduit que les matrices **A et B sont inverses l'une de l'autre**.

2. $AC = \begin{pmatrix} 2 & 3 \\ 5 & 8 \end{pmatrix} \begin{pmatrix} 7 \\ -1 \end{pmatrix} = \begin{pmatrix} 2 \times 7 + 3 \times (-1) \\ 5 \times 7 + 8 \times (-1) \end{pmatrix} = \begin{pmatrix} \mathbf{11} \\ \mathbf{27} \end{pmatrix}$

$BC = \begin{pmatrix} 8 & -3 \\ -5 & 2 \end{pmatrix} \begin{pmatrix} 7 \\ -1 \end{pmatrix} = \begin{pmatrix} 8 \times 7 - 3 \times (-1) \\ -5 \times 7 + 2 \times (-1) \end{pmatrix} = \begin{pmatrix} \mathbf{59} \\ \mathbf{-37} \end{pmatrix}.$

3. On ne peut pas calculer CA, car le nombre de colonnes de C (ici 1) est différent du nombre de lignes de A (ici 2).

21 PROBLÈME ÉCONOMIQUE

1. a. On a $AB = \begin{pmatrix} 5 & 6 & 8 \\ 4 & 1 & 6 \\ 2 & 0 & 3 \end{pmatrix} \begin{pmatrix} -3 & 18 & -28 \\ 0 & 1 & -2 \\ 2 & -12 & 19 \end{pmatrix}$

$$AB = \begin{pmatrix} 5\times(-3)+6\times 0+8\times 2 & 5\times 18+6\times 1+8\times(-12) & 5\times(-28)+6\times(-2)+8\times 19 \\ 4\times(-3)+1\times 0+6\times 2 & 4\times 18+1\times 1+6\times(-12) & 4\times(-28)+1\times(-2)+6\times 19 \\ 2\times(-3)+0\times 0+3\times 2 & 2\times 18+0\times 1+3\times(-12) & 2\times(-28)+0\times(-2)+3\times 19 \end{pmatrix} = \begin{pmatrix} \mathbf{1} & \mathbf{0} & \mathbf{0} \\ \mathbf{0} & \mathbf{1} & \mathbf{0} \\ \mathbf{0} & \mathbf{0} & \mathbf{1} \end{pmatrix}.$$

b. Le produit AB étant la matrice identité, **la matrice B est l'inverse de la matrice A.**

2. a. On a donc : $\begin{cases} 5x+6y+8z=1\,850 \\ 4x+1y+6z=1\,050 \\ 2x+0y+3z=475 \end{cases}.$

b. La solution du problème est donnée par :

$$B = \begin{pmatrix} 1\,850 \\ 1\,050 \\ 475 \end{pmatrix} = \begin{pmatrix} -3\times 1\,850+18\times 1\,050 - 28\times 475 \\ 0\times 1\,850+1\times 1\,050 - 2\times 475 \\ 2\times 1\,850-12\times 1\,050+19\times 475 \end{pmatrix} = \begin{pmatrix} 50 \\ 100 \\ 125 \end{pmatrix}.$$

Un aspirateur donne un bénéfice de **50 €**, un réfrigérateur de **100 €** et un téléviseur de **125 €.**

11 Graphes

I SOMMETS ET ARÊTES

- Un graphe est un ensemble de points appelés sommets reliés par des segments appelés arêtes. Chaque arête relie deux sommets qui sont ses extrémités. Ces extrémités peuvent être distinctes ou confondues. Si elles sont confondues, l'arête est une boucle.
- Si deux sommets sont reliés par au moins une arête, on dit qu'ils sont adjacents.
- Un graphe est simple si deux sommets sont joints par au plus une arête et s'il est sans boucle.
- Un graphe simple est dit complet si tous ses sommets sont adjacents.
- Un graphe orienté est un graphe dont les arêtes sont orientées. Chaque arête possède alors une origine et une extrémité. Une boucle est une arête orientée dont l'origine et l'extrémité sont confondues.

II ORDRES ET DEGRÉS

- L'ordre d'un graphe est le nombre de ses sommets.
- Le degré d'un sommet est le nombre d'arêtes dont ce sommet est une extrémité (les boucles sont comptées deux fois).
- **Propriété** : La somme des degrés de tous les sommets d'un graphe non orienté est égale à deux fois le nombre d'arêtes du graphe.
- On dit qu'un sommet est pair si son degré est un nombre pair, il est dit impair si son degré est un nombre impair.

Une conséquence de la propriété ci-dessus est que le nombre de sommets impairs est toujours pair.

III CHAÎNES

- Dans un graphe simple, une chaîne est une liste ordonnée de sommets dans laquelle deux sommets consécutifs sont adjacents.
- La longueur d'une chaîne est le nombre d'arêtes qui la composent.
- La distance entre deux sommets est la plus petite longueur des chaînes les reliant.
- Le diamètre d'un graphe est la plus grande distance entre deux sommets.

- Une chaîne est dite fermée si le premier et le dernier sommet de la chaîne sont les mêmes.
- Un cycle est une chaîne fermée composée d'arêtes toutes distinctes.
- Un graphe connexe est un graphe dans lequel il existe une chaîne entre deux sommets quelconques de ce graphe.
- Une chaîne eulérienne est une chaîne qui contient une fois et une seule chaque arête du graphe. Si cette chaîne est un cycle, c'est un cycle eulérien.
- **Théorème d'Euler** : Un graphe non orienté et connexe admet une chaîne eulérienne si, et seulement si le nombre de sommets impairs est 0 ou 2. Dans le cas où il est égal à 0, c'est même un cycle eulérien.

Voir le savoir-faire **1** pour bien appliquer le théorème d'Euler.

IV MATRICES – NOMBRE DE CHAÎNES

- Les sommets étant numérotés de 1 à n, on appelle matrice d'adjacence d'un graphe G d'ordre n, ou matrice associée au graphe G, la matrice carrée à n lignes et n colonnes dans laquelle le terme situé à l'intersection de la ligne i et de la colonne j est égal au nombre d'arêtes reliant les sommets i et j.
- Si le graphe est orienté, a_{ij} est le nombre d'arêtes d'origine le sommet i et d'extrémité le sommet j.
- **Propriété** : Si A est la matrice associée à un graphe, le terme situé à l'intersection de la ligne i et de la colonne j de la matrice A^m est égal au nombre de chaînes de longueur m reliant i à j.

Voir le savoir-faire **2** pour les calculs de nombre de chaînes.

V COLORATION D'UN GRAPHE

- Colorer un graphe consiste à affecter une couleur à chaque sommet, de telle façon que deux sommets adjacents ne portent pas la même couleur.
- Le nombre chromatique d'un graphe est le plus petit nombre de couleurs permettant de colorer le graphe. On le note souvent $\gamma(G)$.
- Un sous-graphe G′ d'un graphe G est un graphe composé de certains sommets de G et de toutes les arêtes correspondantes. Le nombre chromatique de G est minoré par le nombre de sommets du plus grand sous-graphe complet contenu dans G.
- **Propriété** : Le nombre chromatique d'un graphe est majoré par $d+1$, d étant le plus grand degré des sommets : $\gamma(G) \leqslant d+1$.
- Les deux résultats précédents donnent un encadrement du nombre chromatique. On note α l'ordre du plus grand sous-graphe complet de G. Alors : $\alpha \leqslant \gamma(G) \leqslant d+1$.

Voir le savoir-faire **3** pour appliquer un algorithme permettant d'obtenir une coloration et le savoir-faire **4** pour déterminer le nombre chromatique.

VI GRAPHES ÉTIQUETÉS

- Un graphe étiqueté est un graphe orienté dont les arêtes sont affectées d'étiquettes indiquant certaines informations. Le graphe peut avoir un sommet « début » et un ou plusieurs sommets « fin ».
- Un mot est reconnu par le graphe s'il est composé des étiquettes d'une chaîne orientée d'extrémité initiale « début » et d'extrémité finale « fin ».

VII GRAPHES PONDÉRÉS

- Un graphe pondéré est un graphe étiqueté avec des nombres positifs, appelés poids des arêtes. Le poids d'une chaîne est la somme des poids des arêtes qui la composent.
- Une plus courte chaîne entre deux sommets est une chaîne de poids minimum parmi toutes les chaînes qui relient ces deux sommets. On parle alors de meilleur chemin.
- La recherche d'un meilleur chemin s'effectue avec l'algorithme de Dijkstra.

Voir le savoir-faire **5** pour utiliser l'algorithme de Dijkstra.

VIII GRAPHES PROBABILISTES

- Un graphe probabiliste est un graphe orienté, pondéré, tel que la somme des poids des arêtes sortant de chaque sommet vaut 1.
- La matrice de transition d'un graphe probabiliste d'ordre n est de dimension $n \times n$. Le terme situé à l'intersection de la ligne i et de la colonne j est égal au poids de l'arête orientée allant de i vers j si cette arête existe, 0 sinon. La somme des éléments d'une ligne est égale à 1.
- **Propriété** : Soit M la matrice de transition d'un graphe probabiliste à n sommets, P_0 la matrice ligne décrivant l'état initial et P_n la matrice ligne décrivant l'état probabiliste à l'étape n.
Alors pour tout n : $P_{n+1} = P_n M$ et $P_n = P_0 M^n$.
- **Propriété** : Pour tout graphe probabiliste d'ordre 2, dont la matrice de transition M ne comporte pas de 0, l'état probabiliste P_n à l'étape n converge vers un état limite P, appelé aussi état stable, indépendant de l'état initial P_0, et tel que $P = PM$.

L'équation matricielle P = PM ne se résout pas avec les règles classiques de l'algèbre. Voir le savoir-faire **6** pour déterminer l'état stable.

COURS

SAVOIR-FAIRE

1. Utiliser le théorème d'Euler

1. Vérifier que le graphe est non orienté et connexe.
2. Déterminer le degré de chaque sommet.
3. Compter le nombre de sommets pour lesquels ce degré est un nombre impair.
4. Donner une conclusion selon le nombre de sommets impairs.

S'il y en a 0, le graphe possède un cycle eulérien.

S'il y en a 2, le graphe possède une chaîne eulérienne mais pas de cycle eulérien.

S'il y en 4, 6, 8, … ou tout autre nombre pair, le graphe ne possède pas de chaîne eulérienne.

- Le nombre de sommets impairs est toujours un nombre pair.
- Dans le cas où le nombre de sommets impairs est 2, ces deux sommets impairs sont les extrémités de la chaîne eulérienne.

EXEMPLE :

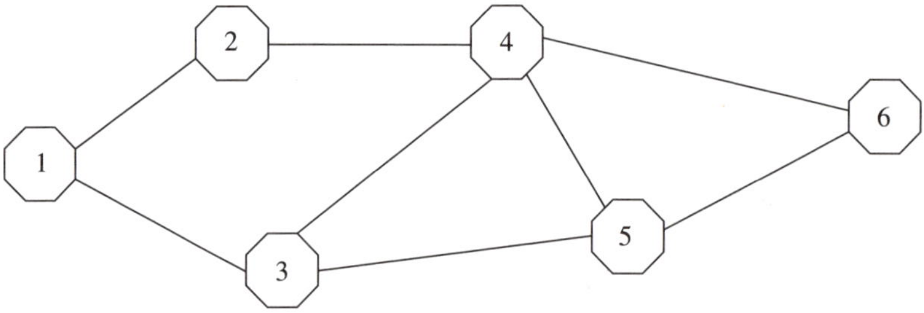

1. Le graphe ci-dessus est non orienté et connexe.
2. Pour déterminer le degré d'un sommet, on compte les arêtes dont le sommet est une extrémité.

N° du sommet	1	2	3	4	5	6
Degré	2	2	3	4	3	2

3. Le graphe possède deux sommets impairs, les sommets 3 et 5.
4. D'après le théorème d'Euler, il existe une chaîne eulérienne d'extrémités les sommets 3 et 5.

Un exemple de chaîne eulérienne est $\{3, 1, 2, 4, 6, 5, 4, 3, 5\}$.

2. Calculer le nombre de chaînes de longueur n entre deux sommets donnés

1. Écrire si nécessaire la matrice d'adjacence M du graphe.

2. Calculer la matrice M^n (avec la calculatrice).

3. Lire le terme de cette matrice à l'intersection de la ligne et de la colonne correspondant aux deux sommets. Si le graphe est orienté, on utilisera la ligne correspondant au sommet initial et la colonne correspondant au sommet final.

• Les boucles sont comptabilisées par les termes de la diagonale de la matrice M.

• La somme des termes d'une ligne donnée est la somme des chaînes issues du sommet correspondant. La somme des termes d'une colonne donnée est la somme des chaînes parvenant au sommet correspondant.

EXEMPLE 1 : Calculer le nombre de chaînes de longueur 8 entre les sommets 2 et 4.

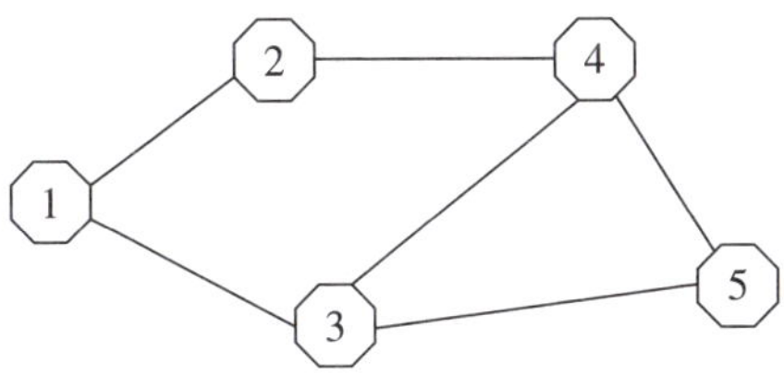

1. $M = \begin{pmatrix} 0 & 1 & 1 & 0 & 0 \\ 1 & 0 & 0 & 1 & 0 \\ 1 & 0 & 0 & 1 & 1 \\ 0 & 1 & 1 & 0 & 1 \\ 0 & 0 & 1 & 1 & 0 \end{pmatrix}$

Le graphe n'est pas orienté, cela donne une matrice symétrique.

2. $M^8 = \begin{pmatrix} .. & .. & .. & .. & .. \\ .. & .. & .. & 208 & .. \\ .. & .. & .. & .. & .. \\ .. & 208 & .. & .. & .. \\ .. & .. & .. & .. & .. \end{pmatrix}$.

3. À l'intersection de la ligne 2 et de la colonne 4 (ou de la ligne 4 et de la colonne 2, puisque la matrice est symétrique), on lit 208. C'est le nombre de chaînes cherché.

EXEMPLE 2 : Calculer le nombre de chaînes de longueur 9 entre les sommets 3 et 4.

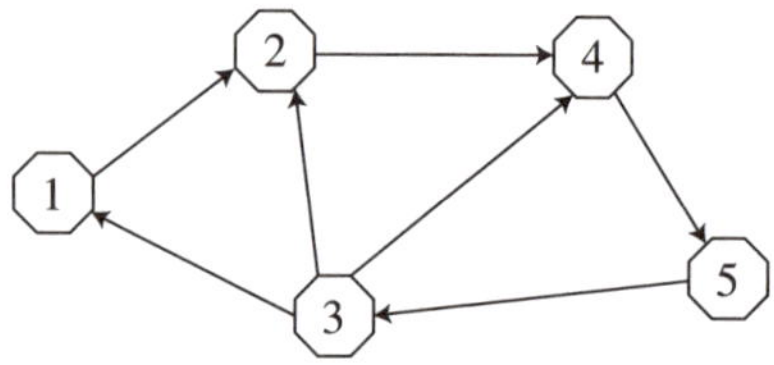

Interpréter la somme des termes situés sur la diagonale de la matrice M^9.

1. $M = \begin{pmatrix} 0 & 1 & 0 & 0 & 0 \\ 0 & 0 & 0 & 1 & 0 \\ 1 & 1 & 0 & 1 & 0 \\ 0 & 0 & 0 & 0 & 1 \\ 0 & 0 & 1 & 0 & 0 \end{pmatrix}$

Le graphe est orienté, cela donne une matrice non symétrique.

2. $M^9 = \begin{pmatrix} 1 & .. & .. & .. & .. \\ .. & 2 & .. & .. & .. \\ .. & .. & 3 & \mathbf{6} & .. \\ .. & .. & 2 & 3 & .. \\ .. & .. & .. & .. & 3 \end{pmatrix}.$

3. À l'intersection de la ligne 3 et de la colonne 4, on lit 6 (en gras), c'est le nombre de chaînes de longueur 9 qui partent du sommet 3 et qui arrivent au sommet 4. Le terme symétrique dans la matrice est égal à 2 (en bleu), c'est le nombre de chaînes de longueur 9 qui partent du sommet 4 et qui arrivent au sommet 3.
La somme des termes de la diagonale est 12 : il s'agit du nombre de chaînes de longueur 9 qui partent d'un sommet et y reviennent.

3. Utiliser l'algorithme de coloration

1. Classer les sommets dans l'ordre décroissant de leurs degrés.
En cas d'égalité, choisir un ordre (par exemple, l'ordre alphabétique, mais rien n'est obligatoire).
2. Attribuer une couleur au premier sommet de la liste.
3. Attribuer cette même couleur à tous les autres sommets non adjacents de la liste parcourue dans l'ordre.
4. Recommencer à l'étape 2 en attribuant une nouvelle couleur au premier sommet de la liste non encore coloré, s'il en reste.

EXEMPLE 1 :

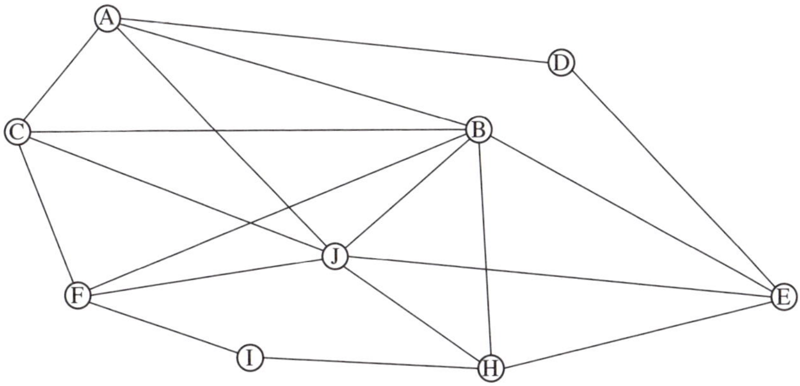

1. Classement des sommets dans l'ordre décroissant de leurs degrés :
B(6), J(6), A(4), C(4), E(4), F(4), H(4), D(2), I(2).

2. 3. 4. On applique une première couleur au sommet B, puis aux sommets D et I qui ne lui sont pas adjacents, et qui ne sont pas adjacents entre eux.
On applique une deuxième couleur au sommet J seul (les sommets restants lui sont adjacents).
On applique une troisième couleur au sommet A, puis aux sommets E et F qui ne lui sont pas adjacents, et qui ne sont pas adjacents entre eux.
On applique une quatrième couleur au sommet C, puis au sommet H qui ne lui est pas adjacent.

EXEMPLE 2 :

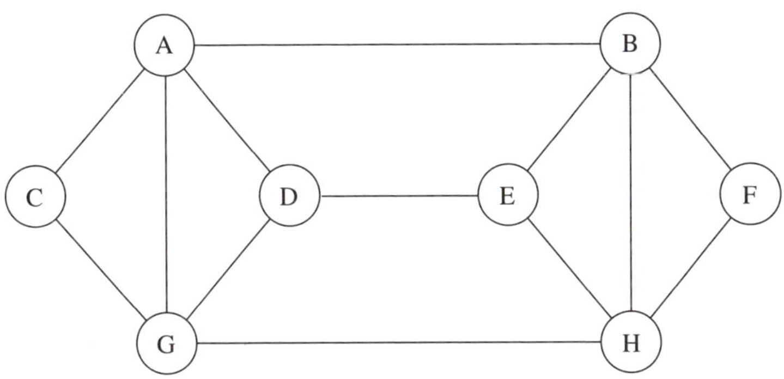

1. Classement des sommets dans l'ordre décroissant de leurs degrés :
A(4), B(4), G(4), H(4), D(3), E(3), C(2), F(2).

2. 3. 4. On applique une première couleur au sommet A, puis au sommet H.
On applique une deuxième couleur au sommet B, puis au sommet G.
On applique une troisième couleur au sommet D, puis aux sommets C et F.
On applique enfin une quatrième couleur au sommet E.

L'algorithme de coloration n'est pas toujours optimal, dans le sens où il ne fournit pas toujours le nombre chromatique. Ici, l'algorithme aboutit à une coloration avec quatre couleurs, mais le nombre chromatique est 3, comme le montre la coloration ci-dessous.

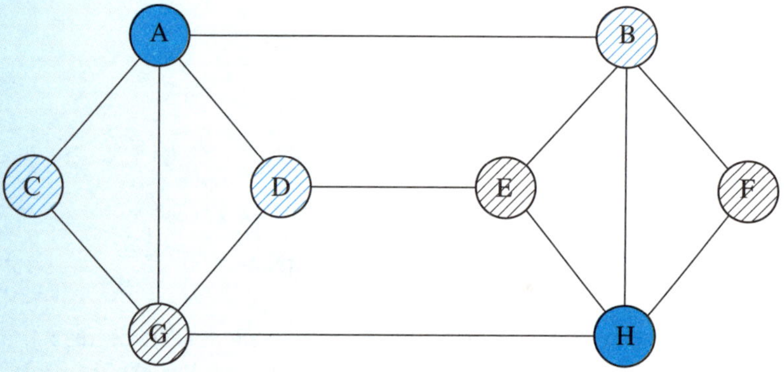

4. Déterminer le nombre chromatique d'un graphe

On note γ le nombre chromatique d'un graphe G, α l'ordre du plus grand sous-graphe de G qui soit un graphe complet, et β le plus grand des degrés des sommets de G.

1. Obtenir un majorant de γ :
- soit en utilisant l'algorithme de coloration (voir le savoir-faire 3) ;
- soit en appliquant la propriété : $\gamma \leqslant \beta + 1$.

2. Obtenir un minorant de γ en repérant un sous-graphe complet d'ordre maximal dans le graphe : $\alpha \leqslant \gamma$.

3. Conclure : dans le meilleur des cas, le minorant et le majorant sont égaux et donnent la valeur du nombre chromatique. Sinon, on se contente d'un encadrement.

Lors de l'étape 1, la majoration $\gamma \leqslant \beta + 1$ est en général trop large et apporte rarement une information utilisable. L'algorithme de coloration fournit une bien meilleure majoration.

EXEMPLE : on reprend le graphe de l'exemple 1 du savoir-faire 3.

1. En utilisant l'algorithme de coloration, on a obtenu quatre couleurs. On a donc $\gamma \leqslant 4$.
Avec l'autre majoration, on aurait obtenu une moins bonne majoration : puisque le plus grand des degrés est 6, on obtient $\gamma \leqslant 7$.

2. Le sous-graphe formé des sommets {A, B, C, F} est un sous-graphe de G complet, il est d'ordre 4, donc $4 \leqslant \gamma$.

3. Puisque $4 \leqslant \gamma$ et $\gamma \leqslant 4$, on peut conclure que le nombre chromatique du graphe est 4.

5. Utiliser l'algorithme de Dijkstra

On suppose que l'on applique l'algorithme à la recherche du plus court chemin entre E et S.

1. On écrit les sommets en tête de colonnes. Une dernière colonne est prévue pour le sommet sélectionné.

Sur la première ligne, on indique le coefficient 0 pour E et + ∞ pour les autres.

2. Lorsqu'une ligne est remplie, on sélectionne le sommet de plus petit coefficient. En cas d'égalité, on en choisit un. On indique le coefficient correspondant et on raye le bas de la colonne de ce sommet sélectionné, afin de ne pas réutiliser la colonne.

Pour tous les sommets adjacents au sommet sélectionné, on calcule un nouveau coefficient sur la ligne suivante : coefficient du sommet sélectionné + poids de l'arête entre le sommet sélectionné et le sommet étudié. Si cette somme est inférieure au coefficient déjà attribué au sommet étudié (au-dessus dans la colonne), on la garde et on indique le sommet sélectionné. Sinon, on la rejette et on conserve le nombre au-dessus. Pour les autres sommets, on recopie le coefficient déjà attribué.

On continue à remplir ainsi les lignes tant que le sommet S n'est pas sélectionné.

3. Une fois le sommet S sélectionné, on lit le résultat. Le poids du meilleur chemin est indiqué entre parenthèses à côté du sommet S. Le meilleur chemin s'obtient en partant de S. Dans la colonne S, on lit en bas le sommet qui sera avant S. On se reporte dans la colonne correspondant à ce sommet, et ainsi de suite jusqu'au sommet de départ E.

- Dans une même colonne, les nombres sont en ordre décroissant. C'est une vérification à faire afin d'éviter une erreur ou bien d'en retrouver une.
- À l'étape 1, l'ordre des sommets n'a pas d'importance. Sur la première ligne, le sommet sélectionné est toujours le sommet d'entrée, accompagné du coefficient 0.

EXEMPLE 1 :

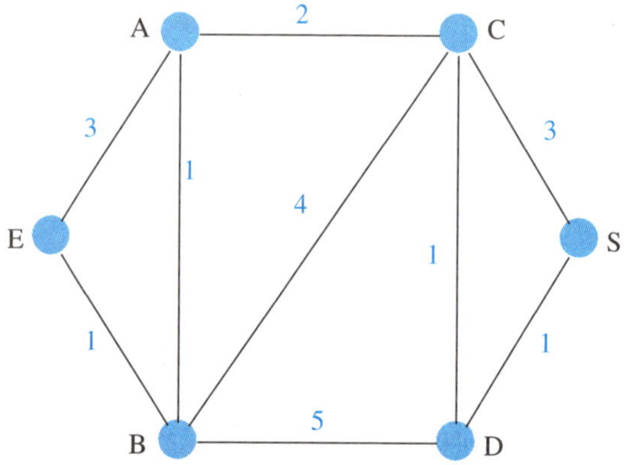

1. On écrit les sommets en tête de colonnes : E, A, B, C, D, et S. On remplit la première ligne.

2. Première ligne : On sélectionne E et son coefficient 0, sa colonne est rayée.

Deuxième ligne : Pour les sommets A et B, adjacents à E, on calcule un coefficient.

Pour A : coefficient de E + poids de l'arête $E-A=0+3=3$. Ce nombre est inférieur à $+\infty$, on le garde et on indique E.

Pour B : coefficient de E + poids de l'arête $E-B=0+1=1$. Ce nombre est inférieur à $+\infty$, on le garde et on indique E.

Pour les autres sommets, on recopie $+\infty$.

On sélectionne B, sommet de plus petit coefficient sur la ligne, sa colonne est rayée.

Troisième ligne : Pour les sommets A, C et D, adjacents à B, on calcule un coefficient.

Pour A : coefficient de B + poids de l'arête $B-A=1+1=2$. Ce nombre est inférieur à 3, on le garde et on indique B.

Pour C : coefficient de B + poids de l'arête $B-C=1+4=5$. Ce nombre est inférieur à $+\infty$, on le garde et on indique B.

Pour D : coefficient de B + poids de l'arête $B-D=1+5=6$. Ce nombre est inférieur à $+\infty$, on le garde et on indique B.

Pour S, on recopie $+\infty$.

On sélectionne A, sa colonne est rayée.

Quatrième ligne : Pour le sommet C, adjacent à A, on calcule un coefficient.

Coefficient de A + poids de l'arête $A-C=2+2=4$. Ce nombre est inférieur à 5, on le garde et on indique A.

Pour D et S, on recopie leurs coefficients.

On sélectionne C, sa colonne est rayée.

Cinquième ligne : Pour les sommets D et S, adjacents à C, on calcule un coefficient.
Pour D : coefficient de C + poids de l'arête $C-D=4+1=5$. Ce nombre est inférieur à 6, on le garde et on indique C.
Pour S : coefficient de C + poids de l'arête $C-S=4+3=7$. Ce nombre est inférieur à $+\infty$, on le garde et on indique C.
On sélectionne D, sa colonne est rayée.
Dernière ligne : Pour le sommet S, adjacent à D, on calcule un coefficient.
Coefficient de D + poids de l'arête $D-S=5+1=6$. Ce nombre est inférieur à 7, on le garde et on indique D.
On sélectionne S, l'algorithme est terminé.

E	A	B	C	D	S	Sommet sélectionné
0	$+\infty$	$+\infty$	$+\infty$	$+\infty$	$+\infty$	E(0)
	0 + 3 = 3 3(E)	0 + 1 = 1 1(E)	$+\infty$	$+\infty$	$+\infty$	B(1)
	1 + 1 = 2 2(B)		1 + 4 = 5 5(B)	1 + 5 = 6 6(B)	$+\infty$	A(2)
			2 + 2 = 4 4(A)	6(B)	$+\infty$	C(4)
				4 + 1 = 5 5(C)	4 + 3 = 7 7(C)	D(5)
					5 + 1 = 6 6(D)	S(6)

3. Le poids du meilleur chemin est 6. Le meilleur chemin s'obtient en partant de S. Dans la colonne S, en bas, on lit le sommet D qui sera avant S. Dans la colonne D, on lit en bas C. Dans la colonne C, on lit en bas A. Dans la colonne A, on lit en bas B. Dans la colonne B, on lit en bas E.
Le chemin optimal est donc EBACDS.

6. Déterminer l'état limite d'un graphe probabiliste

1. Préparer les notations : écrire l'état limite $P=\begin{pmatrix}x & y\end{pmatrix}=\begin{pmatrix}x & 1-x\end{pmatrix}$, puisque $x+y=1$.
2. Calculer le produit PM en simplifiant les deux expressions de la matrice ligne obtenue.
3. Écrire l'égalité P = PM en identifiant les coefficients, sous forme d'un système. Puisque les deux équations du système sont équivalentes, on n'en utilise qu'une seule. Trouver x et conclure.

EXEMPLE : Trouver l'état probabiliste stable si la matrice de transition du graphe est : $M=\begin{pmatrix}0{,}7 & 0{,}3\\0{,}4 & 0{,}6\end{pmatrix}$.

1. Soit $P=\begin{pmatrix}x & y\end{pmatrix}$ l'état probabiliste stable. Puisque $x+y=1$, on peut noter $P=\begin{pmatrix}x & 1-x\end{pmatrix}$.
2. $$PM=\begin{pmatrix}x & 1-x\end{pmatrix}\begin{pmatrix}0{,}7 & 0{,}3\\0{,}4 & 0{,}6\end{pmatrix}$$
$$=\begin{pmatrix}0{,}7x+0{,}4(1-x) & 0{,}3x+0{,}6(1-x)\end{pmatrix}$$
$$=\begin{pmatrix}0{,}3x+0{,}4 & -0{,}3x+0{,}6\end{pmatrix}$$
3. On a donc $P=\begin{pmatrix}x & 1-x\end{pmatrix}$ et $PM=\begin{pmatrix}0{,}3x+0{,}4 & -0{,}3x+0{,}6\end{pmatrix}$. D'où :

$$P=PM \Leftrightarrow \begin{cases}x=0{,}3x+0{,}4\\1-x=-0{,}3x+0{,}6\end{cases} \Leftrightarrow 0{,}7x=0{,}4 \Leftrightarrow x=\frac{4}{7}.$$

L'état probabiliste stable est donc : $P=\begin{pmatrix}\frac{4}{7} & \frac{3}{7}\end{pmatrix}$.

EXERCICES D'APPLICATION

1 VOCABULAIRE ★ 5 min ▸ P. 325

Pour le graphe ci-contre, donner :
- l'ordre.
- le nombre de sommets impairs.
- la distance entre les sommets F et D.
- le diamètre.

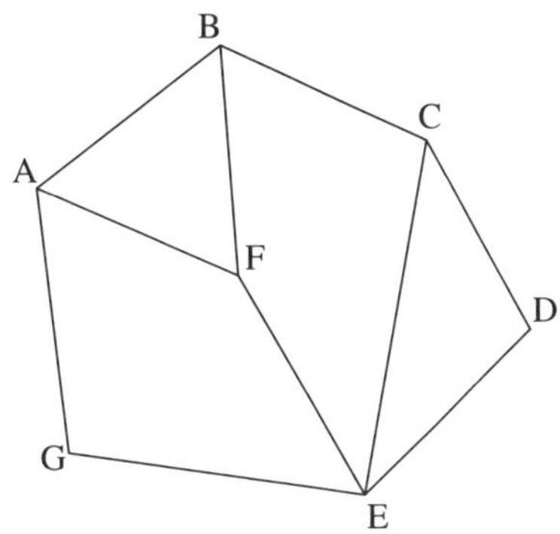

2 GRAPHE COMPLET ★ 5 min ▸ P. 325

Représenter K_6, graphe complet à six sommets.

3 GRAPHE ORIENTÉ ★★ 10 min ▸ P. 325

Construire un graphe orienté dont les sommets sont les entiers de 2 à 8, et dont les arêtes représentent la relation « est un diviseur strict de ».

Par exemple, 3 est diviseur de 6 : une arête relie le sommet 3 au sommet 6. Le mot « strict » signifie que l'on ne prend pas en compte le fait qu'un nombre est un diviseur de lui-même : on ne dessinera pas de boucle sur ce graphe.

4 SOMME DE DEGRÉS ★ 5 min ▸ P. 325

Existe-t-il un graphe d'ordre 9 tel que chaque sommet soit de degré 5 ?

Calculer la somme des degrés d'une tel graphe. Est-ce possible ?

5 RELATION SUR LES DEGRÉS ★ 5 min ▸ P. 325

Un graphe (sans boucle) a 15 arêtes, trois sommets de degré 4 et tous les autres de degré 3. Combien le graphe a-t-il de sommets ?

Écrire sous forme d'une équation où l'inconnue est le nombre de sommets, que la somme des degrés est égale à deux fois le nombre d'arêtes.

6 CYCLE EULÉRIEN, THÉORÈME D'EULER | ★ | 5 min | ▸ p. 326

Expliquer pourquoi on ne peut pas trouver de cycle eulérien sur ce graphe, mais y trouver une chaîne eulérienne. Donner une telle chaîne eulérienne.

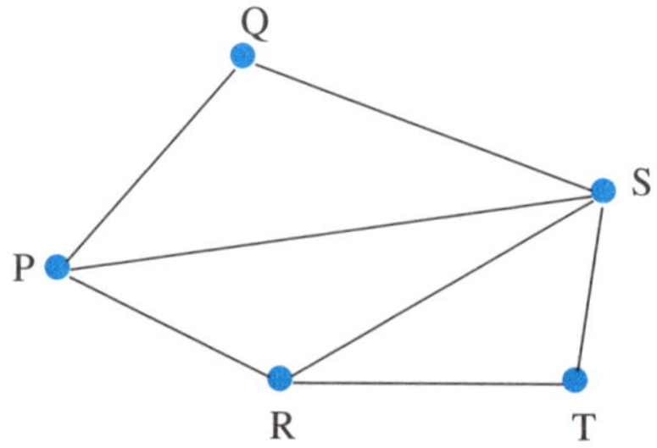

Appliquer le théorème d'Euler, après avoir revu le savoir-faire **1**.

7 GRAPHES COMPLETS ET THÉORÈME D'EULER | ★ | 5 min | ▸ p. 326

Quels sont les graphes complets d'ordre n qui admettent un cycle eulérien ?

8 MATRICE ET GRAPHE | ★ | 10 min | ▸ p. 326

Soit M la matrice : $M = \begin{pmatrix} 0 & 1 & 1 & 1 & 1 \\ 1 & 0 & 1 & 1 & 0 \\ 1 & 1 & 0 & 1 & 1 \\ 1 & 1 & 1 & 0 & 0 \\ 1 & 0 & 1 & 0 & 0 \end{pmatrix}$.

1. Construire un graphe associé à M (utiliser les sommets A, B, C, D et E dans cet ordre).

2. Donner, à l'aide de la calculatrice, la matrice M^5.

3. Combien y a-t-il de chaînes de longueur 5 entre B et D ?

Pour la question 3, revoir le savoir-faire **2**.

9 NOMBRE DE CHAÎNES | ★★ | 15 min | ▸ p. 326

On considère le graphe ci-contre.

1. Déterminer le nombre de chaînes orientées de longueur 5 du sommet 1 au sommet 5.

2. Le graphe contient-il des chaînes de longueur 6 avec un sommet de départ et un sommet d'arrivée confondus ? Combien ?

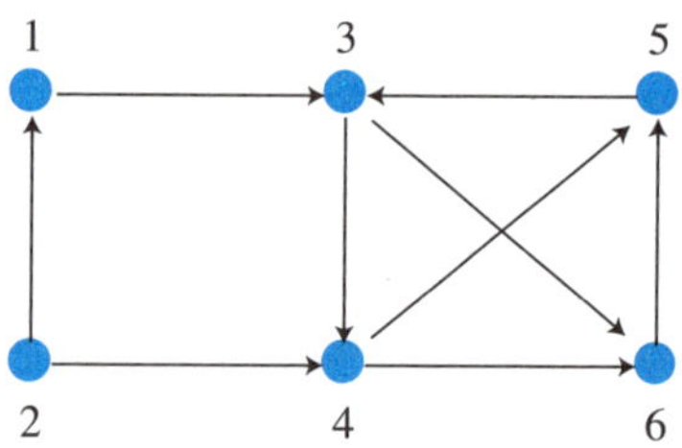

Pour la question 1, revoir le savoir-faire **2**. Pour la question 2, on cherche des chaînes qui partent d'un sommet et y reviennent. À quels termes de la matrice faut-il s'intéresser ?

10 NOMBRE CHROMATIQUE | ★ | 15 min | ▸ P. 327

Soit G le graphe suivant :

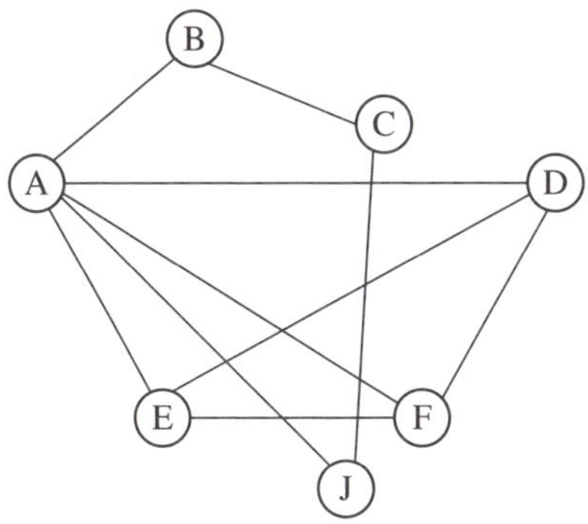

1. Sans effectuer de coloration du graphe, dans quel encadrement peut-on trouver le nombre chromatique ?

2. Colorer le graphe en utilisant l'algorithme de coloration.

3. Déterminer le nombre chromatique de ce graphe.

Voir les savoir-faire **3** et **4**.

11 ALGORITHME DE COLORATION | ★ | 10 min | ▸ P. 327

Utiliser l'algorithme de coloration sur ce graphe. Quel est le nombre chromatique ?

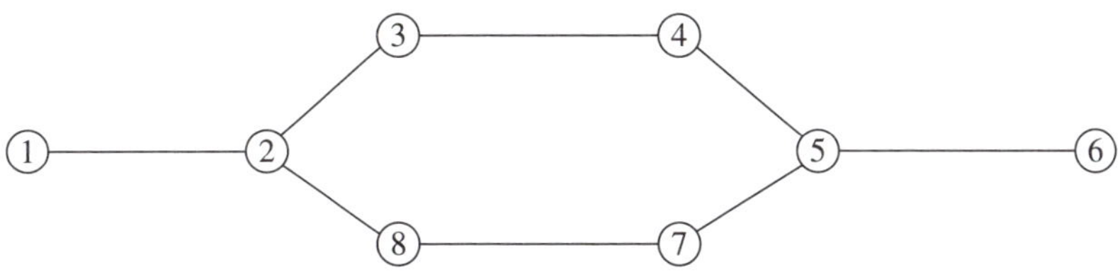

Soigner la conclusion, revoir si besoin le savoir-faire **4**.

12 GRAPHE ÉTIQUETÉ ★ 10 min ▸ P. 328

L'accès à une pièce est régi par un code déterminé par le graphe étiqueté ci-contre.

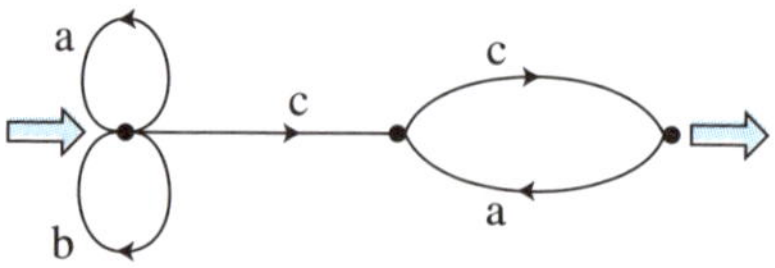

1. Les codes suivants sont-ils reconnus ?
abc ; acc ; aca ; aac ; abcc ; cbc ; ccac.
2. Donner tous les codes de quatre lettres reconnus.

13 ALGORITHME DE DIJKSTRA ★★ 20 min ▸ P. 328

Une société fait appel à des services de transport pour effectuer ses livraisons d'une ville A à une ville H. Les liaisons possibles de ville à ville et les coûts sont traduits dans le tableau suivant :

	A	B	C	D	E	F	G	H
A		15	5	15				
B			20					
C				12			8	
D					25	20		28
E								12
F								10
G					25	17		
H								

1. Dessiner le graphe orienté correspondant.
Par exemple, on orientera l'arête A-B de A vers B, pondérée par 15.
2. Déterminer le coût minimal d'une livraison de A vers H à l'aide de l'algorithme de Dijkstra.

Revoir le savoir-faire **5**.

14 GRAPHES PROBABILISTES ★★ 20 min ▸ P. 329

Au beau milieu de l'océan Pacifique, on trouve deux îles voisines et isolées de tout, sur lesquelles on compte au total 10 000 habitants. Sur l'île Kecébo, la vie est belle, les paysages enchanteurs, mais il y a peu de travail et celui-ci est mal rémunéré. Sur l'île de Hicihonbos, la vie n'est pas agréable, mais le travail est bien rémunéré. Aussi, chaque année, 20 % des habitants de Hicihonbos partent pour Kecébo, et 5 % des habitants de Kecébo choisissent de s'installer sur Hicihonbos.

1. Dessiner le graphe probabiliste décrivant cette situation.

2. Écrire la matrice de transition M de ce graphe.
3. Au début de l'étude, 75 % des habitants habitent à Hicihonbos. Comment sera répartie la population dans dix ans ?
4. Comment sera répartie la population dans un très grand nombre d'années ?

3. L'information est traduite par un état probabiliste initial de matrice ligne : (0,25 0,75). Commencer par calculer P_{10}, l'état probabiliste dans 10 ans.
4. Cela revient à déterminer l'état stable. Voir le savoir-faire **6**.

EXERCICES D'ENTRAÎNEMENT

15 LECTURE DANS UNE MATRICE | ★★ | 15 min | ▸ P. 330

On considère la matrice M : $\begin{pmatrix} 0 & 1 & 1 & 1 \\ 0 & 0 & 1 & 0 \\ 0 & 1 & 0 & 1 \\ 1 & 0 & 0 & 1 \end{pmatrix}$.

1. Est-ce un graphe orienté ?
2. Y a-t-il des boucles sur ce graphe ?
3. Interpréter la somme des termes de chaque ligne de la matrice M ; puis la somme des termes de chaque colonne.
4. Calculer le carré de la matrice M. Interpréter le terme situé à l'intersection de la troisième ligne et de la quatrième colonne de cette matrice.

Dans un premier temps, chercher les réponses sans dessiner le graphe. En cas de difficultés, le graphe dessiné devrait permettre de répondre aux questions.

16 GRAPHE ORIENTÉ ET NOMBRE DE CHEMINS | ★★ | 15 min | ▸ P. 330

Un parcours de santé est aménagé pour les sportifs dans le parc de la ville.
Il est composé de chemins en sens unique, et de quatre points de repère tous distants de 500 m, comme indiqué sur la figure ci-contre.
Tout trajet commence en S_1 (entrée) et se termine en S_4 (sortie).
Combien y a-t-il de trajets différents de 1,5 km ? 2 km ? 2,5 km ?

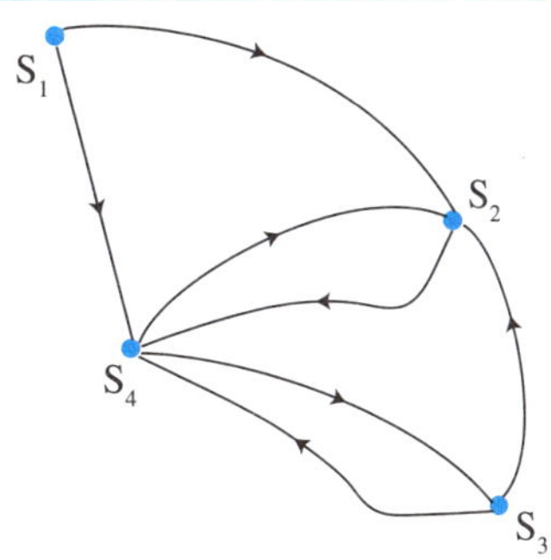

Commencer par écrire la matrice d'adjacence de ce graphe. Un trajet de 1,5 km sera interprété comme une chaîne de longueur 3.

17 COLORATION D'UN GRAPHE

★★ | 20 min | ▸ P. 331

Dans la famille Chipy, on compte six filles : Astrid, Bérangère, Charlotte, Daphné, Eva et Flavie. Elles se chamaillent très souvent, c'est notamment le cas d'Astrid et Flavie, de Bérangère et Daphné, d'Eva et Astrid, de Daphné et Astrid et de Flavie et Daphné, que les parents ne peuvent pas laisser dans la même chambre.

1. Dessiner un graphe dans lequel les sommets représentent les enfants et les arêtes les incompatibilités d'humeur entre ces enfants.

2. Pour les vacances, les parents ont réservé un appartement avec trois chambres pour les enfants. En utilisant l'algorithme de coloration, montrer qu'il est possible de répartir les enfants dans ces chambres en évitant les conflits.

3. Est-il possible de faire mieux, c'est-à-dire de réserver un appartement avec seulement deux chambres pour les enfants ? Pourquoi ?

Pour la question 3, cela revient à montrer que le nombre chromatique du graphe est 3. Voir si nécessaire le savoir-faire **4**.

18 GRAPHIX

★★ | 20 min | ▸ P. 331

Les membres du conseil d'un irréductible village gaulois participent chacun à au moins une réunion dans la liste suivante :

– attaque des camps romains (A)
– fêtes et banquets (F)
– préparation de la potion magique (P)
– ravitaillement en sangliers et poissons (R)
– surveillance du camp (S).

Le tableau ci-après donne la composition de chacune de ces commissions pour les 20 conseillers, numérotés de 1 à 20.

Chaque commission se réunit une journée la première semaine de chaque mois, et chacun doit participer aux réunions de chacune des commissions auxquelles il est inscrit.

Quel est, dans ces conditions, le nombre minimal de journées nécessaire à la tenue de l'ensemble des commissions ?

Conseiller	Inscrit à la commission				
	A	F	P	R	S
1	X		X		
2		X		X	
3	X		X		
4				X	X
5		X	X		
6			X		X
7	X	X			
8			X	X	
9	X	X			
10			X		
11				X	
12		X			
13		X			
14	X				
15			X		
16					X
17			X		X
18	X				X
19	X		X		
20		X		X	

19 GRAPHE ÉTIQUETÉ ★★ 20 min ▸ P. 332

Le graphe étiqueté ci-dessous permet de reconnaître des mots (suite finie de lettres n'ayant pas toujours un sens) :

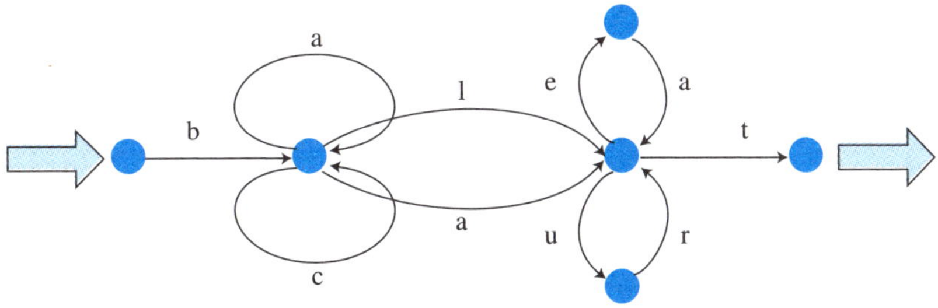

1. Vrai ou faux ?

Le graphe reconnaît :

a. le mot « baccalaureat ».

b. le mot « bleuet ».

c. le mot « baaaalt ».
d. tous les mots commençant par « bac ».
2. Combien de mots de cinq lettres reconnaît-il ? Les écrire tous.
3. Comment, avec une seule modification (changement d'une étiquette ou changement du sens de parcours d'une arête), peut-on faire reconnaître le mot « balacalurt » ?

20 ALGORITHME DE DIJKSTRA | ★★ | 20 min | ▸ P. 332

Dans le graphe ci-contre, les sommets représentent des villes et les arêtes des routes. Sur les arêtes est indiqué le nombre de kilomètres entre les villes.

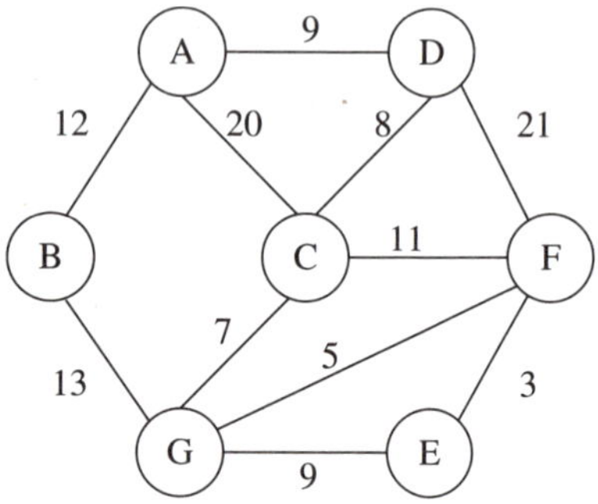

1. Est-il possible de visiter toutes les villes à partir de la ville A, en passant une et une seule fois par toutes les routes ?
2. Même question si, en plus, on doit revenir au point de départ ?
3. Quel est le plus court chemin entre la ville A et la ville E ?

21 GRAPHES PROBABILISTES | ★★ | 15 min | ▸ P. 333

Chaque matin, sur sa planète, l'allumeur de réverbère du Petit Prince change l'état d'un réverbère (éteint ou allumé) avec une probabilité de 0,75.
1. a. Décrire cette situation par un graphe probabiliste G.
b. Écrire la matrice de transition M associée à ce graphe.
2. Au jour 0, le réverbère est éteint, on représente donc l'état initial avec la matrice-ligne $\begin{pmatrix}1 & 0\end{pmatrix}$.
a. Calculer la probabilité que le réverbère soit éteint le deuxième jour. Donner une valeur exacte.
b. Calculer la probabilité que le réverbère soit éteint le septième jour. Donner une valeur approchée à 0,001 près.

Les questions **2.a.** et **2.b.** ne se traitent pas de la même façon. La question **2.a.** nécessite un calcul matriciel avec des valeurs exactes, alors que la question **2.b.** requiert l'utilisation de la calculatrice avec des valeurs approchées.

22 GRAPHES PROBABILISTES ET RÉMUNÉRATIONS | ★★ | 20 min | ▸ P. 334

Une grande entreprise propose à ses employés deux types de rémunération : fixe ou variable selon les résultats de l'entreprise. Les employés peuvent changer de type de rémunération tous les six mois. Au début, 70 % des employés optent pour une rémunération fixe, ce qui se traduit par un état probabiliste initial de matrice : $P_0 = (0,7 \quad 0,3)$. On suppose que 60 % des employés ayant choisi la rémunération fixe changeront d'avis six mois plus tard et que 80 % des employés ayant choisi la rémunération variable resteront sur leur position six mois plus tard.

1. Traduire la situation par un graphe probabiliste.

2. Donner l'état probabiliste deux ans après le début de l'expérience. Interpréter le résultat obtenu.

3. Déterminer l'état probabiliste stable. Interpréter le résultat obtenu.

Pour la question 3, revoir si nécessaire le savoir-faire **6**.

23 GRAPHES PROBABILISTES ET MÉTÉO | ★★★ | 60 min | ▸ P. 334

Les deux parties du problème sont indépendantes.

Partie A

Dans une région, on considère trois types de temps : beau, variable, pluvieux.

S'il fait beau un jour donné, la probabilité qu'il fasse beau le lendemain est $\frac{1}{3}$ et la probabilité qu'il pleuve est $\frac{1}{6}$.

Si le temps est variable, la probabilité qu'il soit variable le lendemain est $\frac{1}{4}$ et la probabilité qu'il pleuve est $\frac{1}{2}$.

S'il pleut, la probabilité qu'il pleuve le lendemain est $\frac{1}{4}$ et la probabilité qu'il fasse beau est $\frac{1}{2}$.

On note B : « le temps est beau », V : « le temps est variable », et P : « le temps est pluvieux ».

1. Représenter la situation par un graphe probabiliste.

2. Écrire la matrice de transition M de ce graphe (ranger les sommets B, V et P dans cet ordre).

3. Pour tout entier naturel n, l'état probabiliste dans n jours est défini par la matrice ligne $P_n = (b_n \quad v_n \quad p_n)$, où b_n désigne la probabilité qu'il fasse beau dans n jours, v_n la probabilité que le temps soit variable dans n jours, et p_n la probabilité qu'il pleuve dans n jours.

Aujourd'hui, il fait beau, l'état probabiliste initial est donc $P_0 = (1 \quad 0 \quad 0)$.

a. Quelle est la probabilité qu'il fasse beau dans deux jours ?
b. Déterminer la probabilité de chaque type de temps dans sept jours.

Partie B

Dans une autre région, on note B : « il fait beau » et $\overline{\text{B}}$: « il ne fait pas beau ».
Les variations du temps sont données par le graphe suivant :

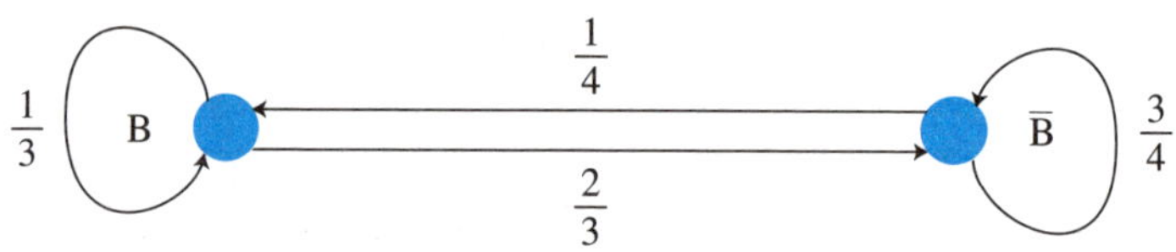

1. Écrire la matrice de transition T de ce graphe.
2. Comme dans la partie A, on note b_n la probabilité qu'il fasse beau dans n jours (pour tout entier naturel n). L'état probabiliste dans n jours se note alors $\text{P}_n = \begin{pmatrix} b_n & 1-b_n \end{pmatrix}$. Aujourd'hui, il fait beau, l'état probabiliste initial est donc $\text{P}_0 = (1 \;\; 0)$.

a. Montrer que pour tout $n \geqslant 0$, $b_{n+1} = -\dfrac{5}{12}b_n + \dfrac{3}{4}$.
b. On pose, pour tout $n \geqslant 0$, $z_n = b_n - \dfrac{9}{17}$. Montrer que (z_n) est une suite géométrique de raison $-\dfrac{5}{12}$.
c. En déduire l'expression de b_n en fonction de n.
d. Déterminer la limite de la suite (b_n).

3. On note $\text{S} = \begin{pmatrix} x & y \end{pmatrix}$, où x et y sont deux réels tels que $x + y = 1$.
a. Déterminer x et y de telle façon que $\text{S} = \text{ST}$.
b. Commenter les résultats obtenus aux questions **2.d.** et **3.a.** Comment appelle-t-on S ? Dépend-il de l'état initial P_0 ?

EXERCICES D'APPROFONDISSEMENT

24 GRAPHE COMPLET | ★★ | 5 min | ▸ P. 336

Montrer que le nombre d'arêtes du graphe complet K_n est égal à $\dfrac{(n-1)n}{2}$.

25 CONSEIL MUNICIPAL ★★ 10 min ▸ P. 336

Le conseil municipal d'une ville comprend sept commissions, qui obéissent aux règles suivantes :
– règle 1 : tout conseiller municipal fait partie de deux commissions distinctes et de deux seulement ;
– règle 2 : deux commissions quelconques ont exactement un conseiller en commun.
Combien y a-t-il de membres dans le conseil municipal ?

La règle 1 indique qu'il n'y a pas de boucle. La règle 2 indique que le graphe est simple et que deux sommets quelconques sont adjacents.

26 CUBE ★★ 10 min ▸ P. 337

En considérant les sommets d'un cube comme les sommets d'un graphe, déterminer le nombre chromatique de ce cube.

27 NOMBRE DE CHAÎNES ★★★ 15 min ▸ P. 337

1. Que peut-on dire d'un graphe dont la matrice associée M est telle que M^2 ne contienne aucun 0 ?
2. Que peut-on dire d'un graphe dont la matrice associée M est telle que $M + M^2 + M^3 + M^4$ ne contienne aucun 0 ?
3. Que peut-on dire de la somme S des coefficients de la diagonale de la matrice M^2 lorsque M est un graphe orienté sans boucle ?

28 GRAPHES ÉTIQUETÉS ★★★ 30 min ▸ P. 338

Un nombre est déterminé par le graphe étiqueté suivant :

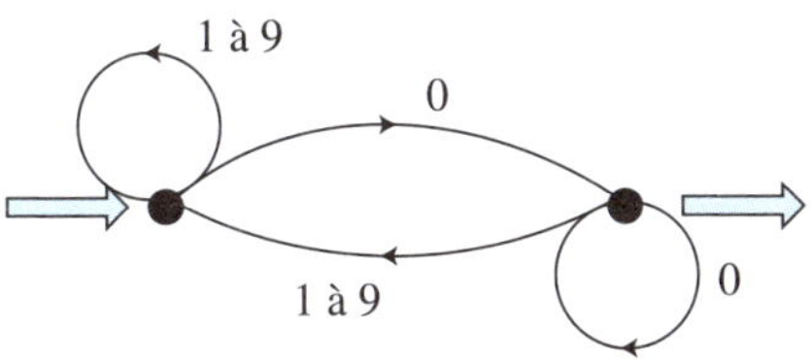

1. Les nombres 1 020 ; 51 002 ; 20 100 sont-ils reconnus ?
2. Caractériser les nombres reconnus par ce graphe.
3. Construire un graphe étiqueté reconnaissant les nombres divisibles par 100.
4. Soit deux étiquettes *a* et *b*. Construire un graphe étiqueté reconnaissant les mots ayant un nombre pair de *a* (*aa* ; *ababaa* ; *bbb* sont acceptés mais *abb* ; *aaa* ; *bbabb* ne le sont pas).

29 GRAPHE PROBABILISTE À DEUX SOMMETS | ★★★★ | 60 min | ▸ P. 338

On considère un graphe probabiliste à deux sommets, de matrice de transition $M = \begin{pmatrix} a & 1-a \\ b & 1-b \end{pmatrix}$, où a et b sont deux réels strictement compris entre 0 et 1. On note $P = \begin{pmatrix} x & 1-x \end{pmatrix}$ l'état stable.

1. a. Exprimer x en fonction de a et de b.

b. À quelle condition sur a et b obtient-on un état stable représenté par la matrice $\begin{pmatrix} \frac{1}{2} & \frac{1}{2} \end{pmatrix}$?

c. Peut-on avoir un état stable de matrice $\begin{pmatrix} 0 & 1 \end{pmatrix}$ ou $\begin{pmatrix} 1 & 0 \end{pmatrix}$?

2. a. On note $P_n = \begin{pmatrix} x_n & 1-x_n \end{pmatrix}$ l'état probabiliste à l'étape n.

En écrivant $P_{n+1} = P_n M$, montrer que pour tout $n \in \mathbb{N}$, $x_{n+1} = (a-b)x_n + b$.

b. Montrer que la suite (u_n) définie par $u_n = x_n - \dfrac{b}{1-(a-b)}$ est une suite géométrique dont on précisera la raison.

c. En déduire les expressions de u_n et de x_n en fonction de n.

d. Préciser la limite de (u_n) et en déduire celle de (x_n). Commenter le résultat obtenu.

3. On cherche maintenant à étudier à quelle vitesse l'état probabiliste à l'étape n converge vers l'état stable.

L'étude générale étant un peu délicate, on se contente d'un exemple. On prend désormais $a = 0,6$ et $b = 0,3$.

On suppose aussi que l'état probabiliste initial est représenté par la matrice $\begin{pmatrix} 1 & 0 \end{pmatrix}$.

À partir de quelle étape la différence entre x_n et sa limite est-elle inférieure à 0,01 ?

> On rappelle que dans une matrice de transition d'un graphe probabiliste, la somme des termes d'une ligne est égale à 1. Il en est de même des matrices-ligne représentant les états probabilistes.

CONTRÔLE

30 QCM | ★★ | 15 min | ▸ P. 340

Pour chaque question, une seule réponse est exacte.

La matrice M d'un graphe non orienté G, de sommets A, B, C, D et E est la suivante :

$$M = \begin{pmatrix} 0 & 0 & 1 & 0 & 1 \\ 0 & 0 & 1 & 1 & 1 \\ 1 & 1 & 0 & 1 & 0 \\ 0 & 1 & 1 & 0 & 0 \\ 1 & 1 & 0 & 0 & 0 \end{pmatrix}.$$

1. Le nombre d'arêtes de ce graphe est :

a. 6 **b.** 12 **c.** 24

2. Le diamètre de ce graphe est :

a. 2 **b.** 3 **c.** 4

3. Le graphe G :

a. ne possède pas de chaîne eulérienne ;

b. possède une chaîne eulérienne, mais pas un cycle eulérien ;

c. possède un cycle eulérien.

4. On donne ci-dessous M^4.

$$M^4 = \begin{pmatrix} 9 & 11 & 3 & 6 & 1 \\ 11 & 15 & 7 & 8 & 3 \\ 3 & 7 & 15 & 8 & 11 \\ 6 & 8 & 8 & 8 & 6 \\ 1 & 3 & 11 & 6 & 9 \end{pmatrix}.$$

Le nombre de chaînes de longueur 4 partant de A sans se terminer en A est :

a. 21 **b.** 30 **c.** 42

On peut répondre à toutes les questions sans dessiner le graphe, simplement avec les coefficients de la matrice. Si cela semble trop difficile, alors seulement s'aider du dessin du graphe.

31 EXAMEN DE RATTRAPAGE | ★★ | 20 min | ▸ P. 340

Dix étudiants d'une licence, que l'on désigne par une lettre de A à J, ont à passer des épreuves de rattrapage dans les matières suivantes : anglais, économie, mathématiques, histoire, gestion, sociologie et droit.

Plus précisément, voici la liste des matières à passer pour chaque étudiant :

A : anglais, économie, sociologie
B : maths
C : droit, histoire
D : anglais, économie, maths
E : économie, histoire, maths
F : droit, maths
G : anglais, gestion, maths
H : gestion, sociologie
I : économie, histoire
J : anglais, histoire, gestion

Chaque épreuve dure une demi-journée. Le secrétariat de l'université souhaite organiser les épreuves sur la période la plus courte possible.

1. Dessiner un graphe qui traduit la situation en expliquant en quoi un coloriage de ce graphe permet de résoudre le problème.
2. Utiliser l'algorithme de coloration.
3. Déterminer le nombre chromatique de ce graphe.
4. Donner une conclusion.

1. Attention à bien réfléchir au graphe : que choisir pour les sommets ? les étudiants ? les matières ?

32 OÙ EST LE FROMAGE ? | ★★ | 20 min | ▸ P. 342

Un psychologue fait les hypothèses suivantes sur le comportement de souris soumises à un régime alimentaire particulier. Lors d'une expérience, 80 % des souris qui allaient vers la droite à l'expérience précédente, vont également vers la droite, et 60 % des souris qui allaient vers la gauche à l'expérience précédente vont vers la droite cette fois-ci. À la première expérience, 50 % des souris vont vers la droite.

1. Dessiner le graphe probabiliste traduisant cette situation.
2. Écrire la matrice de transition de ce graphe.
3. Que peut-on prédire pour la quatrième expérience ?
4. Déterminer l'état stable.

CORRIGÉS

1 VOCABULAIRE

L'ordre de ce graphe est **7**, il y a **quatre** sommets impairs (les sommets A, B, C et F), la distance entre F et D est **2** et le diamètre de ce graphe est **3**.

2 GRAPHE COMPLET

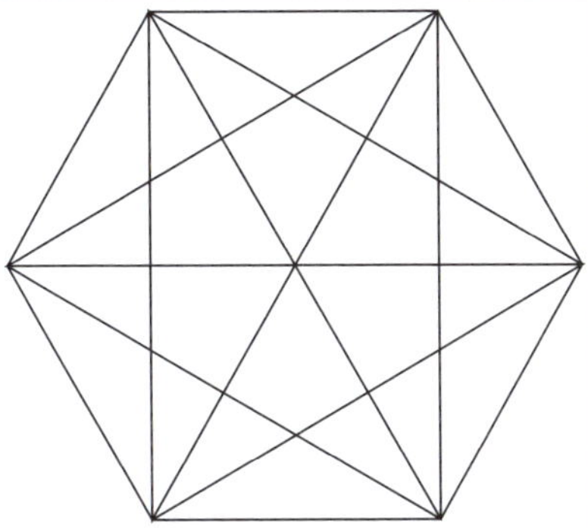

3 GRAPHE ORIENTÉ

2 est un diviseur strict de 4, 6 et 8.

3 est un diviseur strict de 6 ; 4 est un diviseur strict de 8.

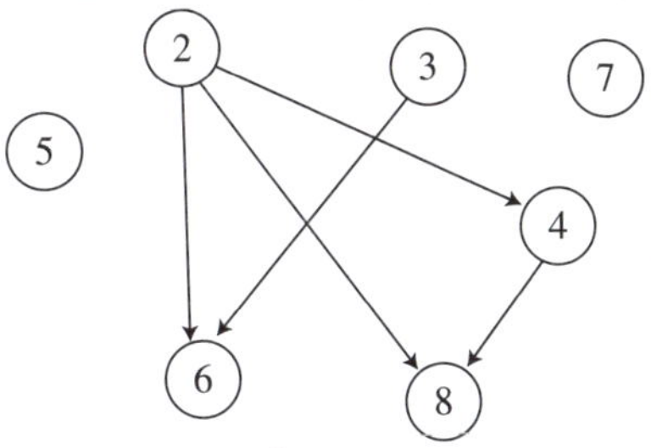

5 et 7 sont des sommets isolés.
Les sommets qui n'ont aucune arête entrante (2 ; 3 ; 5 ; 7) correspondent aux nombres premiers.

4 SOMME DE DEGRÉS

Non, car $9 \times 5 = 45$: la somme des degrés serait un nombre impair, ce qui contredit la propriété du cours.

On utilise ici la propriété : « la somme des degrés est le double du nombre d'arêtes ».

5 RELATION SUR LES DEGRÉS

Soit n le nombre de sommets.

Trois sommets sont de degré 4 et $n-3$ sont de degré 3. Donc la somme des degrés est : $3 \times 4 + 3(n-3) = 3n + 3$.

D'après la propriété du cours, ce nombre est égal au double du nombre d'arêtes, soit 30. Ainsi : $3n + 3 = 30$. D'où $n = 9$.

Ce graphe a donc **neuf** sommets.

6 CYCLE EULÉRIEN, THÉORÈME D'EULER

Le graphe est non orienté et connexe.

Il possède deux sommets impairs, les sommets P et R. D'après le théorème d'Euler, il existe une chaîne eulérienne d'extrémités les sommets P et R (par exemple, la chaîne {P, S, T, R, S, Q, P, R}).

Il n'existe pas de cycle eulérien.

7 GRAPHES COMPLETS ET THÉORÈME D'EULER

Les graphes complets sont non orientés et connexes. D'après le théorème d'Euler, les graphes admettent un cycle eulérien si, et seulement si le nombre de sommets impairs est 0, c'est-à-dire s'ils sont tous pairs. Cela revient à dire que l'ordre du graphe complet est un nombre impair supérieur ou égal à 3.

Dans un graphe complet d'ordre n, le degré de chaque sommet est $n-1$. Si les degrés sont pairs, l'ordre du graphe est impair.

8 MATRICE ET GRAPHE

1. Voir le graphe ci-contre.

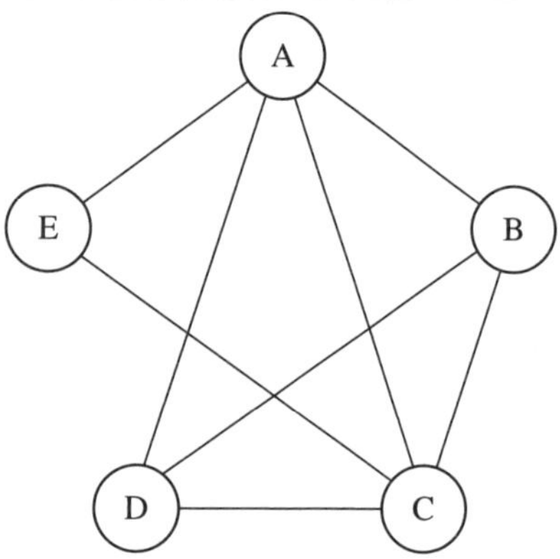

2. $$M^5 = \begin{pmatrix} 102 & 93 & 103 & 93 & 67 \\ 93 & 76 & 93 & 77 & 52 \\ 103 & 93 & 102 & 93 & 67 \\ 93 & 77 & 93 & 76 & 52 \\ 67 & 52 & 67 & 52 & 34 \end{pmatrix}.$$

3. Le nombre de chaînes de longueur 5 entre B et D est égal au coefficient de la matrice M^5 situé à l'intersection de la deuxième ligne (B) et de la quatrième colonne (D). On lit **77**.

1. Pour être sûr de ne pas oublier d'arêtes, on peut compter le nombre de « 1 » de la matrice. Ici, il y en a 16, ce qui veut dire que l'on doit dessiner huit arêtes.

9 NOMBRE DE CHAÎNES

1. Soit M la matrice associée au graphe.

$$M = \begin{pmatrix} 0 & 0 & 1 & 0 & 0 & 0 \\ 1 & 0 & 0 & 1 & 0 & 0 \\ 0 & 0 & 0 & 1 & 0 & 1 \\ 0 & 0 & 0 & 0 & 1 & 1 \\ 0 & 0 & 1 & 0 & 0 & 0 \\ 0 & 0 & 0 & 0 & 1 & 0 \end{pmatrix}.$$

On calcule M^5 :

$$M^5 = \begin{pmatrix} 0 & 0 & 1 & 2 & 0 & 2 \\ 0 & 0 & 2 & 1 & 3 & 2 \\ 0 & 0 & 0 & 1 & 4 & 3 \\ 0 & 0 & 2 & 0 & 3 & 1 \\ 0 & 0 & 1 & 2 & 0 & 2 \\ 0 & 0 & 2 & 0 & 1 & 0 \end{pmatrix}.$$

Il n'y a pas de chaîne orientée de longueur 5 du sommet 1 au sommet 5 car le coefficient de la matrice M^5 à l'intersection de la première ligne et de la cinquième colonne est 0.

2. Les termes de la diagonale de la matrice M^6 ne sont pas tous nuls, donc il existe de telles chaînes. Les termes de cette diagonale sont 0 ; 0 ; 4 ; 2 ; 4 ; 2.

Donc il y a en tout **12 chaînes** de longueur 6 partant d'un sommet et arrivant à ce même sommet.

2. Les chaînes qui partent d'un sommet et y reviennent (on parle de chaînes fermées) sont comptées par les termes de la diagonale.

10 NOMBRE CHROMATIQUE

1. On note γ le nombre chromatique du graphe.

Le sous-graphe {A; E; F; D} est complet et d'ordre 4, donc $\gamma \geqslant 4$.

Le plus grand degré des sommets de ce graphe est 5, donc $\gamma \leqslant 6$.

On a donc l'encadrement : $\mathbf{4 \leqslant \gamma \leqslant 6}$.

2. On classe les sommets dans l'ordre décroissant de leurs degrés : ADEFBCJ.

On attribue une couleur à A. On attribue la même couleur à C qui est le seul à ne pas être adjacent à A.

On attribue une deuxième couleur à D, sommet suivant dans la liste.

On attribue la même couleur à B, puis à J.

On attribue une troisième couleur à E, puis une quatrième à F.

L'algorithme a donné une coloration avec quatre couleurs.

3. D'après la coloration effectuée, $\gamma \leqslant 4$. Et puisque $\gamma \geqslant 4$, on peut conclure que $\mathbf{\gamma = 4}$.

11 ALGORITHME DE COLORATION

On note γ le nombre chromatique du graphe.

On classe les sommets dans l'ordre décroissant de leurs degrés : 25347816.

On attribue une couleur au sommet 2.

On attribue la même couleur au sommet 5.

On attribue une deuxième couleur au sommet 3, sommet suivant dans la liste.

On attribue la même couleur aux sommets 7, 1 et 6.

On attribue une troisième couleur aux sommets 4 et 8.

L'algorithme a donné une coloration avec trois couleurs. On a donc $\gamma \leqslant 3$.
Il n'y a pas de sous-graphe complet d'ordre 3, donc il est impossible de conclure immédiatement. On sait donc que $2 \leqslant \gamma \leqslant 3$.
En cherchant un peu plus, on trouve une coloration avec deux couleurs, comme le montre le schéma ci-dessous. Ainsi, le nombre chromatique est égal à 2.

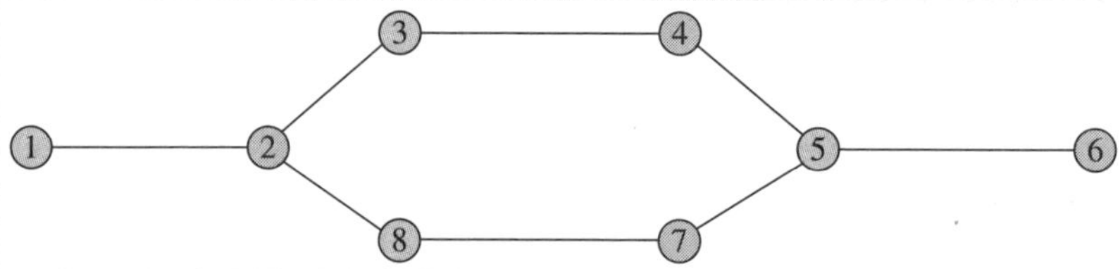

12 GRAPHE ÉTIQUETÉ

1. Les codes reconnus sont : acc, abcc et ccac.
Les codes non reconnus sont : abc, aca, aac et cbc.
2. Les codes de quatre lettres reconnus sont : aacc, bbcc, abcc, bacc et ccac.

13 ALGORITHME DE DIJKSTRA

1.

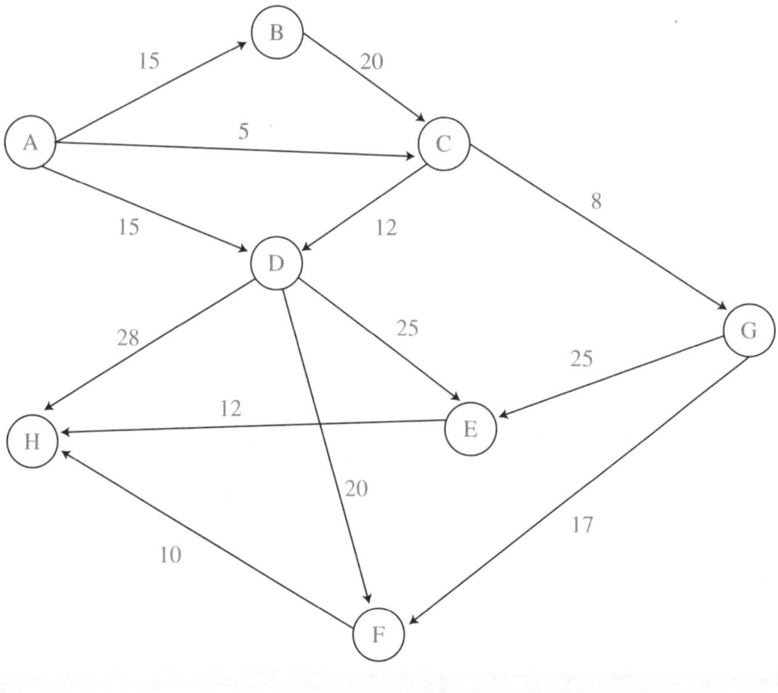

2.

A	B	C	D	E	F	G	H	Sommets sélectionnés
0	$+\infty$	$+\infty$	$+\infty$	$+\infty$	$+\infty$	$+\infty$	$+\infty$	A(0)
	0+15=15 15(A)	0+5=5 5(A)	0+15=15 15(A)	$+\infty$	$+\infty$	$+\infty$	$+\infty$	C(5)
	15(A)		5+12=17 15(A)	$+\infty$	$+\infty$	5+8=13 13(C)	$+\infty$	G(13)
	15(A)		15(A)	13+25=38 38(G)	13+17=30 30(G)		$+\infty$	B(15)
			15(A)	38(G)	30(G)		$+\infty$	D(15)
				15+25=40 38(G)	15+20=35 30(G)		15+28=43 43(D)	F(30)
				38(G)			30+10=40 40(F)	E(38)
							38+12=50 40(F)	H(40)

Le coût minimal d'une livraison de A à H est **40** ; le trajet suivi est ACGFH.

14 GRAPHES PROBABILISTES

1.

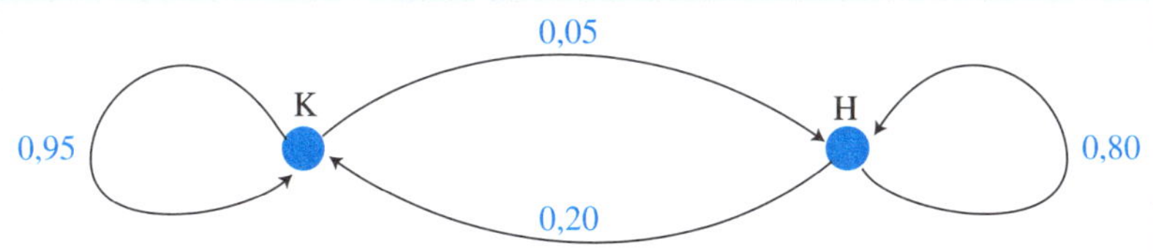

2. La matrice de transition du graphe est $M = \begin{pmatrix} 0,95 & 0,05 \\ 0,2 & 0,8 \end{pmatrix}$.

3. Soit P_0 la matrice ligne décrivant l'état initial. Puisque 75 % sont sur Hicihonbos, 25 % sont sur Kecébo et $P_0 = \begin{pmatrix} 0,25 & 0,75 \end{pmatrix}$.

Soit P_{10} l'état probabiliste dans dix ans. $P_{10} = P_0 M^{10}$, donc $P_{10} = \begin{pmatrix} 0,769 & 0,231 \end{pmatrix}$.

4. Soit $P = (x \quad y) = (x \quad 1-x)$ l'état probabiliste stable.

$$PM = \begin{pmatrix} x & 1-x \end{pmatrix} \begin{pmatrix} 0,95 & 0,05 \\ 0,2 & 0,8 \end{pmatrix} = \begin{pmatrix} 0,95x + 0,2(1-x) & 0,05x + 0,8(1-x) \end{pmatrix}$$

$$= \begin{pmatrix} 0,75x + 0,2 & -0,75x + 0,8 \end{pmatrix}.$$

L'égalité $P = PM$ est équivalente à $x = 0,75x + 0,2$, soit $0,25x = 0,2$. D'où $x = 0,8$.

Par conséquent, l'état probabiliste stable est $(0,8 \quad 0,2)$.

On peut donc supposer qu'au bout d'un grand nombre d'années, la répartition de la population ne changera plus et s'établira à **80 % de la population pour l'île de Kecébo, et 20 % pour Hicihonbos.**

15 LECTURE DANS UNE MATRICE

Soit le graphe G, de sommets {A,B,C,D} dont M est la matrice d'adjacence.

1. La matrice M n'est pas symétrique, donc le graphe G est orienté.

2. Il y a une boucle, sur le sommet D.

3. La somme des termes d'une ligne de M est égale à la somme des arêtes issues du sommet correspondant.

La somme des termes d'une colonne de M est égale à la somme des arêtes parvenant au sommet correspondant.

4. $M^2 = \begin{pmatrix} 1 & 1 & 1 & 2 \\ 0 & 1 & 0 & 1 \\ 1 & 0 & 1 & 1 \\ 1 & 1 & 1 & 2 \end{pmatrix}$.

Le terme situé à l'intersection de la troisième ligne et de la quatrième colonne est 1, il est égal au nombre de chaînes issues du sommet C et arrivant au sommet D, de longueur 2.

2. Lorsqu'il n'y a pas de boucles, la diagonale ne contient que des zéros.

16 GRAPHE ORIENTÉ ET NOMBRE DE CHEMINS

La matrice d'adjacence de ce graphe est, en prenant les sommets S_1, S_2, S_3 et S_4 dans cet ordre :

$$\begin{pmatrix} 0 & 1 & 0 & 1 \\ 0 & 0 & 0 & 1 \\ 0 & 1 & 0 & 1 \\ 0 & 1 & 1 & 0 \end{pmatrix}.$$

On prend comme unité la distance de 500 m entre deux sommets.

Le nombre de trajets différents de 1,5 km est égal au terme de la matrice M^3 situé à l'intersection de la ligne 1 et de la colonne 4.

Le nombre de trajets différents de 2 km est égal au terme de la matrice M^4 situé à l'intersection de la ligne 1 et de la colonne 4.

Le nombre de trajets différents de 2,5 km est égal au terme de la matrice M^5 situé à l'intersection de la ligne 1 et de la colonne 4.

À l'aide d'une calculatrice, on trouve :

$$M^3 = \begin{pmatrix} 0 & 2 & 1 & 2 \\ 0 & 1 & 0 & 2 \\ 0 & 2 & 1 & 2 \\ 0 & 2 & 2 & 1 \end{pmatrix} ; \quad M^4 = \begin{pmatrix} 0 & 3 & 2 & 3 \\ 0 & 2 & 2 & 1 \\ 0 & 3 & 2 & 3 \\ 0 & 3 & 1 & 4 \end{pmatrix} ; \quad M^5 = \begin{pmatrix} 0 & 5 & 3 & 5 \\ 0 & 3 & 1 & 4 \\ 0 & 5 & 3 & 5 \\ 0 & 5 & 4 & 4 \end{pmatrix}.$$

Ainsi, en comptant les trajets différents entre S_1 et S_4, on en trouve **deux d'une longueur de 1,5 km, trois d'une longueur de 2 km,** et **cinq d'une longueur de 2,5 km.**

17 COLORATION D'UN GRAPHE

1. Chaque sommet représente l'une des filles (on utilise l'initiale du prénom) et chaque arête représente une incompatibilité entre deux filles.

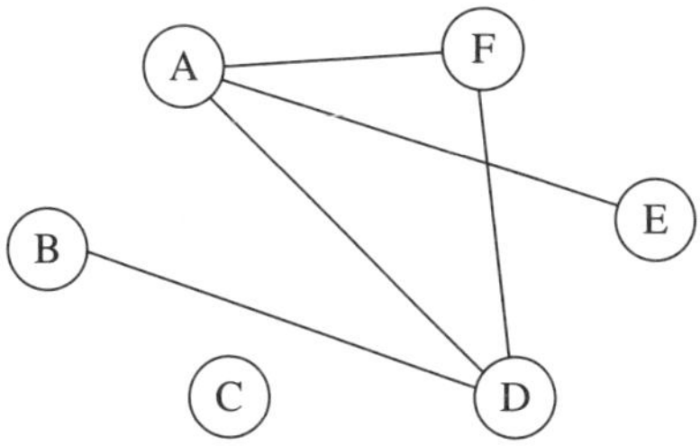

2. On utilise maintenant l'algorithme de coloration.

Classement des sommets dans l'ordre décroissant de leurs degrés :
A(3) ; D(3) ; F(2) ; B(1) ; E(1) ; C(0).

On donne une couleur au sommet A. On peut donner la même couleur aux sommets B et C.

On donne une deuxième couleur au sommet D, puis la même couleur au sommet E.

Il reste le sommet F à qui l'on donne une troisième et dernière couleur.

Ainsi, il est possible de répartir les enfants dans trois chambres en respectant les contraintes imposées par les parents.

Chambre 1 : Astrid, Bérangère, Charlotte.
Chambre 2 : Daphné et Eva.
Chambre 3 : Flavie.

3. Il n'est pas possible de faire mieux : le graphe contient un sous-graphe complet d'ordre 3, formé par les sommets {A, D, F}. Le nombre chromatique est donc égal à 3, ce qui revient à conclure que trois chambres au minimum sont nécessaires.

2. La coloration fournie par l'algorithme n'est pas optimale pour le bon sens. En profitant du fait que le sommet C est isolé, les parents préféreront sûrement une solution plus équilibrée :
Chambre 1 : Astrid et Bérangère.
Chambre 2 : Daphné et Eva.
Chambre 3 : Charlotte et Flavie.

18 GRAPHIX

On dessine un graphe dans lequel les sommets sont les commissions et les arêtes les incompatibilités entre ces commissions. À chaque fois qu'un membre doit assister à plusieurs commissions, celles-ci ne peuvent être organisées en même temps, elles sont donc incompatibles et on trace une arête entre elles.

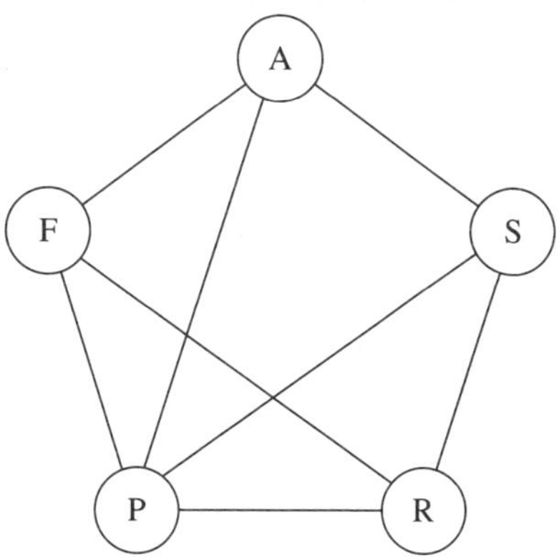

En effectuant une coloration de ce graphe, on obtient une organisation possible des commissions : chaque couleur correspond à une journée et tous les sommets coloriés avec cette couleur correspondent à des commissions qui peuvent être planifiées lors d'une même journée.

Le classement des sommets par ordre décroissant de leurs degrés donne :

P(4), A(3), F(3), R(3), S(3).

L'algorithme de coloration donne le graphe ci-contre.

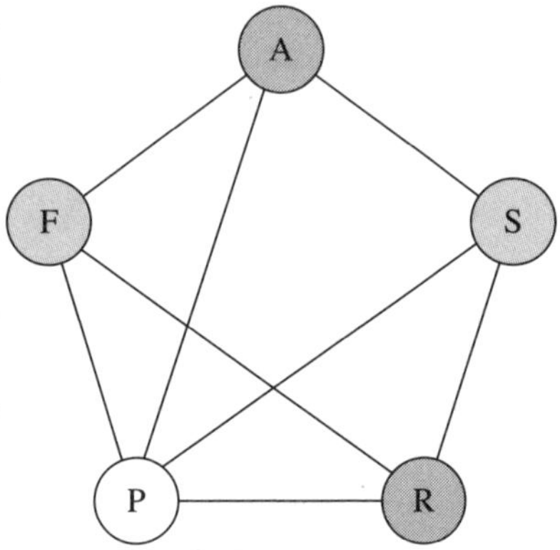

L'algorithme a fourni une coloration avec trois couleurs, donc le nombre chromatique est inférieur ou égal à 3.

Puisque le graphe admet un sous-graphe complet d'ordre 3 (celui formé des sommets FPR par exemple), le nombre chromatique est supérieur ou égal à 3.

Des deux informations, on déduit que le nombre chromatique est 3.

Ainsi, les réunions pourront être organisées sur **trois journées**.

Par exemple, la journée 1 sera réservée à la commission sur les fêtes et banquet et à la surveillance du camp, la deuxième journée aux commissions sur l'attaque de camps romains et le ravitaillement, et la troisième à la commission sur la potion magique.

Utiliser un graphe où les sommets sont les personnes ne mène à rien.

19 GRAPHE ÉTIQUETÉ

1. a. Faux. b. Faux. c. Vrai. d. Faux.

2. Le graphe reconnaît **12 mots** de cinq lettres : bleat, blurt, baeat, baurt, baalt, bcclt, baclt, bcalt, baaat, bccat, bacat, bcaat.

3. Il suffit de changer le sens de parcours de l'arête centrale d'étiquette « a ».

20 ALGORITHME DE DIJKSTRA

1. La question se traduit par la recherche d'une chaîne eulérienne. Puisque le graphe est connexe, on peut appliquer le théorème d'Euler. Les sommets A et D sont impairs, les autres sommets sont pairs. Puisqu'il y a deux sommets impairs, il y a bien une chaîne eulérienne sur ce graphe, d'extrémités ces deux sommets impairs. On peut donc visiter toutes les villes à partir de la ville A, en passant une et une seule fois par toutes les routes, et en arrivant à D. On effectue le trajet : ABGCFGEFDCAD.

2. Il est impossible de faire une telle visite en revenant au point de départ. Le théorème d'Euler a permis de conclure à l'existence d'une chaîne eulérienne, mais pas d'un cycle eulérien.

3. Pour déterminer le plus court chemin entre la ville A et la ville E. On utilise l'algorithme de Dijsktra.

A	B	C	D	F	G	E	Sommets sélectionnés
0	$+\infty$	$+\infty$	$+\infty$	$+\infty$	$+\infty$	$+\infty$	A(0)
	12(A)	20(A)	9(A)	$+\infty$	$+\infty$	$+\infty$	D(9)
	12(A)	17(D)		30(D)	$+\infty$	$+\infty$	B(12)
		17(D)		30(D)	25(B)	$+\infty$	C(17)
				28(C)	24(C)	$+\infty$	G(24)
				28(C)		33(G)	F(28)
						31(F)	E(31)

Le plus court chemin entre la ville A et la ville E est **31**; le trajet suivi est ADCFE.

21 GRAPHES PROBABILISTES

1. a.

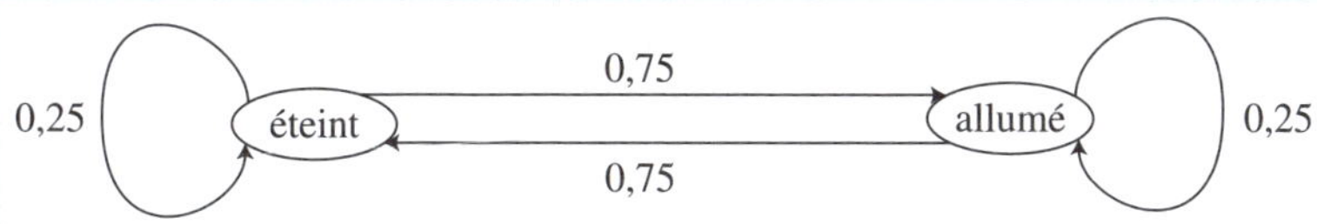

b. En choisissant l'ordre des sommets éteint-allumé, la matrice de transition est :

$$M = \begin{pmatrix} 0,25 & 0,75 \\ 0,75 & 0,25 \end{pmatrix}.$$

2. Soit P_2 l'état probabiliste au deuxième jour. On a $P_2 = P_0M^2$.

a. D'où : $P_2 = \begin{pmatrix} \frac{5}{8} & \frac{3}{8} \end{pmatrix}$. Ainsi, **la probabilité qu'il soit éteint le deuxième jour est** $\frac{5}{8}$.

b. De même, on a $P_7 = P_0M^7$. À l'aide de la calculatrice, on obtient M^7 puis P_7. En arrondissant les valeurs à 0,001 près : $P_7 = (0{,}496 \quad 0{,}504)$.

Ainsi, **la probabilité qu'il soit éteint le septième jour est environ 0,496**.

1. b. Le choix de cet ordre est renforcé par la question suivante qui définit l'état probabiliste avec cet ordre-là.

2. Remplacer 0,25 par $\frac{1}{4}$ et 0,75 par $\frac{3}{4}$ pour des calculs plus pratiques.

Dans l'état probabiliste, le premier nombre est la probabilité que le réverbère soit éteint, le second est la probabilité qu'il soit allumé. Dans tous les exercices, bien vérifier que la somme des deux nombres est toujours égale à 1.

22 GRAPHES PROBABILISTES ET RÉMUNÉRATIONS

1.

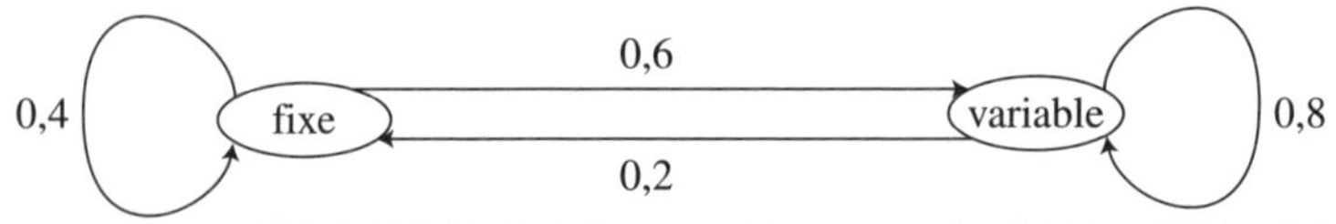

2. En choisissant l'ordre des sommets fixe-variable (choix imposé par la matrice P_0), la matrice de transition est : $M = \begin{pmatrix} 0,4 & 0,6 \\ 0,2 & 0,8 \end{pmatrix}$.

L'état probabiliste deux ans plus tard est donné par P_4. On a $P_4 = P_0M^4$.

D'où : $P_4 = (0,250\,7 \quad 0,749\,3)$.

Ainsi, deux ans après le début de l'expérience, 25,07 % des employés ont choisi la rémunération fixe et 74,93 % la rémunération variable.

3. Soit $P = (x \quad y)$ l'état stable. Puisque $x + y = 1$, on l'écrit $(x \quad 1 - x)$.

On sait que cet état stable vérifie $P = (x \quad y)$. On calcule PM.

$$PM = (x \quad 1-x)\begin{pmatrix} 0,4 & 0,6 \\ 0,2 & 0,8 \end{pmatrix} = (0,4x + 0,2(1-x) \quad 0,6x + 0,8(1-x))$$

$$= (0,2x + 0,2 \quad -0,2x + 0,8)$$

D'où $x = 0,2x + 0,2 \Leftrightarrow 0,8x = 0,2 \Leftrightarrow x = 0,25$.

L'état stable est donc $P = (0,25 \quad 0,75)$, ce qui signifie qu'au bout d'un certain temps la répartition des employés selon leur mode de rémunération ne variera plus et s'établira à : un quart des employés pour la rémunération fixe, trois quarts pour la rémunération variable.

2. Deux ans plus tard, c'est quatre périodes de six mois plus tard.
3. Le calcul de P_4 montre que cet état stable est approché très rapidement.

23 GRAPHES PROBABILISTES ET MÉTÉO

Partie A

1.

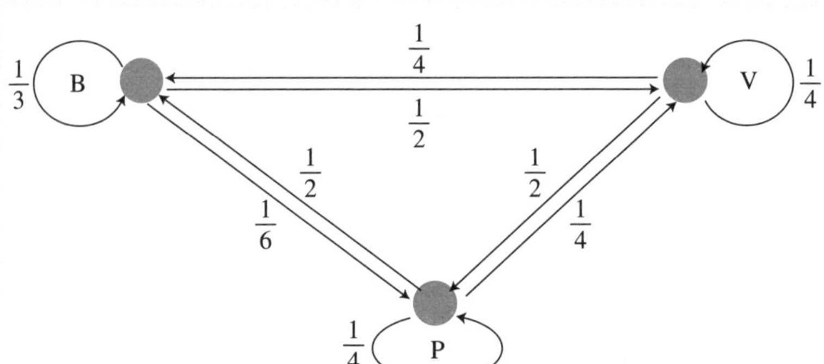

2. En respectant l'ordre des sommets B, V, P, on obtient la matrice de transition :

$$M=\begin{pmatrix}\frac{1}{3} & \frac{1}{2} & \frac{1}{6}\\ \frac{1}{4} & \frac{1}{4} & \frac{1}{2}\\ \frac{1}{2} & \frac{1}{4} & \frac{1}{4}\end{pmatrix}.$$

3. a. La probabilité qu'il fasse beau dans deux jours est obtenue à l'aide de l'état probabiliste P_2. On a $P_2 = P_0 \times M^2$, avec :

$$M^2=\begin{pmatrix}\frac{23}{72} & \frac{1}{3} & \frac{25}{72}\\ \frac{19}{48} & \frac{5}{16} & \frac{7}{24}\\ \frac{17}{48} & \frac{3}{8} & \frac{13}{48}\end{pmatrix}, \text{ d'où } P_2=(1\ \ 0\ \ 0)\times\begin{pmatrix}\frac{23}{72} & \frac{1}{3} & \frac{25}{72}\\ \frac{19}{48} & \frac{5}{16} & \frac{7}{24}\\ \frac{17}{48} & \frac{3}{8} & \frac{13}{48}\end{pmatrix}=\begin{pmatrix}\frac{23}{72} & \frac{1}{3} & \frac{25}{72}\end{pmatrix}.$$

Ainsi, la probabilité qu'il fasse beau dans deux jours est égale à $\mathbf{\frac{23}{72} \approx 0,319}$.

b. Avec cet état probabiliste P_0, il suffit de calculer la première ligne de la matrice $P_0 \times M^7$. On écrit ici des valeurs approchées à 0,001 près :

$$P_0 \times M^7=\begin{pmatrix}0,356 & 0,339 & 0,305\\ \dots & \dots & \dots\\ \dots & \dots & \dots\end{pmatrix}.$$

Ainsi, la probabilité qu'il fasse beau dans sept jours est environ 0,356, la probabilité qu'il fasse un temps variable est environ 0,339, la **probabilité qu'il pleuve dans sept jours est environ 0,305**.

Partie B

1. $T=\begin{pmatrix}\frac{1}{3} & \frac{2}{3}\\ \frac{3}{4} & \frac{1}{4}\end{pmatrix}$.

2. a. Pour passer d'un état probabiliste au suivant, on utilise la relation de récurrence $P_{n+1} = P_nT$. Or, pour tout $n \geqslant 0$, $P_{n+1} = \begin{pmatrix}b_{n+1} & 1-b_{n+1}\end{pmatrix}$ et

$$P_nT=\begin{pmatrix}b_n & 1-b_n\end{pmatrix}\times\begin{pmatrix}\frac{1}{3} & \frac{2}{3}\\ \frac{3}{4} & \frac{1}{4}\end{pmatrix}=\left(\frac{1}{3}b_n+\frac{3}{4}(1-b_n)\ \ \frac{2}{3}b_n+\frac{1}{4}(1-b_n)\right).$$

En identifiant les premiers termes de chaque matrice-ligne, on obtient :

$$b_{n+1}=\frac{1}{3}b_n+\frac{3}{4}(1-b_n) \Leftrightarrow b_{n+1}=\frac{1}{3}b_n+\frac{3}{4}-\frac{3}{4}b_n \Leftrightarrow b_{n+1}=-\frac{5}{12}b_n+\frac{3}{4}.$$

b. Pour tout $n \geqslant 0$, $z_{n+1}=b_{n+1}-\frac{9}{17}=-\frac{5}{12}b_n+\frac{3}{4}-\frac{9}{17}=-\frac{5}{12}\left(z_n+\frac{9}{17}\right)+\frac{15}{68}$

$$=-\frac{5}{12}z_n-\frac{15}{68}+\frac{15}{68}=-\frac{5}{12}z_n.$$

On en déduit que (z_n) est une suite géométrique de raison $-\frac{5}{12}$.

c. Pour tout $n \geqslant 0$, $z_n = z_0 \times \left(-\frac{5}{12}\right)^n$, avec $z_0 = b_0 - \frac{9}{17} = 1 - \frac{9}{17} = \frac{8}{17}$, d'où

$z_n = \frac{8}{17} \times \left(-\frac{5}{12}\right)^n$. On a alors $b_n = z_n + \frac{9}{17} = \frac{8}{17} \times \left(-\frac{5}{12}\right)^n + \frac{9}{17}$.

d. On a $\lim\limits_{n \to +\infty} \left(-\frac{5}{12}\right)^n = 0$, donc $\lim\limits_{n \to +\infty} \frac{8}{17}\left(-\frac{5}{12}\right)^n = 0$ et $\boldsymbol{\lim\limits_{n \to +\infty} b_n = \frac{9}{17}}$.

3. a. $S = ST \Leftrightarrow \begin{pmatrix} x & 1-x \end{pmatrix} = \begin{pmatrix} x & 1-x \end{pmatrix} \times \begin{pmatrix} \frac{1}{3} & \frac{2}{3} \\ \frac{3}{4} & \frac{1}{4} \end{pmatrix}$

$$= \begin{pmatrix} \frac{1}{3}x + \frac{3}{4}(1-x) & \frac{2}{3}x + \frac{1}{4}(1-x) \end{pmatrix}.$$

En identifiant les premiers termes de chaque matrice-ligne, on obtient :

$$x = \frac{1}{3}x + \frac{3}{4}(1-x) \Leftrightarrow \frac{2}{3}x = \frac{3}{4} - \frac{3}{4}x \Leftrightarrow \frac{17}{12}x = \frac{3}{4} \Leftrightarrow \boldsymbol{x = \frac{9}{17}}.$$

On en déduit alors $\boldsymbol{y = 1 - x = 1 - \frac{9}{17} = \frac{8}{17}}$.

b. La limite de la suite (b_n) trouvée à la question **2.d.** est le nombre x de l'état limite S. Cet état limite ne dépend pas de l'état initial P_0. Cela signifie que la probabilité qu'il fasse beau dans un grand nombre de jours est proche de $\frac{9}{17}$, quel que soit le temps de la journée initiale.

24 GRAPHE COMPLET

Comme les n sommets sont adjacents à chacun des autres sommets, le degré de chaque sommet est $n-1$. La somme des degrés est $n(n-1)$. Cette somme est égale à deux fois le nombre d'arêtes du graphe (propriété du cours), donc K_n a $\frac{(n-1)n}{2}$ arêtes.

25 CONSEIL MUNICIPAL

On utilise un graphe dans lequel un sommet représente une commission. Une arête joignant deux sommets représente un conseiller qui assiste aux deux commissions correspondantes.

La règle 1 indique qu'il n'y a pas de boucles.

La règle 2 indique qu'il n'y a pas d'arêtes multiples et que deux sommets quelconques sont adjacents.

Le graphe est complet d'ordre 7 : il y a $7 \times \frac{6}{2} = 21$ arêtes dans ce graphe.

Il y a donc **21 conseillers** dans le conseil municipal.

26 CUBE

Le nombre chromatique est 2, comme le montre la coloration suivante :

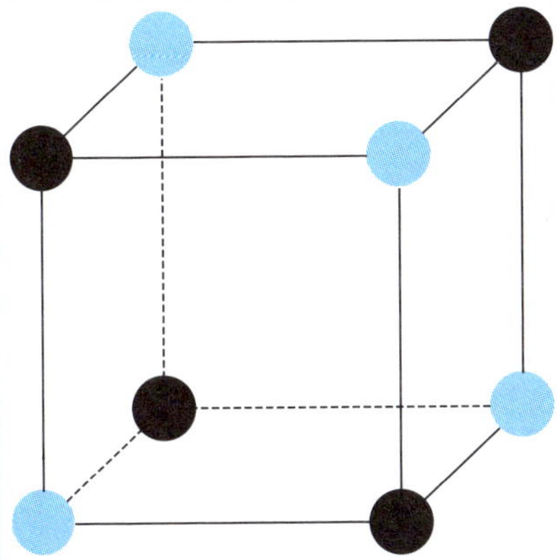

27 NOMBRE DE CHAÎNES

1. Entre deux sommets donnés, il existe au moins un chemin de longueur 2, donc le diamètre du graphe est inférieur ou égal à 2.

2. Entre deux sommets donnés, il existe au moins un chemin de longueur au plus 4, donc le diamètre du graphe est inférieur ou égal à 4.

3. Les termes de la diagonale de M^2 sont égaux au nombre de chaînes de longueur 2 qui partent d'un sommet et y reviennent. Puisqu'il n'y a pas de boucles, une telle chaîne est formée de deux arêtes orientées qui font un « aller et retour » à partir d'un sommet. La somme S est donc égale au double du nombre de ces allers et retours.

Dans l'exemple suivant, un aller et retour est possible entre C et D. La somme S est égale à 2, les chaînes possibles étant CDC et DCD.

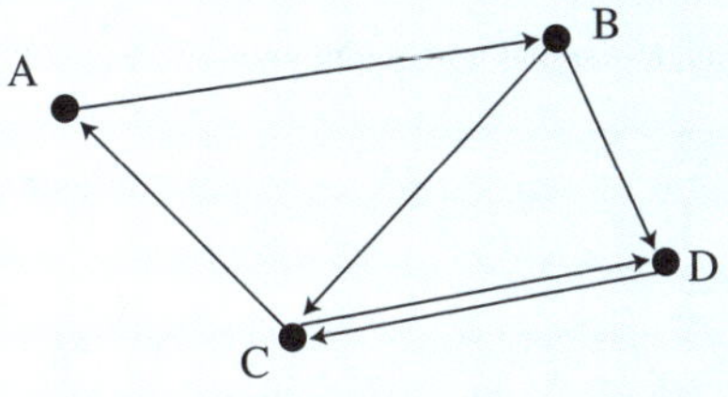

28 GRAPHE ÉTIQUETÉ

1. Le nombre 51 002 n'est pas reconnu, mais les nombres 1 020 et 20 100 le sont.
2. Les nombres reconnus sont tous les nombres qui se terminent au moins par un zéro. Ce sont donc les multiples de 10.
3. Voici un graphe qui reconnaît les multiples de 100 :

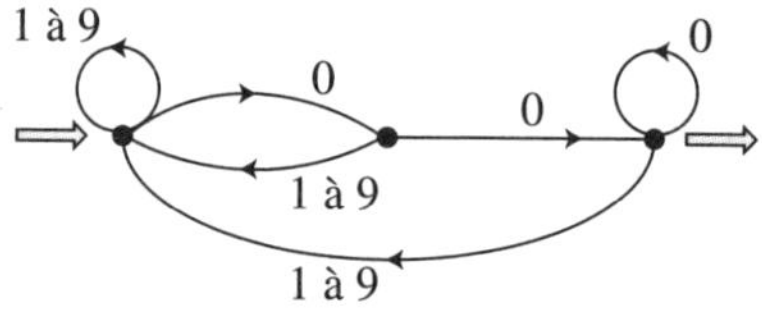

4. Le graphe suivant reconnaît les mots ayant un nombre pair de a :

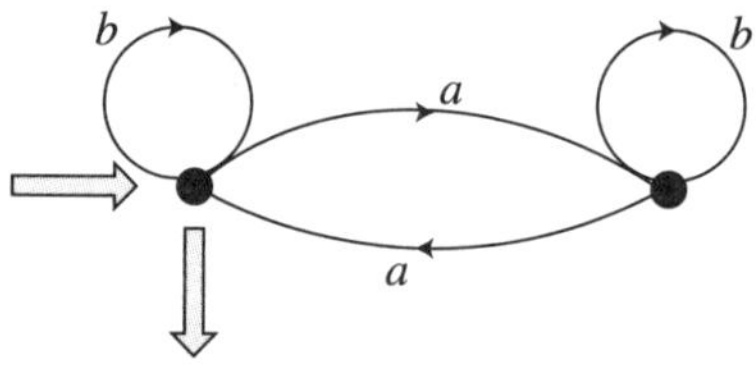

29 GRAPHE PROBABILISTE À DEUX SOMMETS

1. a. $\text{PM} = \begin{pmatrix} x & 1-x \end{pmatrix} \begin{pmatrix} a & 1-a \\ b & 1-b \end{pmatrix} = \begin{pmatrix} ax + b(1-x) & \ldots \end{pmatrix}$.

Le second terme de la matrice-ligne du produit n'est pas nécessaire. En effet, comme il est dit dans le savoir-faire **6**, les deux équations obtenues sont équivalentes. Ainsi, l'égalité P = PM mène à la seule équation :

$$x = ax + b(1-x) \Leftrightarrow x(1-a+b) = b \Leftrightarrow x = \frac{b}{1-(a-b)}.$$

Et puisque $1 - x = \dfrac{1-a}{1-(a-b)}$, l'état stable est représenté par la matrice :

$$\begin{pmatrix} \dfrac{b}{1-(a-b)} & \dfrac{1-a}{1-(a-b)} \end{pmatrix}.$$

b. La matrice de l'état stable est $\begin{pmatrix} \dfrac{1}{2} & \dfrac{1}{2} \end{pmatrix}$ si, et seulement si :

$$\frac{b}{1-(a-b)} = \frac{1-a}{1-(a-b)} \Leftrightarrow b = 1-a \Leftrightarrow a+b = 1.$$

c. L'état stable ne peut pas être une matrice $\begin{pmatrix} 0 & 1 \end{pmatrix}$ ou $\begin{pmatrix} 1 & 0 \end{pmatrix}$ car a et b sont supposés non nuls.

2. a. En développant le produit P_n M, on obtient :

$$\begin{pmatrix} x_n & 1-x_n \end{pmatrix}\begin{pmatrix} a & 1-a \\ b & 1-b \end{pmatrix} = \begin{pmatrix} ax_n + b(1-x_n) & \ldots \end{pmatrix}.$$

En écrivant $P^{n+1} = P_n M$, on a la relation de récurrence : $x_{n+1} = ax_n + b(1-x_n)$ ou encore $x_{n+1} = (a-b)x_n + b$.

b. Pour tout $n \in \mathbb{N}$:

$$u_{n+1} = x_{n+1} - \frac{b}{1-(a-b)} = (a-b)\,x_n + b - \frac{b}{1-(a-b)}$$

$$= (a-b)\,x_n - \frac{b(a-b)}{1-(a-b)} = (a-b)\left(x_n - \frac{b}{1-(a-b)}\right) = (a-b)\,u_n.$$

Ce qui montre que (u_n) est une suite géométrique de raison $a-b$.

c. Ainsi, $u_n = u_0\,(a-b)^n$ et $x_n = u_0\,(a-b)^n + \dfrac{b}{1-(a-b)}$.

d. (u_n) est une suite géométrique de raison $a-b$. Puisque $0 < a < 1$ et $0 < b < 1$, la raison $a-b$ est strictement comprise entre -1 et 1. La limite de la suite (u_n) est donc 0.

De la relation $x_n = u_n + \dfrac{b}{1-(a-b)}$, on déduit que la limite de la suite (x_n) est

$\dfrac{b}{1-(a-b)}$.

Le résultat de la question **1.a.** est donc confirmé par cette autre méthode : la limite obtenue est le premier terme de la matrice de l'état stable.

3. Puisque $u_n = x_n - \dfrac{b}{1-(a-b)}$: la différence entre la suite (x_n) et sa limite est égale à $u_n = u_0\,(a-b)^n$.

On a $u_0 = 1 - \dfrac{0{,}3}{1-(0{,}6-0{,}3)} = 1 - \dfrac{3}{7} = \dfrac{4}{7}$, d'où $u_n = u_0\,(a-b)^n = \dfrac{4}{7} \times 0{,}3^n$.

$$u_n \leqslant 0{,}01 \Leftrightarrow \frac{4}{7} \times 0{,}3^n \leqslant 0{,}01 \Leftrightarrow 0{,}3^n \leqslant 0{,}0175 \Leftrightarrow n \geqslant \frac{\ln(0{,}0175)}{\ln(0{,}3)}.$$

Or, $\dfrac{\ln(0{,}0175)}{\ln(0{,}3)} \approx 3{,}3$, donc c'est à partir de l'étape $\boldsymbol{n = 4}$ que les probabilités de l'état probabiliste s'approcheront à moins d'un centième de celles de l'état stable.

30 QCM

1. Réponse **a.** Deux coefficients « 1 » symétriques par rapport à la diagonale de la matrice correspondent tous deux à la même arête. On compte douze fois un coefficient 1, donc il y a six sommets.

2. Réponse **a.** La distance maximale entre deux sommets est 2, donc le diamètre du graphe est 2.

3. Réponse **b.** Le graphe est connexe, donc on peut appliquer le théorème d'Euler. Pour trouver le degré d'un sommet, on calcule la somme des coefficients de la ligne correspondant à ce sommet.
Les sommets B et C sont impairs, les autres sont pairs. On en déduit que la graphe possède une chaîne eulérienne, mais pas de cycle eulérien.

4. Réponse **a.** Le nombre de chaînes de longueur 4 partant de A sans se terminer en A est égal à la somme des coefficients de la matrice M^4 situés sur la première ligne sans compter le premier (puisque la chaîne ne doit pas se terminer en A) :

$$11+3+6+1=21.$$

31 EXAMEN DE RATTRAPAGE

1. On dessine un graphe dans lequel les sommets sont les matières et les arêtes les incompatibilités entre ces matières. À chaque fois qu'un étudiant a plusieurs matières à repasser, celles-ci ne peuvent être organisées en même temps, elles sont donc incompatibles et on trace une arête entre elles.
En effectuant une coloration de ce graphe, on obtient une organisation possible des épreuves : chaque couleur correspond à une demi-journée et tous les sommets coloriés avec cette couleur correspondent à des matières qui peuvent être placées lors d'une même demi-journée. Si le nombre chromatique est trouvé, on aura alors trouvé une organisation optimale.

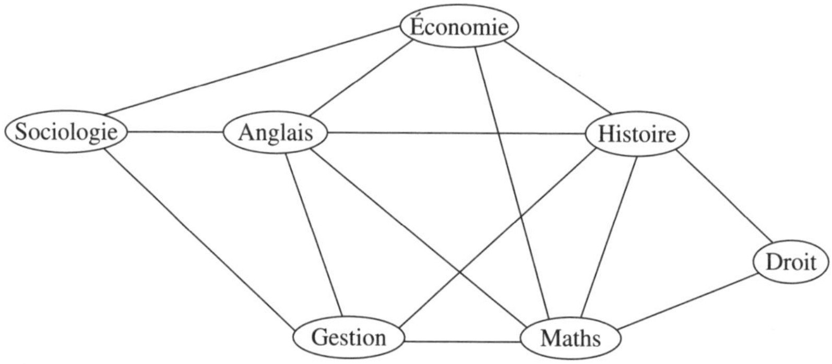

2. Le classement des sommets par ordre décroissant de leurs degrés donne :
anglais (5), maths (5), histoire (5), gestion (4), économie (4), sociologie (3), droit (2).
On attribue une couleur 1 à l'anglais, puis au droit.
On attribue une couleur 2 aux maths, puis à la sociologie.
On attribue une couleur 3 à l'histoire.
On attribue une couleur 4 à la gestion, puis à l'économie.

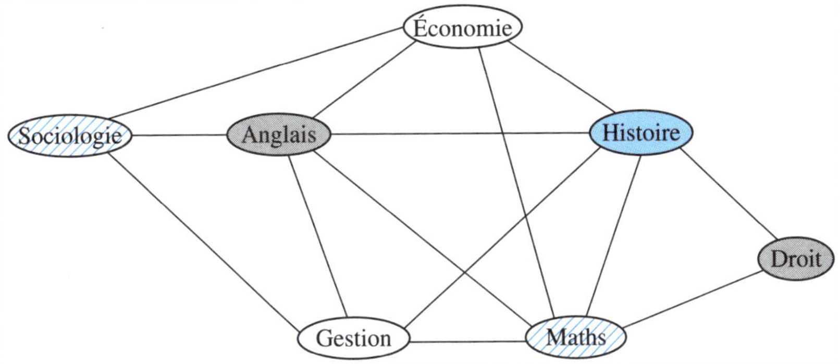

3. Le graphe admet un sous-graphe complet d'ordre 4 (celui formé des sommets anglais, histoire, maths, gestion), donc le nombre chromatique est supérieur ou égal à 4.
L'algorithme a fourni une coloration avec quatre couleurs, donc le nombre chromatique est inférieur ou égal à 4. Des deux informations, on déduit que le nombre chromatique est 4.

4. L'université pourra organiser ses épreuves sur quatre demi-journées. Voici un exemple :
- demi-journée 1 : anglais et droit,
- demi-journée 2 : maths et sociologie,
- demi-journée 3 : gestion et économie,
- demi-journée 4 : histoire.

1. Une erreur à éviter est de commencer un graphe où les sommets sont les étudiants. Cela ne mène à rien car les incompatibilités ne correspondraient pas aux arêtes.

4. Avec la coloration trouvée, la seule liberté que l'on a est d'intervertir deux demi-journées. Il existe cependant d'autres colorations possibles. Par exemple, il suffit de mettre le sommet « droit » en blanc pour en obtenir une autre.

32 OÙ EST LE FROMAGE ?

1.

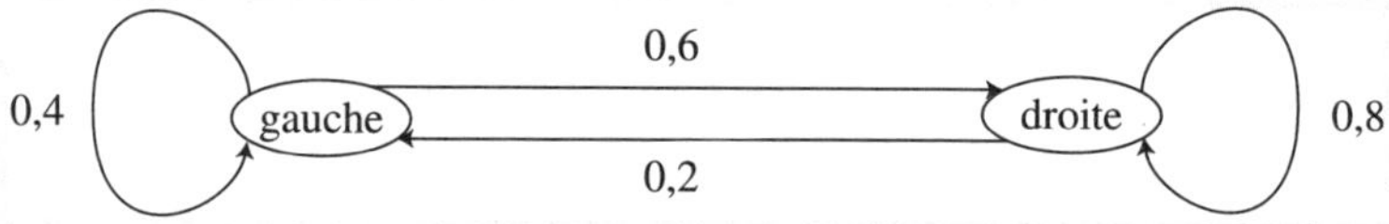

2. En utilisant l'ordre des sommets droite-gauche, la matrice de transition est :

$$M = \begin{pmatrix} 0,8 & 0,2 \\ 0,6 & 0,4 \end{pmatrix}.$$

3. À la première expérience, 50 % des souris vont vers la droite. Cela se traduit par un état probabiliste de matrice $\begin{pmatrix} 0,5 & 0,5 \end{pmatrix}$.

À la quatrième étape, l'état probabiliste P_3 est donné par : $\begin{pmatrix} 0,5 & 0,5 \end{pmatrix}\begin{pmatrix} 0,8 & 0,2 \\ 0,6 & 0,4 \end{pmatrix}^3$.

À l'aide de la calculatrice, on obtient : $P_3 = \begin{pmatrix} 0,748 & 0,252 \end{pmatrix}$. Ainsi, on peut prédire que 74,8 % de souris iront vers la droite, les autres vers la gauche.

4. Soit $P = (x \quad y)$ l'état stable. Puisque $x + y = 1$, on l'écrit $(x \quad 1-x)$.
On sait que cet état stable vérifie P = PM. On calcule PM.

$$PM = (x \quad 1-x)\begin{pmatrix} 0,8 & 0,2 \\ 0,6 & 0,4 \end{pmatrix} = (0,8x + 0,6(1-x) \quad 0,2x + 0,4(1-x))$$

$$= (0,2x + 0,6 \quad -0,2x + 0,4).$$

D'où $x = 0,2x + 0,6 \Leftrightarrow 0,8x = 0,6 \Leftrightarrow x = \dfrac{3}{4}$.

L'état stable est donc $\mathbf{P} = \begin{pmatrix} \mathbf{\frac{3}{4}} & \mathbf{\frac{1}{4}} \end{pmatrix}$, ce qui signifie qu'au bout d'un certain temps (très rapide, comme on le constate avec le calcul de P_3), à chaque expérience, 75 % des souris iront vers la droite et 25 % des souris iront vers la gauche.

Aide-mémoire

I SUITES

1. Suites arithmétiques

Premier terme u_0, raison a : $u_{n+1} = u_n + a$; $u_n = u_0 + na$.

- Somme des n premiers termes : $u_0 + u_1 + \ldots + u_n = \dfrac{(n+1)(u_0 + u_n)}{2}$.
- Cas particulier : $1 + 2 + \ldots + n = \dfrac{n(n+1)}{2}$.

2. Suites géométriques

Premier terme u_0, raison b : $u_{n+1} = bu_n$; $u_n = u_0 \times b^n$.

Somme des n premiers termes :

Si $b \neq 1$, alors $u_0 + u_1 + \ldots + u_n = u_0 \dfrac{1 - b^{n+1}}{1 - b}$.

Si $b = 1$, alors $u_0 + u_1 + \ldots + u_n = (n+1)u_0$.

3. Limite d'une suite géométrique

La limite d'une suite géométrique de raison $q > 0$ est :

- 0 si $0 < q < 1$;
- $+\infty$ ou $-\infty$ si $q > 1$, selon que le premier terme de la suite est positif ou négatif.
- Lorsque $0 < q < 1$, la limite de la somme $1 + q + q^2 + \ldots + q^n$ est $\dfrac{1}{1-q}$.

4. Suites arithmético-géométriques

Les suites arithmético-géométriques sont définies par une relation du type :
$u_{n+1} = au_n + b$, où $a \in \mathbb{R} - \{0 ; 1\}$ et $b \in \mathbb{R} - \{0\}$.

II SECOND DEGRÉ

Soit a, b, c des nombres réels, $a \neq 0$ et $\Delta = b^2 - 4ac$.

1. Solutions de l'équation $ax^2 + bx + c = 0$

L'équation $ax^2 + bx + c = 0$ admet :

- si $\Delta > 0$, deux solutions réelles $x_1 = \dfrac{-b + \sqrt{\Delta}}{2a}$ et $x_2 = \dfrac{-b - \sqrt{\Delta}}{2a}$.
- si $\Delta = 0$, une solution réelle double $x_1 = x_2 = -\dfrac{b}{2a}$.
- si $\Delta < 0$, aucune solution réelle.

2. Cas où $\Delta \geqslant 0$

$ax^2 + bx + c = a(x - x_1)(x - x_2)$

- Somme des racines : $x_1 + x_2 = -\dfrac{b}{a}$.
- Produit des racines : $x_1 x_2 = \dfrac{c}{a}$.

3. Fonctions du second degré

Définies sur $\mathbb{R}$ par $f(x) = ax^2 + bx + c$. Elles sont représentées par des paraboles.

Le sommet de la parabole a pour abscisse $-\dfrac{b}{2a}$.

4. Signe du trinôme $ax^2 + bx + c$

- Si $\Delta < 0$, $ax^2 + bx + c$ ne s'annule jamais sur $\mathbb{R}$, il est du signe de a.
- Si $\Delta = 0$, $ax^2 + bx + c$ garde toujours le même signe : il est du signe de a, sauf en $x_0 = -\dfrac{b}{2a}$ où il s'annule.
- Si $\Delta > 0$, $ax^2 + bx + c$ est du signe de a à l'extérieur des racines, et du signe opposé entre les racines.

III DÉRIVÉES ET PRIMITIVES DES FONCTIONS USUELLES

1. Équation d'une tangente

- Si f est dérivable en a, une équation de la tangente à la courbe représentative de f au point d'abscisse a est :

$$y = f'(a)(x - a) + f(a).$$

- Si $f'(a) = 0$, la tangente est parallèle à l'axe des abscisses.

$f(x)$	$f'(x)$	Intervalle de validité
k	0	$]-\infty\,;+\infty[$
x	1	$]-\infty\,;+\infty[$
x^n, $n \in \mathbb{N}^*$	nx^{n-1}	$]-\infty\,;+\infty[$
$\dfrac{1}{x}$	$-\dfrac{1}{x^2}$	$]-\infty\,;0[$ ou $]0\,;+\infty[$
$\sqrt{x}$	$\dfrac{1}{2\sqrt{x}}$	$]0\,;+\infty[$
$\ln x$	$\dfrac{1}{x}$	$]0\,;+\infty[$
e^x	e^x	$]-\infty\,;+\infty[$

2. Opérations sur les dérivées

- $(u + v)' = u' + v'$
- $(ku)' = ku'$
- $(uv)' = u'v + uv'$
- $\left(\dfrac{1}{u}\right)' = -\dfrac{u'}{u^2}$
- $\left(\dfrac{u}{v}\right)' = \dfrac{u'v - uv'}{v^2}$
- $(e^u)' = e^u u'$

IV CALCUL INTÉGRAL

1. Formule fondamentale

Si F est une primitive de f, alors $\int_a^b f(t)\mathrm{d}t = \mathrm{F}(b) - \mathrm{F}(a)$.

2. Formule de Chasles

- $\int_a^c f(t)\mathrm{d}t = \int_a^b f(t)\,\mathrm{d}t + \int_b^c f(t)\,\mathrm{d}t$
- $\int_b^a f(t)\,\mathrm{d}t = -\int_a^b f(t)\,\mathrm{d}t$

3. Linéarité

Pour tous réels α et β : $\int_a^b (\alpha f(t) + \beta g(t))\,\mathrm{d}t = \alpha \int_a^b f(t)\,\mathrm{d}t + \beta \int_a^b g(t)\,\mathrm{d}t$

4. Positivité

- Si $a \leqslant b$ et $f \geqslant 0$, alors $\int_a^b f(t)\,\mathrm{d}t \geqslant 0$.

5. Intégration d'une inégalité

- Si $a \leqslant b$ et $f \leqslant g$, alors $\int_a^b f(t)\,\mathrm{d}t \leqslant \int_a^b g(t)\,\mathrm{d}t$.
- Si $a \leqslant b$ et $m \leqslant f \leqslant \mathrm{M}$, alors $m(b-a) \leqslant \int_a^b f(t)\,\mathrm{d}t \leqslant \mathrm{M}(b-a)$.

6. Valeur moyenne de f sur $[a\,;\,b]$

$$\frac{1}{b-a}\int_a^b f(t)\mathrm{d}t.$$

V FONCTIONS

1. Propriétés algébriques

Soit $a > 0$. Pour tous réels x et y :

- $a^{x+y} = a^x a^y$.
- $a^x > 0$.
- $a^{-x} = \dfrac{1}{a^x}$.
- $a^{x-y} = \dfrac{a^x}{a^y}$.
- $(a^x)^y = a^{xy}$.

Cas particulier : la fonction exp, de base e (e ≈ 2,718), notée $x \mapsto \mathrm{e}^x$, est la seule fonction exponentielle dont le nombre dérivé en 0 est 1.

- Pour tout réel $x > 0$ et pour tout réel y : $\mathrm{e}^y = x \Leftrightarrow y = \ln x$.
- $\ln 1 = 0$ et $\ln \mathrm{e} = 1$.

Pour tous réels strictement positifs x et y :

- $\ln(xy) = \ln x + \ln y$.
- $\ln\dfrac{1}{x} = -\ln x$.
- $\ln\dfrac{x}{y} = \ln x - \ln y$.
- Pour tout entier n : $\ln(x^n) = n \ln x$.
- Pour tout x réel : $a^x = \mathrm{e}^{x \ln a}$.

2. Convexité et concavité

On dit que f est convexe (resp. concave) lorsque sa courbe est entièrement située au-dessus (resp. au-dessous) de chacune de ses tangentes.

3. Représentations graphiques

■ Fonctions ln et exp

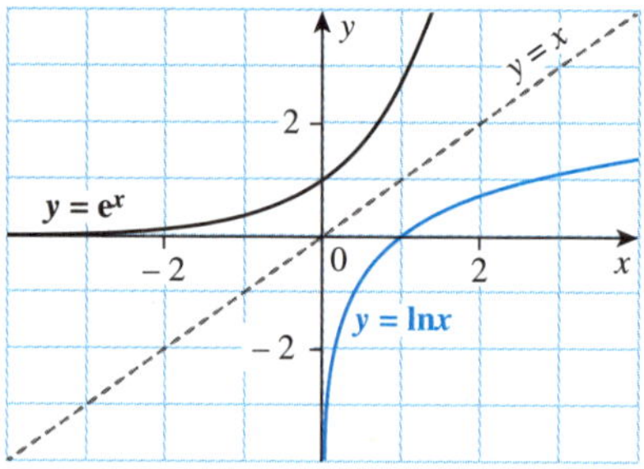

La fonction $x \mapsto e^x$ est convexe et la fonction $x \mapsto \ln x$ est concave.

■ Fonctions exponentielles

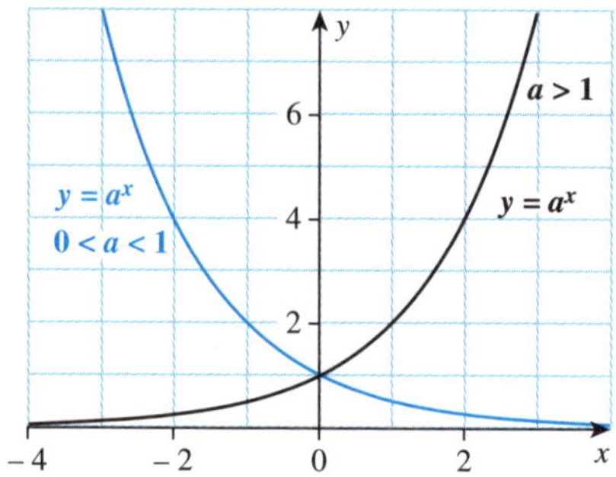

VI PROBABILITÉS ET STATISTIQUES

1. Statistique descriptive

Une série statistique quantitative est décrite par un paramètre de tendance centrale et un paramètre de position : moyenne et écart-type ou médiane et écart interquartiles.

■ Moyenne et écart-type

Pour une série d'effectif n, formée des valeurs $x_1, x_2, \ldots, x_n$

• Moyenne : $m = \dfrac{x_1 + x_2 + \ldots + x_n}{n}$.

• Variance : $V = \dfrac{(x_1 - m)^2 + (x_2 - m)^2 + \ldots + (x_m - m)^2}{n}$

ou $V = \dfrac{x_1^2 + x_2^2 + \ldots + x_n^2}{n} - m^2.$

• Écart-type : $s = \sqrt{V}$.

Médiane et écart interquartiles

• Médiane : nombre qui partage une série ordonnée en deux groupes de même effectif.

• Premier quartile Q_1 : plus petite valeur de la série telle qu'au moins 25 % des valeurs lui sont inférieures ou égales.

• Troisième quartile Q_3 : plus petite valeur de la série telle qu'au moins 75 % des valeurs lui sont inférieures ou égales.

• L'écart interquartile est la différence $Q_3 - Q_1$.

• Diagramme en boîte :

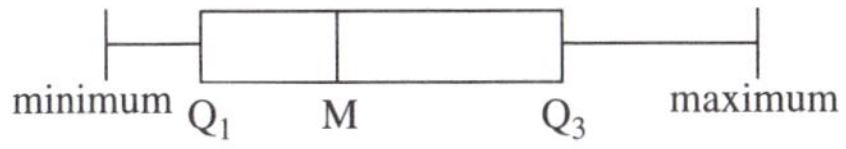

L'écart interquartile est la largeur du rectangle.

2. Probabilités

Généralités

• Dans le cas général, $p(A \cup B) = p(A) + p(B) - p(A \cap B)$.
$p(\overline{A}) = 1 - p(A)$, $p(\Omega) = 1$, $p(\varnothing) = 0$.

• Si A et B sont incompatibles, $p(A \cup B) = p(A) + p(B)$.

• Dire que $A_1, A_2, \ldots, A_n$ forment un partition de A signifie que leur réunion est égale à A et que leur intersection deux à deux est vide.

• Dans le cas équiprobable, $p(A) = \dfrac{\text{nombre d'éléments de A}}{\text{nombre d'éléments de } \Omega}$.

Probabilité conditionnelle de A sachant que B est réalisé

• $P_B(A) = \dfrac{p(A \cap B)}{p(B)}$, si $p(B) \neq 0$.

• $p(A \cap B) = p_B(A)\, p(B)$.

• Cas où A et B sont indépendants : $p(A \cap B) = p(A)\, p(B)$.

Formule des probabilités totales

Si les événements $B_1, B_2, \ldots, B_n$ forment une partition de Ω, alors :
$p(A) = p(A \cap B_1) + p(A \cap B_2) + \ldots + p(A \cap B_n)$.

Espérance d'une variable aléatoire

Si une variable aléatoire X prend les valeurs $x_1, x_2, \ldots, x_n$ avec des probabilités $p_1, p_2, \ldots, p_n$, alors l'espérance de X est le réel :

$$E(X) = p_1 x_1 + p_2 x_2 + \ldots + p_n x_n.$$

3. Loi binomiale

- Épreuve de Bernoulli : expérience aléatoire avec deux issues, soit la réussite, de probabilité p, soit l'échec, de probabilité $1-p$.
- Schéma de Bernoulli : répétition d'épreuves de Bernoulli identiques et indépendantes les unes des autres.
- Loi binomiale $\mathcal{B}(n\,;p)$: la probabilité d'avoir k réussites parmi n épreuves est $\binom{n}{k}p^k(1-p)^{n-k}$.
- Coefficient binomial $\binom{n}{k}$: nombre de façons d'obtenir k succès parmi n répétitions.
- Espérance d'une variable aléatoire suivant une loi binomiale de paramètres n et p : $E = np$.

4. Lois continues

- Une densité de probabilité sur $[a\,;b]$ est une fonction f définie, continue, positive sur $[a\,;b]$, et telle que $\int_a^b f(x)\,\mathrm{d}x = 1$.
- Si P est une loi de probabilité de densité f sur $[a\,;b]$, alors pour tout intervalle $[\alpha\,;\beta]$ inclus dans $[a\,;b]$: $P([\alpha\,;\beta]) = \int_\alpha^\beta f(x)\,\mathrm{d}x$.

5. Loi uniforme

- La densité de la loi uniforme sur $[a\,;b]$ est la fonction constante $x \mapsto \frac{1}{b-a}$.

Pour tout intervalle $[\alpha\,;\beta]$ inclus dans $[a\,;b]$:

$$P([\alpha\,;\beta]) = \frac{\beta-\alpha}{b-a}.$$

- L'espérance d'une variable aléatoire suivant une loi uniforme sur $[a\,;b]$ est $\frac{a+b}{2}$.

6. Loi normale

- Densité de la loi normale $\mathcal{N}(\mu\,;\sigma^2)$ de moyenne μ et d'écart-type σ :

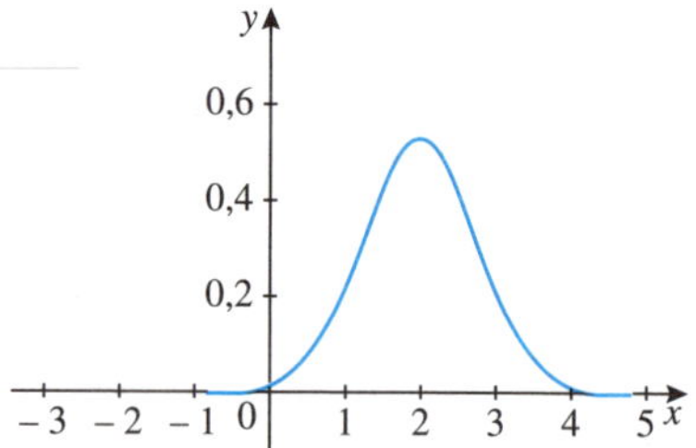

Loi de moyenne 2, d'écart-type 0,75

La courbe est symétrique par rapport à un axe d'équation $x = \mu$.

• Si X suit une loi normale $\mathcal{N}(\mu\ ;\ \sigma^2)$:
$P(\mu - \sigma \leqslant X \leqslant \mu + \sigma) \approx 0{,}683$
$P(\mu - 2\sigma \leqslant X \leqslant \mu + 2\sigma) \approx 0{,}954$
$P(\mu - 3\sigma \leqslant X \leqslant \mu + 3\sigma) \approx 0{,}997$.

• Si X suit une loi $\mathcal{N}(\mu\ ;\ \sigma)$, alors $U = \dfrac{X - \overline{X}}{\sigma}$ suit la loi normale centrée réduite $\mathcal{N}(0\ ;\ 1)$.

• Densité de la loi $\mathcal{N}(0\ ;\ 1)$: $x \mapsto \dfrac{1}{\sqrt{2\pi}} e^{-\frac{x^2}{2}}$.

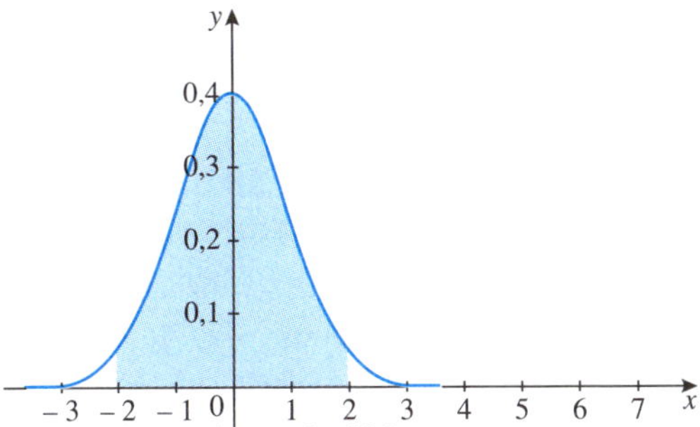

Loi normale centrée réduite

• Si X suit la loi $\mathcal{N}(0\ ;\ 1)$: $P(-1{,}96 \leqslant X \leqslant 1{,}96) \approx 0{,}95$;
$P(-1 \leqslant U \leqslant 1) \approx 0{,}683$; $P(-2 \leqslant U \leqslant 2) \approx 0{,}954$;
$P(-3 \leqslant U \leqslant 3) \approx 0{,}997$.

7. Intervalle de fluctuation

• L'intervalle de fluctuation de niveau 95 % de la fréquence, dans un échantillon de taille n, du succès d'une variable aléatoire qui suit une loi binomiale de paramètres n et p est l'intervalle $\left[\dfrac{a}{n}\ ;\ \dfrac{b}{n}\right]$, où a est le plus petit entier tel que $P(X \leqslant a) > 0{,}025$ et b le plus petit entier tel que $P(X \leqslant b) \geqslant 0{,}975$.

• Si p est la fréquence théorique d'une variable qualitative dans une population, et si $Np \geqslant 5$ et $N(1 - p) \geqslant 5$, un intervalle de fluctuation de niveau 95 % de la fréquence observée dans un échantillon de taille N est :

$$\left[p - 1{,}96\sqrt{\frac{p(1-p)}{N}}\ ;\ p + 1{,}96\sqrt{\frac{p(1-p)}{N}}\right]$$

• Si, de plus, $N \geqslant 25$ et si $0{,}2 \leqslant p \leqslant 0{,}8$, un intervalle moins précis mais plus simple est :

$$\left[p - \frac{1}{\sqrt{N}}\ ;\ p + \frac{1}{\sqrt{N}}\right].$$

8. Intervalle de confiance

• Si f est la fréquence observée d'une variable qualitative dans un échantillon de taille N représentatif de la population, et si $Np \geqslant 5$ et $N(1-p) \geqslant 5$, un intervalle de confiance de niveau 95 % de la fréquence théorique p dans la population est :

$$\left[f-1{,}96\sqrt{\frac{f(1-f)}{N}}\,;\,f+1{,}96\sqrt{\frac{f(1-f)}{N}}\right].$$

• Si, de plus, $N \geqslant 30$, un intervalle moins précis mais plus simple est :

$$\left[f-\frac{1}{\sqrt{N}}\,;\,f+\frac{1}{\sqrt{N}}\right].$$

VII CALCULATRICES ET TABLEUR

1. Calcul de probabilités avec une calculatrice

	TI	CASIO	Tableur
Coefficient binomial $\binom{n}{k}$	(MATH) PRB COMBINAISON	Dans le menu RUN, presser la touche (OPTN) puis choisir PROB. Entre n et k, choisir nCr	= COMBIN(n;k)
Calcul de $P(X=k)$ si X suit la loi $\mathcal{B}(n\,;\,p)$	Menu distrib ((2nde) et (var)), puis binomFdp et saisir n, p, k. binomFrép donne $P(X \leqslant k)$	Menu STAT, choisir DIST puis BINM, Bpd et Var : saisir k, n, p.	= LOI.BINOMIALE (k;n;p;0) = LOI.BINOMIALE (k;n;p;1) donne $P(X \leqslant k)$
Calcul de $P(a \leqslant X \leqslant b)$ si X suit la loi $\mathcal{N}(\mu\,;\,\sigma^2)$	Menu distrib ((2nde) et (var)), puis normalFRép(a,b,μ,σ).	Menu STAT, choisir DIST puis NORM et Ncd : saisir a, b, σ, μ.	= LOI.NORMALE (b;μ;σ;1)- LOI.NORMALE (a;μ;σ;1)

2. Programmation des algorithmes sur une calculatrice

	TI	CASIO
Saisir n	Input n ou Prompt n	? $\to n$
n prend la valeur 1	$1 \to n$ (touche sto →)	$1 \to n$
Afficher n	Disp n	n ◢
Si ... alors ... sinon	If ... Then ... Else ... End	If ... Then ... Else ... IfEnd

Pour I de 1 à 10 ...
(par défaut le pas est 1)
Pour I de 1 à 10 par pas de 3
	For(I,1,10) ...
	End
	For(I,1,10,3)
		For $1 \to n$ To 10 ...
		Next
		For $1 \to n$ To 10 Step 3

Tant que $n < 10$ ...	While $n < 10$ ... End	While $n < 10$ ... WhileEnd

VIII MATRICES

1. Règles de calcul

Somme de deux matrices

On peut additionner deux matrices de même dimension, en ajoutant les nombres ayant la même position.

Multiplication par un réel

On peut multiplier une matrice par un réel en multipliant chaque nombre de la matrice par ce réel.

Produit de deux matrices

On peut multiplier deux matrices dès lors que le nombre de colonnes de la première est égal au nombre de lignes de la deuxième.

2. Matrices inversibles

Une matrice carrée A est dite inversible s'il existe une matrice B telle que $AB = BA = I$ (I matrice identité). Dans ce cas, B est l'inverse de A et on note $B = A^{-1}$.

3. Résolution de systèmes linéaires

Si l'écriture matricielle d'un système est $AX = B$ (A matrice carrée d'ordre n, B matrice colonne à n lignes) et si A est inversible, alors le système a une unique solution donnée par $X = A^{-1}B$.

IX GRAPHES

1. Degrés, arêtes et chaînes

La somme des degrés de tous les sommets d'un graphe non orienté est égale à deux fois le nombre d'arêtes du graphe.

Théorème d'Euler : Un graphe non orienté et connexe admet une chaîne eulérienne si, et seulement si le nombre de sommets impairs est 0 ou 2. Dans le cas où il est égal à 0, c'est même un cycle eulérien.

2. Matrices et graphes

Si A est la matrice associée à un graphe, le terme situé à l'intersection de la ligne i et de la colonne j de la matrice A^m est égal au nombre de chaînes de longueur m reliant i à j.

3. Coloration et nombre chromatique

En notant d le plus grand degré des sommets et α l'ordre du plus grand sous-graphe complet de G, le nombre chromatique $\gamma(G)$ d'un graphe G est tel que $\alpha \leqslant \gamma(G) \leqslant d+1$.

4. Graphes probabilistes

- Soit M la matrice de transition d'un graphe probabiliste à n sommets, P_0 la matrice ligne décrivant l'état initial et P_n la matrice ligne décrivant l'état probabiliste à l'étape n.

Alors pour tout n : $P_{n+1} = P_nM$ et $P_n = P_0M^n$.

- Pour tout graphe probabiliste d'ordre 2, dont la matrice de transition M ne comporte pas de 0, l'état probabiliste P_n à l'étape n, converge vers un état limite P, appelé aussi état stable, indépendant de l'état initial P_0, et tel que P = PM.

PAPIER À BASE DE FIBRES CERTIFIÉES

Hatier s'engage pour l'environnement en réduisant l'empreinte carbone de ses livres. Celle de cet exemplaire est de : 900 g éq. CO_2
Rendez-vous sur www.hatier-durable.fr

Achevé d'imprimer par Normandie Roto Impression s.a.s., à Lonrai (Orne) – France
N° d'impression : 12-2527–Dépôt légal : 96266-0/01 – août 2012